民政部一零一研究所　研创
总 主 编　刘　锋
总 顾 问　刘曙光
执行主编　王永阔　张亚娜

“一带一路”沿线国家殡葬文化遗产名录和谱系

国内部分·河南及周边卷

张志清　陈瑜　魏增玲◎编著

科 学 出 版 社
北　京

图书在版编目（CIP）数据

"一带一路"沿线国家殡葬文化遗产名录和谱系. 国内部分. 河南及周边卷 / 刘锋总主编；张志清等编著. —北京：科学出版社，2023.4

ISBN 978-7-03-074579-8

Ⅰ. ①一… Ⅱ. ①刘… ②张… Ⅲ. ①葬礼–文化遗产–河南–名录 Ⅳ. ①K891-62

中国版本图书馆CIP数据核字（2022）第256309号

责任编辑：闫广宇 / 责任校对：王晓茜

责任印制：肖　兴 / 封面设计：北京有道文化传播有限公司

科学出版社 出版

北京东黄城根北街 16 号

邮政编码：100717

http://www.sciencep.com

河北鑫玉鸿程印刷有限公司 印刷

科学出版社发行 各地新华书店经销

*

2023年4月第 一 版 开本：720 × 1000 1/16

2023年4月第一次印刷 印张：27

字数：440 000

定价：186.00元

（如有印装质量问题，我社负责调换）

“一带一路”沿线国家殡葬文化遗产名录和谱系（国内部分）编委会

“一带一路”沿线国家殡葬文化遗产名录和谱系（国内部分）编审办公室

目　　录

插图目录

绪　论

河南、山西、河北三省历史悠久，文化荟萃，是中华文明的发源地之一， 这里土地肥沃，气候宜人，自古以来人口密集，遗留下来的古代墓葬十分丰富。从新石器时代的裴李岗文化、仰韶文化，到历史时期的商代、周代、汉代、魏晋南北朝、隋唐、北宋等时代，这里都是中国政治、经济和文化的中心区域，表现在墓葬上主要是在墓葬形制、随葬品、埋葬习俗等方面往往得风气之先，先从这一地区产生，进而影响着其他地区。

墓葬作为反映一带一路文化交流和民族融合的众多载体之一，在该地区有着丰富的考古资料。较多资料表明，早在东周时期，中外民间文化交流已经在较为广泛地进行，来自西域的玻璃制品、金银制品、丝织品、稀有矿石等在中国内地多有发现。河南境内的东周墓葬中也出土了这类物品。比如固始侯古堆一号墓出土的蜻蜓眼玻璃珠，这种玻璃珠大致于公元前1000年前后在地中海沿岸开始出现，约春秋末战国初在中原地区出现，这些物品的突然出现缺乏应有的发展历程，且工艺、纹饰和化学成分都与西亚同类制品相似。固始侯古堆出土蜻蜓眼玻璃珠检测显示为苏打玻璃，成分与西亚地区的制品基本一致，当属舶来品①。淅川下寺楚墓M2出土一件蚀花肉红石髓珠，肉红石髓又称光玉髓，也应是自域外交流而来。蚀花肉红石髓珠是用化学制剂对肉红石髓进行浸蚀加工而成的饰件，公元前2000年以前已经出现，从印度河流域到埃及、伊朗西部都有分布，并且都是从印度河流域制造并输出到各地的②。

---

①　安家瑶：《中国的早期玻璃器皿》，《考古学报》1984年第4期，第413～448页。

②　作铭：《我国出土的蚀花的肉红石髓珠》，《考古》1974年第6期，第382～385页。

春秋战国时期，由于各国之间以及北方的燕赵诸国与周边游牧民族征战频仍，极大地推动了人员往来和物资流通，形成了一次民族融合的高潮。“胡人”称谓在战国时期就已形成，是指居住在北方的游牧民族，汉代以后也指居住在中国北方的外族或外国人。赵武灵王“胡服骑射以教百姓”，反映胡汉交流在当时应是比较普遍的现象。郑州冢刘战国晚期墓地M9出土一件铜带钩，人形，人物形象为头戴毡帽，两耳部盘发为髻，窄额头，颧骨突出，鼻梁高大，身着短袖连体方格纹裙装，右腿半屈足部着地，左腿跪卧，怀内抱着一把乐器正在演奏，属典型的胡人装束。人物怀中的乐器，长柄笔直（直项），弦轸可辨（两轸），音箱应为圆形（圆盘）。乐器符合“弦鼗”“圆盘直柄”的特征，故取名为“胡人弹弦鼗铜带钩”。铜带钩上面的胡人形象栩栩如生，弦鼗形制清晰可辨，横抱于人物怀中在弹奏。“弦鼗”是古代胡琴类乐器的前身，胡琴亦应是起源于北方胡人的乐器。这个铜带钩应是目前我国发现最早的胡人弹弦鼗图像，是北方胡人与中原汉族相互交流的一个印证①。

两汉时期，随着西汉张骞两度出使西域和东汉班超对西域地区的经营，汉王朝同西域诸国建立起了政治和经济上的联系，形成了我国古代最早最重要的东西方文明交流通道，即“丝绸之路”，其范围囊括汉地、中亚、西亚、罗马以及南亚次大陆。从考古发现所反映的情况看，文化交流的深度和广度远远超乎人们的想象。不同文化之间的交流和碰撞极大地丰富了世界古代历史的内涵，也产生了相当深远的影响。丝绸之路的开辟，不仅极大地加快了物资的流动，还相应带动了文化、技术的交流。域外的金银工艺、玻璃制造、毛纺织等技术也随着商品和人员流动传入中国境内。中国玻璃制造技术、金银掐丝工艺、缂丝等，都是在这一背景下发生的。佛教东传对古代中外文化交流产生了极其深远的影响。北方草原和西域的文化艺术题材对中原地区的影响尤为广泛②。1987年，洛阳东郊出土罗马玻璃瓶，黄绿色，半透明，高13.6厘米。卷沿直口，长颈直腹，圜底内凹，从口沿到瓶底通体为螺旋状白色线纹，是公元前2世纪典型的罗马

① 郑州市文物考古研究院、河南省文物局南水北调文物保护办公室：《郑州航空港区冢刘战国墓（2013ZZM9）发掘简报》，《文物》2016年第11期，第4～6页。

② 刘庆柱、白云翔：《中国考古学·秦汉卷》，北京：中国社会科学出版社，2010年。

吹制玻璃器[1]。此外，这个时期汉、胡之间往来交流更为广泛。在汉代语境中，“胡人”是指北方和西方民族的统称，包括匈奴、鲜卑、乌桓、大月氏、乌孙等。汉武帝平定匈奴后，匈奴逐渐失去了对西域的控制，被分成南北两个部族。南匈奴逐渐南迁并被同化，北匈奴继续向西迁移。西迁的匈奴在不断与其他民族融合的过程中，其外形已与蒙古人种有了不同，越来越西方化，形成了深目、高鼻、多须的胡人形象。丝绸之路开通后，中原地区的中外文化交流更为广泛，胡人活动已深入到中原腹地，这在汉墓出土的陶俑中得到具体体现。如南阳中建七局机械厂汉画像石墓中的说唱俑和南阳市东风厂生活区M27出土的执物俑。

魏晋南北朝时期，中外文化的交流，比秦汉时期有显著的发展。西方的大秦（罗马帝国），西亚的波斯（萨珊王朝），中亚的大月氏（贵霜王朝）和昭武九姓诸国，南亚的五天竺诸国（包括有名的笈多王朝）、师子国（斯里兰卡）等都通过陆路或海路与当时的中国发生关系。它们的使者、商人、僧侣（求法者），不断前来，使各地的物资得到交换，科学技术和艺术、宗教也得以交流。

一是中外人员的交流。魏晋南北朝时期，中国同西域、南海诸国的交流普遍增多。孙权于黄武五年（226年）派遣朱应、康泰等人出使扶南（今柬埔寨），开辟了中国与南海的交通。此后，南海各国纷纷与孙吴通使。当时全国的通都大邑，洛阳、建业、成都、交州、广州、敦煌、长安等地，都有外国人居住，不但有南海商人，也有西域贾胡。在南北朝时期，北魏的平城，已与粟特、普岚（即拂菻）及昭武等国人来往。北魏迁都洛阳之后，和葱岭以西及五天竺各国都产生了联系。萨珊王朝和笈多王朝都经常与魏通使。称霸中亚的嚈哒与北魏的关系尤为密切。南朝通过今四川青海一线和西域各国取得联系，更从海上与扶南、阇婆、师子国、中天竺通使。魏晋南北朝时期来华的外国僧侣，也为数很多。此外，还有师子国的比丘和婆罗门，他们的主要活动是传教，主要任务是把印度佛教的各宗各派搬到中国来。

二是中外物资及技术的交流。魏晋南北朝时期，中外的物资交流超过两汉。近年来在嘉峪关、于田、吐鲁番、巴楚，都发现过魏晋南北朝时

---

① 徐苹芳：《丝绸之路考古论集》，上海：上海古籍出版社，2017年。

期的丝绸。国外输入的技术和物产也很多。如玻璃制造技术的输入。最初玻璃的制造以高卢南部和莱茵河沿岸地区为最盛，后来才转移到中东，三国两晋时期输入中国，称为琉璃器，为上层社会所使用。汉朝从西域输入天马、葡萄，一直到南北朝后期仍在不断输入。魏晋南北朝时期，传统的犀、象、狮子、鸵鸟、孔雀等珍禽异兽和珍珠、珊瑚、玳瑁等珍宝之类，仍在继续输入。安息香、龙涎香、沉香、藿香、胡椒等香药，香附子、诃梨勒、无食子等药品，白叠（棉布）、波斯锦、金缕织成火浣布等纺织品，石蜜（冰糖）、千年枣（即椰枣）等食品，多数是初次输入。输入的商品整体已逐渐定型，而香药一项在数量上虽不如以后各代多，在种类上已经相当齐备。

三是外国文化的输入，主要来自印度及昭武各国。其中，印度输入除佛教已另有论述外，有寺院建筑、石窟艺术、天文学、历算及医药等。昭武各国输入的外来宗教如袄教，外来艺术如胡腾舞等。如北齐范粹墓中发现的西域乐舞因素——胡腾舞（饰于黄釉瓷扁壶上）、北齐徐显秀墓和娄叡墓中的翼兽形象及袄教祭祀图。魏晋南北朝时期的中外文化的交流，为隋唐时期的中外关系创造了条件。

隋唐时期，中外文化的交流，在魏晋南北朝时期的基础上有了更大的发展。唐代是中国历史上重要的发展期和繁荣期，如前文所述，中西交通也在这一时期得到全面开拓，与此相伴的则是中西方的文化交流日趋繁荣。物质、科技、艺术等各方面的交流不但使中国文化广被世界所知，也为唐代中国引入大量外来文化，促使中国传统文化推陈出新、百花齐放奠定基础。

一是中西方物质文化的交流。其中，中原传入西方的主要物产有丝绸、纸张、农作物等。到唐代中后期与回鹘长期的绢马贸易则很具有代表性。而回鹘、突厥获得丝绸之后，绝大部分又远销于大食、印度、东罗马等地，丝绸之路沿线如武威、敦煌、吐鲁番、楼兰、尼雅等地都曾发现过汉唐时期的彩绢；纸张过去一般认为是12世纪才由穆斯林带到印度，但实际情况应该比这早。至迟在7世纪末期，中国的纸张已经传到印度。这一时期传入西方的中国物品还有很多，樟脑、生姜、大黄、麝香也都是通过丝绸之路从中国传到波斯，进而传到阿拉伯等地。

外来物产在中国传播的有马匹、农作物、金银器等。中国丝绸、瓷器等物产输入西方的同时，大量的外来物产也传入中国。据《旧唐书·康国传》记载，康国于太宗时期曾向中原进贡金桃和银桃子。除此之外，还有郁金香、水仙、菩提树等。同时，良种马匹也是主要引进的物产。唐代还引进了大批农作物品种，比如菠菜、青蒜、冬葱、胡芹等，甜菜也可能在唐代从波斯或者大食传入中国。隋代至唐初，大量的金属器传入中原，包括出土的高足杯，还有东罗马金币、金戒指、冠顶上的金饰等物。输入品还包括众多奢侈品，主要包括香料、宝石等。此外还有象牙、犀角、明月珠等宝石，狮子、犀牛、大象等珍禽异兽，虽然这些仅限于王室与贵族享用，但毕竟开阔了中国人的眼界。

二是中西科学技术的交流。唐代开始，印度的制糖技术在中国就已被普遍掌握。除去制糖法的传入，西亚、南亚的医学、天文学也广泛在中国传播。唐代农业生产技术对西方各国也有很重要的影响，在唐代传过去的农业技术有：碾硙、牲口用的胸带、套包子、独轮车、河渠闸等。中国的制陶技术在唐代也得到了空前的发展，其中中国陶瓷制造技术，也在丝绸之路对外传播的情况下影响了非洲陶瓷技术的发展，在输入中国唐三彩之后，福斯塔陶工模仿唐三彩烧出多彩纹陶器和多彩线纹陶器，中国白瓷传入后，他们又仿烧出白釉陶器。

三是中外宗教、艺术文化的交流。从汉代起，中原汉地便开始形成一股强烈的“西域胡文化”热。到了唐代，西域文化影响之所及，上至宫廷，下至百姓。宫廷贵人穿胡服，学胡俗，食胡饼，听胡音。西域的乐舞与绘画艺术，对盛唐文化的形成与发展起着潜移默化的影响。在唐朝著名的十部乐中，西域乐就占到五部：《龟兹乐》《疏勒乐》《康国乐》《高昌乐》《西凉乐》。西域的乐舞不仅受到宫廷的垂青，也深受民众的喜爱。当时的长安和洛阳，胡商、胡姬云集，胡舞、胡乐成为时尚。在吸收了外来的宗教文化后，中国的宗教、思想文化更加丰富多彩，也丰富了人民的日常生活。

本卷的研究建立在众多学者研究的基础之上，通过梳理相关文献，可看出目前学界对“一带一路”沿线国家殡葬文化遗产的研究主要有考古发掘资料及以考古发掘材料为基础进行的学术研究两方面。

一是学术界所整理河南、山西、河北地区涉及“一带一路”沿线国家殡葬文化遗产的考古发掘资料，汉代主要是画像石墓——新野樊集汉画像砖墓[①]、南阳中建七局机械厂汉画像石墓[②]、南阳市东风厂M27[③]等；魏晋南北朝时期河南地区有安阳北齐范粹墓[④]、安阳北齐和绍隆夫妇墓[⑤]、洛阳北魏元睿墓[⑥]、洛阳北魏王温墓[⑦]、洛阳北魏杨机墓[⑧]等，山西地区有太原北齐徐显秀墓[⑨]、太原北齐韩祖念墓[⑩]、大同北魏司马金龙墓[⑪]、大同北魏宋绍祖墓[⑫]等，河北地区有石家庄北齐崔昂墓[⑬]、石家庄东魏李希宗墓[⑭]、

---

① 顾英华、周巧燕：《略论南阳汉墓中的“胡人”形象文物》，《中原文物》2012年第3期。

② 南阳市文物研究所：《南阳中建七局机械厂汉画像石墓》，《中原文物》1997年第4期，第35～47页。

③ 李伟男、李东黎：《南阳市新发现东汉胡奴陶俑》，《华夏考古》1999年第3期，第109～110页。

④ 河南省博物馆：《河南安阳北齐范粹墓发掘简报》，《文物》1972年第1期，第47～57页。

⑤ 河南省文物研究所、安阳县文管会：《安阳北齐和绍隆夫妇合葬墓清理简报》，《中原文物》1987年第1期，第10～18页。

⑥ 中国社会科学院考古研究所河南二队：《河南偃师县杏园村的四座北魏墓》，《考古》1991年第9期，第818～831页。

⑦ 洛阳市文物工作队：《洛阳孟津北陈村北魏壁画墓》，《文物》1995年第8期，第26～35页。

⑧ 洛阳博物馆：《洛阳北魏杨机墓出土文物》，《文物》2007年第11期，第56～69页。

⑨ 太原市文物考古研究所：《北齐徐显秀墓》，北京：文物出版社，2005年。

⑩ 首都师范大学历史学院、太原市文物考古研究所：《北齐韩祖念墓出土玻璃杯考——兼论魏晋南北朝时期波斯玻璃器之东传》，《华夏考古》2020年第2期，第98～108页。

⑪ 山西省大同市博物馆、文物工作委员会：《山西大同石家寨北魏司马金龙墓》，《文物》1972年第3期，第20～33页。

⑫ 山西省考古研究所、大同市考古研究所：《大同市北魏宋绍祖墓发掘简报》，《文物》2001年第7期，第19～39页。

⑬ 河北省博物馆、河北省文物管理处：《河北平山北齐崔昂墓调查报告》，《文物》1973年第11期，第27～38页。

⑭ 石家庄地区革委会文化局文物发掘组：《河北赞皇东魏李希宗墓》，《考古》1977年第6期，第382～390页。

邯郸东魏茹茹公主墓[①]等；隋唐时期河南地区有洛阳陈晖墓[②]、洛阳安菩夫妇墓[③]、安阳杨偘墓[④]、三门峡张弘庆墓[⑤]等，山西地区有太原虞弘墓[⑥]、太原侯莫陈墓[⑦]、长治范澄夫妇墓[⑧]等，河北地区有安国市梨园唐墓[⑨]、张家口市榆涧唐墓[⑩]等，这些发掘资料对河南、山西、河北地区涉及“一带一路”沿线国家殡葬文化遗产的随葬品、墓葬装饰和石刻资料有不同程度的介绍及研究，使本课题由对传统文献的爬梳转向传统文献与考古新发现的相互印证，为学术界对河南、山西、河北地区涉及“一带一路”沿线国家殡葬文化遗产的深入研究提供了资料保证。

二是以考古发掘材料为基础进行的学术研究。

关于西域人墓葬的研究主要集中在粟特人群体上。如王山《中国境内发现的粟特人墓葬相关问题研究》[⑪]、马晓玲《北朝至隋唐时期入华粟特

① 磁县文化馆：《河北磁县东魏茹茹公主墓发掘简报》，《文物》1984年第4期，第1～9页。

② 洛阳市文物考古研究院：《洛阳关林唐代陈晖墓发掘简报》，《中原文物》2012年第6期，第4～8页。

③ 洛阳市文物考古研究院：《洛阳龙门唐安菩夫妇墓》，北京：科学出版社，2017年。

④ 文物编辑委员会：《文物资料丛刊》（6），北京：文物出版社，1982年，第130页。

⑤ 三门峡市文物工作队：《三门峡市两座唐墓发掘简报》，《华夏考古》1989年第3期，第97～112页。

⑥ 山西省考古研究所：《太原隋虞弘墓》，北京：文物出版社，2005年。

⑦ 山西省考古研究所：《太原西南郊北齐洞室墓》，《文物》2004年第6期，第35～46页。

⑧ 长治市博物馆：《长治县宋家庄唐代范澄夫妇墓》，《文物》1989年第6期，第58～65页。

⑨ 河北省文物研究所、保定市文物管理处、安国市文物管理所：《河北省安国市梨园唐墓发掘简报》，《文物春秋》2001年第3期，第27～35页。

⑩ 蔚县博物馆：《河北蔚县榆涧唐墓》，《考古》1987年第9期，第786～787页。

⑪ 王山：《中国境内发现的粟特人墓葬相关问题研究》，西北大学硕士学位论文，2009年。

人墓葬研究》[①]和《中国境内粟特人家族墓地的考古学观察》[②]等，以目前发现粟特人为主的西域人墓葬为主要研究对象，分析其随葬品与葬具所表现出的民族文化风貌、讨论长安地区为主的西域人士葬地分布及与居住地的关系、梳理其入华后的丧葬习俗，有助于我们了解入华移民与当地多元文化的互动与交流。

关于汉人墓葬中涉及西域文化因素的典型随葬品研究，包括舶来品及本土生产但含外来文化因素的仿制品两种。其中对涉及西域文化因素的金银器研究，如王欣亚及王妮《唐代金银器中的外来文化——以摩羯纹装饰为例》[③]、谭前学《唐代金银器的外来元素》[④]、耿玉璠《试析唐代金银器杯类中的外来因素》[⑤]；对涉及西域文化因素的陶瓷器研究，如张浩《唐代陶瓷中的外来文化因素——以〈中国出土瓷器全集〉刊布资料为中心》[⑥]、张馨芳《唐、五代陶瓷器中的外来文化因素》[⑦]、赵德云《汉唐时期中国瓷器造型中罗马文化因素的初步考察》[⑧]；对涉及西域文化因素的玻璃器研究，如商春芳《丝路遗风　古都流韵——洛阳地区出土的古代西方玻璃器和仿玻璃器》[⑨]、安家瑶《试探中国近年出土的伊斯兰早期玻璃

---

① 马晓玲：《北朝至隋唐时期入华粟特人墓葬研究》，西北大学博士学位论文，2015年。

② 马晓玲：《中国境内粟特人家族墓地的考古学观察》，《考古学研究》（第十一辑），北京：科学出版社，2019年，第223～238页。

③ 王欣亚、王妮：《唐代金银器中的外来文化——以摩羯纹装饰为例》，《美与时代》（城市版）2015年第12期，第98～100页。

④ 谭前学：《唐代金银器的外来元素》，《人民日报（海外版）》2010年4月9日第15版。

⑤ 耿玉璠：《试析唐代金银器杯类中的外来因素》，《地域文化研究》2019年第5期，第91～96页。

⑥ 张浩：《唐代陶瓷中的外来文化因素——以〈中国出土瓷器全集〉刊布资料为中心》，吉林大学硕士学位论文，2010年。

⑦ 张馨芳：《唐、五代陶瓷器中的外来文化因素》，吉林大学硕士学位论文，2013年。

⑧ 赵德云：《汉唐时期中国瓷器造型中罗马文化因素的初步考察》，四川大学硕士学位论文，2002年。

⑨ 商春芳：《丝路遗风　古都流韵——洛阳地区出土的古代西方玻璃器和仿玻璃器》，《黄河科技大学学报》2016年第4期，第102～108页。

器》[①]、希声《寒凝美器中的文明交流——丝路上的玻璃器》[②]；此外，还有对涉及西域文化因素的胡俑和骆驼俑研究，如程玉萍《隋唐两京地区胡俑风格研究》[③]、杨威《洛阳地区唐墓出土胡俑研究》[④]、杨瑾及乔静瑶《隋唐墓葬出土袒腹胡人俑类型、特征与文化渊源》[⑤]等，对涉及西域文化因素的典型随葬品进行梳理研究有助于分析不同材质的随葬品在艺术风格、形制特点及工艺技法等方面对西域文化的吸收与融合。

关于图像资料的研究主要集中于西域人形象及祆教类图像题材的研究。对于墓葬壁画上西域人形象的研究，如杨瑾《唐墓壁画中的胡人形象》[⑥]、于静芳《谈唐墓壁画胡服女性图像》[⑦]、程旭《胡汉相融惠大唐——唐墓壁画中的胡人》[⑧]等；对于祆教类图像题材的研究如《"刻毡为形"试释——兼论突厥的祆神祭祀》[⑨]、谌璐琳《从人到鸟神——北朝粟特人祆教祭司形象试析》[⑩]、康马泰及李欣《粟特神祇的印度图像研究——考古和文字证据》[⑪]、邹满星《唐代墓室壁画人物画"胡化"风格

---

① 安家瑶：《试探中国近年出土的伊斯兰早期玻璃器》，《考古》1990年第12期，第1116～1126页。

② 希声：《寒凝美器中的文明交流——丝路上的玻璃器》，《中国宗教》2015年第2期，第52～53页。

③ 程玉萍：《隋唐两京地区胡俑风格研究》，陕西师范大学博士学位论文，2019年。

④ 杨威：《洛阳地区唐墓出土胡俑研究》，西北师范大学硕士学位论文，2018年。

⑤ 杨瑾、乔静瑶：《隋唐墓葬出土袒腹胡人俑类型、特征与文化渊源》，《中原文物》2020年第4期，第121～129页。

⑥ 杨瑾：《唐墓壁画中的胡人形象》，《文博》2011年第3期，第35～44页。

⑦ 于静芳：《谈唐墓壁画胡服女性图像》，《戏剧之家》2015年第21期，第153～154页。

⑧ 程旭：《胡汉相融惠大唐——唐墓壁画中的胡人》，《荣宝斋》2017年第8期，第142～159页。

⑨ 崔世平：《"刻毡为形"试释——兼论突厥的祆神祭祀》，《敦煌学辑刊》2010年第3期，第61～67页。

⑩ 谌璐琳：《从人到鸟神——北朝粟特人祆教祭司形象试析》，《西域研究》2013年第4期，第90～95页。

⑪ 康马泰、李欣：《粟特神祇的印度图像研究——考古和文字证据》，《敦煌学辑刊》2008年第4期，第145～167页。

研究》[①]，图像内容丰富多样，有助于揭示魏晋南北朝至隋唐居民的物质生活状况和精神信仰。

关于西域人墓志的研究集中于魏晋南北朝至隋唐时期西域各民族、中亚粟特人、西亚波斯人等群体上。其中对西域各民族墓志的梳理与研究，如严木初及吴明冉《唐代少数民族碑刻述略》[②]、李永强《洛阳出土少数民族墓志汇编》[③]、周伟洲《乞伏令和夫妇墓志铭证补》[④]、张金杰《唐代西域墓志研究》[⑤]等；对中亚粟特人墓志的研究，如毛阳光《洛阳新出土唐代粟特人墓志考释》[⑥]、张玉霞《隋唐洛阳粟特移民分析》[⑦]、李鸿宾《安菩墓志铭再考——一个胡人家族入居内地的案例分析》[⑧]；对西亚波斯人墓志的研究如徐晓鸿《〈阿罗憾墓志铭〉释义》[⑨]等。墓志铭文对于确定墓主人的族属或生平是最直接的证据，有助于研究河南、山西、河北地区西域人保持其民族特色及汉化的部分，并分析其汉化程度的深浅。

由上，丝绸之路由两汉时期开启，至隋唐时期东西方政治、经济、文化的交流已达至高峰，丝绸之路也繁盛无比。此期间西方文化全面输入中国，输入的形式和内容几乎遍及社会生活的各个方面。从服饰、建筑、艺术、宗教到西方人士直接定居中国境内，在考古学上留下了许多痕迹，为

---

① 邹满星：《唐代墓室壁画人物画“胡化”风格研究》，陕西师范大学硕士学位论文，2008年。

② 严木初、吴明冉：《唐代少数民族碑刻述略》，《前沿》2013年第6期，第177～179页。

③ 李永强：《洛阳出土少数民族墓志汇编》，郑州：河南美术出版社，2011年。

④ 周伟洲：《乞伏令和夫妇墓志铭证补》，《西北民族论丛》（第十三辑），北京：社会科学文献出版社，2016年，第80～89页。

⑤ 张金杰：《唐代西域墓志研究》，新疆师范大学硕士学位论文，2016年。

⑥ 毛阳光：《洛阳新出土唐代粟特人墓志考释》，《考古与文物》2009年第5期，第75～80页。

⑦ 张玉霞：《隋唐洛阳粟特移民分析》，《中州学刊》2020年第3期，第139～145页。

⑧ 李鸿宾：《安菩墓志铭再考——一个胡人家族入居内地的案例分析》，《唐史论丛》（第十二辑），西安：三秦出版社，2010年，第160～181页。

⑨ 徐晓鸿：《〈阿罗憾墓志铭〉释义》，《天风》2019年第7期，第24～26页。

我们研究古代中外文化交流史提供了宝贵资料。故本卷选取汉唐时期的重要墓葬为基点来支撑河南、山西、河北地区涉及“一带一路”沿线国家殡葬文化遗产的研究，其他朝代不再提及。

第一章 两汉时期

两汉时期，随着西汉张骞两度出使西域和东汉班超对西域地区的经营，汉王朝同西域诸国建立起了政治和经济上的联系，形成了我国古代最早最重要的东西方文明交流通道“丝绸之路”，其范围囊括汉地、中亚、西亚、罗马以及南亚次大陆。从考古发现所反映的情况看，丝绸之路的开辟，不仅极大地加快了物资的流动，还相应带动了文化、技术的交流。域外的金银工艺、玻璃制造、毛纺织等技术也随着商品和人员流动传入中国境内。中国玻璃制造技术、金银掐丝工艺、缂丝等，都是在这一背景下产生的。北方草原和西域的文化艺术题材对中原地区的影响甚为广泛，尤其对河南地区的影响最大。现将河南地区涉及西域文化因素的汉代墓葬列举如下。

一、新野樊集汉画像砖墓[①]

1985年，新野县文化局进行文物普查时，在县城北约12公里的樊集征集到十数方颇有价值的画像砖。发现北起安乐寨，南至潦口，绵亘三四公里的地区，散布有许多战国至宋代的古墓葬。几年来，共清理古墓51座，其中战国墓2座，汉墓47座，宋墓2座。这批墓封土已不存，各墓墓底距地表深度不一，多在2.5米左右。墓门朝向东、南、西、北四个方向，向西的墓较少。

新野县樊集乡吊窑M6、M28、M40出土有射鸟、拜谒、舞乐、胡人稽戏画像砖；M11、M42出土有凤阙、执棨戟门吏、拜谒、胡人稽戏画像

---

① 顾英华、周巧燕：《略论南阳汉墓中的“胡人”形象文物》，《中原文物》2012年第3期，第82～87页。

砖；M30出土有舞乐稽戏、胡人骑驼画像砖；M37出上有射鸟、西王母、虎熊相斗、车马骆驼画像砖和胡汉战争画像砖。

图1.1　射鸟、拜谒、舞乐、胡人稽戏画像砖

射鸟、拜谒、舞乐、胡人稽戏画像砖：1989年11月新野县樊集乡吊窑M6出土。长107、宽23、厚5.5 厘米（图1.1）。该画像砖为长条形。上有一树，枝叶扶疏，枝间小鸟嬉戏。树下二人，一人开弓射鸟，一人手提一鸟仰面上指。中间为拜谒，其中跽坐作讲话状者为主人。下部为舞乐，一胡人，体格高大健壮，头戴尖顶帽，侧身，口大张，右臂向后摆动，左臂向上举起，赤裸上体，袒胸露脐，挺腹凹腰，下穿宽腿喇叭裤，右脚着地，左腿屈膝抬起，双臂挥动，作拍手踏足的舞姿，呈现出粗犷稚拙、憨态可掬的形象，令观者忍俊不禁；左边三人中，一人弹琴，二人边抃边歌。此题材的画像砖在该墓中共出两块，内容大同小异，两块画像中的胡人形象显而易见，其头戴的尖顶冠，殊异于汉画中所见中原地区人民的著冠方式，真实再现汉代统治阶级的现实生活。同样题材的画像砖在M28、M40也出土有两块。

凤阙、执棨戟门吏、拜谒、胡人稽戏画像砖：1989年11月新野县樊集乡吊窑M11出土。长108、宽24、厚6.5厘米（图1.2）。该画像砖为长条形。上为凤阙，朱雀昂首挺胸，展翅，阙前一门吏，着右衽长襦，执棨戟而立。中间为拜谒，其中斜躺者应为主人。下部为乐舞，两胡人上下相对，其中一人体格高大，二人侧身相向而立，均头戴尖顶帽，深目高鼻，口大张，下巴前翘，一臂摆动，一臂向上举起，赤裸上体，大肚外凸，下穿宽腿喇叭裤，正在做稽戏表演，右边二人中，一人弹奏，一人击鼓。展现出胡人在歌舞乐队中所扮演的重要角色。同样题材的画像在M42也出土有3块。

舞乐稽戏、胡人骑驼画像砖：1989年11月新野县樊集乡吊窑M30出土。长94、宽23、厚5.5厘米（图1.3）。该画像砖为长条形。上部为拜谒，其中跽坐作讲话状者为主人。中为舞乐稽戏，一人婆娑起舞，长袖飘起，一胡人体格高大健壮，头戴尖顶帽，侧身，口大张，右臂向后摆动，左臂向上举起，赤裸上体，大肚外凸，下穿长裤，正在做稽戏表演：左边三人中，一人抃，似亦是讴歌者，一人弹琴，一人吹籥。下部是胡人骑驼，一胡人头戴尖顶冠，双手驭缰，骑驼缓行。这幅画像砖在新野县出土，反映了西域民族与中原人民的密切交往。

射鸟、西王母、虎熊相斗、车马骆驼画像砖：1989年11月新野县樊集乡吊窑M37出土。长115.5、宽25.5、厚6厘米（图1.4）。该画像砖为长条形。上部为射鸟。次为西王母等，西王母跽坐，手执芝草，前有羽人，双臂前伸，作乞求状，羽人之右，为玉兔捣药。再次为熊、虎，状甚凶悍，可能系传说中的神虎和方相。熊虎下为车，车前四马作惊立状。车上两人，手挥长鞭，弹压惊马，下有一驼，引颈远望。骆驼是西域边地少数民族放牧的主要牲畜之一。《史记 · 匈奴列传》云：“匈奴，其先祖夏后氏之苗裔也，曰淳维。唐虞以上有山戎、猃狁、荤粥，居于北蛮，随畜牧而转移。其畜之所多则马、牛、羊，其奇畜则橐驼、驴、骡、駃騠……”汉匈和亲，匈奴曾以“橐驼”等作为和亲礼物进献。画面上畜牧骆驼的区域是明确的，戴尖顶帽的骑驼者必是生活在这一区域的胡人。

胡汉战争画像砖：1988年5月新野县樊集乡吊窑M37出土。该画像砖为长方形，长122、宽32.5厘米（图1.5）。画左为山峰，山巅上三人：一人执棒跽坐，似是战争的指挥者，一武士须发怒张，执杖交腿而坐，一蹶张正用脚开弓。山间有疾奔的战马五匹。山坡上一队胡兵，皆张弓劲射。山前是胡汉鏖兵：战马奔驰，有控弦远射的，有提首级回阵的，又有驱赶战俘的。右边一体形高大者立于台上，正欲抽剑。其前有四颗首级和四个拜谒者，其下设兰锜，兰琦上插一斧，挂一盾牌。此方画像反映的内容表明了墓主人有可能是直接参与者，以期用这块画像砖作为冥室建材，铭刻自身光辉事迹。

新野县樊集乡吊窑中出土的汉画像石砖上所刻画的胡人形象，足以使我们从实物资料上看到，他们在南阳这块富饶的土地上生活的场景，也生动反映了两汉时代随着丝绸之路的开通，西北少数民族和汉民族之间的文化交流。

图1.2　凤阙、执棨戟门吏、拜谒、胡人稽戏画像砖

图1.3　舞乐稽戏、胡人骑驼画像砖

图1.4　射鸟、西王母、虎熊相斗、车马骆驼画像砖

图1.5　胡汉战争画像砖

二、南阳中建七局机械厂汉画像石墓[①]

1995年，南阳市文物研究所在对南阳中建七局机械厂住宿楼进行文物钻探时发现汉代画像石墓一座。该墓地位于南阳中建七局机械厂院内东部，墓葬所处位置高于周围地区，墓顶距地表60厘米。坐西向东，方向76°。平面呈长方形，东西长3.87米（不含墓道），最大宽度4.16米。该墓为砖石混合结构，为画像石墓，由墓道、墓门、前室、北主室、南侧室和中主室六部分组成。石料主要用于门楣、门柱、过梁、梁柱等部位。

图1.6　河南南阳中建七局机械厂汉画像石墓胡人说唱俑

该墓共出土陶器60余件、铜钱60余枚、陶钱72枚、铁器3件、料珠100余粒。其中胡人说唱俑1件。

胡人说唱俑1件（图1.6），标本M：51，高22厘米，跪坐姿。宽袖，长裙，下摆后置盖腿足。上体直立，微向前倾。头戴冠。从正面看，冠似正方形，冠顶如舌状向前弯曲。高鼻，两臂弯曲前伸，手中可能持有物件。

三、南阳市东苑私营工业开发区M132[②]

1994年夏，南阳市文物工作队在南阳市东苑私营工业开发区M132基建工地发掘清理了古墓百余座。其中M132是唯一一座画像石墓，从其特征看，应为东汉墓葬。该墓坐北朝南，大部分券顶尚存，方向184°，系砖

---

① 南阳市文物研究所：《南阳中建七局机械厂汉画像石墓》，《中原文物》1997年第4期，第35～47页。

② 李伟男、李东黎：《南阳市新发现东汉胡奴陶俑》，《华夏考古》1999年第3期，第109～110页。

石混作构筑，平面呈长方形，由前室和东西二主室组成，长4.85、宽2.92米，6块画像石上刻画像16幅，多集中于前室，包括过梁、二立柱及主室门下槛石上。由于M132曾遭盗掘，随葬品大多不存。

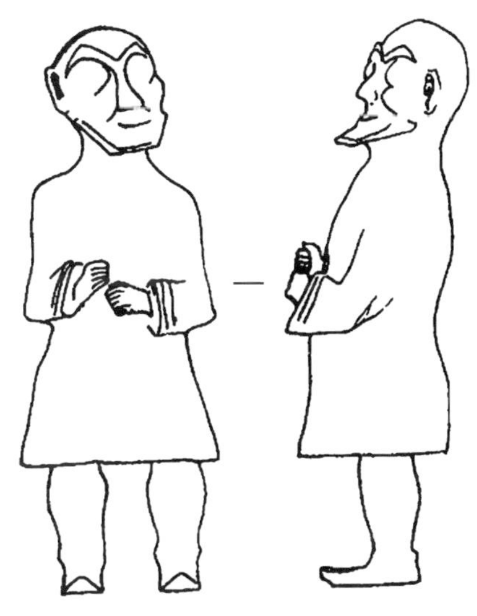

图1.7　河南南阳东苑私营工业开发区M132胡奴俑

该墓出土胡奴俑2件（图1.7）。均为泥质灰陶，中空，大小形制风格相同，形体高大剽悍。人物圆首光头，深目高鼻，蓬胡，下颌上翘，着短衣紧身裤尖头靴，双手握拳，拳孔相对，原似持握有一长柄状物。参照胡人汉画图像资料，其手中所执应为钺或棨戟，有守卫死者之意。2件陶俑通高78厘米。在俑的头顶、足跟及上体正下部各有一圆孔，孔穿胎壁与中空部相通，估计是为了便于晾坯和烧制。出土时，俑体局部尚残存有白衣红彩。人物造型粗犷豪迈，古拙浑朴，人体上部比例较为匀称，表情栩栩如生。

第二章　魏晋南北朝时期

魏晋南北朝时期，中外文化的交流比秦汉时期有显著的发展。中西交通之路大开，西方文化源源不断地输入中国。西方的大秦（罗马帝国）、西亚的波斯（萨珊王朝）、中亚的大月氏（贵霜王朝）和昭武九姓诸国、南亚的五天竺诸国等，都通过陆路或海路与当时的中国产生联系。各国使者、商人、僧侣和求法者不断入华，也使各地的物资（包括丝绸、玻璃制造技术，农作物、香料、珠宝、奇珍异兽等）、科学技术、艺术和宗教也得以交流。

从汉代开始已经稳定下来的内陆、草原和海上丝绸之路在魏晋南北朝时期得到了继承和发展。魏晋南北朝时期的丝绸之路将南北各政权的首都和重要地区串联在一起，西方珍品甚至西方人的聚落主要分布在这些地点。故魏晋南北朝时期洛阳、平城（大同）、晋阳（太原）、邺城（河北临漳及河南安阳）及周边地区等达官贵人墓葬中多有发现西域文化因素的痕迹。现将河南、山西、河北地区涉及中外文化交流的墓葬详述如下。

第一节　河南地区

魏晋南北朝时期，河南地区是中西交通的重要通道，曾一度取代河西道成为丝绸之路的主干区域，而且是连接南方政权和北方少数民族政权最主要的通道，不仅加强了各政权之间政治军事上的密切往来，而且促进了各方经济和文化的交流与发展。河南是当时魏晋南北朝重要都城洛阳的所在地，北魏孝文帝迁都洛阳后，国祚延续了近一个世纪之久。在此期间洛阳及周边地区的社会经济不断发展，民居与宗教建筑陆续兴建，中外各地人口也迁徙汇聚至此，西方文化的全面输入使洛阳及周边地区成为当时民族融合和文化交流的中心区域，在考古学上留下了许多痕迹。

一、河南安阳北齐范粹墓①

1971年，河南省博物馆于河南省安阳县城西北三十华里的洪河屯村发掘了范粹墓，安阳地区文卫局及县文卫管理站也参加了清理工作。墓地在村西北约半华里处，北邻漳河，南近洹水，东北距"西门豹祠"十五华里。墓室为一坐北向南的土洞，洞室部分坍塌，就残存痕迹看，墓顶应为穹隆状。墓室平面呈方形，长2.88、宽2.7、高2.26米，墓的深度以土洞底部计算，距地表5米。墓道位于墓室南端的中央，墓室、墓道之间有长0.5、宽0.9米的甬道相接。墓道狭长，平面略呈梯形，且上窄下宽，其纵断面呈斜坡状。墓道口长11.10、宽0.65、斜坡长11.35、墓道底宽1.3米。墓道口距地表0.50米。墓门高1.65、宽1.05米。在墓门与墓道之间用绳纹小砖封堵。墓的方向，以墓道的两壁为准，为北偏东10°。

范粹，史书无传。据墓志中记载："公讳粹，字景纯，边城郡边城县人也。"关于墓志中记载的边城郡、边城县的位置，据顾祖禹《读史方舆纪要》卷五十"光山县下"云："茹由城，在县南六十里……后魏复改置边城郡于此，高齐废。"另据其墓志记载："自溯迹陶唐启邑，随范士多以矜蕙见美，文子巨知人取誉，仍滋厥后，世禄相承，旧德前基，风猷弥郁。"由此，可以推测范粹家族应为汉人，从其27岁即已获封北齐的骠骑大将军这一高级官职情形推测，其家族有可能为名门或望族。

范粹墓出土随葬器物共计77件，除墓志及常平五铢钱二枚外，其余75件都是陶、瓷器。这些陶、瓷器可分为陶俑、家畜、家禽及其他器具模型和生活日用器皿等。其中出土鲜卑侍吏俑8件、侍役胡俑3件、黄釉瓷扁壶4件、白釉莲瓣纹四系罐2件，含有较多西域文化因素。

鲜卑侍吏俑8件。分两式：Ⅰ式4件。头着圆顶风帽，外披枣红色套

---

① 河南省博物馆：《河南安阳北齐范粹墓发掘简报》，《文物》1972年第1期，第47～57页。

衣，内着长衣，双手拱于胸前，拳上有孔以插所执器物。眉、须描墨，作鲜卑人侍吏模样。通高22厘米。Ⅱ式4件。头着尖顶风帽，短衣窄袖，左肩斜背宽带行囊，左手上扶囊带，右手下垂握拳略向前伸，拳上有孔以插执物。形体较Ⅰ式稍低。

侍役胡俑3件。陶胎分别用红、灰两色合模制成。面部施白粉，深目高鼻，脑后梳一短辫。上身穿窄袖褶衣，下着裤，腰束带，左肩斜背囊包一件，左手扶背带，右手微向前伸。就发饰形象及衣着看，与洛阳出土的隋代白陶带釉胡人侍役俑较为近似。

黄釉瓷扁壶4件。形制相同，模制，高20厘米。形体扁圆，上窄下宽，敞口短颈，颈与肩连接处施联珠一周。两肩各有一孔作穿带用。壶身全施菊黄色釉，底部并有凝脂状酱色釉珠，釉色不均匀。底不挂釉（其中两件已破碎）。该壶以两幅乐舞场面最为突出，即在一杏仁状边框内刻画出五人一组的乐舞活动形象。中央一人婆娑起舞于莲座上，右手前伸，左手下垂，双足腾跳，反首回顾，动态盎然。左边二人：一有髭须者双手持笛吹奏。另一人，侧身，注视舞者，双手前伸作打拍状。右边二人：一人手执五弦琵琶作弹奏状，另一人面向舞者，双手击钹。唐刘言史诗云：“跳身转毂宝带鸣，弄脚缤纷锦靴软。四座无言皆瞪目，横笛琵琶偏头促。”正是这一场面的写照。五人均高鼻深目，身穿窄袖长衫，腰间系带，着靴，可能属当时西域人形象（图2.1）。

图2.1　河南安阳北齐范粹墓黄釉扁壶

黄釉扁壶腹部模印的胡腾舞是一种流行于古代西域的民间舞蹈。范粹墓中共出土有此类型的黄釉扁壶4件，可以看出来自西域的胡腾舞在北齐时期应当有着较为广泛的影响。从黄釉扁壶的乐舞画面，也能反映出范粹生前享乐生活的一个侧面。

白釉莲瓣纹四系罐2件。高20厘米，肩附四系。腹部以上塑覆莲10瓣，并施乳白釉，腹部以下至底均不施釉。莲瓣宽肥，瓣尖微卷，造型优美（图2.2）。

该器物体现出西域宗教因素。莲花纹饰是我国传统的纹饰，佛教中莲

图2.2 河南安阳北齐范粹墓白釉莲瓣纹四系罐

花是净土的代表。北朝时期佛教盛行，佛教文化渗透到社会各阶层以及各个领域。我国传统的莲花纹饰与佛教文化相结合，莲花的表现形式与内容日趋丰富。白釉莲瓣纹四系罐的莲瓣纹是北朝时期最为流行的植物纹饰。莲花纹在瓷器、砖瓦器、石窟中广为应用。而黄釉扁壶壶身所绘的乐舞图案，亦能见到莲花纹饰。

二、河南焦作化电集团西晋墓①

2003年10月，焦作市文物工作队于焦作市解放东路南侧、全国重点文物保护单位“山阳故城”北城墙西端北200米处发掘该墓（2003JHM1）。该墓为单室弧壁四角攒尖顶砖室墓，墓向为86°，由墓道、甬道、墓室及耳室组成，砖铺地。

该墓清理出武士俑、牛车、角兽、马、灶、井、多子槅、俑等23件（套）。其中出土武士俑1件。

该武士俑（标本M1：1），泥质灰陶，站立状，右腿直立，左腿向左

① 焦作市文物工作队：《河南焦作化电集团西晋墓发掘简报》，《中原文物》2012年第1期，第4～7页。

图2.3 河南焦作西晋墓武士俑（M1：1）

侧迈出一步，人体重心偏右。锥形高髻，突目大鼻，阔口，大耳。右手握拳上举，拳心中空，原应握有一物；左手向左下伸出，大拇指向上挑出，四指紧握。上身着圆领窄袖短袄，腰束带，下穿肥裤。高36.8厘米（图2.3）。

三、北魏侯掌墓[①]

1985年秋，河南省洛阳市文物工作队配合孟津县玻璃厂扩建工程，在洛阳市孟津县邙山乡三十里铺村东北约1.5公里处，发掘清理了4座汉至北魏的墓葬。墓葬地处邙山南麓、南距汉魏洛阳城约3公里。4座古墓自西向东依次编为C10M19～22。其中M19为汉墓，其余3座为晋至北魏墓。其中北魏侯掌墓（M22）位于工地东部，西距M21约85 米。此墓为单室土洞墓，墓向195°。自南向北为墓道、甬道和墓室。

据志文知，墓主侯掌，字宝之，“上谷郡居庸县崇仁乡修义里人也”。北魏孝明帝正光五年（524年）卒于洛阳“延寿宅”，卒年69岁，葬于芒阜陵谷。生前曾任上谷郡中正、燕州治中从事史等官。侯掌及其三代祖先皆不见于《北史》《魏书》等史籍，其生平事迹无从详考。

该墓出土完整器共60件，除1枚铁棺钉、1合石墓志外，均为陶器。其中出土陶男胡俑4件。

陶男胡俑4件（标本M22：17、M22：34、M22：46、M22：47）。形制、大小均基本相同。其中，标本M22：46，高鼻深目，双目凝视，络腮胡。身着圆领长袍，腰束带， 鞋尖微露。右臂下垂，左臂弯曲置于胸前，双手均握拳， 拳中有孔，原应持物。高17厘米。

---

① 洛阳市文物工作队：《洛阳孟津晋墓、北魏墓发掘简报》，《文物》1991年第8期，第48～61页。

四、北魏元邵墓[①]

1965年7月，洛阳博物馆于洛阳老城东北4公里盘龙家村南0.25公里的邙山半坡对北魏元邵墓进行了清理发掘。元邵墓为土圹洞室，墓上无冢。斜坡墓道，南向，略偏东，方向5°，长10.35、宽1.45、入口处距地表深0.5、进墓门处深9.8米。墓门用小砖封闭。甬道为拱形顶，高1.46米。墓室近似方形，长4、宽3.9米。四壁稍向外弧，顶部呈四角攒尖状。

元邵《魏书》《北史》均无传，据墓志称："王讳邵，字子开，孝文皇帝之孙，丞相清河文献王之第二子也。武泰元年太岁戊申四月戊子朔十三日庚子，暴薨于河阴之野。时年二十有三。"按《魏书·孝庄纪》，由于北魏统治集团的内部倾轧，武泰元年（528年）发生了尔朱荣屠杀灵太后以下诸王贵族公卿二千余人的所谓"河阴之役"，元邵就是当时被杀者之一，当时元邵为常山王。以后，尔朱荣为巩固其统治，又上书元子攸，追赠"河阴之役"死者封号，故志载邵"追赠侍中、司徒公、骠骑大将军、定州刺史"并谥曰"文恭王"。于"建义元年七月，丙辰朔，五日庚申，葬于瀍水之东二里，黄土岗之上"。志中称"常山文恭王"应是爵号与谥号并称，可补史籍之略。

该墓出土随葬器物共计百余件，包括陶俑115件，陶动物模型6件，镇墓2件，陶器9件，墓志1方。其中出土长衣俑2件，童俑1件。

长衣俑2件。皆卷发，扎髯，深目高鼻，穿红色圆领大衣，长袴，高15.3厘米（图2.4）。

童俑1件。蹲坐，右手抱头，左臂横置膝上，埋头于两臂间，只露出满头卷发，上穿赤色长袍，腰束带，红袴，长筒靴。高9.6厘米（图2.5）。

元邵墓着装风格表明，鲜卑北魏在继承北方少数民族服饰文化成果的同时，已有接受汉人文化的强烈要求。墓中所出陶俑，既有身着便于骑射、紧身干练胡式服饰的陶俑，也有褒衣博带、巾袖飘曳的汉装俑人。更有一些陶俑头戴胡式风帽，身着汉式宽袖大衣，同时着北方少数民族盛行的袴褶，胡汉文化习俗相互染袭浸润，形成北魏洛阳陶俑的鲜明特色。

---

① 洛阳博物馆：《洛阳北魏元邵墓》，《考古》1973年第4期，第218～224页。

图2.4　河南洛阳北魏元邵墓长衣俑

图2.5　河南洛阳北魏元邵墓童俑

五、北魏元睿墓[①]

中国社会科学院考古研究所河南二队于河南偃师杏园村之南的厂区内清理了元睿墓。该墓为单室砖券墓。由墓道、甬道、墓室三部分组成。墓道平面呈长方形，剖面呈竖井平底状，长4.5、宽1.6、深9米。墓道口之上有4米厚堆土，是首阳山麓多年山洪冲刷形成的淤积土层。墓道两壁规整，内填花土，经过夯实，最深处超过墓室底约10厘米。方向173°，坐北朝南。

元睿（？～528），字子哲，河南洛阳人，鲜卑族。北魏宗室大臣，献文帝拓跋弘之孙，相国高阳王元雍之子。轻视功名利禄，喜爱弹琴看书，起家通直散骑侍郎，升任卫尉少卿，转任光禄少卿，封为济北郡王。

① 中国社会科学院考古研究所河南二队：《河南偃师县杏园村的四座北魏墓》，《考古》1991年第9期，第818～831页。

建义元年（528年），遇害于河阴之变，追赠车骑大将军、司空公、雍州刺史。

该墓出土完整及大体完整的器物共计43件。包括各类陶俑24件，牛车马模型器4件，陶器8件，瓷器4件，还有铜簪、石墓志及铁棺钉等，其中出土胡人相男侍俑1件。

胡人相男侍俑1件，标本M914：22（图2.6）。头戴小毡帽，身着对襟长衣，腰束带，带上附4枚环状物。嘴勒一细带，似衔状，下颌有须，双臂及腿部残缺，残高17厘米。

杏园元睿墓的发掘，为今后归纳排比洛阳地区北魏墓总体特征方面，又补充了一些新资料。

图2.6　河南偃师北魏元睿墓胡人相男侍俑（M914：22）

六、洛阳王温墓①

1989年冬，洛阳市文物工作队于河南洛阳孟津北陈村东南15公里处对墓葬进行了抢救性发掘。该墓为单室土洞墓（编号C10M68），方向170°，由墓道、甬道、墓室三部分组成。墓道只发掘了北侧1.8米长的一段，宽0.8米，两侧和北壁均为垂直土坑，平底，底部距地表11米。甬道平

① 洛阳市文物工作队：《洛阳孟津北陈村北魏壁画墓》，《文物》1995年第8期，第26～35页。

面近方形，长1米，拱形顶，高1.2米。甬道内平置石墓志1块。墓室平面近方形，南北长2.8、东西宽3米。其四壁平直，高1.6米处内收结顶作穹隆状，但墓顶中部已塌落。墓室东壁保存有壁画。其他诸壁亦见彩绘痕迹，但脱落严重，壁画内容已无法辨识。墓室内屡遭盗劫，散见棺钉和人骨。

墓主王温，正史无传。从志文看，其在景明年入仕，任平原公国郎中令、燕国乐浪中正，迁济州刺史司马。延昌四年（515年）转长水校尉，假节征虏将军除镇远将军后军将军。普泰二年（532年）转安东将军，不久病逝于昭明里宅。太昌元年（532年）十一月葬于洛阳邙山“岐坑之西原”。死后赠使持节抚军将军、瀛州刺史。王温是北魏的一名异姓将领，其葬地偏居北魏景穆元姓家族墓地之北约5公里外。

该墓清理出随葬器物36件，计有陶武士俑、骑马俑、男侍俑、伎乐俑、跪坐俑、思维俑、羊、仓、瓶、灶、盘、壶、车及铁器、铜钱等。

思维俑1件。形体矮小，头戴毡帽，发卷曲，高鼻深目，络腮胡，为胡人形象。身粉白色回领窄袖袍，足穿白色高靴，左腿平屈，右腿蹲直，头向右侧倾斜，右手支托头侧，左臂自然下垂，垂目作思维状（图2.7）。

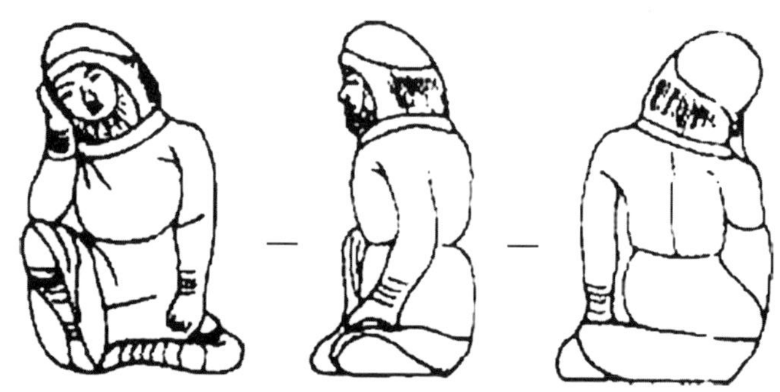

图2.7　河南洛阳北魏王温墓思维俑

七、北魏杨机墓①

2005年4月，洛阳博物馆对北魏杨机墓进行了调查，该墓位于洛阳市宜阳县丰李镇马窑村三道岭。这里地势高亢，视野开阔，东望伊阙，西临

① 洛阳博物馆：《洛阳北魏杨机墓出土文物》，《文物》2007年第11期，第56～69页。

飞山，南低北高，是一处北魏时期的墓葬区。

杨机祖籍天水冀县，其祖父杨伏恩在北魏初年将家搬到洛阳。杨机生于洛阳长于洛阳。杨机虽出生于身份较为低微的士族之家，年少时，颇有志向和气节，被当时的名流所赞赏。24岁时，任河南尹功曹，后担任过平南长史和洛阳令等职。不仅非常能干，而且为政清廉、公正无私。

史料记载，北魏末年形成以高欢和宇文氏家族为首的两大军事集团。高欢为权力之争清除魏帝身边重臣，杨机成为这场政治斗争的牺牲品。永熙三年（534年），杨机与吏部尚书辛雄，仪同三司崔孝芬、刘钦等人，被高欢杀死于洛阳永宁寺。被杀前，杨机已官至度支尚书。

杨机墓出土器物百余件，包括陶俑、陶器皿、瓷器、石器等，其组合完整、数量较大。其中出土镇墓武士俑2件、武士俑22件。

镇墓武士俑2件。均为形体高大的站立胡人。

扶盾武士俑1件，标本903（图2.8），头戴圆顶兜鍪，蹙眉怒目，高鼻凸嘴，唇涂朱，身披明光铠，腰束宽带，下着缚裤。左手扶长盾，右臂下垂，手所持兵器已失。铠甲与盾面施红彩。高32.3厘米。

执剑武士俑1件，标本832（图2.9），头戴风帽，帽顶圆鼓，周围束带，顶部有“十”字形帽缝，其左右和后部下垂至颈，左右沿脸部外翻，用一带连于脑后。高鼻深目，张口露齿，口涂朱。身穿红彩风衣，领口挽结，两袖空垂，内罩白色长衣至地，双手拄剑于前胸，足蹬圆头靴。剑体施黑彩。高32.2厘米。

武士俑22件。皆为站立胡人形象。头、身分别模制，插合成一体。分3式。

Ⅰ式14件，高20.6～26厘米。标本917（图2.10），头顶挽一髻，髻后扎一倒三角形头巾。脸型瘦长，阔额凸眉，长耳高鼻，口微张，唇涂朱。耸肩，宽胸隆腹，身着红色大翻领右衽窄袖衫，腰束双带，下着缚裤，左臂屈垂，手贴腹侧，右臂下垂，手所持兵器已失。高20.5厘米。

Ⅱ式4件，高21～22厘米，手皆执盾。标本854（图2.11），基本形制同Ⅰ式，左手执盾挟于腰际，右臂下垂，手持兵器已失。高21.6厘米。

Ⅲ式4件，高21.5～22.5厘米，皆身穿盔甲。标本921（图2.12），头戴尖顶盔，额前束带结于脑后。上身披鱼鳞甲胄，后有顿项，腰束带，内罩红色窄袖长衫，下着缚裤。腰后挎箭箙，左臂屈肘，手贴腹侧，右臂下

图2.8 河南洛阳北魏杨机墓扶盾武士俑（标本903）

图2.9 河南洛阳北魏杨机墓执剑武士俑（标本832）

图2.10 河南洛阳北魏杨机墓Ⅰ式武士俑（标本917）

图2.11 河南洛阳北魏杨机墓Ⅱ式武士俑（标本854）

图2.12 河南洛阳北魏杨机墓Ⅲ式武士俑（标本921）

垂。高22.5厘米。

杨机墓的发现是洛阳地区北魏时期文物考古的重要收获。其墓志和随葬品的发现，为研究北魏后期政治斗争提供了新的实物资料。

八、衡山路北魏墓[①]

2007年1月，洛阳第二文物工作队配合位于310国道南、衡山路东下沟村西的红山工业园区洛阳佳隆冶金设备有限公司基建，发掘清理古代墓葬9座。其中1座北魏墓（HM621）虽被盗扰，但墓葬形制基本完整，随葬器物较多。

HM621为一座由墓道、甬道和墓室组成的单室土洞墓。方向185°。墓道位于墓室南端，长斜坡状，墓道口平面呈长方形，距地表0.4、口长8.1、宽1米。墓道底部长9.8米。甬道平面呈正方形，拱顶。长宽均为1.2米。墓室顶部坍塌严重，平面呈正方形， 长宽均为2.6米。墓壁齐整，墓室内棺木和骨架均无存。在靠近甬道的位置有一圆形盗洞。随葬器物多放置在墓室的东南角靠近甬道处。

墓葬出土的器物较少且均已残损，有陶器、瓷器、铜器、铁器、金器、银器及铅器等，另有俑头及陶俑、牛车等的残块。其中出土胡俑2件。

胡人俑2件（标本HM621：18、HM621：19）。标本HM621：18（图2.13），左脚略残，头戴风帽，深目高鼻，八字胡和络腮胡连成一体，口涂朱，左手似握物置于下腹部，右臂上屈，上身穿至膝长袍，束腰，脚蹬高筒圆头靴。高16.1厘米。

图2.13　河南洛阳北魏墓胡人俑（HM621：18）

① 洛阳市文物考古研究院：《洛阳涧西衡山路北魏墓发掘简报》，《文物》2016年第7期，第4～14页。

九、北魏染华墓[①]

1990年秋，偃师商城博物馆于北魏洛阳城以东5～10公里之间对北魏染华墓进行了抢救性发掘。该墓位于杏元村通往邙岭乡杨庄村的公路东侧约300米处，南距陇海铁路约1500米。据墓志可知墓主应该为染华。染华墓为一座墓道向南的土洞墓。方向200°。由墓道、过洞、天井、封门、甬道和墓室六部分组成。

染华，《魏书》《北史》均无传。据墓志称：“君讳华，字进乐，魏郡内黄人也”，“君统基承绪，在于旧京（平城），于时普选高门子晢卫皇宫，乃出身应召，得为领表”，“及迁鼎洛邑……太和廿年（496年）除皇子北海王（详）常侍，稍迁镇远将军、射声校尉”。于“正光五年（524 年）十月卅日构疾，崩于京都（洛阳）”。卒年“六十”岁。“皇上以迹业隆重，追赠乐陵太守”。北魏孝明帝（元诩）“孝昌二年（526年）岁次丙午十一月丙申朔十四日乙酉”葬于洛阳城东10公里，邙山之阳。

该墓出土随葬器物共计63件，除墓志为石质之外，其余为陶器和瓷器。其中出土舞俑1件。

舞俑1件。标本M7：12，胡人舞姿，单模制成。深目高鼻，浓眉，短发卷曲。窄袖胡服，腰束带，缚裤，长马靴。左臂半侧举，右臂平伸，作转体状，左腿直立，右腿抬起半屈。上身涂红，下身涂白。发、眉、髯涂有黑色。通高15.9 厘米。

十、洛阳纱厂西路北魏HM555（郭定兴墓）[②]

2001年8月，洛阳凯悦置业有限公司在纱厂西路以北0.3公里、东距纱厂1公里处，开发凯悦雅园住宅小区时，发现古墓30余座。对这批墓葬中

① 偃师商城博物馆：《河南偃师两座北魏墓发掘简报》，《考古》1993年第5期，第414～425页。

② 洛阳市第二文物工作队：《洛阳纱厂西路北魏HM555发掘简报》，《文物》2002年第9期，第9～20页。

的22座进行了发掘，其中有明确纪年的北魏墓1座（HM555）。据墓志可知，墓主应该为郭定兴，墓葬为单室土洞墓。方向160°。全长14.1、底深8.1米。由墓道、过洞、天井、甬道、墓室五部分组成。

根据志文，墓主人为郭定兴，太原晋阳人，河涧太守，“正光三年四月末遇患而卒”，北魏正光三年即522年。志文对墓主的家族成员作了介绍，对于墓主卒时年龄、主要事迹等未详叙述。而其弟安兴《魏书》有载：“世宗、肃宗时，豫州人柳俭、殿中将军关文备、郭安兴并机巧。洛中制永宁寺九层佛图，安兴为匠也。”因此，墓主应具有较高的社会地位。

该墓出土随葬器物共44件。包括陶俑26件，陶器17件，墓志1方。其中出土胡俑1件。

胡俑1件。标本HM555：8，双臂残。头戴带棱风帽，身穿圆领长袍，腰系带，脚穿高筒圆头靴。深目高鼻，右臂上屈，左臂微抬，脚下有长方形底板。似为牵驼俑。高18 厘米。

十一、安阳北齐和绍隆夫妇墓①

1975年9月，河南省文物研究所及安阳县文管会于河南安阳市北张家村西地对该墓进行发掘。墓葬为砖室结构，方向为南偏西9°。斜坡墓道、封门及甬道大部分已被破坏。其墓门为拱券顶，有封门砖。甬道高1.36、长1.20、宽1.12米。墓室平面呈弧方形，穹隆顶，室内为红色含沙淤土所填满，室高2.6米。墓壁为两横一竖式砖结构。墓底长3.6、宽3.5米。墓底西侧有砖铺棺床，厚约3砖，砖长0.36、宽0.16、厚0.05米。棺床上置有两具腐朽过甚的人骨架及数枚铁棺钉。

和绍隆，史书无传，据墓志载，乃清都临漳人，生于北魏孝文帝太和十六年（492年），卒于北齐天统四年（568年）。

墓志中详细记载了他的家族史和其升迁史。和绍隆的官宦生涯历经北魏、东魏、北齐三朝。前期多任内廷之职，屡次升迁，其所担任过的官

---

① 河南省文物研究所、安阳县文管会：《安阳北齐和绍隆夫妇合葬墓清理简报》，《中原文物》1987年第1期，第10～18页。

职达十余种，死后诏赠，使持节都督东徐州诸军事、骠骑大将军、东徐州刺史。太常定谥号曰恭子。荣宠有加。妻元华，据墓志载，生于北魏宣武帝永平二年（509年），卒于北齐后主武平四年（573年）。其家族声名显赫，七世祖为昭成皇帝，曾祖、祖、父均位居显官，权重一时。死后夫妇二人合葬于邺城西南十五里。

该墓出土随葬器物共250余件，有陶器、瓷器、墓志等。陶器可分为陶俑、家畜、家禽俑及部分生活用器与模型。其中出土按盾武士俑4件、胡俑12件、风帽俑33件。

按盾武士俑4件。形体高大，深目高鼻，造型生动。其中两件头戴兜鍪，中脊起棱，额前伸出冲角，两侧有耳护，耳护上又加一方形护。身披明光铠，胸背左右均佩有两片椭圆形护。肩有披膊，腰间束带，下着袴，腿裹裙。左手下按饰有狮子图案的长方形盾。右手弯贴于腹侧呈拳状，拳中有孔，似原持有兵器。兜鍪、衣加施赭红，盾加施橘黄。标本M1：195，高53.5厘米。另外两件基本相似，只是胸背左右的圆护较小，盾牌上无狮面图案。

胡俑12件。分两式。

Ⅰ式：7件。深目高鼻，面部施白粉，脑后梳一短辫。右袒，内着圆领偏开短衣，外套窄袖褶衣，腰束带，下着缚裤。左手握成拳贴于胸前，拳中有孔，似手持有物。右手弯贴于腹右侧。左肩斜背囊包。上衣加施橘黄色M1：186，高23厘米。

Ⅱ式：5件，深目高鼻，头戴兜鍪，内着窄袖衣，外披裲裆铠，铠上有甲片三排，甲片作圆角长方形。身后斜背箭箙，右手紧握成拳，置于胸前，原持有兵器，左手下垂略弯贴于腹左侧。兜鍪及铠加施赭红。标本M1：187，高23.4厘米。

风帽俑33件。状似鲜卑人。分两式：Ⅰ式17件。头戴圆顶风帽，身穿宽袖合口套衣。颌下打结系缚，双手拱于胸前，手中有孔，作持物状，风帽与套衣加施橘黄色。标本M1：62，高24厘米。其中有3件形式同上，唯面庞丰满，颌下所打之结较短，而且外披赭红色套衣。Ⅰ式16件。头戴尖圆顶风帽。右袒，内着圆领偏开衬衣，斜套宽外衣，下着缚裤。左肩斜背宽带行囊包，双手紧握成拳，左手置于胸前，右手弯贴于腹右侧。双拳留孔，似原执有物。腹部也有一孔，所附之物不明。风帽加施赭红色，内衣加施橘黄色。标本M1：154，高23.5厘米。

和绍隆夫妇合葬墓的发现，为我们研究北朝时期的政治、经济、官制、地域、风俗及民族史、服饰史、陶瓷史、雕塑艺术的发展均提供了一批新的实物资料。

十二、安阳县固岸墓地2号墓①

为配合南水北调中线总干渠一期工程建设，河南省文物考古研究所组成固岸考古队，从2005年7月开始对固岸墓地总干渠范围内部分墓葬进行了考古发掘，并取得了重要收获。墓地范围南起固岸村，北至漳河南岸，西越固岸村，东过吉庄。南水北调总干渠中线工程在固岸村东墓地的中部呈西南向东北方向穿过。M2位于河南省安阳市安阳县安丰乡固岸村。

M2为土坑洞室墓，由墓道、甬道和墓室三部分组成，全长10.75米，方向165°。墓道平面近似长方形，全长7.50米，宽为0.75～1米，南高北低，呈阶梯状共有8层， 墓道上端距墓葬开口深0.67米，墓道底端距墓葬开口4.50米。甬道长1米，距开口深3.30 米，上宽下窄，券形顶。墓室平面呈前窄后宽梯形，拱形顶。

该墓随葬品较为丰富，以陶器为主，部分为瓷器，另有少量铜器、铁器、骨器。其中出土武士俑2件。

武士俑2件。1件位于墓门右侧，1件仰面倒于墓室中部、棺床的前面。二者都是面部狰狞，头戴盔，身着明光铠甲，外披护膊，右手下垂，左手扶一盾牌。根据其形态可以分为两型。

A型：1件。素面武士俑。标本M2：34，男俑，泥质灰陶。位于墓室门内侧右边， 面门而立。头戴盔，两侧有外突护耳。面部白净，粗眉大眼，高鼻梁，阔口微张。上身着红色明光铠甲，肩部有披膊，胸前后左右各嵌有一个椭圆形护心镜，领前有花结，腰间束带，腹部为札甲，下着裤，脚穿靴，铠甲的所有边缘都包有红色宽边。所戴的头盔中脊起棱，额前伸出突角，两侧有护耳，护耳上又有一层突起。右手下垂竖握，中

---

① 河南省文物考古研究所：《河南安阳县固岸墓地2号墓发掘简报》，《华夏考古》2007年第2期，第30～38页。

有一孔，故可知道当时手中应该握持有兵器；左手横于胸前，扶于盾牌之上，盾牌中间起脊，两边内折，似敞开的蚌壳，在其中部附有一兽头。盾牌置于人的左侧，高及胸部，下端触及地面。造型威武雄健。高44厘米（图2.14）。

B型：1件。短髭俑。标本M2：53，造型和标本M2：34基本相同，不同之处是其铠甲边缘包以红色宽边，铠甲的下摆为黑色包边。高鼻梁，怒目圆睁，阔口微张，上部有两缕胡须，下颌留有短髭，面部甚为狰狞。高44厘米（图2.15）。

图2.14　河南安阳固岸2号墓武士俑（M2：34）

图2.15　河南安阳固岸2号墓武士俑（M2：53）

十三、安阳固岸东魏墓M51①

2005～2007年，河南省文物考古研究所等对固岸墓地进行了考古发掘。墓地向东1.5公里处为西门豹祠旧址，向东15公里处为故邺城，北临漳

① 河南省文物管理局南水北调文物保护办公室、河南省文物考古研究所：《河南安阳市固岸墓地Ⅱ区51号东魏墓》，《考古》2008年第5期，第49～58页。

河，向西4公里处为渔阳。固岸墓地位于河南省安阳市北15公里处的安丰乡固岸村和施家河村。该墓地共分为两个发掘区，Ⅰ区位于固岸村东部，Ⅱ区位于Ⅰ区北部、施家河村东南，中间有幸福渠与Ⅰ区相隔。Ⅰ区以北齐时期的墓葬为主，Ⅱ区以东魏时期的墓葬为主。M51位于Ⅱ区中部。M51墓向朝南，方向175°。该墓为带有狭长斜坡墓道的单室砖墓，主要由墓道、墓门、甬道、墓室组成。墓室平面呈方形，四壁微向外弧，具有典型的东魏墓葬特征。从其有砖砌甬道和砖雕仿木结构墓门以及随葬陶牛车、俑等来看，此墓的墓主身份应该较高，绝不是一般的平民。

M51出土遗物共计52件，主要为陶器，还有个别铁器和铜钱。其中出土胡人相的扛物男俑2件。

扛物男俑2件。形制相同。体形纤细、瘦小。其中1件俑身着红色外衣，另1件俑身着酱黑色外衣。标本M51：47，头戴小冠，脸窄而长，高鼻深目。身着红色左衽长衣，袖端收敛，装有衽口。右手握拳，置于肩前，拳中有孔，应握有东西扛于右肩上，头微向左歪；左手握拳下垂，拳中有孔，似握有东西。高19.8厘米（图2.16）。形成北魏洛阳陶俑的鲜明特色。

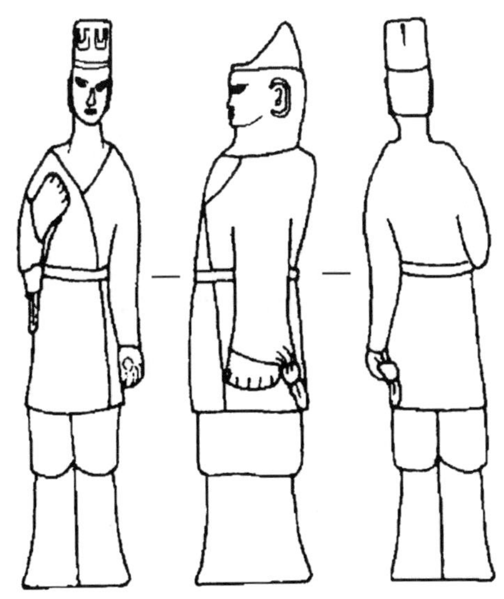

图2.16　河南安阳固岸东魏墓扛物男俑（M51：47）

第二节　山 西 地 区

山西地区地近边塞、民族杂处，因此是北方游牧民族与汉族融合的重要场所。其中山西太原（古晋阳）曾为东魏的夏都及北齐的别都，而山西大同（古平城）曾为北魏都城之一，都是当时的政治、经济重地。山西独特的地理条件以及内迁各族主动的政治文化改革促进了民族融合的进程，各族生活习俗、政权组织等都出现了汉化现象，从而促成了统一王朝的形成。

一、北齐韩祖念墓[①]

北齐韩祖念墓位于山西省太原市北郊小井峪乡小井峪村。1982年太原市文物考古研究所对韩祖念墓进行了发掘。该墓为北朝砖室壁画墓，墓葬年代为568年，由墓道、石门、前室、甬道和后室组成，后室内壁饰彩绘壁画。

韩祖念原为开府仪同三司。天统二年（566年）十月，齐后主高纬以侯莫陈相为太傅，任城王高湝为太保，娄睿为大司马，冯翊王高润为太尉，韩祖念为司徒。天统三年（567年）八月，北齐任命任城王高湝为太师，冯翊王高润为大司马，段韶为左丞相，贺拔仁为右丞相，侯莫陈相为太宰，娄睿为太傅，斛律光为太保，韩祖念为大将军，赵郡王高睿为太尉，东平王高俨为司徒。

该墓随葬品文化内涵丰富，墓葬出土遗物351件，大部分为陶俑、动物陶塑、陶器、少量釉陶器、铜器、琉璃器、金银器，另有墓主夫妇石墓志2合。陶俑形神兼备、情趣盎然，表现出强烈的生活气息；20件小型铜器、1件琉璃高足杯，造型优美、工艺考究，是太原地区北朝考古的重要

---

① 首都师范大学历史学院、太原市文物考古研究所：《北齐韩祖念墓出土玻璃杯考——兼论魏晋南北朝时期波斯玻璃器之东传》，《华夏考古》2020年第2期，第98～108页。

发现。其中一件完整的高足玻璃杯是典型的萨珊草木灰类型玻璃。

高足玻璃杯1件。上口径8.5、下口径4.5、腹径9.4、高10.1厘米，重198克（图2.17）。泛绿色不透明玻璃质，直壁，深腹，壁上饰有五排内凹磨花圆形纹饰，上下排错位排列。腹下有喇叭形底足，高足中部有算盘珠式的凸节，腹部有裂缝，内壁光滑，器物较完整，极具异域风格。结合器形、纹饰和文献记载，推测其应为波斯萨珊使者向北齐进献的贡品，为萨珊玻璃沿丝绸之路传播提供了新的证据，也为中西方文化与技术交流提供了重要依据。

图2.17　山西太原北齐韩祖念墓高足玻璃杯

二、大同方山北魏永固陵[①]

1976年4～5月，大同市博物馆及山西省文物工作委员会于山西省大同城北25公里镇川公社附近的西寺儿梁山（古称方山）的南部清理发掘了此墓。永固陵于太和五年（481年）开始营建，三年后即太和八年建成。冯氏墓俗称“祁皇墓”，墓葬建造在方山南部山顶玄武岩层之上，有高大的封土堆。封土堆现高22.87米，呈圆形，基底为方形，南北长117、东西宽124米。该墓为砖砌多室墓，建造于封土堆的中心，由墓道、前室、甬道、后室四部分组成。墓室南北总长17.60米。墓道向南偏东4°。

墓主为冯太后（441～490），长乐郡信都县（今河北省衡水市冀州区）人。北魏王朝杰出的女性政治家、改革家，文成帝拓跋濬皇后，献文帝拓跋弘嫡母。

1976年大同市文物考古工作者在方山永固陵发掘时，其中出土一件紫色玻璃环，其外径2.20厘米，光洁透明，肉眼可见环内有少量小气泡存在，为中西方文化与技术交流提供了重要依据。

① 大同市博物馆、山西省文物工作委员会：《大同方山北魏永固陵》，《文物》1978年第7期，第29～35页。

三、大同市南郊北魏墓群M107①

墓葬位于山西省大同市城南3公里的红旗村至七甲村一带，是御河（古如浑水）与十里河（占武周川水）的交汇处，中间有一块略微隆起的高地，俗称“张女坟”。1987年秋季，大同市电焊器材厂扩建工程中，在这里发现了古代墓葬。1988年8～11 月，山西省考古研究所和大同市博物馆联合组成考古队，对这批墓葬进行了发掘清理，出土了大批北魏时期的遗物。

此次发掘的墓葬，位于整个墓区的西北部，其东南部分在基建施工范围之外，故未能做全面揭露。除少数墓在施工初期被破坏外，实际发掘墓葬数量为167座，按类型可分为竖穴土圹墓、竖井式短墓道土洞墓、长斜坡墓道土洞墓和砖室墓四大类。

本次发掘共出土各类器物1088件（组），其中陶器748件、铜器（包括饰件）188件、金首饰14件、银器及首饰16件、玉类珠饰等69件、铁器及饰物27件，棺板彩画3幅，以及一些漆器及其残片。其中M109出土素面银钵1件、波斯刻花银杯（缺柄）1件、银钏1件、银笄1件、玛瑙珠饰1组；M107出土金耳环1件、珠饰1组、鎏金刻花银碗1件、玻璃碗1件；M180出土金耳坠1对。墓葬中发现的玻璃碗和鎏金刻花银碗，依据安家瑶、孙培良二位先生的观点，均为大约同时期波斯产品。

鎏金刻花银碗1件。标本M107：16，口径10.2、高4.6厘米。敞口，口沿以下微内收，圆腹，圜底。口沿下及上腹饰小联珠纹，腹部以“阿堪突斯”（Acanthus）叶纹划成四等分，当中有一圆环，环内有一男子侧身头像，深目高鼻，长发披肩，有很强的异域特色（图2.18）。

磨花玻璃碗1件。标本M107：17，口径10.30、腹径11.40、高7.50厘米，侈口，圆唇，颈部内束，圆腹外壁做4排椭圆状凹点。圆形圜底由6个相切的凹圆纹组成。颈部以下抛光，内壁光洁，外壁有土沁。该器物与美索不达米亚地区出土的玻璃碗造型极为相似（图2.19）。

---

① 山西省考古研究所、大同市博物馆：《大同南郊北魏墓群发掘简报》，《文物》1992年第8期，第1～11页。

图2.18　山西大同北魏墓群鎏金刻花银碗（M107：16）

图2.19　山西大同北魏墓群磨花玻璃碗（M107：17）

金耳坠1对。标本M180：1、30，以金丝对折成小环，下面扭成绳索状，衔接一扁圆形金珠，金珠下有一金片剪成的六瓣花，每一花瓣连一条小金索，下坠小铃，花心下以金链垂挂小金珠。耳坠通长3.85厘米。

波斯银器在大同地区已出土过数批，为研究北魏的商业贸易和中西交通提供了重要资料。

四、山西大同七里村北魏墓群①

2001年5月，在大同城南变电站工程建设中，发现一批古代墓葬。该墓群位于大同市城南3.5公里的七里村以北，东邻智家堡北魏石椁壁画墓1.2公里，北距北魏平城明堂遗址3公里，是御河（古如浑水）与十里河（古武周川水）的交汇处。这里地势开阔平坦，中间是微微隆起的平缓坡地，比周围地势略高。勘探表明这里分布着大批北魏墓葬，其中中南部墓葬相对疏朗，东北部排列比较密集，西部是砖场废弃后的堆积，以外的部分由于没有办理相应的土地征用手续，故未能做全面揭露。除少数墓葬在施工期间遭到破坏，实际发掘墓葬34座，除M13为东西向，其余全部坐北朝南，方向在180°～195°之间，按类型可分为长斜坡墓道土洞墓、砖室墓

① 大同市考古研究所：《山西大同七里村北魏墓群发掘简报》，《文物》2006年第10期，第25～49页。

两大类，每个类型中还可以分出不同的形式。

发掘出土各类器物约300件，根据质地可分为陶器、釉陶器、玻璃器、石器、铁器、铜铅饰件、金银首饰、玉石料器、漆器残片、墓铭砖等。其中出土胡俑1 件，玻璃器2件。

胡俑1件。标本M22：11，头戴分体式兜鍪，上有“十”字形缝缀线痕，人物头部尖耸，便于戴帽，面部凹陷，突出高鼻，戳刺出双眼和鼻孔，细颈，腰束粗带，上肢细小，右手上举，左手前屈，整个造型稚趣诙谐。高18.1厘米（图2.20）。

玻璃器2件。均为天青色，采用吹制成形，内含气泡较多，透明度不高。标本M6：6，玻璃碗，圆唇，直壁下收，圈足，上腹部饰凸弦纹一周。口径13、底径7.7、高5.9厘米（图2.21）。标本M20：1、2，玻璃瓶，器型小巧，卷沿，束颈，广肩，圆扁腹，平底。器盖呈球形，小尖嘴已残损。口径2.4、底径2.6、高5厘米（图2.22）。

此两件玻璃器均采用吹制成型，吹制技术是由叙利亚人发明。公元前1世纪，古埃及人掌握此工艺技术，后随着罗马帝国的扩张而得以传播。5世纪时由中亚工匠将此技术传入中国，后逐渐被北魏玻璃匠人掌握并广泛运用，为中西方文化与技术交流提供了重要依据。

图2.20　山西大同北魏墓群胡俑（M22：11）

图2.21　山西大同北魏墓群玻璃碗（M6：6）

图2.22　山西大同北魏墓群玻璃瓶（M20：1、M20：2）

五、山西大同迎宾大道北魏墓群①

墓葬群位于山西省大同市区东面3公里，御河（北魏称如浑水）东岸，齐家坡村东南约1公里的高坡台地上。1988年8～11月，山西省考古研究所和大同市博物馆联合组成考古队，对这批墓葬群进行了发掘清理。此次发掘清理的75座墓葬，墓向以南北向居多，东西向次之。开口均在0.2～0.3米的耕土层下，墓葬深度为1.2～8.2米，多数距地表4米以下，绝大部分墓道开口小于墓底，且近墓门宽度窄于墓道另一宽度。墓葬形制分竖穴土坑墓、土洞墓、砖室墓三类。

迎宾大道墓葬发掘出土遗物421件，有陶器、釉陶器、金银器、铜器、铁器、玻璃器、石器、骨器、玉石料器、漆器等。其中出土玻璃器8件。

玻璃壶，标本M16：4，淡蓝色半透明状，圆唇，喇叭形敞口，细长颈，圆肩鼓腹，近底内收，平底，肩饰凸弦纹二周，器表粗糙，多气泡，口、颈及底部较肩、腹部厚。通高7.4、口径5.8、腹径11.1、底径4.2厘米（图2.23）。

半球形泡饰件，标本M16：8，圆形，截面半圆形。淡蓝色半透明状。凹面以白色画七瓣莲花，直径5～5.5、厚0.2厘米（图2.24）。

---

① 大同市考古研究所：《山西大同迎宾大道北魏墓群》，《文物》2006年第10期，第50～71页。

图2.23　山西大同北魏墓群玻璃壶（M16：4）

图2.24　山西大同北魏墓群半球形泡饰件（M16：8）

M16中玻璃壶的出现，无论从造型还是器表弦纹表现方式上，与墓地同类型陶壶如出一辙，证明此时玻璃器制造业已传入本地，北魏工匠已基本掌握了制造玻璃的技术，有了自己的玻璃制造作坊，也印证《北史》列传第八十五中“太武时，其国人商贩京师，自云能铸石为五色琉璃。于是采矿山中，于京师铸之，既成，光泽乃美于西方……自此，国中琉璃遂贱”的记载。这批墓葬的发掘，极大地丰富了本地区研究北魏平城历史发展的内容，是北魏平城期考古的又一重要发现。

六、山西大同恒安街北魏墓[①]

2011年6～8月，大同市考古研究所在配合基本建设时发现3座北魏时期墓葬，9月对这3座墓葬（编号11DHAM13～M15）进行了抢救性发掘。墓葬位于大同市御河东侧，北距恒安街225米，东北距水泊寺镇约1000米，东南距石家寨村约1300米，地理坐标为北纬40°04′18.67″，东经113°21′12.35″。此墓为长斜坡墓道偏室土洞墓，坐北朝南，方向191°，由墓道、墓室组成。墓道上口长11.4、宽1米，墓道下端宽1米，墓深5.26

① 大同市考古研究所：《山西大同恒安街北魏墓（11DHAM13）发掘简报》，《文物》2015年第1期，第13～21页。

米。墓道西壁从墓门处向西扩展1.42米，形成刀把式偏室墓，南宽北窄。墓室长2.96、宽1.2～2.42、墓门高2.12、墓室后部高0.86米。

此墓出土的随葬器物有陶器、铁器、金器、石器等。其中出土有项饰1件，金耳饰1对。

项饰1件。标本M13：7，已散，但分布十分集中，根据其出土时的相对位置可重新穿缀。由大小金珠10颗、扁金饰9颗、水晶2颗、珍珠42颗、小玻璃珠4800余颗组成。大金珠直径1厘米，小金珠直径0.5厘米，皆外形浑圆，中间穿孔。扁金饰以小金珠焊缀而成，中间穿孔较大，内径0.3厘米。一颗水晶打磨成六棱体，长1、宽1.3厘米；另一颗为枣核形，长1.8、宽0.9厘米。小玻璃珠如粟粒大小，有黑、绿两色，呈扁圆形，中间穿孔。外径0.15～0.3、孔内径0.1～0.13、壁厚0.1～0.15厘米（图2.25）。项饰是根据现场发掘时金珠、珍珠和玻璃珠的相对位置复原而成的。2010年，在该墓附近的御昌佳园墓葬群中也出土了数量较多、同样颜色、同样大小的玻璃珠，或即《魏书·西域传》所载："世祖时，其国人商贩京师，自云能铸石为五色琉璃，于是采矿山中，于京师铸之。既成，光泽乃美于西方来者。"文献记载永宁寺创建于熙平元年（516年），毁于永熙三年（534年），说明北魏定都平城中后期时已开始大量使用这种玻璃珠，在孝文帝

图2.25　山西大同北魏墓群项饰（M13：7）

迁都洛阳后更大量使用这种玻璃珠作为装饰。

金耳饰1对。标本M13：8，通高10、宽5、带链通高14.6～17厘米。耳饰主体为一圆环，是以一中间粗、两端细的小金棒捶打、圈制而成，内径4～4.5厘米。环身上部圆细，中间装一向内的机括；下部捶揲成扁宽状，中间錾刻一人物，两侧各有一龙。人物卷发，深目，高鼻，颈佩联珠纹饰，肩以下刻覆莲。从耳饰背面可见此人头发从中间梳向两侧，颈下垂三股发髻环。两侧的龙双角长弯，张口面向人物，龙角以金珠焊缀联珠纹。环身下方以两小环扣接两坠。坠饰上方各焊接一水滴状装饰，内有金托，上嵌宝石，宝石大都脱落，周边饰联珠纹两周。其下的坠饰为小金棒，自上而下依次穿有扁金饰、珍珠、绿松石珠、花草纹镂空金饰和玛瑙珠。另一为花草纹镂空金托，中嵌水滴状紫水晶。坠饰高5厘米。圆环侧饰掐丝而成的图案，内嵌各色宝石，周边饰联珠纹，上为花卉，中部为人面，下部为凤鸟。侧饰通长6.3厘米。环身两侧斜上方焊接链饰，残长5～12厘米（图2.26）。

图2.26　山西大同北魏墓群金耳饰（M13：8）

耳饰主题为一人二兽，人物均在中央，两边是对兽。人物脸部用捶揲技术制造出高浮雕效果。另外，还运用了錾刻、掐丝、镶嵌及金珠焊缀等技术，反映出北魏时期中原和中亚地区文化交融的程度。

七、山西大同湖东北魏墓①

2004年12月～2005年1月，山西省考古研究所与大同市考古研究所配合大秦铁路湖东编组站的扩建工程，抢救性发掘了一批北魏墓葬，其中

① 山西省考古研究所、大同市考古研究所：《山西大同湖东北魏墓群发掘简报》，《中国国家博物馆馆刊》2018年第2期，第47～49页。

位于墓地西南部的M11出土遗物较为丰富。墓地位于大同市东南约20公里处，东南距长胜庄、西南距苏家寨各2公里，北距安留庄2.5公里。该处原属大同县杜庄乡长胜庄村，现属大同铁路局所设湖东编组站。

M11为土洞墓，坐北朝南，方向150°，由墓道、封门墙和墓室组成。全长7.9、墓底距地表6米。工程取土自地表向下4.5米深处暴露墓室开口，墓顶已坍塌，墓上情况不明。墓道位于墓室南端，斜坡式，坡度约20°，平面呈长方形，做工规整，上下平齐，长4.7、宽1.4、南端距地表4.5、北端距地表6.3米。内填五花沙土，较紧密。墓道北端为墓门，高1.6、宽1.4米。封门墙为土坯平铺垒砌，残高0.3、厚0.2米。封门墙以北为墓室，平面呈梯形，北端略浅，南端略深。长3.2、南端宽3、北端宽2.2、深1.3～1.6米。墓室内壁较为平整，底部位于沙层，因水浸坍塌，略有起伏。葬具为木质单棺，呈南北向置于墓室西侧。残存棺痕为前宽后窄梯形，棺板厚0.1、长2.04、宽0.68～0.9、残高0.3米。棺内有一具人骨架，已腐朽残缺，头骨及3件肢骨散落在棺外。经鉴定，死者为成年男性。棺前挡正中和两侧板前后相应位置装设铁质棺环5件。随葬器物放置在墓室东侧中部。另外，在墓室西南角出土两块青灰条砖。

1986年大同市大秦铁路湖东编组站北魏墓出土一件胆形玻璃注，长20厘米，底部圆形孔径6.60厘米，该器物通体半透明，一端为圆锥形流，近流部有一凸起的圆环，另一端逐渐变粗，在顶端有一孔，根据实物观察，其应为吹制而成。

八、大同雁北师院北魏墓群M2[①]

2000年6～9月，大同市考古研究所在山西省大同市雁北师院发掘一处北魏时期墓群。此墓葬群共有11座北魏墓，包括6座土洞墓、5座砖室墓，这批墓葬出土有大量精美的陶俑等器物，随葬品包括有镇墓兽、人物俑、家禽家畜模型、生活用具和住宅模型等。

---

① 大同市考古研究所：《大同雁北师院北魏墓群》，北京：文物出版社，2008年。

M2位于发掘区西北乡间小路一线，为长方形斜坡底墓道砖砌单室墓，坐北朝南，方向200°。由墓道、甬道、墓室三部分组成，南北总长30.49、墓底距地表深6.92米。

墓道位于墓室南部，开口距现地表0.30米。墓道平面呈长方形，长23.55米，墓道上口略窄于墓道底，上口宽1.10、底宽1.14米，北端距地表深6.90米。墓门砌于甬道南口，甬道拱顶上作内外两层叠涩尖拱形墓门罩，高0.7米，墓底距现存外层尖拱顶部2.49米。甬道位于墓道与墓室之间，与墓室相通。平面呈长方形，长2.68、宽1.14米，左右墙体采用两层丁砖错缝横砌和一层丁砖竖砌的筑法，共五组，砌至1.22米处以顺砖错缝横砌开始起券至顶部，单层拱形券顶，厚0.15米，顶部南高北低直线倾斜，高1.64～1.70米。

墓室砌筑于方形土圹内。砖墓室内平面近弧边正方形，南北长3.5、东西宽3.53 米。四壁墙体采用两层丁砖错缝横砌和一层丁砖竖砌相间的筑法，共6组，砌至1.46米处丁砖错缝横砌起券，向内加大叠涩内收，聚成四角攒尖顶。最上部用5块上大下小的楔形砖，自上而下塞堵封顶。墓室的空间高度3.36、墓顶厚0.30、墓顶顶部距地表深3.26、三者合一总高度为6.92米。

M2出土器物主要是陶器，还有铅锡、铁、铜、玉石器、漆等。经修复整理，M2出土器物达133件。出土陶器按质料分主要包括五大类：镇墓俑、人物俑、家禽家畜模型、生活用具及车辆模型等。其中出土胡人俑9件。

胡人俑9件。泥质灰陶。头、身双模合制，四肢和手另外捏塑，制成胎体之后组装成型，对局部精雕细刻，然后装窑烧制，最后通体彩绘。胡俑深目高鼻，具有西域人种的典型特征。双腿分开与肩同宽，为立姿伎乐俑，身材比例匀称，形态栩栩如生。胡俑的姿势是表演杂技“缘橦”（即顶高竿）和演奏乐器时的动作，但高竿和乐器的模型均已不存。这是一组以杂技表演为主，旁有乐队伴奏的乐舞百戏组合。云冈石窟第38窟北魏浮雕有类似场面。

标本M2：11，为立姿乐伎俑。通高25.5、最宽处11.6厘米，位于墓室中部。深目高鼻，脸部涂红。头戴黑色风帽，帽裙较短，不及颈部。身着红色圆领窄袖长袍，上有白色勾画的团花图案，但由于水浸严重，已无法识别，圆领、袖口和长袍的下摆处均有白色边饰。腰系革带，肚、臀外凸，袍边底部侧摆开叉。双腿分开与肩同宽，脚穿黑色高靴，头向上扬起，两手里外涂红，平展举在头部两侧。底座长6.9、宽7.4厘米（图2.27）。

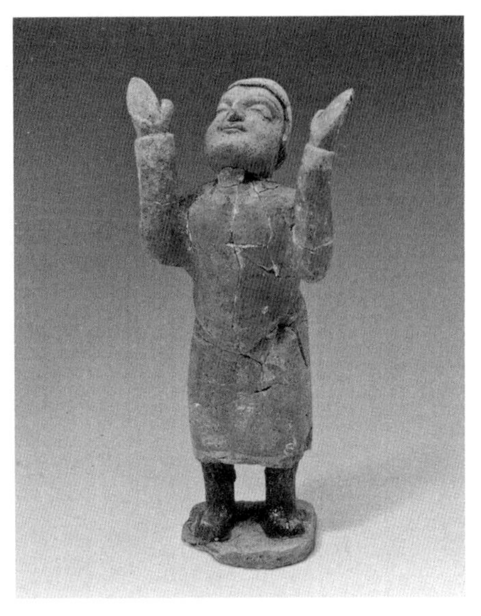

图2.27　山西大同雁北北魏墓群立姿乐伎俑（M2：11）

标本M2：13，为“缘橦”杂技（顶高竿）胡俑，1组3件，由一胡俑和二童子俑组成。位于墓室中部。高26.8厘米（图2.28）。

标本M2：14，立姿乐伎俑。通高27.2、宽9.5厘米，位于墓室中部。深目高鼻，脸部涂红。头戴黑色风帽，帽裙较短，不及颈部。身着红色圆领窄袖长袍，上有漂亮的白色团花图案。圆领、袖口和长袍的下摆处均有白色边饰。腰系革带，肚、臀外凸， 袍边底部侧摆开叉。双腿分开与肩同宽，脚穿黑色高勒靴，双手臂向前举至左侧肩部，两手里外涂红，半握于嘴边，右手在里，左手在外，似在吹奏横笛类的乐器。底座长9.4、宽8.2厘米（图2.29）。

标本M2：15，立姿乐伎俑。通高26.8、宽9.1厘米，位于墓室中部。深目高鼻，面带微笑，脸部涂红。头戴黑色风帽，帽裙较短，不及颈部。身着红色圆领窄袖长袍，上有漂亮的白色团花图案，圆领、袖口和长袍的下摆处均有红色边饰。腰系革带，臀向后凸，袍边底部侧摆开叉，双腿分开不及肩宽，脚穿黑色高勒靴，双手臂弯曲向前，两手里外涂红，自然平展伸于体前，手心向里，右手略高，似为演奏鼓类乐器。底座长8.2、宽7.4厘米（图2.30）。

标本M2：22，立姿乐伎俑。残高24.6、宽7.8厘米，位于墓室南部。深目高鼻， 嘴巴大张，胎部涂红。头戴黑色风帽，帽裙较短，不及颈部。身着红色圆领窄袖长袍，上有漂亮的白色团花图案，圆领、袖口和长袍外凸，袍边底部侧摆开叉，双腿分开与肩同宽，脚穿黑色高勒靴，左臂自然下垂，右臂内弯上举，高及颈部，双手残失，嘴巴大张。脚与底座残失（图2.31）。

图2.28　山西大同雁北北魏墓群
“缘橦”杂技胡俑（M2：13）

图2.29　山西大同雁北北魏墓群
立姿乐伎俑（M2：14）

标本M2：25，立姿乐伎俑。通高27.7、宽12厘米，位于墓室南部。深目高鼻，脸部涂红。头戴黑色风帽，帽裙较短，不及颈部。身着红色圆领窄袖长袍，上有漂亮的白色团花图案，由于水浸严重，已无法识别。圆领、袖口和长袍的下摆处均有白色边饰。腰系革带，肚、臀外凸，袍边底部侧摆开叉，双腿分开不及肩宽，脚穿黑色高勒靴，两臂向前弯曲，左手五指伸开，手心向上，右手半握，正在拨弦，似在托着曲颈琵琶之类的乐器演奏。底座长6.8、宽6.2厘米（图2.32）。

标本M2：75，立姿乐伎俑。残高25.2、宽9厘米，位于墓室中部。深目高鼻，头稍扬起，脸部涂红。头戴黑色风帽，帽裙较短，不及颈部。身着红色圆领窄袖长袍，上有漂亮的白色团花图案，由于水浸严重，已无法识别。圆领、袖口和长袍的下摆处均有红色边饰。腰系革带，肚、臀外凸，袍边底部侧摆开叉。双腿分开不及肩宽，脚穿黑色高勒靴，双手臂弯曲向前，两手里外涂红自然平展伸于胸前，手心向内，右手略高，似为演奏鼓类乐器。脚部和底座残失（图2.33）。

图2.30　山西大同雁北北魏墓群立姿乐伎俑（M2：15）

图2.31　山西大同雁北北魏墓群立姿乐伎俑（M2：22）

图2.32　山西大同雁北北魏墓群立姿乐伎俑（M2：25）

图2.33　山西大同雁北北魏墓群立姿乐伎俑（M2：75）

大同雁北师院北魏墓群的墓葬形制和出土文物，反映了北魏太和初年平城地区已经接受汉晋丧葬制度的影响，也显示了鲜卑族游牧经济和北方民族军队的特色，是研究北朝政治、经济、文化和艺术生活的重要新资料。

九、大同雁北师院北魏墓群M5（宋绍祖墓）[①]

2000年4月，山西省大同市考古研究所在雁北师院扩建工程新征土地范围内实施了文物钻探，共发现北魏墓葬11座。其中砖室墓5座，土洞墓6座。宋绍祖墓编号M5，是唯一有明确纪年和精美石椁、壁画的北魏太和时期墓葬。

墓葬位于大同市水泊寺乡曹夫楼村东北1公里，西距大同市区3.5公里，位于马铺山之南、御河以东的缓坡地带，海拔高度1071米。墓葬分布在平面呈三角形、面积约5700平方米的区域内。宋绍祖墓坐北朝南，方向198°，为砖构单室墓。墓葬全长 37.57、墓底距地表深7.35米。由斜坡墓道、两个过洞、两个天井、拱形甬道和四角攒尖顶墓室五部分组成。

经初步修复整理，此墓随葬品达170余件。出土器物大多为陶器，其中陶俑较多，有数量众多的步兵、侍仆、伎乐俑、动物，以及一些生活模型。其中出土胡俑4件。

胡人伎乐俑4件。头和身分别双模合制，四肢和手另外单塑，制成胎体之后组装成型，对局部精雕细刻，然后装窑烧制，最后通体彩绘。这4件胡俑的面相、服饰与墓葬中的众俑不同，应是西域少数民族形象。从他们的表情和动作看，似为一组伎乐俑。

标本M5：89，残高25.2厘米，底座残失。位于墓室东侧中部。头戴黑色风帽，帽裙齐颈。脸部涂红，深目高鼻，头向上扬起。身着白色交领长袍，前后中缝、左右侧缝以及袖口和下摆处均有较宽的红色边饰，背后红边中缝间有一道粗黑彩饰，长袍上有红色花卉图案。腹、臀外凸，位置较

---

① 山西省考古研究所、大同市考古研究所：《大同市北魏宋绍祖墓发掘简报》，《文物》2001年第7 期，第19～39页。

低。腿部残，站立在圆形底座上。两臂弯曲前伸，双手涂红作托物状（图2.34）。

标本M5：98，通高26.7、底座直径8.6、高1.1厘米。位于墓室东侧中部。头戴黑色风帽，帽裙齐颈。头高高扬起，两目注视上空，深目高鼻，嘴巴大张。身着红色长袍，前后中缝、左右侧缝和下摆处均有较宽的白色边饰，在白色边饰上皆饰一道黑彩。腹、臀外凸，位置较低，双臂失，脚残（图2.35）。

标本M5：104，残通高22.1、底座直径10.6、高0.7厘米。位于墓室东侧中部。身穿交领红色长袍，前后中缝、左右侧缝以及袖口和下摆处均有较宽的灰绿色边饰，在中、侧缝灰绿色边饰上用墨线装饰图案。绕下摆处灰绿色边饰的底边饰一道黑彩，红袍下部与灰绿色边饰之间又饰一道白彩，侧摆下端两侧开叉，长袍上装饰花卉图案。腰系黑色大带及蹀躞带，脚穿黑鞋，分腿站立在圆形底座上。头及左臂不存，右臂弯曲于胸前，右手平展，似在演奏吹管乐器（图2.36）。

标本M5：105，通高27.3、底座直径10.9、高0.7厘米。位于墓室东侧中部。头戴黑色风帽，帽裙齐颈。面部丰满，高目深鼻，头微低，双目半闭。身着绿色交领长袍， 前后中缝、左右侧缝以及袖口和下摆处均有较宽的红色边饰，在中、侧缝红色边饰上用白线装饰。绿袍下部与下摆处的红色边饰之间装饰一道白彩，侧摆下端两侧开叉， 长袍上装饰花卉图案。腰系黑色大带及蹀躞带，脚穿黑鞋，分腿站在圆形底座上，右臂向上弯曲，右手平展，左小臂及手残失，似在演奏弹奏乐器（图2.37）。

男女俑均造型各异，生动逼真。墓中出土的四个高鼻深目胡俑，他们的服饰与众俑不同，尽管肢体残缺，但根据动作判断应为伎乐俑。胡俑的出现反映了东西文化交流的现象。史料记载，孝文帝太和元年（477年），北魏宫廷内已有“四夷歌舞”之设，这说明西域音乐在北朝也占有非常重要的地位。

图2.34　山西大同北魏宋绍祖墓胡人俑（M5：89）

图2.35　山西大同北魏宋绍祖墓胡人俑（M5：98）

图2.36　山西大同北魏宋绍祖墓胡人俑（M5：104）

图2.37　山西大同北魏宋绍祖墓胡人俑（M5：105）

十、山西大同石家寨北魏司马金龙墓[①]

1965年12月，大同市博物馆于位于山西省大同市东南约13里处发掘整理了司马金龙墓，该墓西距御河10里，北靠马铺山，东、南为广阔平原。墓葬是在1965年11月下旬石家寨大队农田基本建设打井时发现的。当地群众当即妥善保护了现场，并立即报告了有关部门。12月上旬大同市博物馆清理了墓室部分，因天寒地冻墓道部分到1966年才发掘完毕。该墓为砖砌多室墓，由墓道、墓门、前室甬道、前室、后室甬道、后室、耳室甬道、耳室组成。墓室南北总长17.5米。墓道向南，偏东6°。

根据墓志铭和《魏书》的记载，司马金龙是晋宣帝司马懿弟司马馗的九世孙，其父司马楚之，原系东晋高官显贵，后因统治阶级内部的冲突和倾轧，于泰常四年（419年）降于魏。由于忠实为北魏统治者效力，镇压各民族的反抗斗争，曾封琅琊王，后官至“假节侍中镇西大将军、开府仪同三司、云中镇大将、朔州刺史”。北魏和平五年（464年）死，被追赠“都督梁益秦宁四州诸军事……扬州刺史，谥贞王，陪葬金陵”。又载：“楚之后尚诸王女河内公主，生子金龙，字荣则。”司马金龙“后袭爵，拜侍中、镇西大将军、开府、云中镇大将、朔州刺史，征为吏部尚书。太和八年薨，赠大将军、司空公、冀州刺史，谥康王，赠绢一千匹。金龙初纳太尉陇西王源贺女……后娶沮渠氏……即河西王沮渠牧犍女，世祖妹武威公主所生也”。《魏书》又有“楚之父子相继镇云中”等记载。由此可知司马金龙几世都在北魏历任显官，备受宠信，其母、其妻也都是北魏统治阶级的上层人物。

该墓出土了大批陶俑、生活用具以及墓志、木板漆画等计454件，为以前所少见。其中特别是制作精美的木板漆画、石雕柱础为很珍贵的艺术品。其中出土胡俑8件。

胡俑8件。戴风帽，穿圆领窄袖长衣，侧摆开叉。深目高鼻，画黑色胡髭。体较高。双手前平举或左手上屈，可能为牵马或骆驼的俑。

---

① 大同市博物馆、山西省文物工作委员会：《山西大同石家寨北魏司马金龙墓》，《文物》1972年第3期，第20～33页。

司马金龙墓是有明确纪年（延兴四年即474年；太和八年即484年）的北魏早期墓。出土的文化遗物充分显示了古代劳动人民的高度智慧和创造才能，为研究北魏时期的阶级斗争、社会文化等情况提供了重要的实物资料。

十一、大同南郊区田村北魏墓①

1998年12月，京大高速公路指挥部在大同市城南田村北施工时发现一座古代砖室墓。1999年3月，大同市考古研究所人员对其进行了正式的考古发掘。该墓位于大同市南郊区水泊寺乡田村村北，京大高速公路东河河村互通匝道675米处。此墓葬为长斜坡墓道砖构单室墓，由墓道、甬道、墓室三部分组成。

墓葬共出土遗物共106件。以陶质类器物为主，包括陶俑及陶质生活模型、陶牛车、陶骆驼等，另外还有木器和装饰品。其中出土胡俑1件。

胡俑1件。标本68，大眼，高鼻，黑色络腮胡，身着圆领胡服，鼓腹，腰部以下残。残高24厘米（图2.38）。

图2.38　山西大同南郊北魏墓胡俑（标本68）

十二、山西大同市大同县陈庄北魏墓②

2010年4月，为配合大同市区至浑源县高速公路建设，山西省考古研究所与大同市考古研究所联合就建设地段探明的古墓葬进行了抢救性发

① 大同市考古研究所：《山西大同南郊区田村北魏墓发掘简报》，《文物》2010年第5期，第4～18页。

② 山西省考古研究所、大同市考古研究所：《山西大同市大同县陈庄北魏墓发掘简报》，《文物》2011年第12期，第37～46页。

掘。墓葬位于大同市区东侧的大同县西南11公里处，瓜园乡陈庄村东的高坡地段，西北4.5公里处是湖东编组站北魏墓群和安留庄北魏墓群。将此次发掘的一座墓葬编号为2010TYGSM1。

M1为长方形斜坡墓道双室砖墓，由墓道、封门、前后甬道、前后墓室及地表封土组成。封土位于墓道近北部和墓室之上，中心稍偏东，平面呈不规则圆形，剖面呈三角形，整体形状呈圆锥体。墓葬全长45.1米。墓室坐北向南，墓向186°。

图2.39 山西大同陈庄北魏墓胡俑（M1：13）

该墓发掘出土器物共60件。按质地分为陶、铁、铜、金、石、木、漆器。其中出土胡人俑1件。

胡人俑1件。标本M1：13，残。脸微向右侧，深目高鼻，尖下颏，头戴四棱方圆顶帽，身着右衽交领窄袖红色上衣。残高8.2、最宽5.7厘米（图2.39）。

十三、山西大同云波里路北魏墓[①]

2014年5月，大同市考古研究所在大同市云波路基本建设范围内清理北魏墓葬29 座。该墓地南临云波里北魏壁画墓、南郊北魏墓群、七里村墓群等，西靠魏都大道， 北临南环路，东为永泰南路。东北有北魏明堂遗址、沙岭北魏壁画墓、雁北师院北魏壁画墓等。其中M10形制独特，出土器物较为丰富。M10坐北朝南，为长斜坡墓道方形土洞墓，由墓道、甬道、墓室三部分组成，方向206°。

墓葬出土器物40件，多为陶器，有陶俑和陶罐；此外，还有少量铁器和漆器。主要分布在木棺以外的墓室内，石椁内及石椁前面也有分布。其中出土胡乐俑4件。泥质灰陶，立姿伎乐俑，头戴黑色风帽，深目高鼻，

① 大同市考古研究所：《山西大同云波路北魏墓（M10）发掘简报》，《文物》2017年第11期，第4～21页。

腰系革带，肚臂外凸，袍边底部侧摆开叉，足蹬高靴，双腿分开与肩同宽，服饰姿态各不相同。标本M10：25位于石椁内门旁，其余位于石椁外门两侧。

缘橦男胡俑1件。标本M10：4，头部高高扬起，双臂弯曲叉腰，身着白色圆领窄袖长袍，红色边饰，袍身绘红色花卉图案，额正中有一圆形孔，应为顶橦之处。高28 厘米（图2.40）。

吹横笛男胡俑1件。标本M10：10，身着红色圆领窄袖长袍，袍上绘有白色花卉图案。双手臂向前举至左侧肩部高度，手部半握，手心相对，应在吹奏横笛。高29.6厘米（图2.41）。

吹竖笛男胡俑1件。标本M10：13，身穿白色圆领窄袖长袍，红色边饰，袍身上绘红色竖纹，双臂佚失，嘴部微张，似在吹竖笛。高29.2厘米（图2.42）。

男胡俑1件。标本M10：25，残。身穿白色圆领窄袖长袍，红色边饰，袍身上绘红色花卉图案，头部、双臂佚失。高22.4厘米。

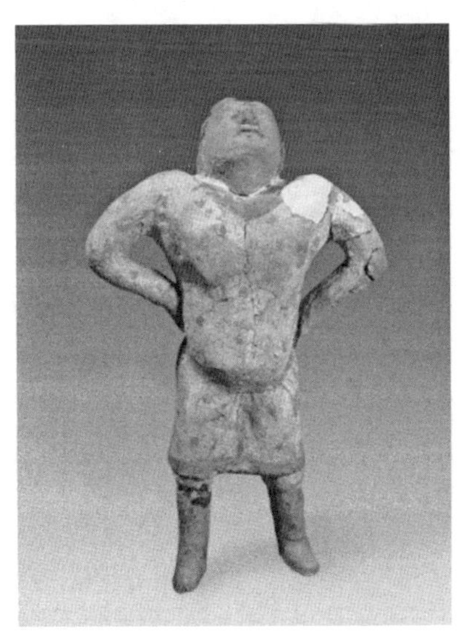

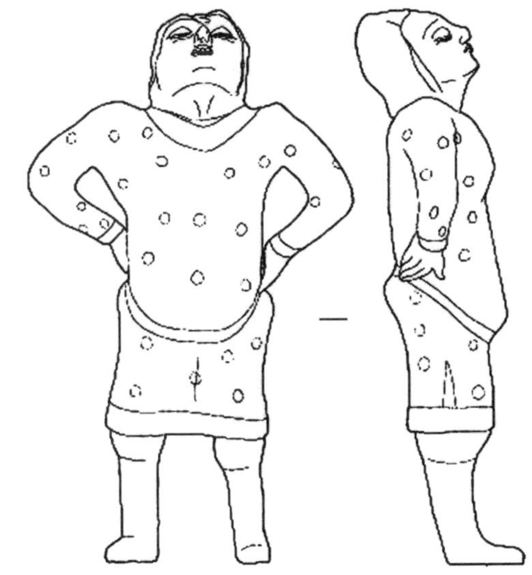

图2.40　山西大同云波里路北魏墓缘橦男胡俑（M10：4）

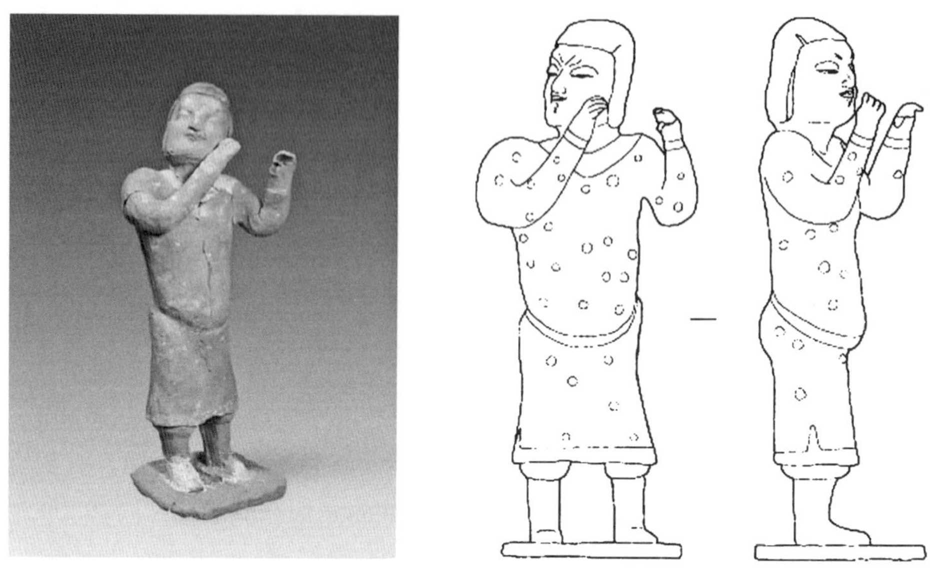

图2.41　山西大同云波里路北魏墓吹横笛男胡俑（M10：10）

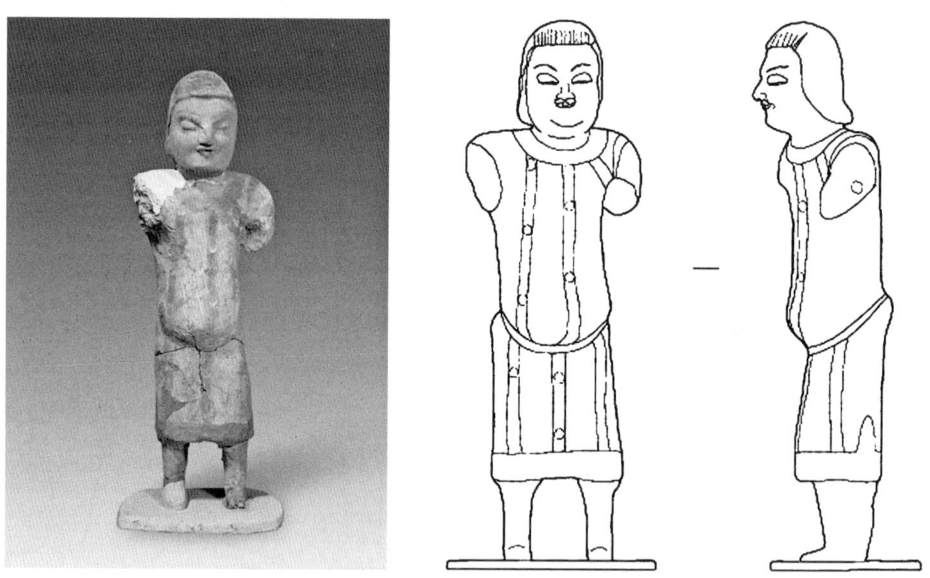

图2.42　山西大同云波里路北魏墓吹竖笛男胡俑（M10：13）

十四、山西大同市小站村花圪塔台北魏封和突墓[①②]

北魏封和突墓位于大同市区西5公里处的小站村花圪塔台，南临同云公路，西半公里许即武周山麓。墓葬由墓道、甬道和前后墓室组成，全长12.2、最宽处4.62米，用青灰色素面砖筑成。墓向为南偏东5°。

据墓志，墓主名封和突。此人未见载于《魏书》。从铭文推算，他生于太武帝时，经文成、献文、孝文、宣武帝诸代。北魏迁都洛阳时，他亦随往。铭文未记述他对北魏王朝的功绩，只介绍了他的官爵。封和突墓是北魏迁都洛阳后的小型墓葬，形制较为简单，室内四壁不加粉饰彩绘，这大约与他死于景明二年（501年），又在正始元年（504年）进行二次葬有关。

墓中器物仅出土鎏金波斯银盘、高足银杯、银耳杯、铁棺环、铁棺钉、铁花棺饰件、石灯台、墓志、青瓷片、陶片及铁斧、铁镐等遗物，其中出土鎏金波斯银盘1件，银高足杯1件。

鎏金波斯银盘1件。盘高4.1、口径18厘米，圈足直径4.5、高1.4厘米。盘内沿有旋纹三道。盘中央有敲花凸面人像，深目高鼻，卷发长髯，头戴冠，耳、项都饰璎珞着紧身衣裤，配飘带，手握长柄武器。周围植物丛中有三头野猪。画面似为一幅狩猎图。银盘制作精细，图画形象逼真（图2.43）。

银高足杯1件。残。腹径约12.7、足底径6厘米。杯壁极薄，仅0. 01厘米。

墓中出土的鎏金银盘，为古波斯萨珊王朝早期的工艺品，这是我国第一次出土的波斯银盘，这是北魏时期中西文化交流的实物资料。

---

① 大同市博物馆：《大同市小站村花圪塔台北魏墓清理简报》，《文物》1983年第8期，第1～4页。

② 马雍：《北魏封和突墓及其出土的波斯银盘》，《文物》1983年第8期，第8～12页。

图2.43　山西大同北魏封和突墓鎏金波斯银盘

十五、山西大同文瀛路北魏壁画墓①

2009年5月，山西省大同市御东新区文瀛北路施工中发现一座北魏壁画墓，大同市考古研究所对这一墓葬（编号M1）进行了抢救性发掘，并对壁画实施了揭取等保护措施。M1坐北朝南，方向210°，为长斜坡墓道砖构单室墓，由墓道、甬道、墓室三部分组成。墓道位于甬道西端，平面呈长方形，内填黄褐色五花土，质疏松，未经夯打。墓道北端与甬道连接处有砖砌封门，顺砖错缝依次垒砌，残高0.25、厚0.32米。甬道长2、宽0.77、高1.65米，墙体采用平砌错缝顺砖两层，上砌立丁砖一层的垒砌方式，相间五组后开始起券，甬道拱券顶为顺砖平砌，以黄泥粘接，铺地砖采用"人"字形铺设，与墓室相连。墓室位于甬道北部，砌筑于南北长3.44、东西宽3.63米的长方形土圹内。墓室平面呈弧边正方形，边长25米。墓室残存高度为2.75米。四壁略向内倾，以平砌错缝顺砖两层、上砌立丁砖一层的砌筑方式，八组交替上升之后逐渐叠涩内收，上部至顶全部是丁砖横砌，墓顶上部已被破坏，根据形状判断应为四角攒尖顶。地砖呈"人"字形铺设，与甬道相连。

此墓早年曾被盗扰，出土器物部分损坏。有釉陶壶、陶罐、陶钵、陶

① 大同市考古研究所：《山西大同文瀛路北魏壁画墓发掘简报》，《文物》2011年第12期，第26～36页。

灯、陶灶、陶磨、陶井、陶俑、铁镜、铜手镯等，共36件（组）。墓室四壁、顶部及甬道东壁局部绘有壁画。由于墓室内常年积水，壁画大部分损毁脱落，仅存棺床立面、东北壁券顶及甬道部分画面。

北侧棺床立面绘胡商牵驼图和力士画像。胡商深目高鼻、卷发、朱唇。着圆领窄袖长袍，腰间束带，足蹬长靴， 左手执缰，右手握鞭，牵一头双峰骆驼。力士上身、腿部赤裸，赤脚，肌肉发达，左手拄树棍状物，右手屈臂托棺床。西侧棺床立面大部分绘火焰纹，形似“壸”门。立面南端似为一力士，头胸部已残毁，体态较为肥壮，身上环绕红色帔帛，上身、腿部赤裸，左腿蹲踞，右腿后蹬。北侧棺床前的长方形踏步平面绘三朵莲花，立面绘火焰纹。两棺床之间的矮墙立面上绘一侍者，头戴鲜卑帽，着交领长袍，腰间束带，黑鞋。双手作持物状，恭立。

M1虽没有出土可供断代的纪年文字资料，且又经严重盗扰，但墓葬形制、出土器物、墓葬用砖、随葬器物等同以往整理的有关北魏墓随葬器物基本相同，时代特征明显。墓中出土的陶俑分为立俑、跪俑和跽坐俑，眉目清秀，戴鲜卑帽，身着长袍，具有鲜明的北朝艺术特征，与大同下深井北魏墓和大同北魏宋绍祖墓出土的陶俑在造型和服饰上基本一致。此类鲜卑装陶俑具有北魏孝文帝太和十八年（494年）服饰改革之前的风格，应属北魏迁都洛阳以前的平城时期。墓室壁画内容也具北魏平城时期风格，但与大同沙岭北魏壁画墓和大同智家堡北魏墓石椁壁画绘画风格不同，外来特征明显，说明北魏平城时期中西文化交流频繁。

此墓是大同地区发现的为数不多的北魏壁画墓。壁画用笔简洁，线条柔和，朴拙写实，人物造型与绘画技法已趋于成熟，是目前已发掘的北魏墓葬中不可多得的壁画资料，为研究北魏的社会生活、丧葬习俗、服饰文化以及与丝绸之路有关的中西方文化交流等提供了可贵的实物资料。

十六、大同沙岭壁画墓[①]

2005年7月，大同市考古研究所对沙岭北魏墓葬区进行了抢救性发

---

① 大同市考古研究所：《山西大同沙岭北魏壁画墓发掘简报》，《文物》2006年第10期，第4～24页。

掘。该墓葬区位于山西省大同市御河之东，地处208国道东侧，在沙岭村东北约1公里的高地上。其中2座砖室墓，10座土洞墓，都是长方形斜坡墓道。墓葬排列方式有两种。其中7座坐北朝南，5座坐东朝西。出土遗物共计200余件。M7是墓群中唯一保存纪年文字漆画和壁画的一座砖室墓。M7位于墓群的北部。坐东朝西，方向272°。为长斜坡墓道砖构单室墓，由墓道、甬道、墓室三部分组成。

壁画分布在墓室四壁和甬道的顶、侧部，保存基本完整，总面积约24平方米。

宴饮图壁画中有胡人形象。北壁面积约6.43平方米（图2.44），以宽约15厘米的红色水平线将画面隔离为上下两栏。上栏又以宽2.3厘米的红色纵向线分为六格，每格内画一形态各异的奇禽异兽，第六格已漫漶不清。下栏从上到下共排列七行。第一行绘有19位女侍，她们头挽花髻，帔帛绕臂，前倾站立，长裙曳地。这种装束的女侍一直延续到东壁的中间。细红线隔离之下整个画面就是一幅盛大的车马出行图。纵向第一排是六名执缰的导骑，第二排是六名吹角的军乐，弯弯的胡角上挂有装饰物，后面水平的第二行和第七行是头戴红色风帽、身穿红色披风、手持长矛和弓箭的兵

图2.44　山西大同沙岭北魏壁画墓北壁壁画

士，长矛与胡角挂着同样的装饰物，一直延续到队伍的后面。第三行和第六行是扛幡持节的男侍卫，第四行和第五行是抬鼓、吹奏、表演及杂耍的男、女乐伎。其中有额上顶橦、倒立表演的百戏，还有头藏长缨兜鍪的兵士在手舞足蹈。中间是一辆高大的马车，顶部呈伞盖状。车前有帷帐，车后有斜插的旌旗，画面中残存一面目端庄、比例较大的男性头部，根据位置判断，应是端坐在车上的主人。车后有头藏鸡冠帽的轻骑兵、甲骑具装的重骑兵和男女侍仆随从。

东壁为正壁，面积约3.82平方米（图2.45）。上栏原为动物形象，但损坏严重。下栏最上一行与北壁和南壁连为一体，只是一分为二，从中间往北有8位帔帛绕臂的女侍与北壁一致，从中间往南有10位手中持物的男侍与南壁一致。以细红线相隔离，下栏正中有一高大的建筑物，庑殿顶，条条瓦垄清晰可见，顶上中心位置站立一只展翅欲飞的金翅鸟。阑额与撩檐枋之间有红色一斗三升“人”字形斗拱，横楣和楹柱上挂着分段褰卷的帷幔，里面端坐着男女二人，应是墓主人夫妇。南侧男子头戴垂裙的黑帽，身着窄袖交领袍衫，左手扶在黑色凭几上，右手持麈尾举于肩北侧女子头戴垂裙的黑帽，身着与男子相同的服饰，脸上涂着红色的靥装，嘴唇

图2.45　山西大同沙岭北魏壁画墓东壁壁画

点朱，右手持物。两位主人的靠背上有鱼鳞纹装饰，中间有一红色竖线将其分开。榻前有一长方形的曲足案，案上有食具。在男女主人的后面有三位仅露头部的近侍，前面还有数名面向主人的侍仆双手拢于胸前，形象都矮小得多。画面北侧的下部有一匹鞍马，网状后鞧带和障泥均描绘清楚，还有一辆红顶通幰牛车，车厢后垂帘及地，前面有一女子手牵着组绳驭车同行。建筑物的两边各有一棵枝繁叶茂的大树，与建筑物同高。

南壁面积约5.4平方米（图2.46）。同北壁一样，以宽约15厘米的红线将画面分为上、下两栏。上栏损坏严重，依稀可辨，仍然是动物形象。下栏从上到下共排列七行，第一行与东壁连为一体，共绘有24位男侍，身着斜领长襦，上衣颜色红黑相间，下穿裤，手中持物，面向墓道。紧接着又用细红线将上面的人物和下面的场景隔离，围隔的步障弯弯曲曲，将场景分为东西两部分。东面场景以主人居住的庑殿顶房屋为中心，展示了一幅人数较多、规模较大的宴饮场面。房屋的前面为宴饮者排列跽坐，客人面前均摆有圆形食具，旁边有站立的男女侍以及车辆和牛。房屋的左下方，男女乐伎们正在吹奏和表演。房屋的后面，正有几匹马在槽中吃料，一位男侍在旁站立。房屋的周围有许多放食物的架子和盛酒的陶壶，最下面一行绘有山和树。西面场景有粮仓、车辆、毡帐和杀羊等劳动场面，画面的

图2.46　山西大同沙岭北魏壁画墓南壁壁画

间隙用树丛纹点缀。第二行有三个尖形顶的粮仓，西面有四辆装满货物的小车。第三行有一辆较高大的红色顶卷棚车，上有帐幔一道，覆盖车厢，车后挂及地红色垂帘。紧挨着还有一辆呈庑殿顶式的车辆，形制较小，最西面还有两辆同上行一样的小货车。这八辆车均为两轮双辕车，车辕下以十字形架支撑。第四行共有4个顶部可以开启的毡帐，大的毡帐中有位端坐的女子，她的周围放有许多食物和温酒樽、壶、罐等生活用具，前面还有持物忙碌的侍仆和伴奏表演的乐伎。第五行有一两人杀羊的场面，一位男子右膝压住羊的右前腿，右手提着羊的左前腿，另一位男子双腿压在羊的后腿上，右手将一把短刀插在羊的肚上，鲜血从羊身上淌下，流在下面接血的盆中。旁边有一毡帐。里面放着一个大型陶罐，下面有陶盆和陶罐，有一人左手提着小壶，右手伸出似在拔塞接酒或水。西面有一口方形栏杆的水井。一位男侍正在往上提水。另有一位男侍在背物行走。第六行有一带圈足的炊具，两旁有已插好的肉串。步障内和毡帐前各有一条狗。

沙岭M7漆画和壁画中亦保存了男主人手持麈尾、夫妇并坐在榻上的画面，我们可以根据时代的早晚，看到自魏晋以来墓室壁画中这种绘画题材的变化和发展轨迹。

十七、山西北齐徐显秀墓①②

2000年12月，山西省考古研究所及太原市文物考古研究所组成王家峰北朝壁画墓考古队实施发掘。徐显秀墓位于东经112°36′42.2″，北纬37°50′11.8″。该地为太原市东山西麓的山前坡地，海拔900米。西面紧邻太原王家峰村，墓地就坐落在王家峰村一大片梨园内，西南距晋阳古城遗址约16公里。近年来东山一带多次发现北朝晚期的墓葬遗迹，且都有一定等级，因此这一带可能是北朝晋阳城官宦的主要墓葬区之一。此墓由墓道、过洞、天井、甬道、墓室五部分组成。墓向185°，通长30米。

徐颖，字显秀，以字行。忠义郡人。《北齐书》《北史》《隋书》

① 山西省考古研究所、太原市文物考古研究所：《太原北齐徐显秀墓发掘简报》，《文物》2003年第10期，第4～40页。

② 太原市文物考古研究所：《北齐徐显秀墓》，北京：文物出版社，2005年。

《资治通鉴》均有零星记载。其祖徐安，其父徐珍，都曾任北魏边镇官员。他先投尔朱荣，后追随高欢，逐步升迁。东魏时任帐内正都督。北齐后，除骠骑大将军，封金门郡开国公。武成帝大宁初，出任宜州刺史。因作战勇猛，屡建功勋，封武安王。后主高纬时，历任徐州刺史、大行台尚书右仆射，拜司空公，再迁太尉。武平二年（571年）正月死于晋阳家中，享年70岁。当年十一月葬于晋阳城东北墓地。

徐显秀墓出土器物共计530件。其中包括陶俑320余件，有镇墓武士俑、镇墓兽、三棱风帽俑、铠甲俑、笼冠俑、女侍俑、骑马俑等18种类型，大多残碎；瓷器约200件，有鸡首壶、尊、灯、盘、碗罐、扣盆等，其中墓中还有壁画、金戒指1枚。

北壁正中帷帐高悬，帐下为矮床榻，后围多幅折扇式屏风，屏面有彩画，男女墓主人手捧漆杯端坐于床榻之上。正中摆一大盘食品，13个高脚杯围绕周围。两旁侍女手捧盘杯，侍者手执羽扇、华盖。男女乐伎或弹四弦曲项琵琶、五弦、竖箜篌，或吹笙、横笛，拍钹，立于两侧。人物中女性发饰大同小异，均为高髻，两侧各竖起一角，并偏侧一方。男主人头戴折上巾，外披兽皮大衣，项围兽皮围脖。内着大红色交领窄袖长袍。女主人头梳高髻，内着浅灰色圆领衫，外穿大红色交领长裙。两臂与内衫胸口处缀以珠子，领、袖之处饰以花纹。男女主人身旁各有一侍女，头梳双髻，身着红色长裙，裙腰及胸，上窄下宽，饰以联珠纹，联珠纹内绘有对兽。外披窄袖衫。脚着紫色�靴。双手捧盘，盘内有5个漆杯。东侧一男乐伎，头裹乳白色巾帻。身着红色右衽窄袖长袍，双手置于脸部左侧。眼睛微闭，神情专注，作吹笛状。西侧一女乐伎，头梳高髻，髻作“山”字形。身着橘红色窄袖长裙，身后拖有裙摆，脚蹬紫色翘角靴。胸前抱一四弦曲项琵琶，左臂前伸，手托琴项。右臂前屈，手指作弹拨状（图2.47、图2.48）。

西壁为男墓主人出行备马的场景（图2.49、图2.50）。画面人群中心为一红色骏马（图2.51），马颈下挂一缨子，鞍辔、脚镫俱全，马尾整齐下垂。马背上垂向两侧的鞍袱为铅灰色，有三片花瓣图案，边上绘有两圈联珠纹，联珠纹内有人头像（图2.52）。

马前三人手执三旒旗，马旁一人手举撑张的伞盖，马后一人手持羽扇。一人头裹紫色折上巾，身着紫色窄袖右衽长袍，腰系红带，脚蹬黑色

图2.47　山西太原北齐徐显秀墓北壁宴饮图（一）

图2.48　山西太原北齐徐显秀墓北壁宴饮图（二）

图2.49　山西太原北齐徐显秀墓西壁备马图（一）

图2.50　山西太原北齐徐显秀墓西壁备马图（二）

图2.51　山西太原北齐徐显秀墓西壁备马图鞍马局部

图2.52　山西太原北齐徐显秀墓西壁备马图鞍马联珠纹图案

鞡靴，双手隐于袖中，左肩扛一胡床。同样头裹紫色折上巾，身着浅黄色窄袖右衽长袍，腰系黑带，脚蹬紫色鞡靴，双手隐于袖中，腋下夹一方形物。

东壁与西壁内容相对称，为女墓主人出行时备车的场景（图2.53、图2.54）。正中有一卷篷顶牛车，篷顶向前出檐较长，檐下垂帘。车体黑色，车轮金黄色。车顶部两侧各挑一黼黻，两侧车轴之上竖有高杆。红色公牛驾车，牛体硕肥壮，角直立，仰头前视，左蹄抬起。牛车前4人手执三旒旗，牛车后3人各执羽扇、华盖。牛后有一胡人形象者，他头戴毡帽，浓眉大眼，络腮胡须，着翻领长衫，脚蹬紫色长靴，正扭头向后（图2.55、图2.56）。同样头裹紫色折上巾，身着浅黄色窄袖右衽长袍，腰系黑带，脚蹬紫色鞡靴，双手隐于袖中，于腋下夹一方形物。牛车后伞盖下有两侍女头戴卷曲发套。走在前面的侍女扭头向后，紧随其后有一内着白色长裙的侍女（图2.57），裙边饰有花贴，裙上饰有联珠纹，联珠纹内有一头戴莲花冠的人头像（图2.58），外披红色窄袖长衫。手捧黑色匣子，周边白色，内心涂以黑色，并有小三角形图案。紧随其后的另一侍女，身

图2.53　山西太原北齐徐显秀墓东壁备车图（一）

图2.54　山西太原北齐徐显秀墓东壁备车图（二）

图2.55　山西太原北齐徐显秀墓东壁备车图局部

图2.56　山西太原北齐徐显秀墓东壁备车图胡人面部图像

图2.57　山西太原北齐徐显秀墓东壁备车图侍女图

图2.58　山西太原北齐徐显秀墓侍女裙裾联珠纹图案

着红色长裙，上身穿浅灰色窄袖短襦，手捧包袱，包袱装物后打结。

壁画内人物仍以当时鲜卑族“鲜卑帽、缺胯袍、合裆裤、蹀躞带、长靿靴”的传统服饰为主，同时又有部分胡服特征。而徐显秀墓壁画中妇女们以窄袖翻领的上衣、束胸高腰的长裙、外披轻薄的长衫为主，但墓主人徐显秀却着褒衣博带式汉族风格明显的服装，这在很大程度上反映了北齐当时社会文化的纠结，一方面自魏孝文帝汉化以来，鲜卑族上层由于政治需要更多地倾向于汉族特色，另一方面由于长期的民族隔离导致胡汉独立，鲜卑族内保守分子对鲜卑传统念念不忘，还有就是外来宗教带来的西域文化冲击，这些元素都在壁画上体现得淋漓尽致。可以想象在当时的社会环境下，单一的服饰风格正渐渐被人们遗弃，取而代之的是多元化的服饰风格。同时这两幅壁画也极大地佐证了关于唐代常服起源于北齐朝的猜想，历史意义重大。

镇墓武士俑2件。标本245，高58厘米。张口露齿，面目狰狞，头戴圆顶盔，身着虎皮明光铠，腰系带，大口缚裤，白靴。左手按长盾，盾面饰虎头图案，右手作持武器状，手心有孔。标本275，高59厘米。双唇紧闭，神态威严。头戴尖顶金色兜鍪，双重耳护。身着橘红色明光铠，肩有金色披膊，腰束带，下着裤靴。左手上曲前伸，右手作持物状，手心有孔。

镇墓兽2件。标本72，高36厘米。狮首，三角耳直竖，深目怒视，血口大张，颌下有两撮卷曲络腮胡须。作蹲立状，前足为爪形，后足为马蹄形，背竖两撮剑式鬃毛，长尾上卷至背部。

三棱风帽俑分三式。A式70件。标本93，高53厘米。黑色三棱风帽，橘红色圆领窄袖右衽短襦，黑带，白裤黑靴。左手曲于胸前作持物状，右手置于腹前。B式27件。标本76，高24.5厘米。黑色三棱风帽，浅灰色窄袖短襦，外披橘红色长氅，黑腰带，白裤黑靴。左手按腰带，右手微曲下垂。C式27件。标本339，高25厘米。黑色三棱风帽，内着窄袖衣，外披橘红色短襦，袒露右肩，袖缠于腰间，白裤黑靴。左臂上举，右臂上曲于胸前，手心有孔。

铠甲俑分两式。A式3件。标本22，高27厘米。戴圆顶兜鍪，有耳护，身着鱼鳞甲，外披红色长氅，白裤白靴，左臂内挂一物件，有圆孔。长袖下垂，置于腹前。B 式10件。标本353，高27厘米。戴圆顶兜鍪，有耳护，盔底后部分瓣，身着红色鱼鳞金甲，白裤白靴，腰系带，左腰斜挂长剑，右腰挂一箭囊。

持盾俑分两式。A式1件。标本254，高27.5厘米。三棱风帽，着红色明光铠，红带、裤、靴。左手持盾，手心有孔，右手作持物状。B式62件。标本358，高24厘米。橘红色翻领窄袖右衽短襦，脖里围一巾，红带，白裤黑靴。左手持盾，右手曲于胸前，手心有孔。

武士俑分两式。A式2件。标本238，脚残，高26厘米。圆顶风帽，向上折出两角，着橘红色窄袖襦，系带，袒露右肩，袖缠于腰间，白裤白靴，两手上曲作持物状，手心有孔。B式1件。标本418，头佚，残高20厘米。橘红色翻领窄袖衫，系黑带。左腰斜挂长剑，长剑下方有一剑囊，右腰挂一箭囊。

文吏俑分两式。A式43件。标本368，高27厘米。小冠，橘红色广袖右衽衫，黑带，白靴。左手握带，右手作持物状，手心有孔。B式4件。标本417，高18.5厘米。小冠，红色交领广袖短襦，下着裤、靴。右臂处有一孔。

击鼓骑俑8件。标本19，通高30厘米，马高26、长23厘米。戴圆顶风帽，帽顶两侧折出两角，着白色窄袖襦，白裤，黑尖头靴。腰左侧挂一扁圆鼓，鼓径4.8厘米。鼓与左肘之间有孔，似有一物连接，物已朽。两手上曲，持物作击鼓状，手心有孔。乘枣红色马匹。

辫发骑俑1件。标本249，马腿缺，残高30、马高25、体长26厘米。此俑面庞丰润，面带微笑，长发披肩，头发分十二瓣，左右两侧各一瓣系结于头后部中央，余十瓣披于背部。着橘红色圆领半袖衫，俑后部露出半袖衫下摆，下摆在中央分叉，边上缀有装饰，腰系黑带。左腰斜挂长剑，剑长10.5厘米，长剑下方有一剑囊，长9厘米，右腰斜挂箭囊，长7厘米。

鼓吹骑俑1件。标本359，骑马俑头佚。残高26厘米，马高25.5、体长24厘米。着白色窄袖短襦，白裤，黑尖头靴。双手上举置于面前作吹奏状，手心有孔。

骑马俑1件。标本324，通高31.5厘米，马高24.5、体长26厘米。戴黑色三棱风帽，着橘红色圆领窄袖短襦，黑尖头靴。双手曲于胸前，作持物状，手心有孔。乘黑色马匹。

鸡首壶7件。标本276，高50、腹径22厘米。盘口微敞，细高颈，鼓腹，平底。肩前部有一鸡首，后部为细高柄龙首，龙口衔壶口沿，肩两侧各有两个扁方形孔系，系内侧有花纹，腹部刻有8片花瓣。通体施黄绿釉，有冰裂纹（图2.59）。

灯4件。标本180，通高48、灯径14、底径18、柄长31厘米。分座、柄、盏三部分。灯座为八瓣覆莲图案，灯柄饰3圈联珠纹，数圈弦纹，灯盏直口内敛，盏底饰八瓣仰莲。通体施黄绿釉，有冰裂纹（图2.60）。

金戒指1枚。标本413，戒指由黄金戒托、戒指环与蓝宝石戒面组合而成，戒指环为两对称动物，于动物中间托一蘑菇状黄金戒托，盘座为一圈联珠纹，内嵌宝石，经山西省质量技术监督局首饰产品质量监督检验Ⅱ站鉴定，此宝石为碧玺，又称电气石。宝石戒面阴刻一人，两手持物。重约23.443克，用指环量规测量，戒面到戒指环的外径长轴28.9、短轴25.98毫米；宝石戒面镶嵌在黄金戒托正中，长14、宽11毫米；戒指环内径长轴18.98、短轴16.9毫米（图2.61）。此戒指充盈着异国情调，应当出自中亚、西亚甚至地中海地区。

徐显秀墓是目前发现的同时期保存最完整的大型壁画墓。完整的墓室壁画的发现，为研究这一时期墓葬的营制以及对隋唐墓葬制度的影响、墓葬壁画艺术的发展提供了重要资料。西壁画面中马鞍上的人像联珠纹图

图2.59　山西太原北齐徐显秀墓鸡首壶
（标本276）

图2.60　山西太原北齐徐显秀墓灯
（标本180）

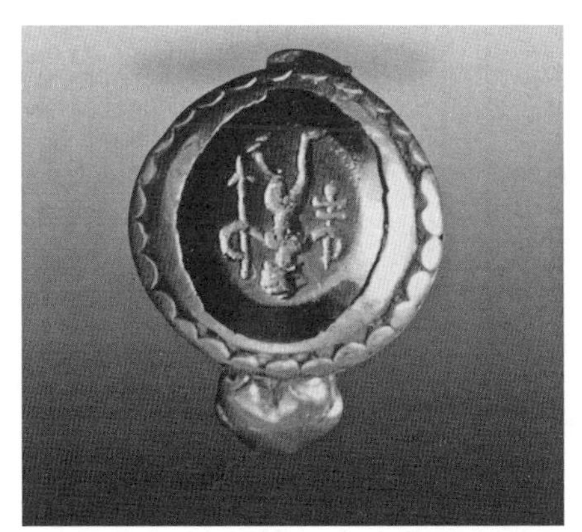

图2.61　山西太原北齐徐显秀墓金戒指
（标本413）

案、东壁胡人图案，以及3个贴身侍女裙边的人像对兽联珠纹装饰；镶嵌宝石的金戒指等外来文化信息，正是当时太原地区和西域交往频繁，胡人聚居的真实写照。

十八、太原市神堂沟北齐贺娄悦墓[①]

1986年9月，太原市文物管理委员会于山西省太原市神堂沟村南约1公里处对该墓抢救发掘。其西依蒙山，东临汾河。从现场调查的情况看，此墓当为一座土洞墓，其形制可能与本市20世纪50年代发现的北齐张肃俗墓、1984年省煤校发现的北齐库狄业墓相类。

贺娄悦，史书无传。依志文，其为高陆阿阳人，生于北魏正始二年（505年），卒于北齐皇建元年（560年）。当此之时，正是我国北方战争频仍，各民族融合之期。贺娄氏即为鲜卑族之一，活动于今大同至河北蔚县一带，后随拓跋氏南下，进入中原。贺娄悦“家世北蕃，酋督相继，接胄英豪，踵武承贤”，亦当属贺娄氏之族人。其以娴熟的弓马技术和过人的勇力而见用于高欢，拜为明威将军，后迁卫大将军、直荡正都督。

《隋书·百官志》述北齐官制云：“左右卫府，将军各一人，掌左右厢……其直荡属官，有直荡正副都督……卫大将军。”贺娄悦身为高氏集团的主战军队禁卫军军官，并深得高欢宠信。终其一生，冲阵突锋，戎马倥偬，实乃高氏一战将耳。

该墓出土随葬器物33件，多残缺，类型有陶俑、陶牲、墓志等。陶俑质地多为泥质灰陶，个别为泥质红陶。陶俑均为模制，一些大型陶俑如镇墓武士、镇墓兽、牛、骆驼等俑系先模制，后组合粘接而成。其中出土披氅武士俑2件、镇墓兽俑2件。

披氅武士俑2件。标本29，身高26.2厘米。微残。红色圆顶头盔，高鼻梁、凸眼珠，身着红色短襦，披黄褐色大氅，白裤白鞋。腰斜挂一长刀，右肩部似挂箭袋。右手置于腹部，左手下垂。

镇墓兽俑2件。可分二式。

Ⅰ式：1件。标本3，高30厘米。蹲坐状，人面兽身，红脸，颧骨突起，深目尖鼻。戴红色盔，身体施红彩，四足施红彩，两前腿间以黑色圈纹。

---

① 太原市文物管理委员会：《太原市神堂沟北齐贺娄悦墓整理简报》，《文物季刊》1992年第3期，第33～38页。

Ⅱ式：1件。标本4，残高20厘米。蹲坐状，兽头兽身，面目狰狞，红舌长吐。头施黄褐色彩，间以黑色条纹，体施红彩，腿施黄褐色彩，两前腿间以黑色圈纹。

该墓发掘出土的器物工艺精巧，造型生动逼真。这些和太原地区发现的诸如娄叡墓、韩裔墓、库狄业墓等陶瓷制品相同，均代表着北齐时代造型艺术的最高水平。

十九、北齐库狄迴洛墓[①]

1973年4～8月，山西省文物工作委员会于山西省晋中市寿阳县西南的贾家庄（又名福禄庄）对该墓进行发掘。寿阳县西南有白马河，在河流弯曲处的南面，是地势较高的丘陵地带，最高处缓平。这座大墓就位于这一平坦地区的东面，在贾家庄西50米徐公坪上。墓的土冢至今保存尚好，高大如丘，当地群众都称此墓为“徐皇坟”。此次发掘证明这是北齐贵族库狄迴洛的墓葬。库狄迴洛墓是一座大型土冢砖室墓（编号73寿冢）。墓葬由封土堆、斜坡墓道、甬道、墓室四部分组成。封土正中的下面就是砖室墓葬。方向17°。

库狄迴洛在《北齐书》里有传，对照传志，志详而传略，其中有些史料为正史所无。墓志称库狄迴洛为“朔州部落人”，但《北齐书·库狄迴洛传》作“为代人”，与志不合。《魏书·地形志》：代即代郡，属恒州。尉氏志文亦自称“恒州代郡平城人也”。故知传误。传记库狄氏曾任“五州诸军事”，然志则说“六州诸军事”。志称初“以军勋补都督，除后将军、太中大夫、母（毋）极县开国子，食邑四百户”，而传作“顺阳县子”。又志称，曾授“临溃（淄）县散子，东受（寿）阳大都督…… 别封东燕县开国子……转离石大都督、岢岚领民都督、黑水领民都督……肆州刺史”等官职，传都失记。

墓葬出土器物种类丰富，由质料区分计有：金器、玉器、玛瑙器、鎏金铜器、铁器、釉陶器、陶器、骨器、漆器、陶俑和动物模型以及墓志等

① 山西省文物工作委员会：《北齐库狄迴洛墓》，《考古学报》1979年第3期，第377～402页。

约300件。其中出土壁画（胡腾舞者），舞蹈胡俑1件。

人物画2幅。分画在甬道东西两壁。图像为四男人并列，身材大小相等。左第一人，头部的泥皮已剥落，只存身躯部分。从残存部分看，上身裸体，袒胸露腹，下着灰短袴，挽褶至膝。脚胫以红带缠裹，扎结垂缨，赤足。作右手伸臂，左手按膝，右足上举，左足独立姿势。手足缠裹的彩带，激荡飘起，俨然是一个手舞足蹈杂技人物图像。

舞蹈胡俑1件。为一胡人老叟，手模合制。头戴赭红船形胡帽，身穿赭红左衽胡袖紧身长衫。白袴，船头形鞋。面粉白，深目高鼻。朱唇，络腮长须。皱纹满脸，笑容可掬。屈膝，张臂，握拳持物，右腿微向前。高25.3厘米（图2.62）。

出土的老叟舞蹈胡俑，体高身细，笑逐颜开，作举手屈膝载歌载舞状，姿态生动，是北齐陶俑中少见的珍品。

图2.62　山西北齐库狄迴洛墓舞蹈胡俑

二十、山西太原北齐贺拔昌墓[①]

1996年7月，太原市文物考古研究所于山西省太原市西南万柏林区义井村对该墓进行发掘。该墓位于太原市变压器厂西4号宿舍楼东南角，东南距晋阳古城遗址约15公里。这一带以往北朝墓葬多有发现，如著名的北齐张肃（俗）墓、娄叡墓、贺娄悦墓、韩祖念墓，以及隋斛律徹墓、虞弘墓等。贺拔昌墓坐北朝南，方向192°，由墓道、甬道、墓室组成。

贺拔昌，史书未见记载。据墓志，其为朔州鄯无人，北齐并州刺史、安定王贺拔仁之子，一生历任安东将军、亲信大都督、渭州刺史、征北将军、廓州刺史、骠骑大将军、仪同三司、右厢都督、太子右卫将军、右卫将军、开府仪同三司等职。侯景之乱时，他曾“奉敕行师，身先覆寇，旌旗所向，无往不利”。死于天保四年（553年），年四十二。

由于墓葬曾经盗扰，且长期水泡浸蚀，随葬器物损毁较为严重，经整理修复的器物44件。计有陶俑、陶牲、庖厨明器、金环、铜环、墓志等。其中出土杂技俑1件。

杂技俑1件。残。高16.5厘米。头戴三棱帽，发卷曲，浓眉高鼻，红色窄袖紧身衣，衣袖口外折，衣自下部分裆，两侧加长，腰勒细绳，脚蹬长靴。右手上曲作持物状，手心有孔（图2.63）。

图2.63　山西太原北齐贺拔昌墓杂技俑（标本T99HQH21）

① 太原市文物考古研究所：《太原北齐贺拔昌墓》，《文物》2003年第3期，第11～25页。

二十一、太原北齐娄叡墓[①]

1979年4月，山西省考古研究所及太原市文物管理委员会于山西省太原市南郊晋祠公社王郭村西南1公里处对北齐娄叡墓进行发掘。该墓由封土、墓道、甬道和墓室四部分组成。封土在地面上积土夯筑，残高6米余。墓道长21.3米，南北向，墓道上阔下窄，北接甬道，甬道较墓道窄，因此墓道北端两壁呈直角内折成东西二短墙。甬道全长8.25米，由天井中分为前后两段。天井方形，宽度比甬道的前、后段都宽40厘米，呈方筒状， 壁用砖砌。在甬道后段前后两端各设一堵封门墙，中部安石墓门。墓门青石琢成，设有半圆形石门额、石门框、石门扇和兽形石门砧。两扇石门正面平整，背面粗糙。墓室为砖构单室，平面呈方形，四壁中部稍向外弧凸。墓室东西宽5.7、南北长5.65米。四壁在高2.8米时开始向内斗合叠涩，聚成四角攒尖状。墓底铺砖，东西向错缝平铺。

娄叡（531～570），本姓匹娄氏，字佛仁，太安郡狄那县（今山西寿阳县）人，北边鲜卑望族、北齐外戚大臣，武明皇后娄昭君侄子。娄氏家族财源充盈，积极支持神武帝高欢建立北齐王朝，随高欢“信都起义”，戎马生涯历经40年。他先为帐内都督，平定叛乱，收复炽关，为北齐建立军功，先后封东安王、司空、司徒、太尉，天统二年（566年）封为大司马统领全军，三年（567年）为太傅、太师，兼录并省尚书事、并省尚书令，成了“坐而论道”“总领帝机”的宰相，卒于武平元年（570年）二月五日，葬于晋阳，谥号恭武。

墓葬的形制、葬式和随葬品也有着明显的时代特征。魏晋南北朝数百年间政治逐步趋向稳定，经济复苏，尤其到北齐时期，相对地说经济有了较大的发展。北方的少数民族统治者和汉族地主之间相互勾结、融合，变成了新的统治阶层。厚葬风气盛行，在娄叡墓葬中反映也很明显：第一，墓道加宽加长，长达21米余，甬道的前段墙有立柱，建有瓦顶的通道，中间有砖砌天井，后段有砖券顶通道，都是过去少见的。砖构方形单室墓，

---

① 山西省考古研究所、太原市文物管理委员会：《太原市北齐娄叡墓发掘简报》，《文物》1983年第10期，第1～23页。

采用四面结顶，壁面呈弧形，是继承了汉魏砖结构形式，但其规模较前期宏大。它和洛阳建义元年（528年）常山王元邵墓的形制相似，比寿阳库狄迴洛墓和祁县白圭韩裔墓规模都大。第二，墓道、甬道和墓室满绘壁画，色彩鲜艳，形象生动，超过了目前所见到北朝壁画墓的规模和绘画艺术水平。第三，随葬的陶俑数量超过600件，形态、服饰和制作方法都有特色。

瓷器是这座墓葬的重要随葬品之一，数量颇多。高岭土胎，质纯白，稍粗。器壁较厚，胎质坚硬。釉层多数浑厚、均匀。釉色莹润明亮，玻璃质感强，除碗外壁施釉不到底外，其他器物均为内外施满釉。同时由于釉层与瓷胎收缩时间不一致，普遍出现冰裂纹。施釉方法多数为蘸釉，少数小口器内壁为荡釉。釉色有淡黄、茶黄、黄泛绿、黄泛墨绿。花纹集中使用堆、贴、划三种方法，造型风格庄重而粗犷。像这样有堆、贴、划花纹的瓷器，出土十多件，而且灯、壶、瓶、杯皆有，加之素面的罐、盘、碗、盒，给我们了解当时的瓷器组合提供了实物资料。

二彩小瓷盂，在淡绿豆色的薄釉上，画以极薄的黄、绿二彩，釉面平展光滑，晶莹透亮，显示了瓷器制造业的进步和发展，是我国目前所见墓葬中出土彩瓷最早的佳作。

娄叡墓虽屡遭破坏，位置也有扰乱，但仍保留相当数量的随葬品，只是多已破损，经初步整理，尚有870余件。其中出土低温彩釉灯、贴花瓶、瓷灯及镇墓俑等器物体现了外来因素。除此之外，还有大量瓷器和陶俑上装饰有相当数量的联珠纹。这种纹饰是以连续、均匀的圆形为主，表示太阳，在5世纪至7世纪之间，沿丝绸之路从西亚、中亚传入中国。但在这一时期，主要用作器物的边饰。联珠纹发展为环形联珠纹，并成为各种器物的主题纹样，是在隋代。环形联珠纹，表示太阳光辉的放射，是古波斯萨珊王朝时期最为流行的纹样，并逐渐成为祆教艺术中的典型纹样。

贴花瓶，敞口圆唇，高颈中部有三道弦纹，鼓腹上对贴兽面衔环铺首四个。此兽面衔环铺首，与代表北齐时代特点的河北邯郸响堂山石窟中著名的畏兽图像的面部形象类似，中国传统的神怪异兽图像被波斯一系的入华祆教采用，作为天神的一种图像。

低温彩釉灯，标本711，全器由上而下饰莲花纹和忍冬纹，它来自希腊波斯风格的莨苕纹。瓷灯分座、柄、盏三部分，座、柄连在一起。灯盏

图2.64　山西太原北齐娄叡墓釉陶灯（标本711）

另制，底附尖插，与柄插合。花纹均为贴、划而成。覆莲座、宝装莲瓣，座底沿饰一周联珠纹；柄下部施忍冬图案，上端为仰莲，以承托灯盏；灯盏方唇略内敛，盏底饰仰莲一朵，腹饰忍冬及宝珠和月牙形组成的图案各四组，相间排列，盏沿饰平珠纹（图2.64）。施安昌先生认为此非照明的灯，而是祆教祭火的小型火坛。瓷灯底座上的宝装莲瓣，与河北景县封氏墓、磁县高润墓，河南安阳范粹墓、濮阳李云墓，山西寿阳库狄迴洛墓以及南京、武昌等地南朝墓出土的仰覆莲瓷尊、缸上的蓬瓣极为相似；螭柄鸡首壶（图2.65、图2.66）、贴花瓶、瓷灯等，虽在南北朝墓中曾有发现，但像这次出土的如此精美，却是罕见的。从这些器物的纹饰中，可以明显地看出西域民族文化与佛教艺术的影响，反映了几种民族文化的交流融合。

镇墓武俑2件。标本528，高63.5厘米。面目狰狞，戴鱼鳞金盔，穿鱼鳞明光铠，长袴，黑靴。左手按长盾，盾面饰虎头图案。右手作握武器状，器朽。分别置于墓室东南、西南两角（图2.67）。

武士俑91件。标本51，高25.6厘米。戴三棱风帽，穿枣红短襦，白裤，黑鞋。右手握武器， 已朽。

役夫俑3件。标本525，高19厘米。黑发， 圆形白脸，高鼻，深目。穿窄袖紧身右衽短褐，白袴。右手握拳向上高举，可能为拉马、驼的役夫，形象似西域人（图2.68）。

骑马武士俑40件。标本558，通高33.1、马高26.6厘米。戴金色兜鍪，穿鱼鳞金甲，黑袴、乌靴。左胯带兵器二件，已朽，可能为槊、剑，右胯佩二器。红马，体披鱼鳞金甲。

镇墓俑2件。标本628，高50.2厘米。人面兽身，呈蹲坐状，人面脸圆白，戴黑盔， 盔顶竖戟形物，其嘴唇肥厚，下巴圆润，眉形上扬，鼻头扁平，鼻翼线条很明显。最为奇特的是两眉之间有一圆点，似第三只眼。兽

图2.65　山西太原北齐娄叡墓鸡首壶（标本703）

图2.66　山西太原北齐娄叡墓鸡首壶（标本705）

图2.67　山西太原北齐娄叡墓镇墓武俑（标本528）

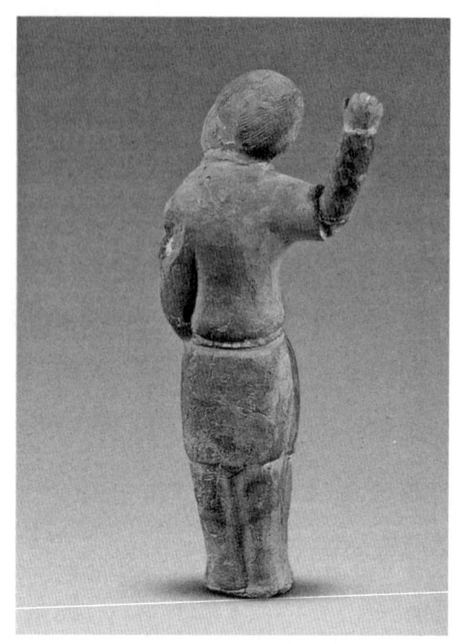

图2.68　山西太原北齐娄叡墓役夫俑（标本525）

身乌黑，四圆蹄，尾上卷，背竖九撮剑式鬃毛的形象，类似太阳的光芒。前身装饰有象征太阳的联珠纹。这种背竖九撮类似太阳光芒的剑式鬃毛，还出现在娄叡墓室上栏的十二辰图中的羊背部，其造型风格和手法都明显具有外来因素（图2.69）。

灯4件。标本714，通高50.2、灯径18、底径20、柄长28厘米（图2.70）。分座、柄、灯盏三部分。座、柄连在一起，灯盏另制，底附尖插，与柄插合。花纹均为贴、划做成。覆莲座、宝装莲瓣，座底沿饰一周联珠纹，柄下部施忍冬图案，上端为仰莲，以承托灯盏，灯盏方唇略内敛，盏底饰仰莲一朵，腹饰忍冬，宝珠和月牙形组成的图案各四组，相间排列，盏沿饰联珠纹。通体施黄绿釉，釉色晶莹，有冰裂纹。瓷灯底座上的宝装莲瓣，有学者猜测其为祆教祭祀的圣火坛，可以明显地看出西域民族文化与佛教艺术的影响，反映了几种民族文化的交流融合。

墓志长、宽各81.5厘米。志盖盝顶，四角有四铁环，中有"齐故假黄钺右丞相东安娄王墓志之铭"十六字（图2.71），志文共三十行，每行三十字，其中有缺字，实有字八百六十六个（图2.72）。

此外，墓葬中恢宏的壁画与雕刻也展现了墓主的鲜卑民族性。在墓室的天井上栏、墓室甬道拱顶、墓门的前后七幅画中六幅皆为佛教题材，象

图2.69　山西太原北齐娄叡墓镇墓俑（标本628）

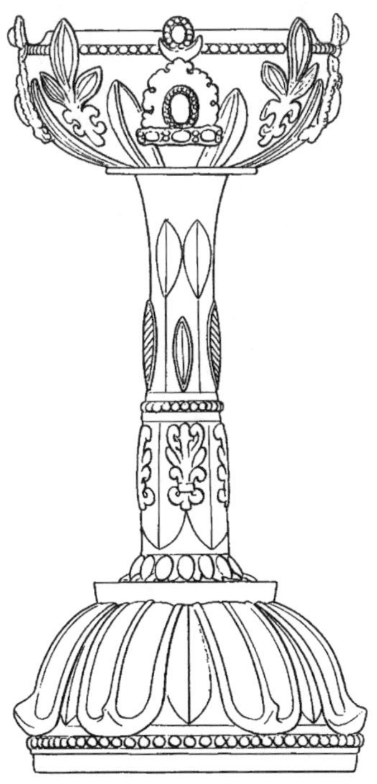

图2.70　山西太原北齐娄叡墓灯（标本714）

图2.71　山西太原北齐娄叡墓墓志（一）

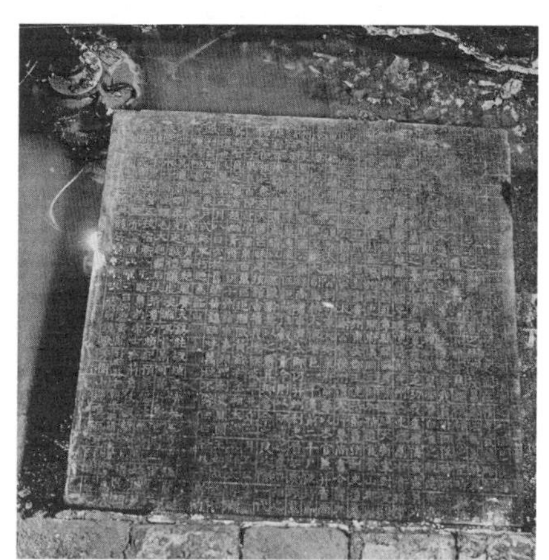

图2.72　山西太原北齐娄叡墓墓志（二）

征着飞升西方极乐净土。在墓门门额中，雕刻有一只类似于龙首的神兽，张着血盆大口，牙齿锋利尖锐，鼻子硕大挺拔，前额微微凸起，类似于双角，兽首周围环抱莲座摩尼宝珠，两侧绘有口衔莲枝的金翅鸟。门楣处横列有五朵莲花，在门楣之下与门框的正侧两面都雕有莲花，内雕莲座，上面放置有摩尼宝珠（图2.73）。

其中《宴飨行乐图》中，墓主夫妇头部顶着花环，穿着宽袖汉服，袖子上绣有金色丝绸花朵，看起来英姿勃勃，气派雄伟。娄叡身上所穿的这种宽松的长袍衣袖在那个期间十分兴盛。娄叡妻子身上的服饰为长袖子及宽带圆领的样式，兼具汉服与鲜卑民族服饰的特征（图2.74）。

墓道西壁的《驼运图》（图2.75）中一胡人，健硕修长，短胡高鼻，浓眉深目，头戴高筒毡帽，形貌皆不似中土人士，而似波斯人（图2.76）。东墓道上绘有一只送葬入墓的护路神卫，“似羊似鹿，偶蹄，两肋有翅，口中衔有莲花枝，全身以橘红轻淡渲染，下踏彩云”，与祆教中“森穆夫”的神兽形象一致。

西门扇高1.6米，宽0.63米，上部刻有一鸟身兽头蹄足兽，口衔花草。下部刻有一白虎，清晰可见。但在后期彩绘出一鸟的形象。门扇四周刻有莲花和云气纹。东门扇高1.6米，宽0.64米，上部同样刻有一鸟身兽头蹄足兽，口衔花草。下部刻有一青龙， 面目清晰。与西门扇相同，在彩绘时，用颜料改绘出一鸟的形象。鹿首鸟身，飞翔于云天之中的神灵应是当时流行的森穆夫。“橘红”也正是火的颜色。娄叡墓石门浮雕中所见的似鹿似羊的“羽翼兽”图案，取材于波斯和中亚诸国，洋溢着浓烈的波斯祆教风格（图2.77）。

娄叡墓壁画，从炫耀其生前地位显赫和高官厚禄的荣贵入手，又继承古代神话传说与儒道释思想，描绘了死后飞升天界的图像。这一人间天上的大型画卷，形象地反映了南北朝晚期封建意识形态的一个侧面，除了在

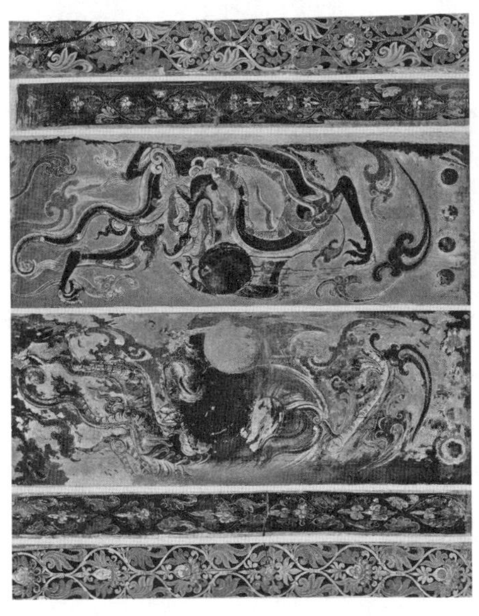

图2.73　山西太原北齐娄叡墓墓门门扇、门额、门楣、门框石刻彩绘细部

图2.74　山西太原北齐娄叡墓宴飨行乐图

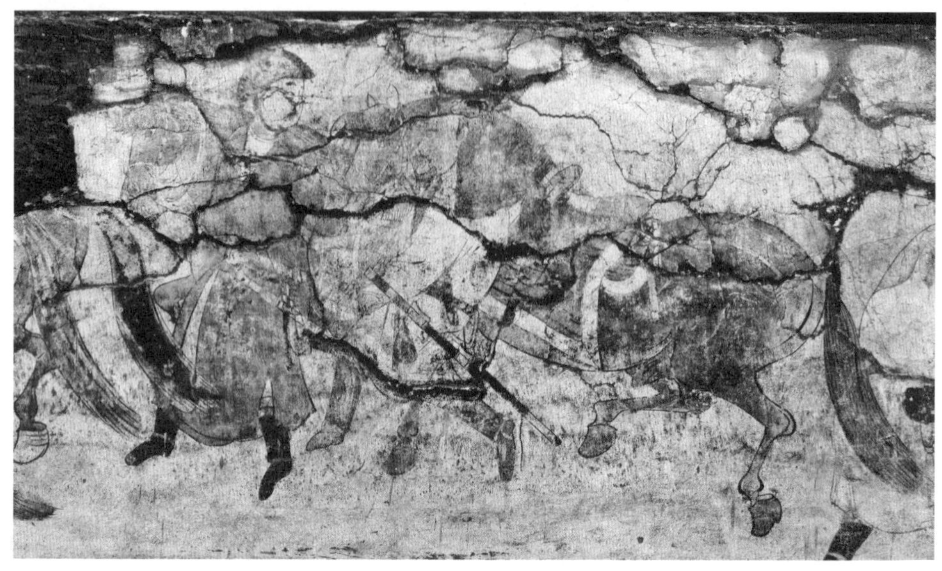

图2.75　山西太原北齐娄叡墓墓道东壁第一层壁画驼队前引图（蒙古人形象）

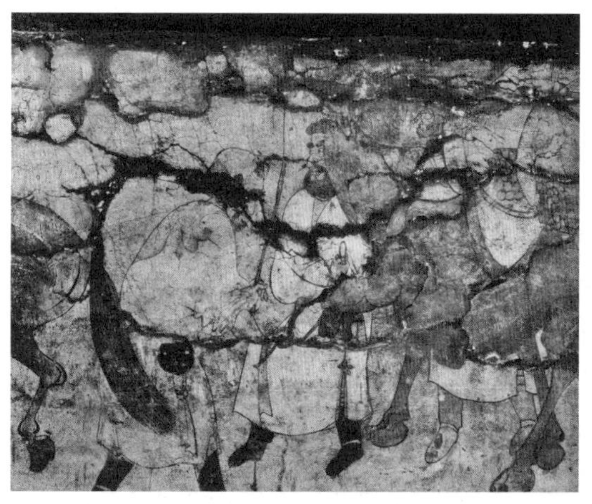

图2.76　山西太原北齐娄叡墓驼运图局部（胡人）

图2.77　山西太原北齐娄叡墓墓门扇

绘画艺术史上占有重要的地位之外，对当时意识形态的研究，也是不可忽视的重要资料。

二十二、太原库狄业墓[①]

1984年3月，太原市文物考古研究所于山西省太原市小店区南坪头村对该墓抢救发掘。该墓为单室土洞墓，方向182°。墓底距现存地表8.9米。斜坡墓道在墓室之南，长约15、上口宽1.5、底宽1米，底坡28度。墓道前部有7～8米，受施工影响未能发掘，仅清理了靠近过洞部分。墓道侧壁是铁锹类工具削平的。底部有不规则脚窝。墓道北端连过洞，过洞系生土挖成，西壁与墓道壁齐。墓道及过洞有零碎素面陶片，过洞北端是天井，亦系生土挖成。天井中有石门，石门构件系粗砂石制成，宽窄厚薄略有差异，对称构件尺寸不一，装饰花纹的镌刻不甚精细。它们之间无任何榫卯结构，只是如垒积木般拼对而成。门框、门槛、门墩均为素面。门框左右各一，高148、宽25、厚13厘米。门额近似半圆形，下部雕凿出高18、凸出4厘米的门楣，其上镌有三个中有乳突的碟状纹饰，中心距46、直径20厘米。石门两扇，背面粗糙，正面平整。石门正面雕有三排、每排四个的乳钉纹饰，乳钉纹上下中心距40、左右中心距16、直径14厘米。两扇石门上部门枢形状和尺寸相差大，石门下部无枢。

库狄业，史书无传。根据墓志记载，其为阴山人，世居漠北，代为酋长，至其祖库狄去臣，乃释褐从戎。库狄业生前曾任泾州刺史、金紫光禄大夫、骠骑大将军、领民都督、仪同三司、北尉少卿等职，封爵咸阳县开国侯、高平县开国子、彭城县开国公等。在北齐政权中，是有一定地位和影响的中级官吏。

此墓出土遗物120余件。除石门外，其余均置于墓室内，有陶瓷器、铁器、铜器、墓志等。其中出土瓷灯、鸡首壶各1件，镇墓俑2件、铜釜1件。

瓷灯1件。标本T84QS12，由灯盏、灯柄、灯座三部分组成，通高38、灯座直径17、高3厘米。覆莲座，宝装莲瓣，座底沿周饰一圈联珠纹。灯柱长29.1厘米，灯柱下部饰下附忍冬纹。中部饰四排联珠纹，上部饰仰忍冬纹。灯盏口径16.7、高5.7厘米， 灯盏口外侈，盏底饰仰莲，腹饰

---

① 太原市文物考古研究所：《太原北齐库狄业墓》，《文物》2003年第3期，第26～36页。

图2.78　山西太原库狄业墓瓷灯（标本T84QS12）

莲花八朵。其上所饰联珠纹有外来特征（图2.78）。

鸡首壶1件。标本T84QS13，高46、腹径16.2厘米。壶口微敞，细高径，平折肩，鼓腹平底，腹上部饰凹弦纹一道，颈部及把手有冰裂纹，肩部有鸡首及四个桥形系，系中饰忍冬花，与鸡首相对有螭柄，螭嘴衔壶口，螭颈接腹上部（图2.79）。鸡首壶这种造型和装饰应源于古代波斯萨珊王朝时期的金银器——胡瓶。

胡人相镇墓武士俑2件。标本T84QS2，高51.6厘米。挺胸凸肚，面目狰狞，头戴高折沿帽，身着鱼鳞明光铠，系黑色腰带，白裤白鞋。左手按长盾，右手作持武器状，手心有孔（图2.80）。

图2.79　山西太原库狄业墓鸡首壶（标本T84QS13）

图2.80　山西太原库狄业墓胡人相镇墓武士俑（标本T84QS2）

铜釜1件。标本T84QS14，高23.7、腹径19.1厘米。直口鼓腹，镂空圈足，圈足有焊接修补痕迹。口部有扣，在与肩部接合处有一小铰链以连釜盖（未发现釜盖），肩部对称一系。此釜通体黑亮，底部有烟炱，当为墓主人生活实用品。

此墓结构较为特殊。虽然顶部塌陷，但从残留的迹象分析，墓葬形制应该是一座有斜坡墓道、过洞、天井、甬道和带有生土二层台的长方形窑洞式墓。这种形制的墓室，在太原地区同时代、同类别的墓葬中为首次发现。此墓所出铜釜，是一件经过修补的实用器，使用痕迹明显。铜釜结实耐用，携带方便，是游牧民族马背生活的必需品，它在此墓中的出现，说明鲜卑人的游牧生活习惯，在北齐末期仍然存在。

二十三、太原窦公墓①

2000年11月下旬，山西省考古研究所、太原市文物考古研究所、晋源区文物旅游局联合组队对山西省太原市晋源区罗城镇开化村以北的山前坡地进行了发掘。窦公墓编号TM85，墓葬形制尚好、随葬器物完整。该墓为生土单洞室墓，位于现代回填后的平整阶梯块地。发掘时，曾在墓位上方的垫土层中发现一块北齐纪年石碑，长扁体状石条长0.9、宽0.38、厚0.15米，为沉积的砂石质地页岩，石体中赭红色条状层十分清晰。其毛石坯的上半截端头被凿作椭圆形的琬首，在磨制平整的碑面上阴刻魏书："大齐天统二年'二月廿九日北'显州故都督稿贵荣铭记之也"。于地表耕土与回填垫土层发现斜坡墓道的开口，长8、宽1.1米。坡道底部有不规则的脚窝，至墓室进洞口处，距地面深5.7米。生土洞口内进0.9、高2米，以河卵石块密实封堵。洞室墓坐东向西，方位角270°。洞内的顶部塌落，墓室已淤塞盈积，遂作大揭顶式发掘出土，清理后的墓室平面呈圆角长方形，在墓壁的下部遗存有细泥涂抹层，长3.2、宽2.83米。墓室内四周壁的拐角处上部残留有少许的斜坡收束状，可能是四面坡的覆斗形洞室顶，存高不详。

① 山西省考古研究所、太原市文物考古研究所、晋源区文物旅游局：《太原开化村北齐洞室墓发掘简报》，《考古与文物》2006年第2期，第7～21页。

墓室中部放置着的棺椁葬具皆已朽蚀不存；从遗留的朽木灰痕及其两端遗存的锈蚀铁环（未见椁底板痕迹）来分析，墓内原有覆围棺木的椁厢侧立板和椁厢盖板。其内的棺木痕迹正合于墓底的长方形生土坑，坑长2.08，墓向西端宽0.72、东端宽0.54 米，深0.4米。棺内的一具遗骸已腐朽成粉末状，不能清理出成形的尸骨状态；从残留在西端的牙齿来看，墓主人的头颅朝向西方。即原来的棺厢坐落在中空的椁厢（无底板）之墓室底部的生土浅坑内，棺椁西端外侧与洞室口封石之间，放置着随葬的组合器物。

TM85斜坡墓道生土洞室墓内随葬有墓志，明确为北齐“天保十年”之遗存，墓主人单姓窦，曾任职骠骑大将军，是北齐政权中的一般官吏。因此在该墓位置上部的回填扰土中，发现的那一块北齐“天统二年”的石碑，当是另墓的遗物因现代平整土地而移动至此。

该墓室内出土遗物有正对着洞口的一合墓志石，其两侧放置有镇墓兽、镇墓武士俑各1件，其间散落些许陶质的仿生活用明器。从出土遗迹分析，椁盖板的西端上原来摆放着三只陶碗，由于进水漂浮而淤积在椁外西南角。

胡人相镇墓武士俑2件。形制相同，制陶表面有涂色。标本M85：5，头戴圆顶中脊起楞有护耳的兜鍪，双肩披革甲，胸背各护两圆形明光铠；腰间系带，穿长缚裤蹬圆头靴。右手中有孔洞作持物状，左掌分指按住竖立的狮面盾牌。高43.5厘米（图2.81）。

图2.81　山西太原窦公墓胡人相镇墓武士俑

该洞室墓内壁外弧，涂抹细泥，又呈覆斗形顶；棺厢置于洞室底部生土坑内，应为彼时的地方葬俗。墓内的随葬器物，组合简单，形制精当，做工亦甚好。

二十四、山西祁县韩裔墓①

1973年，山西省文物工作委员会于山西省晋中市祁县东观公社白圭镇的东南部对北齐韩裔墓作了清理发掘。墓坐北朝南，北端偏西5°。据老年人谈：韩裔墓旧有巍峨的土冢，高五丈有余，占田十余亩，群众俗称“王墓”，即墓中之王，是大的意思。后逐渐夷为平地。

古墓由墓道、甬道、墓门和墓室四部分组成，除墓室顶部外，其余保存均较为完整。全长共21.90米。墓道在南，土坑竖穴，底呈斜坡，南高北低，南距地表上深1.30 米，北距地表土深5.50米；墓道南宽北窄，南宽2.18米，北1.76米；全长14.60米，北接甬道和第一道封门砖墙。

甬道又可分门罩、甬道前段和甬道后段三部分。门罩是仿木构的砖雕结构建筑， 两边为一横一纵平铺砖砌立柱，高0.95米，立柱承托有二伏二券的砖砌法券，法券跨度大，较为平坦。法券上有平铺六层砌砖，其上又有三个斗拱，中间为一斗三升，通高0.24、宽0.35米，升高0.06、宽0.08米；两侧是人字拱，额方上有升，通高0.24米，人字宽0.50、高0.18米；升高0.06、宽0.08米。拱上承接有椽子和飞子，椽子每个0.06米见方，共十六个。上面又有勾头和滴水，成对扣合在一起，共有十一对组合体，构成坡状屋顶。最上面是由鸱尾和屋脊结顶，鸱尾高0.32、宽0.16米，似鱼尾。

史书仅在他人的传记中提到墓主的名字。如卷十九《韩贤传》里提到“子裔嗣”。卷十五《潘乐传》：“周文东至崤、陕，遣其行台，侯莫陈崇自齐子岭趣轵关，仪同杨檦从鼓钟道出建州，陷孤公戍。诏乐总大众御之。乐昼夜兼行，至长子，遣仪同韩永兴从建州西趣崇，崇遂遁。”卷五十《韩凤传》：“韩凤字长鸾，昌黎人也。父永兴， 青州刺史。”墓志补充了韩裔（字永兴）的历史，帮助我们进一步了解韩氏的身份和家史。

---

① 陶正刚：《山西祁县白圭北齐韩裔墓》，《文物》1975年第4期，第64～73页。

古墓早年被盗，墓室顶部大部分倒塌，文物也遭受破坏。但主要出土物陶俑，有汉人形象，也有深目高鼻的少数民族形象，反映了当时多民族杂处的情况。残存文物共有145件。

少数民族女俑1件。高0.265米，梳扁平发髻，戴风帽，粗眉大眼，高鼻梁。穿宽袖合襟服，长裙。左手提裙，右手握拳，垂在右侧，似乎手中握物。这件女俑似少数民族形象（图2.82）。

男俑：可分三型，都是家奴。

Ⅰ型：1件。高0.27米，梳铲型高发髻，粗眉大眼，高鼻梁，脸部丰满，身穿宽袖短袄，腰部束带，右手握拳，似持杖，穿长袴。泥质红陶，外施白彩，衣服贴边上施有绿彩，大部分已经脱落（图2.83）。

Ⅱ型：1件。高0.245米，体胖浑圆，梳发髻，包头巾。细眉大眼，高鼻梁。身穿短袄，左披宽袖外衣，腰束带，泥质灰陶。上半身先施淡红色底，又施白色，大部分已脱落（图2.84）。

Ⅲ型：34件。又可分为两类，一为泥质深灰陶，体高0.27米，二为泥

图2.82　山西祁县北齐韩裔墓少数民族女俑

图2.83　山西祁县北齐韩裔墓男俑Ⅰ型

图2.84　山西祁县北齐韩裔墓男俑Ⅱ型

质黄灰陶， 体高0.273米。两者服饰相同，头戴山字形风帽，粗眉大眼，高鼻梁，身穿长袍，但不过膝，束腰（图2.85）。

武士俑：共三型。其中Ⅱ、Ⅲ型为胡人相俑。

Ⅰ型：4件。高0.275米，戴棉风帽，脸部丰满，粗眉大眼，身穿甲胄，外有披肩，左手扶刀，身背箭囊。施白彩，已脱落。从脸部形态看，应是汉人特征。

Ⅱ型：25件。体高0.265米，戴风帽，大眼珠，高鼻梁，身穿甲胄，长披肩，似有箭囊，周身施白彩，已脱落（图2.86）。

Ⅲ型：33件。体高0.255米，头戴风帽，凸眼珠，高鼻梁，身穿长裙，束腰有披肩，左手持盾于胸前，右手垂立，握拳。周身施白彩，已脱落（图2.87）。

骑马武士俑：散落丢失较多，残存者有五型，共13件。均为浓眉大眼高鼻梁的胡人相。

Ⅰ型：7件。残高0.265米，武士昂首骑马，戴高沿毡帽，沿反折向

图2.85 山西祁县北齐韩裔墓男俑Ⅲ型

图2.86 山西祁县北齐韩裔墓武士俑Ⅱ型

图2.87 山西祁县北齐韩裔墓武士俑Ⅲ型

上，大眼珠，高鼻梁，身穿短袄、马裤和马靴，左手在胸前，好似持旗帜，右手斜高举在胸前。马细头小耳，身健壮，马鞍上并带有简单行李，武士施有黄彩，马涂红彩（图2.88）。

Ⅱ型：3件。高0.30米，武士昂首挺胸，骑马，威武状，戴高帽，脸部丰满，大眼高鼻梁，注视前方。身穿甲胄，肩有披肩，穿马裤和马靴。右手握拳，似拿武器，背箭囊。马穿戴护盖，底施白彩，外涂土黄色彩，但大部分已脱落（图2.89）。

Ⅲ型：1件。残存高度0.245米，武士骑马，马腿已残，戴毡帽，折沿向上，大眼珠，高鼻梁，双目注视前下方，似北方少数民族形象。手放在嘴边，穿马裤，脚穿靴，马佩鞍，头有缰绳，颈挂缨。周身施白彩，已脱落（图2.90）。

Ⅳ型：1件。残，武士骑马，戴卷沿毡帽，头侧向右，注视右下方，粗眉大眼，高鼻梁，颈围巾，身穿甲胄，穿马裤、马靴。高头大马，马鬃竖立，体壮浑圆，马周身施红彩。武士穿红靴。残存高度有0.295米（图2.91）。

Ⅴ型：1件。残，高度仅有0.265米。武士戴毡帽，头向左，注视左上方。其他均和Ⅳ型相同。泥质灰陶，武士涂有白彩，马施土黄色彩

图2.88　山西祁县北齐韩裔墓骑马武士俑Ⅰ型

图2.89　山西祁县北齐韩裔墓骑马武士俑Ⅱ型

图2.90　山西祁县北齐韩裔墓骑马武士俑Ⅲ型

图2.91　山西祁县北齐韩裔墓骑马武士俑Ⅳ型

（图2.92）。

龙凤壶3件。青绿色瓷釉，色彩鲜艳。敞口，折沿，高颈，鼓腹，小底。龙头是壶鋬，衔住壶口沿，凤头嘴，颈下有四立耳，上有孔，估计是系绳索用（图2.93）。

图2.92　山西祁县北齐韩裔墓骑马武士俑Ⅴ型

图2.93　山西祁县北齐韩裔墓龙凤壶

龙凤壶这种造型和装饰应源于古代波斯萨珊王朝时期的金银器——胡瓶。

二十五、朔州水泉梁北齐壁画墓[①]

2008年6月，山西省考古研究所、山西博物院、朔州市文物局、崇福寺文物管理所联合对山西省朔州市朔城区窑子头乡水泉梁村西约1.5公里处北齐壁画墓进行了抢救发掘。该墓东北距朔城区约20公里，地理坐标为东经112°18′51.2″，北纬39°09′26.1″，海拔1228米。该墓由封土、墓道、甬道、墓室组成，方向150°。封土已坍塌成坡度较缓的土丘，高约6米，大致呈圆形，占地面积约700平方米。封土经过简单夯筑，夯层厚10.3 ~ 11.3厘米。墓葬最南部为长条形斜坡墓道，长13.5米，坡度25°。墓道的平面为南宽北窄，南部宽1.94、北部宽1.64、最深5米。墓道的剖面为上宽下窄，在墓道和甬道交界处测量，上部宽1.64、底部宽1.44米。墓道北接甬道。甬道用青砖砌成，较墓道略窄，甬道中部偏南处为墓门。墓门由门框、门槛、门枕石和两扇门组成，均为黄沙石质。墓室为穹隆顶砖券单室，平面呈弧边方形，4.5米见方，双层穹隆顶，内高5.3、外高6.38米。墓壁用三顺一丁法垒砌，至2.9米处砌作内、外两层穹隆顶。

此次发掘出土了陶俑、陶模型明器、釉陶器等随葬器物以及大面积保存较好的壁画。其中出土鸡首壶2件。口部残片。标本T3，矮杯形口，口壁斜折，与颈部连接处以下缺失。口径10、残高3.6厘米。腹部残片。标本T12，腹部有一周凸棱，棱下腹壁单线刻划莲瓣纹。腹径19.4、残高8.5、壁厚1 ~ 1.2厘米。底部残片。标本T6，下腹部斜收至近底部略外撇。底径9.5、残高11厘米。标本T3、T12、T6的外壁施低温釉，釉色为橘红色，局部泛绿，釉层不匀。胎呈浅砖红色，质地较粗，从断面可见红、白两色胎泥呈层状分布。肩腹部残片。标本T8，残存部分直柄和一个扁方形系，柄背有一道凹痕，扁方形系有门洞形孔，但未穿透。肩部单线刻划一周双弦纹，腹部刻划莲瓣纹。施青绿色釉，釉色不匀。残高13.5厘米。

---

① 山西省考古研究所、山西博物院、朔州市文物局，等：《山西朔州水泉梁北齐壁画墓发掘简报》，《文物》2010年第12期，第26 ~ 42页。

墓葬壁画分为甬道和墓室两部分，大部分壁画保存较好。

西壁牛车出行图（图2.94）。画面中部绘一辆向南行驶的牛车，上部为浅黄色卷棚顶，前后出檐较多。后檐上饰黑色绳结和不明垂物。车体为黑色，车厢前部为直棂窗，后部垂有黑色车帘，几近拖地。车轮为浅黄色。车身前端两侧竖有高杆，其上有挂钩。车辕内为一头健硕的黄牛，牛车两侧各有一个黑发虬髯的胡人形象的驭手。黄牛左侧驭手的上身后倾，腿部弯曲，小腿分开，两手平举用力向后扯拽缰绳。另一侧驭手仅露出头部及部分上身，两人头部相向，口部张开，互相合力控制黄牛。黄牛左前蹄直立，右前蹄抬起，头部受缰绳的扯拽而略向上抬起，双眼向后凝视。左侧车辕上卷有车帘一类的织物。

北壁夫妇宴饮图（图2.95）。画面中部为墓主人夫妇端坐于帷帐中的床榻之上，两侧及帷帐外为男女伎乐侍从。帷帐类似庑殿顶凉亭式样。帷帐中部放置方形床榻，上铺黄色毛毯一类的织物。墓主人夫妇并坐其上，男左女右，身后设一架方形黑框素面座屏。男女墓主人的坐姿与服饰基本相同。以右侧女墓主人为例，上身正直，头梳飞鸟髻，脸型丰腴，“一”字形短粗眉，两眼正视前方，鼻梁直挺，朱唇，神情肃穆。内着圆领窄袖

图2.94　山西朔州北齐壁画墓西壁牛车出行图

图2.95　山西朔州北齐壁画墓北壁夫妇宴饮图

衫，肩披黑色兽皮短款大衣，下身着宽袍，饰横向红色条纹。右手斜持一个曲口海棠杯，左袖较长，左手隐于袖中自然扶于膝上，从其端坐的姿势判断应为双腿盘坐。男墓主人头戴折上巾，眉毛细弯，面部、颈部及肩部已遭盗墓者破坏，所穿内衫式样及右手持物情况不明，其余服饰、坐姿同女墓主人。

床榻前部摆放各式食物，呈条状、片状或小球状，整齐地盛放在高足豆和平底盘中。男墓主人左侧为男伎乐和侍从，共七人。帷帐内紧靠床榻处有两侍从，一人仅露上半身，正面向前，头戴波浪式冠，颌下系结，着右衽长衫，手中似持一笔状物。帷帐外有一侍从，双手高举高足盘，盘中放置一个高足杯，杯身隐约有花纹。其左侧为两名伎乐，均头戴软巾，着长袍，穿窄腿裤，腰系革带。

女墓主人右侧为女侍从和伎乐，共五人，帷帐内为两侍女，均侧身面向女墓主人， 梳飞鸟髻，着右衽窄袖长裙，双手相握隐于袖中，放于腹部。帷帐外为伎乐，或怀抱箜篌，或双手捧笙。

壁画中的高足杯、箜篌充满了异域色彩，并且壁画中出现了数个胡人形象。根据墓葬形制、随葬器物和壁画判断，该墓的年代为北齐后期，推测墓主人当为镇守朔州的军政长官。该墓位于梵王寺墓群的范围之内，但史书中关于北齐时期朔州的情况记载较少且模糊，亦很少出土北齐遗存。该墓是在朔州地区第一次经过科学发掘的北齐墓葬，对于研究北齐时期朔州的历史文化具有重要的价值。

第三节　河 北 地 区

河北地区由于丝绸之路的贯通，东西方文化经济交流连绵不断。河北邺城作为曹魏、后赵、冉魏、前燕、东魏、北齐六朝都城，居于中国北方政治、经济、文化、军事中心长达四个世纪之久。在魏晋南北朝大部分时期，其政治与经济影响甚至超过了洛阳与长安，其城市建设规模也相当可观，是当时南北民族融合的一个大舞台。魏晋和东魏、北齐时期，对于来自西域各国的使节和商旅，邺城有专门供其居住的会馆。自西域而来的粟特胡人大都有聚族而居的习惯，他们一大部分在河北地区与当地原住汉人杂居、通婚，形成了胡汉融合的重要聚落。

一、沧州吴桥东魏M3①

1978年，在河北省文物管理处的指导下，由沧州地区和部分县的文物干部参加，对该墓进行了清理。墓葬区位于吴桥县城关西南约11、桑园南约6公里处，西距津浦铁路约2公里，西北距景县封氏墓群约15公里。M3墓道已残，墓门、甬道、墓室的砖大部被扒走。墓室南北5.90、东西5.56米，有顺砌铺地砖。

① 河北省沧州地区文化馆：《河北省吴桥四座北朝墓葬》，《文物》1984年第9期，第23～38页。

M3出土器物204件，包括陶俑167件，陶动物模型15件，陶生活用具模型7件，陶瓷器皿8件，金、铜器7件等，其中出土武士俑1件。

武士俑1件。体形高大，深目高鼻，立眉怒目。头戴两侧有护耳的兜鍪，身披明光铠，肩有披膊。左手按长盾，盾面中部有凸起的狮面纹，上下两侧各有两人对拳纹饰。高53厘米（图2.96）。

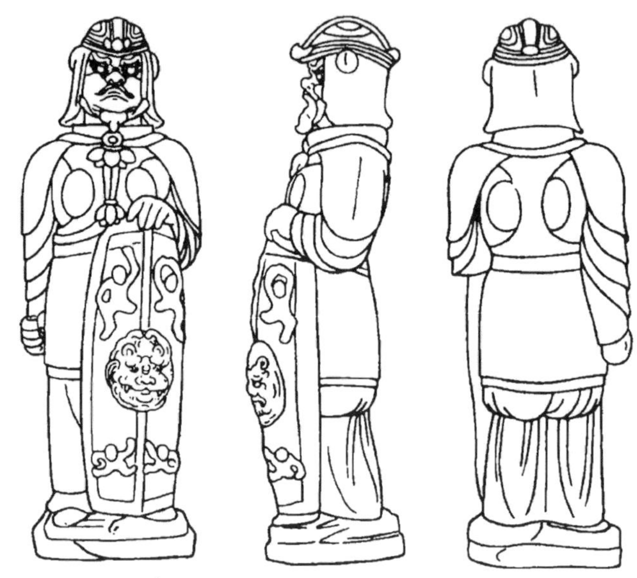

图2.96　河北沧州吴桥东魏M3武士俑

二、河北湾漳大墓[①]

1987年，中国社会科学院考古研究所和河北省文物研究所合作组成邺城考古工作队于河北省磁县湾漳村对该墓进行了抢救发掘。该墓的地下部分自南向北由墓道、甬道、墓室三部分组成，总长度52米，墓底距现在地表10米，平面略呈“甲”字形。墓葬方向185°，按真子午线为正方向。

墓葬共出土器物2000余件。其中陶俑是该墓的主要随葬品，经过修复整理后能够确定的个体共有1805件，其中立俑和坐俑1605件，另外200件为骑俑；陶、瓷、石器共115件；装饰品80件；铁器74件；铜器10件；瓦

① 中国社会科学院考古研究所、河北省文物研究所：《磁县湾漳北朝壁画墓》，北京：科学出版社，2003年。

17件；木器1件。其中出土胡服老人俑1 件，甲骑具装俑90件。

胡服老人俑1件。通高28.5厘米。头戴暗红色胡帽，面相庄严，颌下塑出短须。身穿朱红色圆领广袖长袍，似为皮质；下身穿白色大口裤。足蹬胡靴。躯体稍向前弓，左腿微屈。右臂弯屈上举，握拳执物，拳心处有一向上的圆孔；左臂斜向外举，手中执物，惜已残失（图2.97）。

甲骑具装俑标本1583。宽鼻，阔口，深目，双眼圆睁，似胡人形象。头戴兜鍪，顶部一插缨孔，顿项垂至颈部，耳部又加一耳护。上身穿圆领窄袖衣，肩加披膊，外面斜披战袍，右袒。下身穿小口裤，腿前裹有甲裙。双臂微抬，双手握拳执物，拳心各有一孔。所骑战马全身披铠，头部有面帘，马身上胸甲、身甲、搭后、寄生齐备，上面装饰有甲片。通高33.7厘米，马高24.8厘米，马身长27.3厘米（图2.98）。

图2.97　河北湾漳北朝壁画墓胡服老人俑

图2.98　河北湾漳北朝壁画墓甲骑具装俑

三、河北平山北齐崔昂墓[1]

1971年1月，河北省文化局及平山县文化馆对该墓进行联合调查。崔昂墓位于河北省石家庄市平山县。在城北约6公里东、西林山南麓，滹沱河北岸的耕地上散布着几个大土丘，群众称之为“将台”，其中靠近上三汲村南约300米的圆形土丘，就是北齐封建统治阶级的上层人物祠部尚书赵州刺史崔昂墓。该墓是一座斜坡墓道单室砖墓。墓的方向坐北朝南，全部用青砖砌成。

根据志文所记的墓主人之名、字和籍贯，以及志盖上所刻的“崔公”，可知墓主人是崔昂。崔昂（508～565），字怀远，博陵安平（今河北安平县）人。北魏到北齐时期大臣，魏州刺史崔挺的孙子，定州刺史崔孝玮之子。风调才识，品行刚直。初仕北魏，起家太宰（元天穆）参军，拜给事中、奉车都尉。东魏时期，进入大将军（高澄）幕府，拜开府长史，迁尚书左丞、度支尚书、太府卿。北齐建立后，迁散骑常侍，历任大司农、廷尉卿，册封华阳县男，累迁中书令、右仆射。得罪权臣杨愔，降为仪同三司，坐事除名。复为五兵尚书，迁祠部尚书。天统元年（565年），卒于邺城，时年五十八岁，追赠赵州刺史。

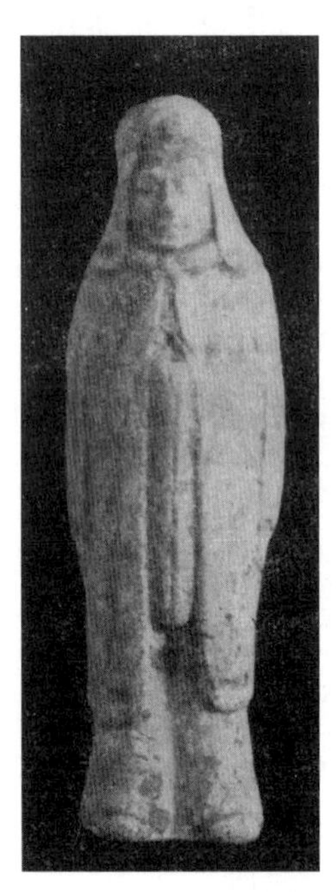
图2.99　河北平山北齐崔昂墓侍吏俑

北齐崔昂墓出土的随葬器物，现存共约100件。除了墓志、货币、陶俑以外，其余的大都是日常生活用具和模型。按质料，可分为瓷器、铜器、料器等。其中出土侍吏俑1件。

侍吏俑1件。深目高鼻，头戴圆顶风帽，内穿长衫，外披宽袖套衣，双手拱于胸前，拳上有孔，以插所执之物（图2.99）。

---

① 河北省博物馆、河北省文物管理处：《河北平山北齐崔昂墓调查报告》，《文物》1973年第11期，第27～38页。

四、河北景县封氏墓群[①]

景县位于河北省的东南部，封氏墓群是在封县县城东南15里的地方，东北距安陵车站仅8里，属景县安陵区前村部，共计十八座墓葬。

景县封氏墓群共计出土300多件器物，包括陶器31件，瓷器35件，铜器11件，陶俑195件等，其中出土玻璃碗2件。

玻璃碗2件。一件广口平底，矮圈足，腹上部有凸起线纹一道，翠青色，大部被水锈所掩，部分呈紫、黄色。另一件青绿色，有黄、紫、红色斑（图2.100、图2.101）。据此次调查，知前一件是出在封魔奴墓中，后一件是出在祖氏墓中的。

图2.100　河北景县封氏墓群玻璃碗（一）

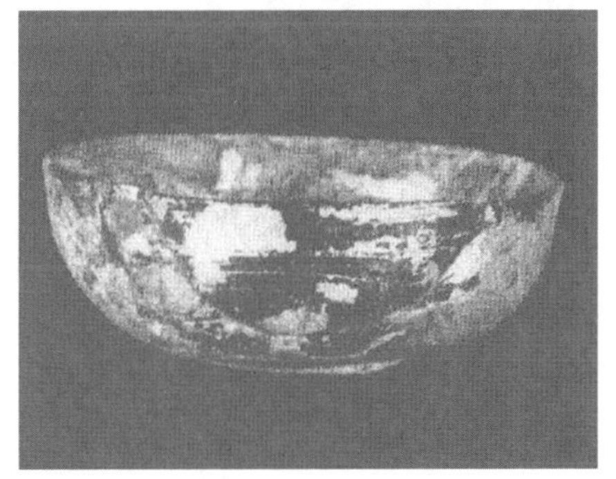

图2.101　河北景县封氏墓群玻璃碗（二）

五、曲阳县韩贿妻高氏墓[②]

1964年3月，河北省文化局文物工作队对北魏韩贿妻高氏墓的情况进行了调查。该墓位于河北曲阳县党城公社嘉峪村，墓中出土了一批铜器、陶器等随葬品。墓系单室，以砖筑成，墓门南向。墓室已塌毁，结构不明。

---

① 张季：《河北景县封氏墓群调查记》，《考古通讯》1957年第3期，第28～37页。

② 河北省博物馆文物管理处：《河北曲阳发现北魏墓》，《考古》1972年第5期，第33～35页。

图2.102　河北曲阳县韩贿妻高氏墓陶胡俑

从出土的墓志知道，死者系北魏营州刺史韩贿的妻子高氏，葬于孝明帝正光五年（524年）。高氏一家系北魏官僚贵族，数与皇族通婚，墓志所载高氏家世，可与史书记载相印证。北魏时期的墓葬，过去在河北地区发现不多，该墓出土的文物具有一定的参考价值。

墓内出土的随葬品共37件。其中金器1件，铜器7件，陶器和陶俑28件，石质墓志1合。其中出土胡俑2件。

陶胡俑2件。俑身单模制成。深目高鼻，满脸髭须；左手下垂，右手置于腹部。头戴带棱圆帽，这种帽似为皮帽，1956 年西安东郊韩森寨出土的乾封二年（667年）段伯阳墓中胡人头，亦戴与此类似的帽子。身穿窄袖左衽长衣，腰部束带，脚穿高筒靴。一件高20厘米，另一件头部已残，形制完全相同（图2.102）。

这墓既出土“褒衣博带”式的汉服女俑，又出土胡帽胡服的男俑，为研究当时的衣冠制度提供了可靠的资料。

六、景县高长命墓[①]

1973年4月，河北省博物馆、文管处对城南15公里的野林庄和北屯公社一带进行调查和发掘，确认了这一带是景县高氏墓群。当地群众称之为“高氏祖坟”或“皇姑陵”，相传有墓近百座之多。历年来，农民在打井和农田基本建设时，经常发现古代墓葬。目前地上仍存大封土墓十六座，其中最大的封土高30 米，直径130米，规模大大地超过了邻近的封氏墓。其中武定五年（547年）高长命墓，编号景高M1。墓分前后两室，平面呈葫芦形，前室顶部前些年在农民耕地时被拆除，后室顶部早年破坏。

① 河北省文管处：《河北景县北魏高氏墓发掘简报》，《文物》1979年第3期，第17～31页。

此墓在高六奇墓南，与更南的一座等距排列（高六奇墓志记其父为高长命）。从这墓的位置和残存器物来看，它应当是北齐雍州刺史高长命的墓。据《北齐书·高乾传》附：高长命“猛暴好杀”，“以功累迁左光禄大夫”“雍州刺史”“封沮阳乡男”，又“封鄢陵县伯”。武定五年同侯景作战时阵亡。因而这墓的年代当在武定五年或六年。其中出土胡俑3件。

胡俑3件。高鼻深目，束发短衣，两手有孔，持物。

七、河北磁县东陈村东魏墓①

在磁县城南5公里，申庄公社东陈村西北0.5公里处，有四个紧相毗邻的土冢，俗称“四美冢”。1974年5月，东陈村四队社员在农田基本建设中，在南侧那个土冢下面发现了墓室的顶砖，磁县文化馆前往调查发掘，并将其编为东陈一号墓（CDM1）。

此墓为砖筑单室墓，前有甬道和墓道，方向182°。墓道为斜坡状，全长约30、宽 2.4米，北端在现地表下6.96米，未作清理。墓道北接甬道。墓室平面呈长方形，四壁微外凸，南北长4.5、东西宽4.26米。穹隆顶，高4.36米。此墓早被盗掘，在墓顶南侧， 向下约1.76米处有一宽52、高82厘米的盗洞，墓内满积淤土。

墓志记载，尧赵氏名胡仁，年七十八岁，武定三年卒，于武定五年（547年）入葬。志文中所述及的尧雄、尧奋、尧难宗等，与《魏书》《北史》和《北齐书》中的《尧暄传》《尧雄传》中所记的身世、官位基本相同。由是可知北魏司农卿尧暄乃赵氏之公翁。

赵氏“南阳菀人也，南阳太守之女”。《魏书·赵邕传》记载：“赵邕字令和， 自云南阳人”，“邕弟尚，中书舍人，出除南阳太守”，与墓志记载赵氏身世相合， 似尧赵氏为赵尚之女。可见墓主人尧赵氏出身“官宦门第”“名门望族”，本人也受“西荆南阳郡君”之封，所以在其死后，又为其营建规模巨大、随葬品众多的墓葬。这就充分暴露了东魏时期封建统治阶级的骄奢淫逸的寄生生活，也是其对劳动人民进行残酷剥削压

① 磁县文化馆：《河北磁县东陈村东魏墓》，《考古》1977年第6期，第391～400页。

迫的罪证。

墓葬出土器物共计168件，包括陶俑136件，陶禽畜模型11件，陶镇墓兽2件，陶模型器5件，陶器2件，瓷器8件，石灯4件。其中出土胡俑3件。

胡俑3件。Ⅰ式2件，头戴小帽，外露鬈发，深目高鼻，身穿圆领窄袖大衣，腰束带，左手握拳于胸前，右手握拳高举齐肩，均作持物状。高18.7厘米（图2.103）。Ⅱ 式1件，容貌同Ⅰ式，头戴小冠，身穿圆领窄袖衫，腰束带，下着长袴，双手作持物状。高21.2厘米（图2.104）。

不同类型的陶俑所穿戴的服装、甲胄，所持的器物，都是研究东魏时期的社会经济、服饰制度的有用资料。

图2.103　河北磁县东陈村东魏墓胡俑（一）

图2.104　河北磁县东陈村东魏墓胡俑（二）

八、河北赞皇东魏李希宗墓[①]

1975年冬，在河北省文管处指导下，石家庄地区革委会文化局文物发掘组及赞皇县文化馆于河北省赞皇县南邢郭村发掘了东魏李希宗及其妻崔氏墓。

李希宗墓系夫妇合葬墓，在南邢郭村东南0.5公里，是当地群众称为“五圪垯”中的一个，李希礼墓志也出在这里，因此得知这里实为五座

---

① 石家庄地区革委会文化局文物发掘组：《河北赞皇东魏李希宗墓》，《考古》1977年第6期，第382～390页。

封土丘，是北朝赵郡李氏的一处族葬地。墓地南临涕河，西距五马山5公里，周围是广阔的平地。原五座封土丘高5～12米，底围60多米，排列顺序是：有四座为东西向并列，另一座在西端稍北约15米处。编号从北边的一座开始为M1，其余从西向东为M2-5。其中M2即为李希宗墓。墓葬的构造分为墓道、甬道和前后室，除墓道外全部为泥浆砖砌。南北向，方向8°，南北总长23.64米。

李希宗（501～540年）及其家族是北朝时期参加统治集团的“高门望族”之一，《魏书》《北史》均有传，但关于他的活动记述甚简略。这次发掘，特别是两墓志的出土，多少补充了一些重要史实。如他与高欢集团的关系，史载“希宗以人望兼美、深见礼遇”，按墓志：“幕府既开……借著而数利害，表末以图夷险。阴谋不唯九事，奇策非止六条。”则希宗不仅受到高欢的礼遇，也是高欢的重要谋士，并曾“从军塞外，追虏关山”，所以“蔚为社稷之臣，俄有合辅之望”。希宗之死，“相王（高欢）舍繁驵而行哭，登鸿波而垂涕”。可见其在高欢集团中的重要性。

此墓随葬品经扰乱和盗掘已残缺不全，但完整和能够复原的仍有一百九十六件，包括有陶俑、模型器、陶器、青瓷器、铜器、金银器和铁器等。其中出土有东罗马金币3枚，金戒指1枚，莲花水波纹银杯1件。

东罗马金币3枚。1号直径2.1厘米，重3.6克，为狄奥多西斯二世（408～450）所铸，正面为其胸像，周有铭文；背面为侧身天使立像，头前有一颗星，手执十字架，有铭文。2号直径1.68厘米，重2.49克，为查士丁一世（518～527）和查士丁尼一世（527～565）合治罗马帝国时（即527年）所铸，正面为该二王双坐像，周有铭文；背面为正面天使立像，周有铭文。3号直径1.7厘米，重2.6克，亦为查士丁一世及查士丁尼一世时所铸，图案大致同前述（图2.105）。这为我们了解中国和西方经济文化交流的历史提供了新的资料，这方面已有夏鼐同志的专文考证，此不赘述。从1号金币上的穿孔和其出土位置推测，这些金币可能是崔氏身上佩戴的装饰，而不一定是作为货币殉葬的。

金戒指1枚，重11.75克，上镶一轻精石，呈蓝灰色，刻一鹿，周有联珠纹，无论从纹饰风格或式样看，都与同墓出土的另一件鎏金银戒指显然不同，金的成色也与金币一样，所以应是西方传入品，同样是崔氏身上的

图2.105　河北赞皇东魏李希宗墓东罗马金币

装饰品。

莲花水波纹银杯1件。浅腹，圈足，是1949年以后首次发现的北朝银器，制工精良，装饰花纹是在口沿内饰联珠一周，杯底高雕六瓣仰莲，仰莲周围又饰以联珠两周。特别巧妙的是利用了光学的折光原理，在杯盘周身做出曲线纹，属波斯萨珊风格。

九、黄骅市北齐常文贵墓[①]

沧州地区文物组与黄骅县文教科、黄骅县文化馆等于河北省黄骅市旧城公社旧城大队东南约1500米处对北齐常文贵墓共同进行了清理。该墓地原为高约1米的土台，东西27、南北33米。墓葬为砖砌单室，墓室略呈圆形，位于土台西端。东西4.9、南北6.2米。四壁外凸，壁高2.6、厚0.7米，墓向南偏东10°。墓门在南壁中部，已被破坏。

常文贵，字蔚荣，沧州浮阳郡高城县崇仁乡修义里人。“大齐”（北

① 沧州地区文化局：《黄骅县北齐常文贵墓清理简报》，《文物》1984年第9期，第39～42页。

齐）天保七年（556年）“板除”（诏授）“兖州赢县令”，皇建元年（560年）“复赠青州乐安郡太守”，武平二年（571年）葬。

该墓出土随葬品共69件。包括陶俑45件，陶动物模型13件，青瓷碗5件，陶碗1件，铜环4件以及墓志1合。其中出土执事胡俑5件。

执事胡俑5件。高鼻深目。戴尖盔，穿短袍，腰束带，缚裤。右臂上屈作执物状。高23厘米。

十、河北磁县东魏茹茹公主墓①

1976年春，磁县文化馆于河北省磁县城南2公里的大冢营村北对东魏茹茹公主墓进行了发掘。此墓（编号CDZM1）为甲字形砖砌单室墓，坐北朝南，方向190°，由墓道、甬道和墓室三部分组成，南北总长34.89、东西宽5.58米，墓底距现地表深6.70米。

茹茹，亦作芮芮、蠕蠕，自号柔然，东胡之苗裔，姓郁久闾氏。

东魏兴和三年（541年）丞相高欢以常山王骘妹乐安公主，改封为兰陵郡长公主嫁予阿那瑰之子庵罗辰。兴和四年（542年）“阿那瑰请以其孙女号邻和公主妻齐神武第九子长广公湛，静帝诏为婚焉”，志文和《北史·齐本纪》所载相同。时高湛年仅8岁，而茹茹公主年方5岁，两家是娃娃亲，志载茹茹公主死于武定八年（550年），时年13岁。

该墓出土器物达1000多件，出土随葬器物以陶俑为大宗，次为陶禽畜及陶模型器，再次为陶瓷器，还有两枚拜占庭帝国的金币及一些金质和铜质的饰物。其中出土胡俑7件、拜占庭金币2枚。

胡俑7件。高19～21厘米。头戴小瓜帽，外露卷发，穿圆领窄袖长袍，腰束带，足穿靴。深目高鼻，貌若西域人（图2.106）。

拜占庭金币2枚。1号金币直径1.6厘米，重2.7克，系阿那斯塔斯一世（491～518）所铸。正面为其胸像，四周有拉丁字铭文，由于剪边，铭文已不甚完整，背面是胜利女神像，侧身向右作前行姿态，右手持长柄十字架，八芒星在十字架外侧，四周有铭文。2号金币直径1.8厘米，重3.2克，

① 磁县文化馆：《河北磁县东魏茹茹公主墓发掘简报》，《文物》1984年第4期，第1～9页。

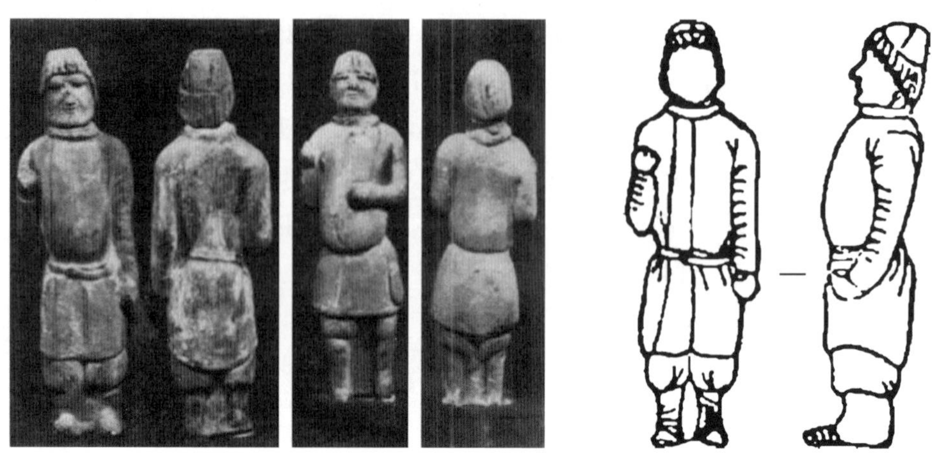

图2.106　河北磁县东魏茹茹公主墓胡俑

为查士丁一世（518～527年）执政时所铸。正面为其胸像，四周有拉丁字铭文；背面是天使立像，四周有铭文。

此墓出土的胡俑对于研究东魏雕塑和仪制服饰，具有重要价值。两枚拜占庭金币，上距其铸造年代仅二三十年。由此可证六世纪上半叶中西交通之畅通，中国和拜占庭帝国（东罗马帝国）往来之密切。两枚金币的出土，为研究东魏时代中国和拜占庭帝国的关系增添了新的珍贵资料。

十一、河北磁县北齐元良墓①

元良墓位于河北磁县城西南，讲武城乡孟庄村南0.75公里处。1978年6月在拓宽磁县通往岳城水库的公路时发现。闻讯后，磁县文物工作者赶往现场进行了清理。元良墓编号为CMM1，是一座土洞墓。坐北朝南。墓室的前墙用青砖砌造，中间一拱券门，两扇青石大门紧闭。门后为长方形墓室，长4.2、宽3.1、高2.6米。墓室顶部右后方有一盗洞。室内有1.43米厚的淤土，棺木朽烂， 残存部分尸骨和随葬物品。当地群众说，此冢俗名叫窟窿冢，传说是曹操的七十二冢之一。

① 磁县文物保管所：《河北磁县北齐元良墓》，《考古》1997年第3期，第33～39页。

元良，《魏书》《北史》《北齐书》无传。据墓志记载："君讳良，字士良，河南洛阳人也，魏太武皇帝之玄孙，太傅司徒公，録尚书祐之子……于天保四年十一月廿四日壬午薨于京师，粤以闰月八日丙申迁葬于武城之西七百余步"，"春秋卅有三"。墓主是北魏皇族的后代。

该墓出土随葬品共有98件，包括陶俑75件，陶镇墓兽1件，陶禽畜9件，陶模型4 件，青瓷器8件以及墓志1合。其中出土有胡俑5件。

图2.107　河北磁县北齐元良墓胡俑

胡俑5件。标本CMM1：12，头戴风帽。身穿圆领窄袖红彩长袍。腰束带。右手高举过肩，左手抚摸着腰带。高23厘米（图2.107）。

十二、河北磁县北齐高润墓①

1975年9月，河北省文管处、中央美术学院等于磁县城西约4公里东槐树村西北隅处对北齐高润墓进行了联合发掘。此墓（编号CHM1）为一砖筑单室墓，坐北朝南，方向188°。由墓道、甬道和墓室组成，南北总长约63.16米，东西宽8.73米，墓底距现地表5.96米。

高润（543～575），字子泽，渤海蓨县（今河北景县）人。北齐宗室大臣， 神武帝高欢第十四子。天保初年，封为冯翊郡王，拜侍中、开府仪同三司，出任东北道行台、定州刺史、都督定瀛幽南北营安平东燕八州诸军事。入为尚书左仆射、太子太师、并省录尚书事，兼河阳道行台尚书令。历任司空公、司徒、录尚书事，迁太尉公、大司马、司州牧，别封文城郡公。进位太保、太师、太宰，出任定州刺史。武平六年，薨于定州，时年三十二，追赠侍中、假黄钺、左丞相、太师、录尚书事、冀州刺史，

① 磁县文化馆：《河北磁县北齐高润墓》，《考古》1979年第3期，第235～243页。

谥号文昭。

该墓出土随葬品共有400多件，包括陶俑381件，陶禽畜模型13件，陶镇墓兽2件，陶器模型4件，陶器10件，瓷器17件，石器7件，铜器8件，铁器3件，墓志1合等。其中出土胡俑4件。

胡俑4件。头戴风帽，身穿圆领窄袖红彩长袍，腰束带，足蹬靴。Ⅰ式2件，拢双手于胸际，高25厘米。Ⅱ式2件，拢双手于腹部，高25厘米（图2.108）。

此墓出土文物丰富，且有明确纪年，这就为北朝考古学提供了新的科学资料。

图2.108　河北磁县北齐高润墓胡俑

第三章 隋唐五代时期

隋唐时期，中外文化交流在魏晋南北朝时期的基础上有了更大的发展，中西交通在这一时期得到全面开拓，物质、科技、艺术、精神等各方面的文化交流不但使中国文化广泛向世界传播，也为隋唐时期的中国引入大量外来文化。在吸收了外来文化后，中国的宗教、思想文化更加丰富多彩，也丰富了人民的日常生活。外来文化的习俗也渗透到隋唐社会的各个方面，促使中国传统文化推陈出新、绚烂盛放。

根据考古发现，隋唐时期涉及西域文化因素的墓葬资料主要分布于河南的洛阳、安阳地区，山西的太原、长治及河北石家庄地区。洛阳地区是隋唐时期的都城之一，是当时东西经济、文化、贸易交流的中心和丝绸之路的起点之一，东西方的僧人来此地传播宗教，日本、朝鲜的僧人来洛阳求佛法，洛阳成为彼时国际宗教文化交流中心；而河南安阳、山西太原及河北地区是隋唐时期的重要统治区，是西域人进入中原的聚居地，该地区发现隋唐时期的西域人墓葬资料是当时中西交流的重要例证，为研究丝路的发展提供了十分珍贵的依据。现将河南、山西、河北地区涉及西域文化因素的隋唐墓葬详述如下。

第一节 河 南 地 区

一、洛阳龙门唐安菩夫妇墓[1]

1981年4月下旬，洛阳市文物工作队赵振华等人在配合基建施工中

① 洛阳市文物考古研究院：《洛阳龙门唐安菩夫妇墓》，北京：科学出版社，2017年。

抢救发掘了此墓，此墓为唐定远将军安菩与其妻何氏的合葬墓（编号C7M27）。该墓位于今洛阳市南郊13公里处的龙门东山北麓，西距伊水约1公里，北距隋唐洛阳东都的南城墙约8 公里，是洛阳地区唐代考古的重要收获之一。

墓葬平面呈铲形，坐南向北，自北向南由墓道、墓门、甬道和墓室四部分组成， 方向168°。墓道在清理前已遭破坏，现场迹象表明，可能为斜坡墓道，长度不明。墓门石构，门槛、门楣及两侧门框均为长条形青石，相互以榫卯相接。门槛的两端分置于两块凹字形门墩内。两扇石门的轴枢各置于两门墩和门楣两端的臼窝中。门洞高0.92、宽0.82米。门楣之上立一半圆形门额。石门通高1.73米。甬道为一土洞， 北接墓门，南连墓室中部。进深0.94、宽1.13米，高度不明。墓室平面略呈长方形， 弧顶，墓壁基本平整。墓室长2.95、宽3.55、后壁高1.90米。墓室的东西两边各有一高0.35米的棺床。两棺床各一面靠东西墓壁，另三面以石条包边，长2.40、宽1.30米左右。棺床上各置一棺，棺木已朽，仅见铁棺钉数枚。人架已朽成黄白色粉末，可辨其头向朝南。

安菩字萨，即安菩萨，安菩原先为粟特安国的大首领，其曾祖名钵达干，祖名系利，都是突厥化的名字，说明他们很早就进入漠北突厥汗国内。嗣子金藏、金刚的名字，也极具佛教色彩，说明此家族已信仰了佛教。在贞观四年（630年）唐朝击破东突厥后，安菩或其父率部下百姓归降唐朝，作为首领，被授予定远将军的武散官称号，如同京官的五品。安菩所率的粟特胡人部落大概被安排在灵州南界，即后来调露元年（679年）所置六胡州（鲁、丽、含、塞、依、契六州）的范围内。麟德元年（664年）十一月七日，卒于长安金城坊之私第，年六十四岁。同年十二月十一日，葬于长安龙首原南平郊。安菩夫人何氏死后，又于景龙三年（709年）由后人迁其遗骨于“洛州大葬”，即今之合葬墓。

墓中随葬品摆放基本有序，但由于墓葬已被破坏，随葬品位置或已移动。甬道内靠近墓的中间置一黄釉小碗。甬道两侧由北向南置文官俑、武官俑、镇墓兽，其间置墓志。二棺床之间由北向南对称地依次放置牵马俑、大白马、牵驼俑、大骆驼、牵马俑、大马，其间还置有很多小马、小骆驼、鸡、鸭等器物。余下的多置于两棺床之上。安菩墓中出土包括三彩釉陶器、瓷器、钱币以及石刻等随葬品共计129件。依其质料可分为三彩器50件、单釉器61件、陶器2件、瓷器11件、金币1件、铜器3件、玛瑙珠1件等。三彩器经粘接修整后，基本可复原。特别是三彩器数量多、质量高、种类齐。其中涉及中西文化交流的文物如下。

三彩牵马、牵驼俑1件。标本C7M27：59，骆驼站立于菱形踏板上，作行走状。昂首曲颈，张口嘶鸣，牙齿外露，二目圆睁，双峰高耸，长尾向左弯曲贴附于臀部，背上垫黄白绿三色花毯，毯上并饰有斜格和小圆圈等几何图案，两峰从毯的圆孔中露出。峰间搭兽面驮囊，兽面阔鼻大口，牛角形眉，双目外突。囊前后有绿色丝卷和绢卷，丝绢的两头分别系有小口瓶、鸡首壶、干粮袋和肉块。囊下垫夹板。通体施棕黄釉，骆驼头上、颈下和前肢处的毛及尾均为白色。器形高大，造型生动，体态雄健，釉色鲜亮，釉质光润。通高89、长73厘米（图3.1）。骆驼在隋唐时期已成为丝绸之路和两京地区常见的交通工具，其背上背负的各种物品都生动地描绘了唐人西出经商的情景，证明了洛阳与丝绸之路有着千丝万缕的联系，从各个不同的层面构成了唐朝对外交流的重要内容。它是中西文化交流的见证，更是唐代社会繁荣富强走向世界的象征。

姜伯勤先生在《中国祆教艺术史研究》一书中的《唐安菩墓三彩骆驼所见“盛于皮袋”的祆神——兼论六胡州突厥人与粟特人之祆神崇拜》一文中提出：六胡州粟特人、唐定远将军安菩墓所出一具唐三彩骆驼鞍鞯皮囊上有一神兽形神像，为研究六胡州粟特人文化与突厥人文化的互动，提供了极为珍贵的线索，初唐以迄盛唐，由于粟特人在突厥部落中的活动，大大促进了突厥人的祆教信仰，而突厥人这种“无祠庙，刻毡为形，盛于皮袋”的祀祆方式的形象，也被安菩这样的粟特人从六胡州带到洛阳。这一背景，使我们得以解释，安菩从六胡州带来这一习俗后，直至盛唐，关林所出三彩俑中祆神形象屡有所见，驼鞍中有祆神的三彩俑的流传年代，也正与六胡州的存在和消隐的年代约略相当。这些三彩俑确实从一个侧面反映了来自六胡州的粟特—突厥相融合的祆教信仰和以马驼“皮袋”祀祆的风习。姜先生结合唐代段成式《酉阳杂俎》卷四“突厥事祆神，无祠庙，刻毡为形，盛于皮袋，行动之处，以脂酥涂之。或系之竿上，四时祀之”的有关记载，认为“盛于皮袋”，当与驼马鞍具上之褡裢有关。安菩墓出土一件三彩双峰驼，引颈张口作嘶鸣状，驼鞍鞍鞯有联珠纹边饰，中央为一神像，神像左右有波斯风格高耳壶及扁壶各一，两侧又有星宿式纹

1

2

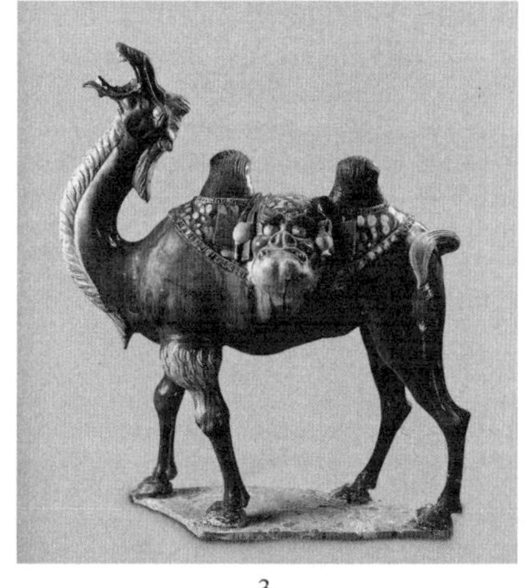

3

图3.1 河南洛阳唐代安菩夫妇墓牵马、牵驼俑（C7M27：59）

1. 侧驮囊 2. 右 3. 左

饰。中央之神像，两巨眼，一鼻颇有骆驼鼻意象，眼上眉毛形成纹饰，额头中央有 “逗点”形，其两边为“句点”形，鼻下有牙，咧嘴，下须有髯。此神像占有驼鞍之大部，与《酉阳杂俎》“刻毡为形，盛于皮袋”的记载相符。姜先生认为皮袋即驼鞍上的驮或褡裢， 从神像纹样看，用笔粗犷而富于装饰趣味，其质地当属毡，此神像当即所谓“刻毡为形”。姜先生还举了大量洛阳出土的唐三彩上的驼鞍上的神像，并认为洛阳盛唐三彩骆驼所见之神像已确定绝不是以往考古报告中所谓的“虎面纹”，并比对山西介休祆神楼拱木结构中的木雕神异图像，认为洛阳出土的唐三彩上的驼鞍上的神像与介休神驼图像颇为相似，为研究六胡州粟特人文化与突厥人文化的互动，提供了极为珍贵的线索。

三彩胡人牵引俑4件。

其中M27：61、M27：62为青年胡人形象，均高62厘米。标本M27：61，面带微笑，卷发外系一圈红色布带。穿大翻领长袍，腰系带，足着长筒尖头靴（图3.2）。

而M27：63、M27：64为老年胡人形象，络腮胡须。C7M27：63，通高59厘米。戴黑色回族小布帽，脑后盘发。深目高鼻，双眉紧蹙，大口微张，络腮胡须。内穿白色紧袖上衣，外套绿色大翻领浅黄色大衣，腰系布带，足穿黑色长筒尖头靴（图3.3）。C7M27：64，通高67厘米。头戴尖顶毡帽，帽沿上折，帽尖下弯。鼻直口阔，颧骨高出，巨目圆睁，黑眉红唇，络腮胡须（图3.4）。

三彩骑马胡人乐俑1件。标本C7M27：70，通高43、长39厘米。马作站立状，施黄褐釉。马抬头，竖耳，辫尾上翘，马背置鞍，仅马头置辔带。骑者为胡人，头戴黑幞头，高鼻深目，粗眉大口，络腮胡须。身穿绿色翻领长袍，腰束带，足穿黑色长筒靴，双手作击鼓状（图3.5）。骑马乐

1

2

3

图3.2　河南洛阳唐代安菩夫妇墓胡人牵引俑（C7M27：61）

1. 头部　2. 正面　3. 背面

1

2

图3.3　河南洛阳唐代安菩夫妇墓胡人牵引俑（C7M27：63）

1. 正面　2. 背面

1

2

3

图3.4　河南洛阳唐代安菩夫妇墓胡人牵引俑（C7M27：64）

1. 头部　2. 正面　3. 背面

俑属于马上军乐队，是鼓吹仪仗队的成员。鼓吹乐，是吹管乐与打击乐合奏的一种音乐艺术形式。其吹奏的乐器一般有鼓、长角、笳、笛、箫等，所吹奏的乐曲节奏鲜明。音响洪亮高亢，风格古朴威猛，比之先秦雅乐、丝竹器乐，具有明显的雄壮、粗犷、刚健、热烈的特色。

近些年来，有关粟特人的音乐文物不断出土，安菩墓中出土的三彩骑马乐俑即是其中的一个精品。粟特位于泽拉夫尚河流域（主要在今乌兹别

1

2

3

图3.5 河南洛阳唐代安菩夫妇墓骑马胡人俑（C7M27：70）
1. 头部 2. 正面 3. 背面

克斯坦境内），处在古丝绸之路上，世代善于经商，长期在丝绸之路上充当“中间商”的角色，在东西方文化交流方面起了重要作用。粟特人在南北朝至唐朝时期，沿丝绸之路及周边的于阗、楼兰、高昌、敦煌、武威、长安、洛阳等大小城市形成各个粟特移民聚落。粟特民族在舞蹈、器乐、音阶调式、音乐理论等方面具有较高的艺术成就，更有大批的粟特乐人舞伎东来华土，或擅长于歌舞，或精妙于器乐，在东方文明与西方文明之间搭起了一座音乐桥梁。

三彩天王俑2件。标本C7M27：49，通高113厘米。为护法天神形象。头戴鹖盔，盔沿上卷，上饰彩绘，鹖为鹰首，展双翅，红彩扇形尾上举。天王粉面，红唇，二目圆睁，阔鼻，粗眉黑须，表情威武、勇猛。上身着绿釉高领明光铠，左右胸各一圆护，上饰凸起的兽头，胸腹部缚绊甲丝绦，双肩披覆龙首护膊，龙口大张，龙鼻上昂。袖口及甲的周边施赭黄釉，左手叉腰，右臂握拳高举。双足着长筒尖头履，一足踏白色卧牛的头顶，一足踏牛臀背。牛下为长方形须弥式三彩台座（图3.6）。标本C7M27：50，通高113厘米。为护法天神形象。造型与C7M27：49对称。黄釉为主，绿釉饰边，胸、腹及小腿部为白色。足踏绿牛。下为长方形三彩泥障须弥式台座（图3.7）。

受佛教文化影响，盛唐时期，天王俑开始出现，在墓中位置逐渐替代以前的镇墓兽，成为唐朝葬仪的组成部分之一。天王俑来源于佛教中帝释外将的四大天王，天王是佛教中的护法神祇，既能降魔伏妖，守护佛法，

1

2

3

图3.6　河南洛阳唐代安菩夫妇墓天王俑（C7M27：49）

1. 头部　2. 正面　3. 背面

1

2

3

图3.7　河南洛阳唐代安菩夫妇墓天王俑（C7M27：50）

1. 头部　2. 正面　3. 背面

也能驱鬼辟邪、保护墓主安宁。因此天王俑往往被达官贵人奉为死后的保护神，一般成对随葬，多置于墓门两侧。佛教自汉代传入中国后，逐步汉化。佛法护卫神逐渐失去原来的姿容和身份，成为经过艺术夸张的中国武士形象，其象征意义已超越佛教领域，成为凡人世界正义、威猛的象征。盛唐时期，天王俑的形象受儒教文化影响，又与唐代武士形象互相渗透，一般头戴兜盔，身着华丽的“明光铠甲”。或足踏卧牛，或脚踩小鬼，叉腰握拳，英气逼人，表达出正义必将战胜邪恶的主题。洛阳安菩夫妇墓出土的这对三彩天王俑形体高大，头戴凤冠，一手叉腰，一手握拳高举，脚踩怪兽。天王竖眉紧锁，两目圆睁，阔鼻大口，形象威武凶悍，令人恐惧，是洛阳出土唐三彩中极难得的大件三彩天王珍品。

东罗马金币1枚。标本C7M27：1，直径2.2厘米，重4.3克。握于西棺床上死者右手中。圆形，周边不甚整齐。正面为留长须的王者半身像，头戴王冠，冠顶中央有一颗五角星。两耳均垂一月牙形饰物。左侧一只手举一个十字架，边缘有拉丁文“FOCAS”。背面中央是一带翼胜利女神像，右手端一个上立有十字架的地球，左手执长柄钩形器，边缘也有拉丁文铭文“VICTOPIA”，此墓出土的东罗马金币，则是洛阳地区唐代考古的唯一发现（图3.8）。

图3.8　河南洛阳唐代安菩夫妇墓东罗马金币（C7M27：1）

安菩墓志（标本C7M27：130），志石呈正方形，边长45、厚10厘米。盖为盝顶。上刻“大唐定远将军安君志”九字，楷书。四刹及四边皆刻卷草花纹。志文行楷，共22行，满行22字。无撰、书者姓名（图3.9）。墓志录文如下。

唐故陆胡州大首领安君墓志

君讳菩，字萨。其先安国大首领，破匈奴衙帐，百姓归中/国。首领同京官五品，封定远将军，首领如故。曾祖讳钵/达干，祖讳系利。君时逢北狄南下，奉敕遄征。/一以当千，独扫蜂飞之众。领衙帐部落，献馘西京。不谓石/火电辉，风烛难住。粤以麟德元年十一月七日卒于长安/金城坊之私第，春秋六十有四。以其年十二月十一日旋/窆于龙首原南平郊，礼也。夫人何氏，其先何大将军之长/女，封金山郡太夫人。以长安四年正月廿日寝疾，卒于惠/和坊之私第，春秋八十有三。以其年二月一日殡于洛城/ 南敬善寺东，去伊水二里山麓，礼也。孤子金藏，痛贯深慈，/膝下难舍；毁不自灭，独守母坟；爱尽生前，敬移殁后；天玄/地厚，感动明祇。敕赐孝门，以标今古。嘉祥福甸，瑞草/灵原。乡曲荫其风，川涂茂其景。粤以景龙三年九月十四/日于长安龙首原南，启发先灵，以其年十月廿六日于洛/州大葬，礼也。嗣子游骑将军胡子、金刚等， 坰煦难追，屺岵/兴恋。日弥远而可知，月弥深而不见；与一生而长隔，悲复/悲而肠断。呜呼哀哉！其词曰：

素成大礼，载召幽魂。关山，德洽乾坤。鸿门定远，留滞将军。择日迁卜，阴阳始分。/兰芳桂馥，千岁长熏。其一。名由谥显，德以位班。质含月态，镜/转神颜。淑慎非亏，丽藻清闲。珠川水媚，玉润灵原。君贤国/宝，妻美金山。孝旌闾闲，百代称传。其二。

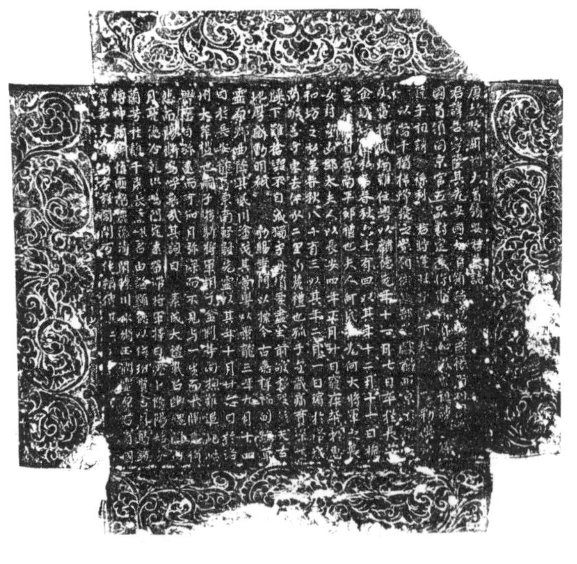

1

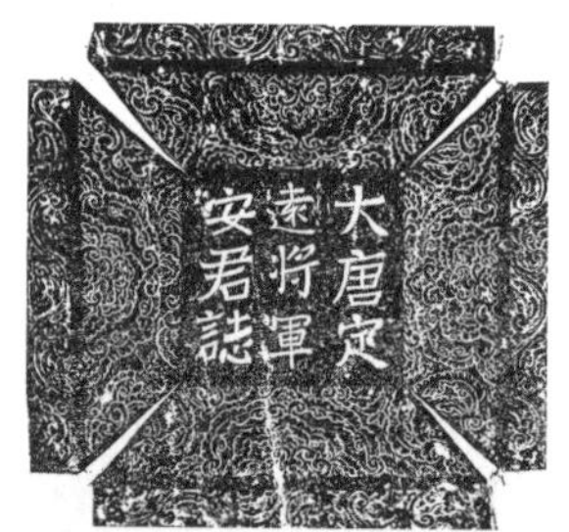

2

图3.9　河南洛阳唐代安菩夫妇墓安菩墓志志文（C7M27：130）

1. 志文　2. 志盖

这合墓志不见作者撰、书之名，但志文称“君讳菩，字萨”一语，按碑志常例，子孙称父祖，后代称先世，妇称夫，门生故吏称主子，又均可称君。志文又载“孤子金藏，痛贯深慈，膝下难舍；毁不自灭，独守母坟；爱尽生前，敬移殁后；天玄地厚，感动明祇。敕赐孝门，以标今古”等，而将其他子嗣排列在后，可以推测，志文可能为安金藏（或出自他的主意）所制。安菩字萨，他的名和字合起来即“菩萨”，是佛教用语中最普通的称呼。其曾祖钵达干和祖父系利的名称，都应当是粟特本名的汉译，与他们相比，安菩的名和字及安菩之子胡子、金刚，特别是金藏的名称取向看，安菩一族数代名字之变化，都已经脱离了粟特本土的习惯，可以看出其家族汉化趋势是比较明显的。

安菩夫妇墓这样出土众多珍贵文物的完整墓葬，尚属首次发现。以往洛阳出土的同类三彩器多被认为是盛唐及其以后的东西，这批三彩器的出土为洛阳唐三彩的断代分期提供了可靠的依据。墓中大型器物多为分模捺制后组合而成，里面有很多的指痕和抹痕，如文吏俑、天王俑等均分为头身、大臂、小臂、大腿、小腿、手、脚、底座等几个大的部分；马、骆驼也可分为头、身、腿、尾等几部分。组合时多以子母口相套的方法粘接成形，并以薄泥条抹缝。这对研究唐三彩的制作工艺具有参考价值。墓中随葬品有代表各种身份的人物俑，也有不同种类的牲畜、家禽及磨、井等，前者既反映了初唐时期统治者的生活习俗，又丰富了对当时服装和发式的认识；后者则在一定程度上反映了当时的生产水平。墓中瓷器的品种数量不是很多，均为制作精细的实用器，可以作为中原地区唐代常见瓷器断代的一个标尺。随葬品中有东罗马金币一枚，系东罗马皇帝福克斯的铸币。其铸造年代为602～610年。这是洛阳出土的第一枚外国金币，它与1955年在北郊发现的波斯萨珊王朝银币同为丝绸之路的遗物。结合三彩器中各种胡人形象及身负囊橐、肉食、水壶和丝绸的骆驼俑，更可进一步看出唐代洛阳与丝绸之路的密切关系及其在中西交通史上所具有的地位。唐代墓葬石刻，在西安的较大型墓葬中已出土不少，但洛阳一直发现不多，该墓中除随葬品外，出土的雕刻精美的石门和棺床石边，丰富了洛阳的唐代石刻艺术。安菩墓志，不但写明了墓葬的确切年代（唐中宗景龙三年，709年），而且为我们提供了墓主安菩的国属、家世及其身世等情况。虽记述简略，却为我们进一步的研究提供了重要的线索，是中西交通史上重要的资料。

安菩墓中之所以出土有如此高大精美的唐三彩，与他的特殊身份有极大关系。墓主安菩出生于600年前后，为唐初归附的西域安国部落大首领的后裔，其祖孙四代均受唐封，任唐官职。安菩袭爵安国大首领并定远将军（同京官五品）。630年随父归顺大唐，骁勇善战，保卫唐朝边疆，被封为五品京官和定远将军。664年，安菩在长安去世窆于龙首原，704年正月，安菩去世40年后，其子安金藏将其尸骨由长安迁葬到洛阳，与夫人何氏合葬于洛阳龙门。安菩作为一个粟特人，生在西域，死在长安，葬在洛阳，一生颇富传奇色彩。其墓葬保存完好，随葬品出土有129件/套，种类繁多，一些带有典型的中亚特色，体现了亚欧多元文明之间的交流、碰撞和融合， 印证了丝绸之路中西方交流的繁盛，是了解隋唐洛阳城的内涵和洛阳在丝绸之路中重要地位的历史物证。其中出土的三彩器数量多达50件，造型精美，品种齐全，保存完好。这座墓葬随葬如此之多、之精美的唐三彩，实属罕见。器型种类主要有文吏俑、天王俑、镇墓兽、马、骆驼、牵马或牵骆驼俑等、男女骑马俑、男女侍俑等。其中随葬的三彩胡人俑、身负驼囊和丝绸的三彩骆驼俑、叉腰握拳尽显威武阳刚之气的天王俑充满了丰富而浓郁的异域风情，使那个胡音、驼铃交织的年代有了想象的凭证。

洛阳地区出土的大量三彩胡人俑、三彩骆驼、三彩天王以及充满异域风格的三彩器皿等，真实生动地再现了盛唐时期洛阳作为丝绸之路东方起点商贸繁荣、胡汉交融的盛景。透过这些具有异域特色的三彩珍品，可以领略洛阳作为唐代东都的京华盛地、丝路与大运河交汇点、享誉世界的国际大都会时期呈现的独特人文风情与时代风貌。

二、安阳张盛墓[①]

1959年5月，中国科学院考古研究所安阳发掘队在河南省安阳市豫北

① 考古研究所安阳发掘队：《安阳隋张盛墓发掘记》，《考古》1959年第10期，第541～545页。

纱厂附近，发掘了张盛墓。墓葬方向188°。张盛墓为砖筑单室，平面近方形，四边呈弧线向外突出，长2.8、宽2.9米。四壁砌砖两平一竖，至1.8米高时收敛为方锥形墓顶。北壁下砌棺床，长1.98、宽1.1～1.3、高0.34米。墓室地面及床面皆铺砖。室门在南壁的中央，门外有砖筑券顶甬道，长1.4、宽0.9、高1.3米。甬道两侧各有一小耳室，宽0.3、高0.96、深0.2米。甬道外用砖封门，排列整齐。前有长6.42、宽0.9～1.06米的斜坡墓道，由于坡度很陡，所以在墓道上挖有七个脚窝。棺木已朽，仅在棺床上发现有十余个铁钉。人骨两架，头东足西。

张盛墓出土的随葬品共计192件。包括：俑类95件；生活用具类除一面铜镜外，全部为瓷器，共计53件；另外还有陶马镫4件、陶珠、陶印等。其中出土胡俑2件，胡僧俑2件。

胡俑2件。深目高鼻，黄色的卷发，络胡，皆穿翻领长袍，腰束带，下着袴褶，黄皮靴。左手下垂握带，右手平执胸前。高约0.25米。一件是杏黄衣，黑带（图3.10），另一件是红领深灰袍，红带（图3.11）。

图3.10　河南安阳张盛墓胡俑（一）

胡僧俑2件。身披袈裟，上涂黄、绿、红、黑色彩，足着靴。大的高0.22米，右手执物（图3.12）。小的高0.15米，左手下垂提瓶，右手平执香薰（图3.13）。

张盛墓中出土各种陶俑，特别是许多仆侍俑，他们手中拿着各种用具，非常生动地表现了当时的生活景象。在安阳附近发现了这些北朝至隋的殉葬品丰富的墓葬，也正反映了当时的相州是比较繁盛的地区。

图3.11　河南安阳
张盛墓胡俑（二）

图3.12　河南安阳
张盛墓胡僧俑（一）

图3.13　河南安阳
张盛墓胡僧俑（二）

三、安阳桥村隋墓①

1986年10月，安阳市文物工作队于河南省安阳滑翔学校院内对安阳桥村隋墓进行发掘清理。该墓南距安阳桥村约500米，西距殷墟大司空村约2公里。这座墓是带有墓道的砖室墓，它由墓道、墓门、甬道、墓室四部分组成。墓向169°。由于墓道上压有建筑物，故墓道、墓门未作清理。甬道为券顶，长1.5、宽1.16、高1.35米。甬道两端用砖封堵，封门砖错缝平砌。墓室平面近似正方形，四壁外弧，东西长2.98、南北宽2.84米，壁残高1.4米。墓室铺地砖纵横错缝平铺，没有棺床。四壁先用两顺砖起基，向上均用两顺一丁组合砌成。墓顶应为四隅券进式穹隆顶。墓砖为长方形青灰色，厚重粗糙，长36、宽11、厚5厘米。一面平滑，一面印有粗绳纹。该墓为单人葬。墓主骨架保存较好，葬式为仰身直肢，头东足西，初步鉴定为一壮年男性。骨架周围有棺木朽质物及铁质棺钉数枚。据观察，葬具

① 安阳市文物工作队：《河南安阳市两座隋墓发掘报告》，《考古》1992年第1期，第32～45页。

为长方形木棺，残高35厘米。

墓内随葬品极为丰富，尤其是殿宇建筑模型和铺首衔环两件瓷器，是同时期墓葬中极为罕见的精品，具有十分重要的研究价值。陶俑墓中随葬陶俑共37件。因部分陶俑火候低，胎质差，未能取出，仅取出较好的19件，主要包括镇墓兽、驼俑、牛及牛车、武士俑、胡俑、小冠俑、风帽俑及兽俑等十一种。俑均用细泥模制而成，外多施白粉作地并加彩绘，但彩绘多已脱落。其中出土镇墓兽2件、胡俑1件。

镇墓兽2件。人面兽身，体稍前倾，尾贴身上翘，背有竖毛四簇，蹲坐于托板之上。人面，高鼻，深目，大耳，为一年轻人脸像。通体涂红彩，色多脱落。标本78， 保存完好。高32.5厘米。

胡俑1件。标本92，右袒，身穿交领窄袖衣，左肩斜披行囊，左手弯举胸前，右手弯贴于腹侧，双手有小孔作持物状。脚和头部稍残。残高13.6厘米。

安阳桥村隋墓遗物相当丰富，其中个别器物是隋代器物中罕见的珍品，它为隋代社会有关问题的研究提供了珍贵的实物资料。

四、麹 庆 墓

麹庆墓位于安阳市龙安区文明大道与钢三路交叉口东南部，北距文明大道110米， 西距钢三路120米，中心坐标为北纬36°05′21″，东经114°17′40″。该墓砌筑技术高超，石棺床保存基本完整，出土文物种类丰富，数量多，纪年明确，可作为隋代墓葬，特别是隋代石棺床的断代标尺，是近期安阳地区隋代考古的重要发现之一，被中国考古学会丝绸之路考古专业委员会等评为“2020丝绸之路文化遗产十大考古发现”之一。

根据墓志记载，墓主人麹庆死于隋代开皇十年，即590年，葬于相州相县灵泉乡。夫人韩氏开皇十八年，即598年合葬于此墓。墓葬纪年明确。从墓志记载来看，墓主人麹庆为陇西北平人。陇西麹氏为当地望族，长期生活在今河西走廊一带。陇西是古时中原通往西域的重要交通枢纽，民族混杂、宗教繁多，是拜火教和摩尼教传播的重要区域，深受欧洲、西亚、中亚等文化影响。墓主人麹庆祖上为云州刺史， 其为北齐平阳王（北齐神武帝高欢第四子高淹）府参军事，后迁司马、振威将军。麴庆夫人韩氏为昌黎夏城人，名门之后，一生专心释学，修身参佛，死后合葬于此墓。麴庆此人史书上并无记载，该墓志的出土弥补了史料记载的不足。

麴庆墓为带长斜坡墓道的单室砖墓，平面呈“甲”字形，由墓道、甬道、墓门、墓室、石棺床等组成，现存墓口距地表约5米，现存全长9.68米，方向187°。墓道向南，为斜坡式，长3.3、宽1.1～1.57米；甬道长2.4、宽1.4米，在甬道南部靠近墓门处东西壁各有两个壁龛，壁龛内各立1个手持刀、锏的石武士俑；墓室平面近方形，四壁外弧，南北长3.58、东西宽3.5米；墓门为石砌，由门额、门颊、门板、门槛、门砧等构成，发掘时期两扇门板已经翻倒在地；墓室青砖铺底，四壁由底往上为“二平一丁”式垒砌砖墙，残墙最高1.8米，最低处约高0.4米。其中门额、门颊、门板、门槛、门砧均有莲花、忍冬、树木、牛车及墓主人生活场景等雕刻。

墓室中间偏北位置设围屏石棺床一具，棺床由床榻、床座和围屏组成。床板为红色砂岩板铺成，床踏由三块青石组成，嵌入棺床下，青石质，高浮雕，中间为团莲，两侧为摩尼宝珠和忍冬纹组合图案。床座为长方形，正反两面各有壸门两处，由汉白玉石制作而成。围屏共计七块，由青石制作而成，背部为一块长方形单板，东西各三块竖板。棺床各部分均雕刻有图案，所刻图案纹饰多有彩绘和贴金，彩有红彩、绿彩、粉彩、黑彩等，但脱落较为严重。围屏图案共分十二单元，刻有墓主日常生活场景和宗教典故；床座正面雕刻图案最为精美，最上面雕刻有一排联珠纹，右侧通高雕刻一尊四臂神王像，左侧为一神王持杯像，中间通高为一圣火坛；两侧下部左右壸门内各透雕一神兽。两侧上部左侧雕刻四组伎乐俑图案，自左至右分别为持横笛俑、端坐持钹俑、骑马持阮咸俑；右侧自左至右分别是骑马持筚篥俑、骑羊持琵琶俑、骑马持笙俑、骑羊持琵琶俑。图案内容丰富，雕刻技术高超，人物神态栩栩如生，具有浓厚的祆教和早期佛教风格。

棺床前立有石屏风一块。石屏风前后均为阴线雕刻，四周有一周联珠纹，正面上方刻有题记“苏太子者，献公之太子也，行至灵台，蛇绕左轮，御仆曰：‘太子下拜，吾闻国君之子，蛇绕左轮，必速得其国。’太子泣曰：‘若得国，是吾君岂可以生。’随伏刃而死”。右下角为驷驾出行图，车左轮缠绕一蛇，车前车后有仪仗，画面左侧为花草树木及楼台。屏风背面为一人牵牛的人物故事图案。

麴庆墓早期曾遭盗掘，晚期墓葬上部又被破坏，未见人骨架，但墓葬保存的随葬品仍然较为丰富，除石棺床、石屏风外，其他器物主要摆放在石棺床的四周及棺床下、墓室四角和甬道两侧壁龛内等处，出土日用瓷器、素烧瓷模型、素烧彩画瓷俑、素烧瓷镇墓兽、石俑等各类文物共计200余件（图3.14）。另外棺床前方正对甬道口处，东西两侧分别放置一合墓志，分属于墓主人麴庆及夫人韩氏。这些器物种类丰富，制作考究、造型精美，人物形态逼真，具有极高的文物价值。

麴庆墓规模较大，布局严谨，砌筑和雕刻技术高超。其中石砌墓门、门额、石棺床、石踏步、石屏风（图3.15）等雕刻极其精美，是古代墓葬石刻艺术的代表之作，为研究隋代美术工艺提供了新的实物资料。安阳建国前后出土了一批石棺床，但像麴庆墓出土纪年明确，制作极其精美，保护十分完整的仅此一例，是安阳一带出土石棺床的断代标尺。麴庆墓石棺床的出土与研究，为进一步了解我国石棺床的发展延续、形制演变和使用制度等提供了重要的资料。麴庆墓石棺床上装饰有数十幅各种类型的浮雕、阴线线刻图案，具有典型的佛教、祆教色彩，多种宗教图案集于一身（图3.16）， 反映了墓葬男女主人的宗教取向，是丝绸之路上东西方文明交流互鉴的历史见证，也是邺城、安阳地区作为丝绸之路北方地区起点的重要证据，对研究民族及宗教融合具有重要意义。墓内出土的一批相州窑瓷器，不仅数量多、种类多、制作精美，而且有多件以往未曾发现过的相州窑白瓷器。精美的相州窑白瓷器的发现，展示出隋代安阳相州窑高超的瓷器烧制水平，填补了相州窑瓷器研究的空白，亦为中国白瓷的起源与发展提供了宝贵的实物资料。墓葬内出土麴庆及夫人石墓志两合，墓志志文书写规范，字迹工整，笔画优美，详细记载了墓葬的时代、位置、墓主人及夫人的生平事迹。麴庆及夫人未见史书记载，墓志的发现具有较高的历史、文化价值，为研究安阳地区历史沿革、族群迁徙、古代文字及书法演变提供了非常重要的实物资料，具有证史补史的作用。

图3.14　河南安阳麴庆墓少女俑

图3.15　河南安阳麴庆墓围屏

1

2

图3.16　河南安阳麴庆墓棺床

1. 正面　2. 正面图

五、安阳隋墓①

1966年至1975年，安阳考古队在殷墟先后发掘隋墓二十九座。其中1973年在小屯村南地发掘十座，同年秋在小屯村北马家坟发掘二座，1966年夏在大司空村豫北纱厂西侧发掘六座，1974年春在梅园庄北地安阳钢厂东南边发掘九座，1975年夏在孝民屯安阳钢厂东北边发掘二座，上述五处墓葬以小屯村南地和梅园庄北地分布比较密集，且排列有序。

二十九座隋墓中，除M102无随葬品外，其余都有随葬器物，少的一两件，多的达七十余件，共有随葬器物五百七十九件。包括陶俑、厨房明器、瓷器、陶器、金器、铜器、铁器、五铢等日常生活用品及墓志。

各墓随葬器物的种类和数量是和墓形大小相一致的，它反映出墓主生前社会地位和经济实力的不同。

其中共出土胡俑9件。分出于M103、M108、M201三座墓中，每墓出三件。形状相同，头顶似用巾束发，高鼻深目，状似胡人。右袒，身穿交领窄袖衣，左肩斜背行囊，左手弯举胸前，右手弯贴于腹侧。双手有小孔，作持物状，似为牛、马、驼夫。标本M201：57，头顶用黑巾束发，身穿红衣。高22.5厘米（图3.17）。

图3.17　河南安阳隋墓胡俑（M201：57）

这批墓葬绝大多数未经盗扰，资料完整，墓形及随葬品组合又有明显差别，为我们探讨墓主身份及等级提供了有利条件。

① 中国社会科学院考古研究所安阳工作队：《安阳隋墓发掘报告》，《考古学报》1981年第3期，第369～406页。

六、梅元庄隋墓[①]

1983年3月，安阳市文物工作队于梅元庄村西侧约300米处对梅元庄隋墓进行清理发掘。据调查，该墓墓室、甬道顶部早年被破坏，说明该墓早年曾被盗扰过。墓道上因有障碍物而未作清理，墓室清理后仍出土有较为丰富的随葬品。该墓为砖室墓，由墓道、墓门、甬道、墓室四部分组成，墓向185°。甬道长1.5、宽1.27、高1.85米，长方形券顶，顶为单砖起券，甬道外口用砖封堵，封门砖错缝平砌。墓室平面近正方形，四壁略外弧，南北长2.66、东西宽2.52米，室高不明，仅剩残壁高1～1.2米。四壁为顺砖叠砌。墓室西部砌一砖台，应为棺床，高0.21米。墓室铺地砖东西向错缝平铺。

该墓出土器物89件，以陶俑居多，计70件。其次有瓷器、厨房明器、铁器等，石墓志仅留残志盖一块。其中出土人面镇墓兽1件，胡俑5件。

镇墓兽1件。标本58，人面兽身，身躯较高，尾部贴身上翘，背有竖毛两簇，全身蹲坐于近似三角形的托板上。高鼻深目，粗眉，额有皱纹数道，嘴上下有胡须，大耳，头戴盔，作老年面容。背部饰红彩，脸部及脑部饰黑彩，但多脱落。头部及底部稍残。高34、长22 厘米（图3.18）。

胡俑5件。内穿圆领衬衣，外穿交领窄袖衣，左肩斜背行囊，腰束带，带交结于前腹下垂。通体白粉作底，上涂红彩，多脱落。可分二式。

Ⅰ式：2件。冠似帷帽。标本39，左手屈于腹侧，右手上屈于胸前，两手均有小孔作持物状，下腹部有一小孔（图3.19）。高23.5厘米。标本44，面、手略残。双手拱于胸前。高23.2厘米。

Ⅱ式：3件。头顶似用巾束发，高鼻深目。标本23，左手屈于腹侧，右手上屈于胸前，双手均有小孔作持物状，下腹有一小孔。高23.3厘米（图3.20）。

---

① 安阳市文物工作队：《河南安阳市两座隋墓发掘报告》，《考古》1992年第1期，第32～45页。

图3.18 河南安阳梅元庄隋墓镇墓兽（标本58）

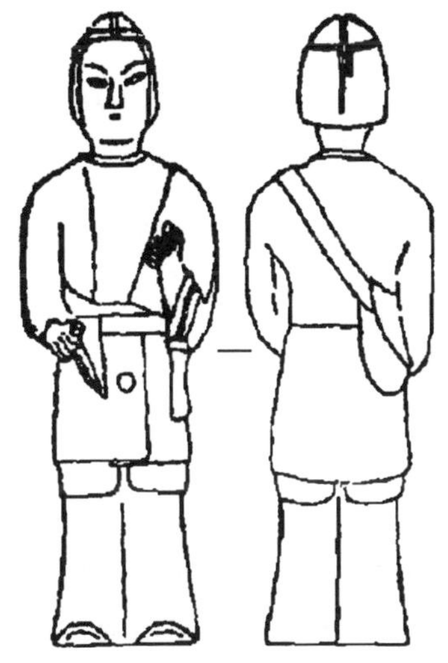

图3.19 河南安阳梅元庄隋墓胡俑Ⅰ式（标本39）

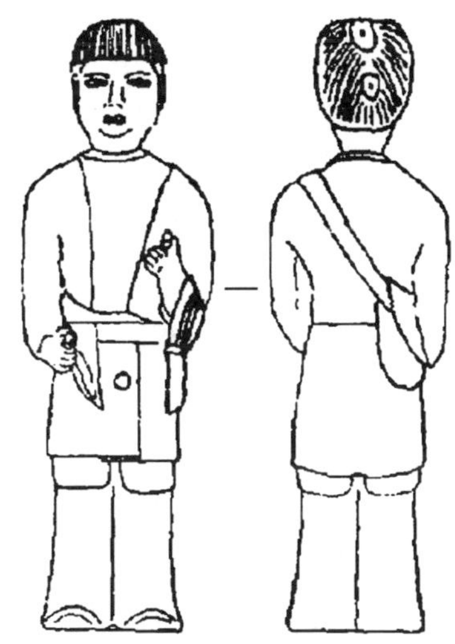

图3.20 河南安阳梅元庄隋墓胡俑Ⅱ式（标本23）

梅元庄这座墓出土的瓷四系罐、盘及陶俑中的镇墓兽、持盾武士俑、女侍俑、小冠俑等都具有明显的时代特征。其墓葬形制及丰富的随葬品，为墓葬的时代断定提供了较为可靠的依据。

七、巩义夹津口隋墓[①]

1981年秋，巩县文物保护管理所于河南省巩义市南30千米的夹津口镇一砖厂对巩义夹津口隋墓进行清理。此砖厂位于坞罗河岸的一块台地上，铁生沟汉代冶铁遗址距此2千米左右，发现时该墓上部已被基本挖完，从残留的轮廓可以看出，这座墓为竖穴土洞墓，斜坡墓道，墓室呈长方形，长约2、宽约1.50米。

该墓共出土文物31件，大部分为白瓷，有少量黑釉器，包括镇墓兽2件，俑12件， 马1件，骆驼1件，牛车1件，家畜家禽8件，模型明器6件。其中出土胡俑1件。

胡俑1件。标本0418，白胎，施白釉不及底，釉有细小开片。头戴胡帽，深目，长面，高颧骨，身穿翻领袍，大腹，腰束带，下着裤，足着靴，一手垂于体侧，一手屈于腰部，一足稍前，一足稍后，侧身而立。高16、宽4.20、厚4.20厘米。

八、唐安国相王孺人唐氏墓[②③]

2005年1月，洛阳市第二文物工作队于洛阳隋唐城遗址南墙定鼎门与厚载门向南延长线之间的定鼎原上发掘了唐安国相王孺人唐氏墓。该墓距隋唐城遗址约2公里。唐氏墓（M49）为长斜坡单室砖砌墓，坐北朝南，墓室在北，方向183°，总长35.10米。开口三层下，口距地表0.60米。墓葬整体结构由长斜坡墓道、第一过洞、第一天井、第二过洞、第二天井、第三过洞、第三天井、第四过洞、甬道和单墓室组成，第二、三过洞东西壁上

---

① 巩义市博物馆：《河南巩义市夹津口隋墓清理简报》，《华夏考古》2005年第4期，第43～47页。

② 洛阳市第二文物工作队：《唐安国相王孺人唐氏、崔氏墓发掘简报》，《中原文物》2005年第6 期，第19～36页。

③ 洛阳市第二文物工作队：《唐安国相王孺人壁画墓发掘报告》，郑州：河南美术出版社，2008年。

各置一壁龛。

唐氏墓出土的随葬品主要是陶俑、贝珠、铁钉以及墓志，共231件。其中墓葬壁面绘胡人牵骆驼图、侏儒图。墓道壁画上有胡人形象（约3人）。

墓道壁画：墓道东西两壁壁画内容基本相同。墓道东壁前绘一人，因墓道上部破坏较多，仅存膝部以下，着装不明，似长袍，脚穿布鞋。其后绘青龙，剥落严重，龙身长5.4米，昂首吐舌，四足腾空，身下祥云弥漫，一飞鸟翱翔云中。龙后为人牵马、骆驼图（图3.21）。第一人头裹幞头，口涂朱，浓眉大眼圆睁，身穿橙色交领窄袖短袍，腰束带，脚穿深灰色长筒靴，左手握拳斜举指向龙尾，拳心向上，右手挽马缰，马头曲颈向外，鬃毛下垂，鞍辔齐备，马鞍橙黄色，前蹄交错，若行进之状。第二人立于第二匹马首右侧，头裹幞头，口涂朱，目光下视，面部圆润，身穿圆领半袖束腰短袍，足穿深灰长靴，右肩隐于马身一侧，左手裸袖握拳，右手挽缰，五花马侧身站立，橙黄色鞍辔齐备，卷尾。马后为一胡人牵骆驼，胡人身材矮小，头裹笼帽，络腮胡，浓眉高鼻朱唇，身穿翻领长袍，腰束带，脚穿黑鞋，左手蜷缩身侧，右手置于胸部，身后骆驼头部漫漶不清，

图3.21　河南洛阳唐安国相王孺人唐氏墓墓道东壁人牵马、骆驼（中）

橙黄色毛发，双峰，带鞍，鞍为橙黄色，行走状。北端为一门吏，头裹幞头，面部漫漶不清，胡须上翘，身穿圆领桃红色宽袖长袍，有下襕，腰束带，腰部左佩剑袋，右佩虎、豹尾饰，足穿深灰长筒靴，左手伸掌置于腰侧，右手贴右胸，上身微微前倾，似为迎人之状，高1.4米（图3.22）。墓道西壁壁画大致与东壁对称，南端一人残存腿部，画幅高1.5米。人后为一虎，张牙舞爪，体格雄壮，虎身脱落严重，身周围有祥云缠绕，长4.5米。虎后为人牵马、骆驼。第一人立于马头右侧，头部剥落，身着束腰短袍，脚穿深灰色长筒靴，侧立青骢马，马头部脱落，鞍鞯齐备，鞍橙黄色；第二人站在两马之间，上半身脱落，身穿短袍，腰束带，脚穿靴，右手握拳放置腰部，左手挽马缰，马鞍鞯齐备，马身侧立， 头高昂，鬃毛下垂，尾自然下垂；马后为一胡人牵骆驼，胡人头戴尖顶帽，络腮胡， 浓眉小眼鹰鼻，张嘴，朱唇，身穿翻领束腰短袍，穿长筒靴，左手牵骆驼，右手拿鞭。骆驼头部剥落，毛橙黄色，驼峰间鞍鞯漫漶不清，背悬一壶，尾上翘（图3.23）。西壁北端亦绘一门吏，门吏头裹幞头，圆睁双眼，朱唇，大胡子，长髯，表情祥和， 身穿橙色团领长袍，有下襕，腰束带，深灰色长筒靴，腰佩剑，右手贴胸前，左手握剑身，上身前倾，躬身迎人之状（图3.24）。

图3.22　河南洛阳唐安国相王孺人唐氏墓墓道东壁门吏

图3.23　河南洛阳唐安国相王孺人唐氏墓墓道西壁（胡）人牵马图局部

过洞壁画：过洞东、西两壁各绘4人。东、西壁第一人均为武士装束。东壁武士面目凶狠，满脸长须，头饰剥落，身穿吊带袄，内穿橙色长衫，下着裤，脚穿白色布鞋，胸腹间有束腰4匝，腰佩剑，左手握剑身，右手握拳平放腰侧，衣带飘飞，若奔走之状；西壁武士上半身脱落，身着吊带战袍，内有橙色衬袍，下着大口裤，胸腹间束赭色云带3匝，脚穿黑色鞋，腰佩长剑，右手按剑身，左手握拳于腰间，衣衫飘飞，似奔走之状。东、西壁第二人，腿部以上均剥落，身着束腰长袍，有下襤，腰佩有七事之一种，足穿黑色长筒靴。东、西壁第三人均为侏儒。侏儒面相圆润，头裹幞头，五官清晰，身穿团领束腰长袍，下着裤裙，脚穿黑色鞋。东壁侏儒头向右侧，两手笼袖拱于胸前，高66厘米；西壁侏儒还留有胡须，蒜头鼻，左举肩作招手之状，右手握拳于腰部（图3.25）。侏儒后东壁似为一女性，头部脱落，身穿束腰曳地长裙，足穿翘尖布鞋，怀中似抱一物，余皆漫漶不清。西壁人物头部以上均脱落，着交领曳地长裙，足穿翘尖软底鞋。

图3.24 河南洛阳唐安国相王孺人唐氏墓墓道西壁门吏

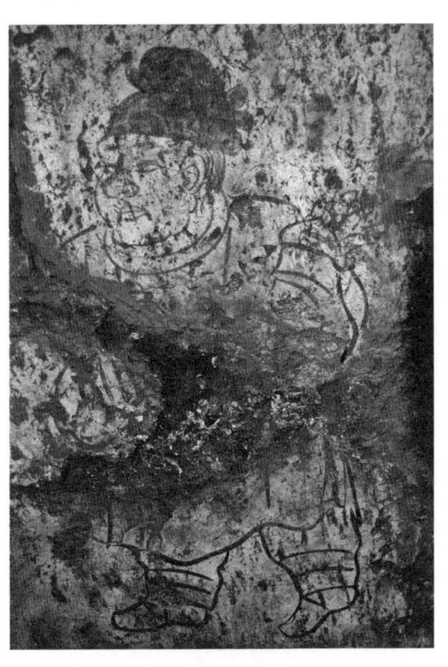

图3.25 河南洛阳唐安国相王孺人唐氏墓第一过洞西壁第三侏儒

九、唐安国相王孺人崔氏墓[①②]

2005年1月，洛阳市第二文物工作队于洛阳隋唐城遗址南墙定鼎门与厚载门向南延长线之间的定鼎原上发掘了唐安国相王孺人崔氏墓。崔氏墓（M50）为明券砖室单室墓，坐北朝南，墓室在北，开口三层下，口距地表0.60米。总长32.12米。方向183°。墓葬整体由长斜坡墓道、第一过洞、第一天井、第二过洞、第二天井、第三过洞、第三天井、第四过洞、第四天井、第五过洞、第五天井、甬道和单墓室组成，第三天井、第四天井和第四过洞之间东西两壁各设壁龛。

崔氏墓出土的随葬器物有石翁仲、陶俑、瓷器、石猪、泥制钱、铜帽钉等，共154 件。其中墓葬壁面绘有胡人武士图。

过洞、天井壁画：过洞、天井壁画脱落严重，仅在过洞1、2、3和天井2底部东西两壁保存6个人物图像，大多头部及上半身脱落。过洞、天井东壁残存壁画人物4人， 第一人位于过洞1下部，似为一武士，腰部以上皆脱落严重，漫漶不清，络腮胡，上穿交领橙黄色袍，着虎皮纹裤，黑色鞋，腰挂长剑，右手按剑，作奔走之状。第二、三人位于过洞2、天井2下部，第二人头部漫漶不清，络腮胡，身穿团领桃红色上衣，腰束带，豹纹紧身裤，黑色鞋，双手拄刀，恭谨直立，残高1.2米。第三人腰部以上皆漫漶不清，似穿橘色长袍，有下襕， 脚穿白色平底鞋。第四人位于过洞3下部， 肩部以上剥落，腿以上漫漶不清，脚穿黑色鞋，似奔走之状。西壁残存人物2人。第一人位于过洞1下部，头饰不清，络腮胡，厚唇涂朱，上穿浅黄束腰短袄，下着豹纹红色紧身裤，黑色鞋，左手握长剑中部，右手部位脱落，似为拔剑奔走之势。第二人位于过洞2下部，头上部脱落，瞪眼高鼻，张口吐舌，络腮胡，耸肩缩颈，面目狰狞，身穿橘黄短袄，束腰，紧身裤，深灰长筒靴，左手裸袖抓剑身，右手作奔走拔剑之势。画幅高1.2米（图3.26）。

---

① 洛阳市第二文物工作队：《唐安国相王孺人唐氏、崔氏墓发掘简报》，《中原文物》2005年第6 期，第19～36页。

② 洛阳市第二文物工作队：《唐安国相王孺人壁画墓发掘报告》，郑州：河南美术出版社，2008年。

图3.26　河南洛阳唐安国相王孺人崔氏墓第一过洞西壁武士

两墓壁画均为单栏。两墓墓道所绘壁画内容相似，从残存壁画看，均为左青龙右白虎，之后绘人牵马及骆驼图，墓道北端绘门吏，唐氏墓墓道北壁还残存一座木结构阁楼建筑。两墓天井、过洞壁画内容差别较大，唐氏墓东西两壁各绘一挎剑武士， 武士面目狰狞，武士后有多种人物造型，从残存画面看，有侏儒、乐伎等。而崔氏墓过洞及天井两壁所绘壁画彼此间似无多大联系，残存画面几乎都为面目狰狞的武士形象，武士或挎剑奔跑，或拄刀站立，着装都比较奇特。在画技法上，所有壁画均用墨线勾框，然后根据情况用红、黑、橙黄等色加以点缀。唐氏墓笔法细腻，线条流畅， 刻画人物传神，变化多样。崔氏墓用笔粗豪，雄浑苍劲，但刻画人物神态上不如唐氏墓细腻。

总的说来，由于唐安国相王孺人唐氏、崔氏墓这两墓中壁画脱落严重，已难窥其全貌，不过，我们仍然能从中领略到唐代宫廷画家高超的绘画水平和独特的艺术魅力。如此大面积的唐代壁画在洛阳地区尚属首次发现，它不仅填补了洛阳地区自两汉到宋元以来壁画发展的空白，同时也为我们研究唐代壁画提供了宝贵的实物资料。

十、柳　凯　墓[①]

1988年4月，洛阳市第二文物工作队和偃师县文管会于河南省洛阳市偃师区人民政府招待所院内对柳凯夫妇墓（编号M19）进行了发掘。该墓西距商城东墙约800米。墓葬方向185°，土洞结构，平面略呈甲字形，由墓道、甬道、墓室三部分组成。

据墓志载柳凯“字怀舜，河东（今山西）南解人也”。“隋开皇元年释褐，授东宫通事舍人，寻除贝州鄃县令”。唐武德年间“授光州定城县令”。“武德九年（626年）寝疾，终于县邸，春秋六十有七”。柳凯曾任县令，品级不高，事迹平平。但墓志载其“曾祖津，梁太子詹事、右卫将军、太府卿、衡州刺史、云杜侯，赠太尉公”，“祖仲礼，梁左仆射、南兖司二州刺史，魏侍中、开府仪同三司、襄阴侯”，“父玄，魏黄门侍郎、穰县开国伯。周除昌城、盐事二郡守，进爵为侯，增邑千户，随除魏郡太守，迁州刺史，进爵为公”。柳凯先世三代居官，但只有其祖仲礼事迹见于《梁书·柳敬礼传》。敬礼为仲礼之弟。史志对照，柳凯墓志所载其先世官爵较详，而《梁书》则略，故志可补史阙。

该墓出土随葬器物共计145件，其中镇墓兽4件、男俑69件、女俑38件、家畜家禽模型18件、生活用器及其他小件器物15件，以及墓志1合。其中出土胡人俑2件。

胡人俑2件。标本HM1940：48，头戴黑色前后折沿帽，墨描眉眼，口涂朱，络腮胡须，胡人形象。上穿红色圆领右衽窄袖袍，腰束黑带，下着白裤，足穿靴。左臂屈肘，手置胸前；右臂下垂向内弯曲，手提一细颈白瓶，双腿并拢站立。高26厘米（图3.27）。

---

① 洛阳市第二文物工作队、偃师县文物管理委员会：《河南偃师唐柳凯墓》，《文物》1992年第12期，第21～33页。

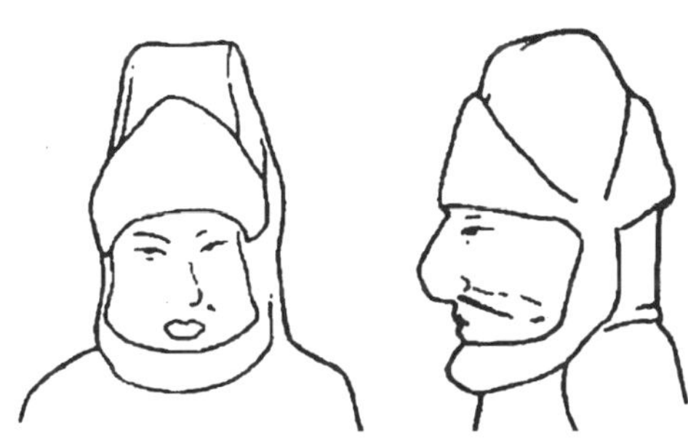

图3.27　河南洛阳柳凯墓提壶胡人俑（HM1940：48）

十一、偃师崔大义及妻李夫人墓[①]

1998～2001年，偃师市文物管理局配合洛阳市第二文物工作队于河南省洛阳市偃师区城关镇前杜楼村砖厂生产用土区北部对崔大义夫妇墓进行发掘。该墓编号2001YCQLM1，由墓道和墓室两部分组成。南北向土洞墓，方向182°，发掘时墓葬上半部已遭人为破坏，四壁高度仅存0.30米，部分器物已被推出。墓道长2.8、宽1.3米，呈斜坡状，坡度4°，墓室位于墓道北部，平面呈正方形，东西长3、南北宽3、残高0.3米。在淤土中散乱存放有陶俑及部分陶片。近底部东侧摆放墓志一方及武士俑、镇墓兽、陶鸡、陶碗、陶仓房及男女侍俑50余件，加之淤土中所出器物共计80件。棺床位于墓室西部，呈长方形，长2.02、宽0.8、高0.6米。发掘时已不见骨架，仅在棺床上发现一枚铜镜。

据墓志记载，李夫人系陇西成纪人，曾祖躲，任汉阳太守。祖父德卿，任魏本州大中正东武太守。父师政，任本州主簿。于“贞观二十一年（647年）六月廿六日寝疾卒于积德里第，春秋五十九。亡夫莱州昌阳县

① 河南省古代建筑保护研究所、偃师市文物管理局：《河南偃师三座唐墓发掘简报》，《中原文物》2009年第5期，第4～16页。

图3.28　河南偃师崔大义及妻李夫人墓胡俑（M1：39）

令崔大义，博陵安平人……以去十五年七月八日卒，粤以今大唐贞观二十一年岁在乙未七月乙酉朔十三日丁酉合葬于洛州偃师县覆舟山之原，礼也”。

随葬器物共计80件，其中陶器68件，均以高岭土为胎，外表施米黄色釉。瓷器7 件、墓志1方、铜镜1件、铜剪刀1件、铜钱1枚、铁锁1把。其中出土胡人俑1件。

胡俑1件。标本M1：39，头戴翻沿毡帽，深目高鼻，朱唇，墨绘眉、须。外穿翻领紧身胡服，内着圆领内衣。腰系黑色革带。左手置于胸际，右手下垂。下着袴，足穿乌履。站立于方形托板，通身施米黄色釉，外加朱墨彩绘，通高23.7厘米（图3.28）。

崔大义及妻合葬墓出土的镇墓兽、武士俑等器物与北齐范粹墓出土的同类器物十分相似，显现出明显的承接关系。出土的大量实物为研究唐代雕塑、服饰等增添了弥足珍贵的实物资料，为豫西地区隋唐墓的分期提供了新的标尺。

十二、洛阳贾敦颐墓[①]

2009年10月至12月，洛阳市第二文物工作队为配合洛阳冠奇工贸有限责任公司一期厂房建设，在洛阳市工业园区小浪底1号线与310国道交叉口东北约450米，共发掘清理了8座古代墓葬，其中编号HM1164的1座唐墓出土了一方墓志，故知该墓为唐代贾敦颐墓。HM1164平面形制基本为铲形土洞墓，由斜坡墓道过洞、天井甬道、壁龛墓室、耳室等几部分构成，方向183°。墓室近似方形南北长 4、东西宽3.78～4.04米，顶部坍塌，残高1.8米。墓室东壁略向外弧，并有一个耳室，长方形土洞，弧顶直壁平底，宽0.7、进深1.06、高0.8米。此墓虽经早年盗扰，但墓葬形制基本完整，甬

① 洛阳市文物考古研究院：《洛阳红山唐墓》，郑州：中州古籍出版社，2014年。

道东、西两壁各有一壁龛。

贾敦颐，高宗显庆元年（656年）七月去世，同年十月葬。贾敦颐于新旧《唐书》均有传，但记载略同也都甚简。《旧唐书·贾敦颐传》云："贾敦颐，曹州冤句人也。贞观中，历迁沧州刺史。在职清洁，每入朝，尽室而行，唯敝车一乘，羸马数匹，羁勒有阙，以绳为之，见者不知其刺史也。二十三年，转瀛州刺史。州界滹沱河及滱水，每岁泛溢，漂流居人，敦颐奏立堤堰，自是无复水患。永徽五年，累迁洛州刺史。时豪富之室，皆籍外占田，敦颐都括获三千余顷，以给贫乏。又发奸摘伏，有若神明。寻卒。"

贾敦颐墓共出土随葬器物300余件。多分布于壁龛、耳室及墓室东部，有陶器、瓷器、墓志等。其中出土牵驼胡俑4件，卷沿毡帽胡俑6件。

牵驼胡俑4件，依衣冠、装束可分为两型。

A型2件。标本HM1164：17，深目高鼻八字胡，身向左稍斜头稍歪，面部向上扬，右手弯曲握拳，左手微曲下垂。着圆口无领右衽紧身长衣，腰束带，下穿窄腿裤，足蹬长筒靴，站立于方形托板上。通高3.4厘米（图3.29）。

B型2件。标本HM1164：66，头残缺，身着大翻领交口燕尾服，内露圆领内衣，腰束带，右手弯曲上举，左手紧握下垂。下穿窄裤，足穿尖头鞋，立于方形托板上。残高29.5厘米（图3.30）。

图3.29　河南洛阳唐代贾敦颐墓
A型牵驼胡俑（HM1164：17）

图3.30　河南洛阳唐代贾敦颐墓
B型牵驼胡俑（HM1164：66）

卷沿毡帽胡俑6件。这类俑中，在陶胎上有少数几个全身施层不均匀的薄黄釉。标本HM1164：245，头戴卷沿毡帽，内穿圆领内衬，外着右衽敞口束腰短袖大衣，下着窄裤，脚穿靴。右手肘稍弯置于腰，左手下垂。眼深高鼻，站立在方形托板上。通高23.1厘米（图3.31）。

1

2

图3.31　河南洛阳唐代贾敦颐墓卷沿毡帽胡俑（HM1164：245）

1. 正面　2. 侧面

十三、洛阳邙山老城岳家村唐墓M30①

岳家村唐墓于1955年5月发掘整理，其中M30位于洛阳市老城北郊邙山下的岳家村，即隋唐洛阳宫城附属小城圆璧城北侧。该墓为土坑洞室墓，方向5°。长方形竖井墓道位于墓室北侧，宽0.9米。墓室北窄南宽呈梯形，南北长2.3米，前宽1.3、后宽1.6米，小砖封门。

关于唐墓M30主人身份的推测，有先生指出：“洛阳邙山30号唐墓，平面形状与偃师郑绍方墓相仿，但墓向为坐南朝北。这在洛阳地区极为

① 四川大学历史文化学院考古系、河南省洛阳市文物工作队：《洛阳岳家村30号唐墓出土波斯萨珊朝银币》，《四川文物》2006年第2期，第48～50页。

少见，相同者仅有盛唐安菩夫妇墓，而且30号墓中又出土波斯萨珊王朝银币。有理由推测，这位墓主人很可能与少数民族的安菩夫妇情况相同。”洛阳地区的唐墓，一般墓向以坐北朝南为主，墓门开在墓室南壁正中，M30和安菩墓却与绝大多数唐墓截然相反，墓向坐南朝北，且安菩墓出土有一枚东罗马金币。所以说，M30墓主人很可能也是来自西域的少数民族。

随葬器物共计28件，皆置于西侧人骨架头部。其中波斯银币17枚，画像镜、瓷四系罐、瓷脂盒各1件，小铜盒、小瓷盒、小陶盒各1件，蚌壳5个，均残。

萨珊银币17枚。在17枚银币中，完整的8枚，有不同程度残损的9枚。钱币正面均为王者侧面头像，背面中央为一祭台，两侧各立一祭司。钱径2.7～2.8厘米，重3.7～4 克，平均重3.85克。其中，卑路斯时期的银币16枚，卡瓦德一世银币1枚。

卑路斯银币16枚。根据币面上王像所戴王冠样式的不同，将卑路斯时期银币分为A、B两型。

A型3枚（标本M30：1～3）。均残。银币正面王像的王冠中央及其后部有一雉堞形饰物，冠顶无翼翅。其中标本M30：1、2两枚最大径为2.9厘米，分别重3.8、3.9克。标本M30：3，残甚，残径仅1.4厘米，重1.2克。冠顶后部有两条较短的平行飘带，发髻呈球状或近似长圆形，一飘带从左肩后部升起。标本M30：1、3两枚飘带下端纹饰为两条短横线（图3.32）；标本M30：2飘带下部残损（图3.33）。

B型13枚（标本M30：4～16）。银币正面王像王冠后部的雉堞形饰物消失，换上了一对翼翅。冠顶后面两条又短又细的小飘带，被从左肩上升起的一条飘带所代替。除去左侧飘带下端纹饰模糊不清或残缺的6枚银币外，其余的7枚，根据其正面头部后侧的飘带下端纹饰的不同，分为Ba、Bb两个亚型。

Ba型4枚（标本M30：4、9、11、15）。飘带下端纹饰均为S形。以标本M30：4为例，最大径为2.8厘米，重3.9克，飘带下端纹饰呈S形（图3.34）。

Bb型3枚（标本M30：8、10、14）。以标本M30：10为例，最大径2.9厘米，重3.5克，飘带下端为两条较短的横线。

图3.32　河南洛阳岳家村唐墓M30卑路斯银币（M30：1）

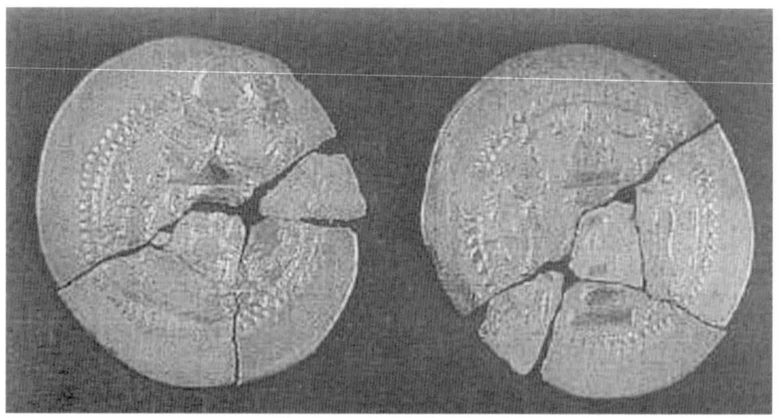

图3.33　河南洛阳岳家村唐墓M30卑路斯银币（M30：2）

图3.34　河南洛阳岳家村唐墓M30卑路斯银币（M30：4）

卡瓦德一世银币1枚（标本M30：17）。正面王像冠顶后部有两条短飘带，呈V字形相交。冠前新月下有铭文，脑后发髻似圆形梅花。左右肩上各有一仰月，仰月外侧有一上端呈牛角形、下端为S形纹饰的飘带，背面左侧有铭文，应为铸币的纪年，右侧铭文为AB，即ABARSAHR的缩写，为铸币地点。

1949年以来，洛阳发现的波斯萨珊朝银币主要有四批。1955年，在岳家村M30中出土的银币为首次发现。1990年，洛阳东郊马沟村唐墓出土1枚库思老二世银币，正面有“赞美”铭文。1991年，据传发现于伊川司马沟的315枚波斯银币，为数量最多的一批。1994年，在老城邙山南麓一砖厂内发现一处隋五铢窖藏，出土卑路斯银残币1枚。此外，近年来波斯银币在洛阳地区仍有零星发现，例如，三川泉斋藏有库思老二世银币3枚。这些波斯银币在洛阳的发现，从一个侧面反映出古都洛阳在丝绸之路研究中的重要地位。

十四、洛阳张文俱墓①

2009～2011年，洛阳市第二文物工作队为配合基建在洛阳市北郊红山乡工业园区发掘清理了HM1940墓。依出土的墓志得知墓主人为唐代慎州司仓窦州潭峨县丞张文俱，墓葬整体平面为“铲”形，由斜坡墓道、甬道、墓室三部分构成，方向183°。墓道开口于现代地表下0.4米，斜坡墓道上口长9.2、宽0.7米，墓道底长10.7、宽0.7米，距地表深5.5米。墓道在墓室南壁偏东，从墓道东壁至墓室东壁0.5米，从墓道西壁至墓室西壁1.5米。甬道为拱形，长1.87、宽0.8、高1.4米。甬道外有一椭圆形盗洞，长0.6、宽0.4米，距地表5.5米。墓室基本为正方形，南北3.2、东西2.9米，墓室顶部坍塌高度不详。墓室四壁垂直平滑，底部平坦。

张文俱墓出土随葬器物共计106件，其中出土胡俑4件，骆驼俑2件，均为陶胎，模制。

头戴瓜皮帽牵驼胡俑1件。标本HM1940：69，头戴瓜皮紧口帽，脸部

---

① 洛阳市文物考古研究院：《洛阳红山唐墓》，郑州：中州古籍出版社，2014年。

稍仰，深目高鼻，注视前方，脑后露出垂颈卷发。着翻领窄袖右衽束腰长衫，内穿圆口内衣， 右臂抬起弯曲握拳，左臂斜伸握拳，下着窄裤，足蹬圆口鞋，站立在方形托板上。宽17.6、通高41.3厘米（图3.35）。

头戴翻沿毡帽牵驼胡俑1件。标本HM1940：64，头戴前后对称的翻沿毡帽。粗眉大眼，深目高鼻，八字胡上翘，络腮胡须浓密前凸，脸稍仰，眼前视，神情趾高气昂。身着右衽圆领窄袖长衣，束腰，右臂抬起，手弯握拳，左臂弯曲手握拳，脱袖搭肩， 身体稍向前倾斜，下穿紧身裤，足蹬靴，站立在方形托板上。宽18.5、通高42.6厘米（图3.36）。

提壶胡俑2件。标本HM1940：48，头戴前后对称卷沿毡帽。深目高鼻，络腮胡须，身着圆口套头长衫，腰束带，右手下垂持柄带流水壶，左臂弯曲置于腹，下着裤，足蹬靴站立在方形托板上。宽7.1、通高27.5厘米（图3.37）。标本HM1940：45形态装束与标本HM1940：48基本相同，脸部略瘦。宽7.1、高27.3厘米（图3.38）。

虎头圆形驮囊驼俑1件。标本HM1940：76，昂首曲颈，微前伸，张嘴嘶鸣状。背有双峰，双峰之间佩鞍鞯，鞍上搭放虎头花纹圆形驮囊，又在鞍板前端挂一水壶。短尾隐于两腿之间，四腿细长，站立在长方形托板上。长58、宽28.3、通高68厘米（图3.39）。

图3.35 河南洛阳张文俱墓头戴瓜皮帽牵驼胡俑（HM1940：69）

图3.36 河南洛阳张文俱墓头戴翻沿毡帽牵驼胡俑（HM1940：64）

图3.37　河南洛阳张文俱墓提壶胡俑（HM1940：48）

图3.38　河南洛阳唐代张文俱墓提壶胡俑（HM1940：45）

虎头长舌驮囊驼俑1件。标本HM1940：90，昂首曲颈，张口嘶叫状，双眼圆睁，小耳后伸。背有双峰，双峰之间搭椭圆形鞯毯垫，上搭虎头长舌圆形驮囊。四腿较长，站立在长方形托板上。长50.2、宽25.2、通高65厘米（图3.40）。

图3.39　河南洛阳张文俱墓虎头圆形驮囊驼俑（HM1940：76）

图3.40　河南洛阳张文俱墓虎头长舌驮囊驼俑（HM1940：90）

十五、洛阳红山HM1938号唐墓[①]

2009～2011年，洛阳市第二文物工作队为配合基本建设在洛阳市北郊红山乡工业园区发掘清理了HM1938号唐墓。该墓为由斜坡墓道、甬道、墓室三部分构成的土洞穴单室墓。方向185°。墓室基本为方形，南北长3.2、东西宽3米，高度因坍塌不详。墓葬整体看平面为“铲”形，墓室方向不正，西偏北0.4米。墓道在墓室之南，墓道上口长8.7、宽0.75米。原始墓口距现代地表0.4米，墓道底长10、宽0.6米，距地表深5米。墓道不在墓室南壁正中而偏东，从墓门东壁至墓室东壁0.72米，从墓门口西壁至墓室西壁为1.54米。甬道较墓道稍宽，口为拱形，长2.4、宽0.7、高1.4米。墓葬形制由“铲”形向“刀”形墓过渡明显，墓室不正，西偏北0.4米，各种陶俑也稍有变化。

图3.41　河南洛阳红山唐墓胡俑（HM1938：12）

该墓出土随葬器物尚有90多件。其中出土胡俑2件，男侍俑2件，三彩天王俑2件。

胡俑2件。标本HM1938：12，陶胎。头戴前后对称的翻沿毡帽，深目高鼻，八字胡上卷，络腮胡须浓密，头微低平视，神态庄重。上着圆口套头长衣腰束带，下着紧身裤，足蹬深筒圆头毡靴，身体直立。左臂曲肘置于胸前，右手微曲持有柄长流水壶于腹下。出土于骆驼俑附近，应是牵驼俑。通高28.6厘米（图3.41）。

男侍俑2件。标本HM1938：14，陶胎。头戴幞头，浓眉大眼，神情庄重。身着圆领右衽窄袖长衣，下穿裤，足

① 洛阳市文物考古研究院：《洛阳红山唐墓》，郑州：中州古籍出版社，2014年。

蹬靴，身微前倾，站立在方形托板上。双手隐于袖中，相拱于胸前。通高26.2厘米（图3.42）。

三彩天王俑2件。标本HM1938：6，高岭土陶胎，三彩釉。头戴折沿圆顶头盔，身着铠甲，饰龙首状护膊，护领上折。膝下两腿缚扎着吊腿，足蹬高筒靴，足下踩踏卧牛形台座，右手扑腰左手屈臂握拳上举。怒目圆睁，咬牙怒视前方，整体造型威武强健。通高70.8厘米（图3.43）。

图3.42　河南洛阳红山唐墓男侍俑（HM1938：14）

图3.43　河南洛阳红山唐墓三彩天王俑（HM1938：6）

十六、洛阳市关林唐墓C7M1526[①]

2005年6～7月，洛阳市文物工作队在配合河南省地矿局地质调查一队11号住宅楼工程建设中发掘了一座唐宋墓葬，其中一座唐代墓葬出土了较为精美的三彩俑、釉陶俑、彩绘陶俑等，墓葬年代为盛唐时期，该墓葬的发掘为我们研究唐墓的分区及葬俗增添了新的资料。

① 洛阳市文物工作队：《洛阳市关林唐墓（C7M1526）发掘简报》，《中原文物》2008年第4期，第21～24页。

C7M1526位于洛龙大道东侧约200米，关林庙南部约600米，河南省地矿局地质调查一队院内北部。C7M1526为竖穴墓道式单室土洞墓，平面呈铲形，由墓道、甬道、墓室三部分组成，长6.8米，方向180°。墓道位于墓室南部，平面呈窄长方形，底呈斜坡状，坡度36.5°，墓道口距地表1.4米，长3.2、宽0.66米，墓道底部距地表深3.2～5.6米。甬道位于墓道北端，平面近方形，长0.6、宽0.66、高1.6米，拱形顶。墓室位于甬道北端，略偏西侧。室内平面呈长方形，底平，转角略抹，长3、宽1.7、高1.7米，墓室底部距地表深5.6米。

此墓曾被盗扰较为严重，原先的摆放位置和组合情况已不清楚，现存大部分器物位于墓室的东侧，同时在盗洞底部也有少量的彩绘陶俑、三彩俑等。经清理，残存的出土器物共24件（套）。其中出土有男胡俑1件，胡人相天王俑2件。

男胡俑1件。标本C7M1526：24，仅剩头、颈、肩部。头戴幞头，身穿大翻领衣。头部施朱绘，大部分已脱落，上衣施绿、褐两彩。深目高鼻，长须连鬓，显系胡人。残高13.2厘米（图3.44）。

天王俑2件。形制各异。标本C7M1526：2，头无盔，头发拢于头顶，面部表情凶恶。通体施褐、绿、白三彩。其余同前件。通高78.4厘米（图3.45）。标本C7M1526：4，头戴尖顶兜鍪，护耳外沿向上翻卷。身着明光铠，胸前左右各一圆护，肩覆龙首状披膊，右手握拳上举，拳间一孔，左手叉腰，腰带以下着膝裙、鹘尾，下缚吊腿，足蹬革靴，脚下踏一卧牛。

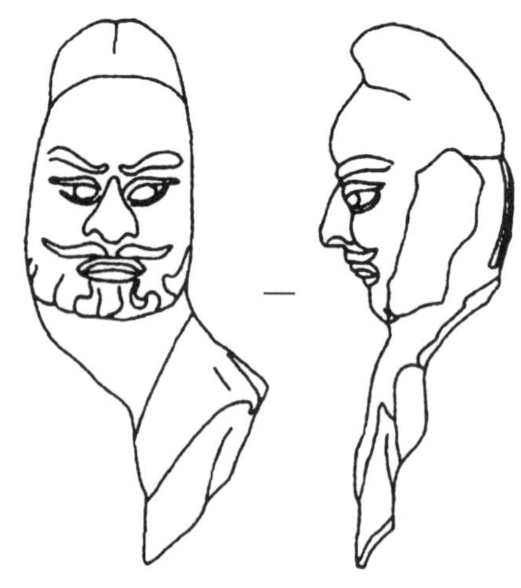

图3.44　河南洛阳关林唐墓男胡俑（C7M1526：24）

卧牛已残，卧于一镂空台座上。通体施绿、白、黑三彩。通高约81.6厘米（图3.46）。

墓葬出土了较为精美的三彩俑、釉陶俑、彩绘陶俑等，墓葬年代为盛唐时期，该墓葬的发掘为我们研究唐墓的分区及葬俗增添了新资料。

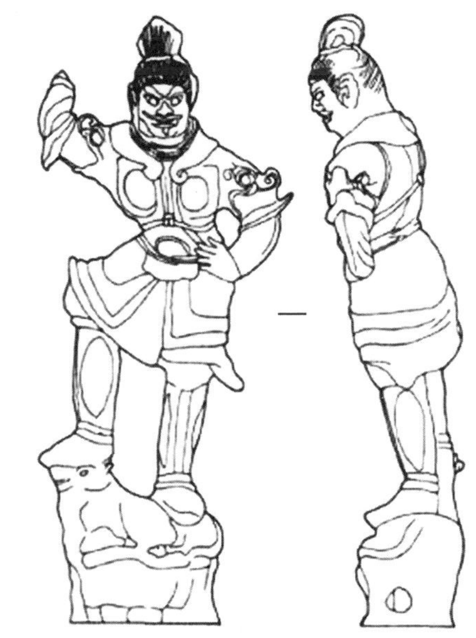

图3.45　河南洛阳关林唐墓天王俑（C7M1526：2）

图3.46　河南洛阳关林唐墓天王俑（C7M1526：4）

十七、洛阳关林唐墓①

2002年11月至2004年1月，洛阳市文物工作队为配合城市基本建设，先后在洛龙区关林镇中国储运公司802仓库住宅楼考古工地、洛阳市世祺房地产公司世祺嘉苑一期商品楼考古工地、河南省地矿局地质调查一队办公楼考古工地、世祺嘉苑二期商品楼四处考古工地发掘出唐代墓葬共计61座。墓葬分布比较密集，其中中储802仓库工地发掘墓葬5座，世祺嘉苑一期工地发掘墓葬7座，地质调查一队工地发掘墓葬13座，世祺嘉苑二期工地发掘墓葬36座。四处考古发掘工地均位于隋唐洛阳城外郭城外南部，北距外郭城南城墙约1.5公里。

这61座唐墓除13座墓无随葬品外，其余都有随葬器物，少的一两件，多的达三十余件，共发掘出随葬器物459件。各墓随葬器物的种类和数量基本与墓葬形制的大小相一致，在一定程度上反映出墓主生前社会地位和经济实力的不同。随葬器物的种类有陶俑（包括三彩俑）、瓷器、陶器、银器、铜器、铁器、日常生活用品、墓志等，其中出土胡俑2 件，分属于2座墓。依衣帽特征不同，可分二式。

Ⅰ式：1件。标本M1289：12，蓝灰陶胎。头戴前后对称的白色翻沿毡帽，粗眉大眼，深目高鼻，黑色八字胡上卷，络腮胡须浓密前凸，朱唇，眼部平视， 神态庄重。长衣，腰束带，下穿紧身裤，足蹬黑色长靴。身体直立，右臂微曲。身着胭脂红色右衽圆领窄袖，手握一长流鸡首形壶，贴身置于侧腹下。左臂屈肘，手呈握拳状于胸前。出土于骆驼俑侧前，应为牵驼俑。通高28厘米（图3.47）。

Ⅱ式：1件。标本M1288：8，红陶胎。因烧制火候较低，陶质极差已松酥，仅存头部。头戴幞头，深目高鼻，墨绘八字胡，络腮胡须浓密前凸，朱唇，面部平视。残高6厘米（图3.48）。

这批唐墓资料完整，墓形及随葬品组合又存在明显差别，为我们研究墓主人身份、墓形演变、器物组合等提供了有利条件。

---

① 洛阳市文物工作队：《洛阳关林镇唐墓发掘报告》，《考古学报》2008年第4期，第509～561页。

图3.47　河南洛阳关林唐墓胡俑Ⅰ式（M1289：12）

图3.48　河南洛阳关林唐墓胡俑Ⅱ式（M1288：8）

十八、洛阳涧西区谷水唐墓①

1972年3月，洛阳市文物工作队于河南省洛阳涧西矿山厂清理唐墓一座，编号M6。该墓为一座南北向的单室土洞墓，由墓道、过洞和墓室三部分组成。墓道朝南，为斜坡式，北接过洞南窄北宽，北宽0.9、南宽0.60、全长10.9米。过洞在墓室南，南口与墓道相连，直壁，弧顶，长3.10、宽0.95、高1.40米。紧靠过洞的东壁有一盗洞。

此墓出土随葬品有三彩器、釉陶器、瓷器、银器和铜器等40余件。其中出土天王俑2件。

天王俑2件。标本M6：29A，头戴鹖盔，身穿黄绿色甲，小腿绑护膝，足着棕黄色尖头靴。宽面，高鼻，脸部肌肉凸鼓，张嘴裂口，右手叉腰，左手握物向前平举，足踏鬼怪。鬼怪头戴黄色尖帽，粗眉绿色，双耳竖起，脚趾三，手指二，身体裸露，仰面朝天。高64厘米。标本

① 洛阳市文物工作队：《河南洛阳涧西谷水唐墓清理简报》，《考古》1983年第5期，第442～445页。

M6：29B，武士盔甲和鬼怪基本同前，右手握拳上举，左手叉腰，与前一天王相对称，鬼怪向下趴卧。高64.5厘米。

十九、洛阳孟津屈突季札墓[①]

1991年夏秋，为配合310国道郑汴洛高等级公路工程建设，由河南省文物研究所、洛阳市文物工作队联合组成310国道孟津考古队，对310国道孟津段进行了考古发掘。9 月份，在孟津县送庄乡西山头村东南1.5公里处的邙山坡地发掘了唐代墓葬4座，编号分别为M64、M69、M80、M81。其中M64为南北向单室土洞墓，方向172°。由墓道（含天井和壁龛）、甬道、墓室几部分组成。墓道位于墓室南部。底呈23°斜坡，宽0.74米。墓道因出公路界标没有全部清理，实际发掘长度仅有5米；甬道位于墓室南壁偏东处。甬道顶为拱形，底与墓室平，没发现封门砖。甬道1.80、宽0.74、高1.35米。墓室平面呈不规则长方形。四壁的长度不一，东壁长3、北壁宽2.64、西壁长3.18、南壁宽2.49米。墓室周壁垂直，壁高1米，呈弧形内收，顶已塌落。墓底平面距地表深5.3米。

据墓志记载，葬者屈突季札，京兆长安人。其曾祖屈突长卿，《旧唐书》屈突通传中，关于他的生平记载简略，仅记其入北周时任邛州刺史。祖屈突通，两唐书均有传，墓志所载与两唐书中所传史实基本相符，两传与墓志相比，传详而志略。父屈突诠，屈突通次子。此人在两唐书屈突通传附传中均有很简略记载。两唐书仅记载有太宗游幸洛阳时屈突诠被授为果毅都尉，后官至流州刺史并终死于任上。而墓志记载其生平稍详可补史书之缺。季札于开耀元年（681年）死于其父所任地辽东瀛州，时年十三岁，于大周天授二年（691年）迁葬于洛州洛阳县清风乡北邙山之原。在两唐书中按世系表中记载屈突诠只有一子，但无屈突季札之名，今根据志文可补世系表的遗缺。

此墓的随葬品大致可分作三彩、彩绘、瓷绘男女俑三大类，共计92件。其中出土三彩男牵马俑2件，三彩骆驼俑2件。

① 310国道孟津考古队：《洛阳孟津西山头唐墓发掘报告》，《华夏考古》1993年第1期，第52～68页。

三彩男牵马俑2件。造型相同。标本M64：7，胡人形象，头戴黑色幞头，高鼻深目，两眼圆睁突出，以墨画出眉、眼、胡须。上身着棕褐色大翻领绿色窄袖紧身长衣，丝带束腰。在左侧腰部系有一圆形囊物似为存放食物或饮水用。下身穿棕褐色长裤，足蹬尖头靴。双手握拳，右臂平举曲于胸前作牵马状，左手下垂于腹前，立于托板上。通高33厘米（图3.49）。

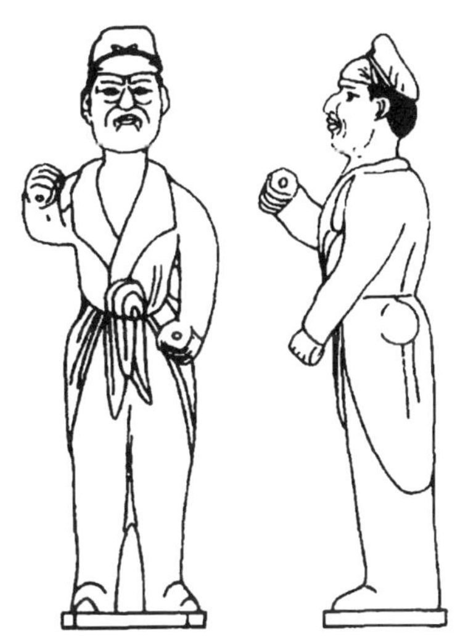

图3.49　河南洛阳孟津屈突季札墓三彩男牵马俑（M64：7）

三彩骆驼俑2件。造型相同。标本M64：9，扬颈昂首作嘶鸣状，驼身施棕褐色釉，背垫为绿白两色相间点彩纹毯，两驼峰左右反向外露，驼峰两侧各搭有一兽头形驮囊，尾卷曲附于臀上。四足站立于长方形托板上。通高60厘米。

M64保存基本完整。墓葬形制不大，结构也较为简单。墓主人虽是一个年仅13岁的少年，但由于其出身于名将高官之门，随葬器物的数量和种类丰富多彩，有精美的三彩、彩绘、陶、瓷等俑类及各种明器。随葬品中以三彩器为主，所出三彩不但量多类繁，而且胎质洁白坚硬，造型生动华丽，釉匀润，色泽鲜艳，具有很高的艺术价值，同时体现了武周时期陶瓷手工业在造型、施釉等方面的高超技艺。这说明唐三彩这项陶瓷工艺发展到武周时代中晚期已达成熟并开始盛行。此墓大批唐三彩的出土，为我们研究武则天时期唐三彩的制作工艺和发展状况，提供了重要的实物资料。

二十、洛阳北郊唐颍川陈氏墓[①]

1992年5月，洛阳市文物工作队为配合洛阳市劳动教养所餐厅楼基建工程，在洛阳北郊，邙山南麓，南距隋唐外郭城北墙1.5公里处发掘清理唐颍川陈氏墓。墓葬（编号：C8M937）为洛阳地区常见的刀把形竖穴土

① 洛阳市文物工作队：《洛阳北郊唐颍川陈氏墓发掘简报》，《文物》1999年第2期，第41～51页。

洞墓。由墓道、甬道、墓室组成。方向183°。因早年平整地面，墓上部已被破坏。墓道位于墓室南侧，为长方形竖穴斜坡式，现残长0.65、宽0.96米。甬道为过洞式，宽0.96、进深0.65米。墓室平面为长方形，在南壁偏东处开有甬道口，拱形顶已破坏，长2.7、宽13.4～15.8米。

M937出土随葬器物共43件，依质地可分为陶器、漆器、铜器、铁器和石器等。其中出土天王俑2件。

天王俑2件。怒目，闭嘴，面容凶狠，头戴盔，身披甲。右手高举，左手叉腰， 直立，足下踏一侧卧小鬼，下设方座。标本M937：3，鹰钩鼻，面向左侧，肩甲似虎首，张口衔住两臂。通高60、座高9.6厘米（图3.50）。标本M937：4，宽鼻，大嘴， 面略向左侧，肩甲似龙首。通高58、座高9厘米（图3.51）。

图3.50　河南洛阳北郊唐颍川陈氏墓天王俑（M937：3）

图3.51　河南洛阳北郊唐颍川陈氏墓天王俑（M937：4）

二十一、洛阳南郊龙门镇花园村唐睿宗贵妃豆卢氏墓[①]

1992年5～9月，洛阳市文物工作队于河南省洛阳市南郊龙门镇花园村南侧对豆卢氏墓进行了发掘清理。该墓东南2公里是驰名中外的龙门石窟，西面是风景秀丽的龙门西山（唐代曰万安山），北面约5公里是隋唐东都洛阳外廓城南门定鼎门故址，唐代的上层贵族多葬于此。墓葬为小砖结构的洞室墓，方向184°，由墓道、过洞、甬道和墓室组成。

豆卢氏史书无传，为其撰写墓志的库部郎中知制诰兼修国史吴巩和书丹的东海徐潾也不见记载。据墓志记述，豆卢氏为唐睿宗的贵妃，开元二十八年（740年）夏四月甲申卒于亲仁里第，岁七十有九。玄宗诏官给丧事灵輂还都，并敕京兆尹田宾庭监护，以其年七月乙酉葬于东都河南龙门乡之原。

此墓虽屡遭盗掘，但在后甬道内和棺床西北角还遗留墓志一合和部分粉彩陶俑以及铜饰、泡钉等遗物。其中出土陶武士俑1件。

武士俑1件。胡人形象。头戴黑色进德冠，面赤红，双目圆瞪，高鼻，大口，虬髯。上身外着绿条纹两当，内穿米黄色长衣，下穿紧身裤，脚穿尖头靴。左手握拳于胸前，右手攥拳提于腹部，踏于须弥式台座上，通高70.5、座高12厘米。

豆卢氏墓出土的随葬陶俑虽然数量不多，但造型优美，工艺水平很高，不少彩绘有贴金痕迹。这与洛阳地区常见的三彩俑有较大的区别，但与西安地区出土的唐三彩造型风格相同，所以我们认为豆卢氏墓的随葬品是由长安带回的，是官窑生产的所谓东园秘器之类。

---

① 洛阳市文物工作队：《唐睿宗贵妃豆卢氏墓发掘简报》，《文物》1995年第8期，第37～51页。

二十二、洛阳吕达墓[①]

1987年8月，洛阳市文物工作队在河南省洛阳市黄河北岸的吉利区对洛阳吕达墓（C9M315）进行了发掘整理。

洛阳吕达墓（C9M315）为平面呈铲形的券顶砖室墓，由墓道、前甬道、后甬道和墓室四部分组成，方向180°。墓道位于墓室的南侧正中，为长方形竖穴土坑状，斜坡底，长17.2、宽1.2米，距地表最深处为11米。前甬道为土洞式，顶部已坍塌，从残存弧度看应为拱形顶，平底，长4.1、宽1.8、残高3.1米。后甬道用砖错缝平砌而成，券顶，长3.7、宽1.4、高1.74米。在前、后甬道西壁相接处有一直径1.12米的盗洞。墓室平面近方形，四角抹圆，墓壁向外弧凸。四壁用青砖以二平一竖砌垒，顶部已坍塌，从残存部分看为穹隆顶。墓室南北进深4.9、东西宽5.3、残高3.8米。墓室底部东半部砌有高约0.15米的棺床。残存的随葬品大多位于墓室东部，两方墓志分别出土于后甬道和墓室东南角，也有部分器物出于扰土中。

墓中各类随葬品近60件，主要为陶器，还有少量瓷器、石器和金属器等。其中出土男胡俑4件，金戒指1件。

男胡俑4件。标本C9M315：32、36、41、48，头裹包布，高鼻深目，络腮胡；身穿圆立领长袍，腰束带，靴尖外露，上衣施蓝彩，红领。右手置于右腹下侧，左手抚于左胸部。标本C9M315：36，高16.8厘米（图3.52）。

金戒指1枚。标本C9M315：51，黄金制作的指环呈圆形，一端有戒面托盘，盘座饰一周联珠纹；蓝宝石戒面镶嵌于戒托正中，宝石上阴刻一组舞蹈状的人形纹。直径2.1、高2.2厘米，重9.3克（图3.53）。

吕达墓中所出嵌蓝宝石金戒指制作精美，这种饰有联珠纹、嵌有宝石而且充满异域风格的戒指，学者张庆捷认为应是西亚粟特人所制作。同墓中还出土了4件胡俑，无疑为西域人的形象。这些都反映了北魏迁洛以后以洛阳为中心的东西文化交流和丝绸之路商贸活动的频繁。

---

① 洛阳市文物工作队：《河南洛阳市吉利区两座北魏墓的发掘》，《考古》2011年第9期，第44～57页。

图3.52　河南洛阳吕达墓男胡俑（C9M315：36）

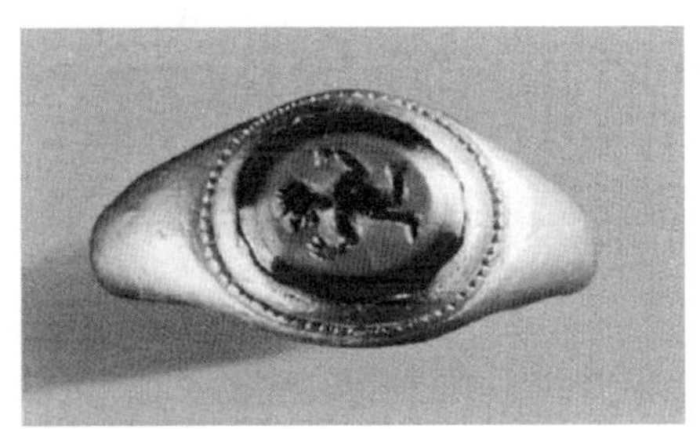

图3.53　河南洛阳吕达墓金戒指（C9M315：51）

二十三、洛阳宗光墓（C5M1532）①

2000年7～9月，洛阳市文物工作队为配合基建工程，在洛阳市东郊十里铺村发掘清理了30座唐墓。该墓区西距焦枝铁路500米，南距陇海铁路200米，多数墓葬遭到盗扰。其中东区墓葬C5M1532保存较为完整，该墓为南北向土洞墓，由墓道、甬道、墓室三部分组成，方向177°。墓道在甬道之南，平面呈长方形，长6、宽1、最深处距地表7.5米。甬道为过洞

① 洛阳市文物工作队：《河南洛阳市东郊十里铺村唐墓》，《考古》2007年第9期，第94～96页。

式，长1、宽0.8、高1.3米，甬道北端有一方墓志砖。墓室为长方形，南北长2.9、东西宽3、高1.6米。甬道入口在墓室南壁中部。葬具均已腐朽。由于被盗扰，墓室内人骨保存状况较差，仅存腿骨，根据腿骨的保存特征可知，葬式为仰身直肢。

墓主史书无载，墓志砖楷书“宗君墓志”四字。志文楷书8行，每行约21个字。志文记载：墓主人宗光，河南宁□人，永徽六年（655年）卒，其年葬于感德乡。

C5M1532出土遗物共计26件，主要集中在墓室东半部，以陶俑数量最多，出土时有的已破碎，有的无法复原。其中陶镇墓兽、俑等遗物分布于墓室东南部，陶马、骆驼分布于墓室中部，白瓷罐分布于墓室西部。其中出土胡人俑1件。

图3.54　河南洛阳宗光墓陶胡人俑（C5M1532：3）

陶胡人俑1件。标本C5M1532：3，头戴黑色前后折沿帽，墨描眉眼，口涂朱，络腮胡须，为胡人形象，上穿红色圆领右衽窄袖袍，腰束黑带，下着白裤，足穿靴，左臂屈肘，手置于胸前，右臂下垂向内弯曲，手提一细颈白瓶，双腿并拢站立。高20厘米（图3.54）。

C5M1532的墓葬规模不大，但出土遗物考究，陶俑制作已规范化，技术娴熟。墓内出土的镇墓兽以及武士俑、文官俑、侍俑、侏儒俑等，制作精细，造型匀称、俊秀。尤其是该墓出土的粉彩贴金装饰的女侍俑，是盛唐时期洛阳地区极有代表性的作品。镇墓兽形象凶猛而庄重，武士俑威武华丽，胡人俑、侏儒俑形象生动，表情逼真，女侍俑细颈削肩，衣着华丽，身材秀美。这些充分反映了该时期社会安定，人民生活舒适安逸，东西方的物质文化交流频繁。

二十四、洛阳陈晖墓[①]

1990年7月，洛阳市文物部门于洛阳市洛龙区洛龙路关林南段对陈晖墓进行了抢救发掘。该墓西距龙门大道约200米处，南距龙门石窟4千米处。由于墓已扰乱，墓道、墓室被毁，原摆放位置不甚清楚。

图3.55　河南洛阳陈晖墓胡俑（C7M348：37）

该墓共清理器物51件，种类有陶俑、动物模型、生活用具、石墓志等，其中出土胡俑2件，胡人相侏儒俑3件。

胡俑2件。头戴毡帽，深目高鼻，两眼平视，络腮胡。身着圆领窄袖短袍，腰束带，足蹬靴。左臂曲于胸前，右手执一壶状物。泥质红陶。标本C7M348：37，高26厘米（图3.55）。

侏儒俑3件，分Ⅱ式。

Ⅰ式：2件。形制基本相同。形体矮胖短粗，神态憨厚。头戴幞头，高鼻梁，络腮胡，面带微笑。身着曳地长袍，腰束带，双手下垂。泥质红陶。标本C7M348：24，高11厘米（图3.56）。

Ⅱ式：1件。形体矮胖短粗，神态憨厚，头戴幞头，身着大翻领窄袖短大衣，下着裤，足蹬靴，腰束带，左手屈于胸前，右手自然下垂，立于长方形托板上。白色胎质，涂红彩。标本C7M348：16，高12厘米（图3.57）。

此墓葬的发掘为唐代洛阳的分区、葬俗、行政区域管辖范畴的划分等提供了可靠的实物依据。

---

① 洛阳市文物考古研究院：《洛阳关林唐代陈晖墓发掘简报》，《中原文物》2012年第6期，第4～8页。

图3.56　河南洛阳陈晖墓Ⅰ式侏儒俑（C7M348：24）

图3.57　河南洛阳陈晖墓Ⅱ式侏儒俑（C7M348：16）

二十五、洛阳王城大道唐墓（IM2084）①

2003年3～6月，洛阳市第二文物工作队于洛阳市王城大道与高速公路入口交会处发掘了一座唐墓，编号ⅠM2084。此墓由斜坡墓道和土洞墓室组成。方向180°。墓道位于墓室东南端。残长1.3、宽0.9米。墓室位于墓道之北。长2.8、宽2.2厘米，顶残高0.3～0.6、距地表2.4～2.7米，墓门宽0.92、残高0.6米。墓室被淤土填实，随葬器物整齐摆放在墓室东部及北部。骨架已朽，性别及葬式不详。

随葬器物有陶瓷器，陶俑如镇墓兽、武士俑、风帽俑、胡人俑、文吏俑、骆驼、马等。其中出土胡人俑2件，牵驼（马）胡人俑1件。

胡人俑2件。标本ⅠM2084：14、15，形制相同。头戴卷沿帽，深目高鼻，眉眼凸出，口涂朱，络腮胡，身着紧身袍，腰束带，左手置胸前，

① 洛阳市第二文物工作队：《洛阳王城大道唐墓（IM2084）发掘简报》，《文物》2005年第8期，第52～61页。

右手放腰间，腰挎一细颈瓶。标本ⅠM2084：15，高27.3厘米（图3.58）。

牵驼（马）胡人俑1件。标本ⅠM2084：31，深目，络腮胡，右手握于胸前，左手半握于腰部，身着圆领长袍及膝，袍上有竖条纹，足穿长筒靴。身体上部向左倾斜，作牵缰状。高25.5厘米（图3.59）。

该墓的随葬器物如镇墓兽、武士俑、风帽俑、胡人俑、文吏俑、骆驼、马等，均具有典型的盛唐时期风格，与河南巩义食品厂、孝西村唐墓出土的镇墓兽、马、骆驼、子母盏、Ⅱ型文吏俑等形制基本相同，这些墓葬的年代均属盛唐时期，因此ⅠM2084也应为盛唐时期墓葬，该墓为洛阳地区唐代墓葬分期研究提供了一把标尺。

图3.58　河南洛阳王城大道唐墓胡人俑（IM2084：15）

图3.59　河南洛阳王城大道唐墓牵驼（马）胡人俑（IM2084：31）

二十六、郑州上街区唐墓M54①

河南省文化局文物工作队于1958年春在郑州上街区进行了考古调查和发掘，在1958年8月至12月，又在这里进行了发掘工作，共开探方6个，清理各代墓葬55座，其中有唐墓14座，出土遗物共257件，并有墓志出土。

该墓群中的出土陶俑以M54最丰富。M54中出土陶俑32件，镇墓兽4件，马、羊、猪、牛、狗、鸡、灶、碓、磨、车、井各2件，还有驼、武俑等。其中出土胡俑4件。

① 河南省文化局文物工作队：《郑州上街区唐墓发掘简报》，《考古》1960年第1期，第40～44页。

胡俑4件。标本M54：32、41，41号俑深目高鼻，面饰白粉，朱唇，穿绿翻领灰色长衫，腰束带，右侧挂一囊。高32.5厘米。标本M54：55，深目高鼻，戴粉红色尖帽，穿绿翻领红色大衣，黑袴黑靴，束腰带，左侧挂一灰色囊。高35厘米。标本M54：56，戴幞头，深目多须。

该墓为郑州地区唐代墓葬分期研究提供了一把标尺，也为胡俑研究提供了资料。

二十七、偃师杏园唐墓①

1984年夏至1985年秋，中国社会科学院考古研究所河南第二工作队于河南省偃师市西2.5公里处清理了六座有墓志纪年的唐墓。

M1905，土洞墓。李延祯墓，下葬于中宗景龙三年（709年）。墓道长7、宽1、最深处距地表9.5米，底呈斜坡状，方向177°。甬道长1.3、宽0.86、起拱高1.75米，衔接于墓室南壁偏东处。与墓道衔接处用长条形砖封门，平铺垒砌26层。甬道北端与墓室衔接处，用长条形砖垒砌，墓志摆放于甬道之内。墓室呈规整的长方形，南北长3.15、东西宽2.95米，于2米高处起券，墓顶已经坍塌。墓室构造和布局较为特殊，四壁先用厚椁板围绕一周。椁板厚约6、高约60厘米，已腐朽，遗痕尚存。墓室中部加一道椁板，将墓室分割成东、西两部分，东部摆放俑群，西部砖砌棺床。棺床高出墓底13厘米，用长方形砖铺砌，上置一棺。棺南北摆放，长2.1、南宽1.06、北宽0.64米。棺板厚约4厘米，木板腐朽，残存少许黑色漆皮但未见骨骸。

M1928，砖室墓。李嗣本墓，生前任宁州录事参军事，下葬于中宗景龙三年（709年）。墓道呈竖井状，底部略倾斜。长7.4、宽0.9～1米，最深处距地表9.8米，以墓道中线为基轴，方向191°。墓道与甬道的衔接部位有砖墙封堵，墙宽0.94、厚 0.35、高1.7米，使用长方形砖垒砌9层。甬道呈过洞式，东西两壁各设壁龛一个。

M923，铲形墓。分为墓道、甬道、墓室三部分。墓道衔接于墓室南壁的中偏东部，底呈斜坡状。甬道呈过洞式。墓室平面呈长方形。墓道长

① 中国社会科学院考古研究所：《偃师杏园唐墓》，北京：科学出版社，2001年。

28、宽0.9米，底部略呈斜坡状，最深处距地表12.5米，方向190°。墓道内附天井2个。一个天井在墓道中部，南北长0.7、东西宽0.65米，比墓道宽度略窄。另一个天井距甬道封门处1.9、长0.8、宽0.6米，也比墓道略窄，四壁陡直。甬道呈过洞式，长1.9、宽0.84米。

偃师杏园唐墓随葬器物数量较多，包括陶器、瓷器、铜器等，其中出土胡帽男俑2件，文官俑1件，男骑马俑8件，牵夫俑10件，男侍俑3件，牛车御夫俑2套，胡人相武士俑1件，金戒指1枚。

胡帽男俑2件，均残。标本M923：72，头戴翻沿胡帽，深目高鼻，颈以下残缺。残高5.8厘米。

文官俑1件。标本M1905：7，浓眉深目，唇上有髭，更似胡人。头戴鹖冠，鹖翅展开。身穿宽袖袍，内着圆领衫，外披裲裆。足蹬如意高靴，站立在山形高台座上。裲裆施彩绘，宝相花纹饰宛然可见，长袍略施就赭黄色彩，领边涂金，剥落殆尽。通高44厘米（图3.60）。

男骑马俑8件。头戴幞头，面部浓眉深目，上身穿翻领窄袖衣，下着袴靴，端坐马上，两手屈伸作执缰状。马头较小，短尾系结，背施鞍鞯，站立于长方形托板上。标本M1928：101，满腮胡须浓密。通高38.8厘米（图3.61）。此类俑共4件。标本M1928：94，深目高鼻，腮下无须，余同前件。通高38厘米（图3.62）。此类俑共4件。

牵夫俑10件，出土于李嗣本、李延祯两座墓中。牵夫俑有的牵马，有的牵骆驼，但服饰上差别不大，统称为牵夫俑。可分四型。

A型6件。头戴幞头，形体魁伟，身穿大翻领窄袖长衣，腰系带，下着袴，足蹬靴，站立在方形平托板上。左臂下垂稍屈，手握拳中空似牵缰；右臂屈于胸前，手握拳中空似持鞭。标本M1928：76，腰带上系皮囊酒壶等物，出土时站立在马旁，可能是牵马俑。通高50厘米，此类俑共5件。标本M1928：71，脸部须髯连鬓，显为胡人，通高50厘米（图3.63）。

B型1件。标本M1928：77，头戴高顶胡帽，顶部略呈四棱形，周边帽沿呈起伏状向上翻折，面容强悍，深目高鼻，显为胡人，无髭须。身穿紧袖胡服，腰系带，上系囊状饰物，出土时站立于两驼之间，应为牵驼俑。通高52.5厘米（图3.64）。

C型2件。头戴螺顶毡帽，身穿翻领窄袖长衣，腰系带，带上无其他饰物。双臂屈置胸腹间，双手握拳中空作牵缰状。标本M1905：64，深目高

图3.60　河南偃师杏园唐墓文官俑（M1905：7）

图3.61　河南偃师杏园唐墓男骑马俑（M1928：101）

图3.62　河南偃师杏园唐墓男骑马俑（M1928：94）

图3.63　河南偃师杏园唐墓A型牵夫俑（M1928：71）

图3.64　河南偃师杏园唐墓B型牵夫俑（M1928：77）

鼻，口唇无须，衣涂赭红彩，脚踏梯形平托板，出土时站立在骆驼旁，应视为牵驼俑。通高35.5厘米（图3.65）。

D型1件。标本M1928：73，无帽，两发辫系结于脑后，身穿大翻领窄袖胡衣，腰系带，足蹬靴，双手作执鞭牵缰状。通身红褐彩，头发黑彩，领部残留涂金，出土时站立在马俑之间，应为牵马俑。通高47.3厘米（图3.66）。

男侍俑3件。头戴幞头，身穿翻领窄袖长衣，腰系带，下着袴，足蹬靴。标本M1928：106，面庞颇丰，深目高鼻，似胡人。通高31.7厘米。

牛车御夫俑共2套。分别出自M1928李嗣本墓和M1905李延祯墓，形制几乎完全相同。标本M1905：8、23，由陶车、陶牛及御夫三部分组成。车厢呈卷棚式，上盖的前后两头上翘，前檐之下刻出竖木栅栏及料槽，后檐在右侧留一窄门供上下车。车轮毂辖辐辋齐备。陶牛身躯健壮，双角竖起向上，双目圆睁，站立于长方形底板上。御夫为胡人形象，头戴圆顶胡帽，深目高鼻，身着大翻领窄袖长衣，腰系宽带，足蹬靴，一手前置作执鞭状，一手握拳作牵缰状。陶车无辕、无轴，下葬时可能以木制品为之，今已无存。车轮高17、车厢高18、陶牛高15、御者高23厘米（图3.67）。

武士俑1件。置于镇墓兽之后，站立于圆形台座上。标本M1905：21，头戴盔，身着绿甲，颌下两角作卷云形，束腰，下摆刻出流苏。内穿白色长裙垂至地面，足穿高靴。左手握拳，臂微曲，右手握拳前举，拳间

图3.65　河南偃师杏园唐墓C型牵夫俑（M1905：64）

图3.66　河南偃师杏园唐墓D型牵夫俑（M1928：73）

图3.67　河南偃师杏园唐墓牛车御夫俑（M1905：8、23）

一孔，似执物状。身贴金箔，惜已脱落。通高46厘米（图3.68）。

金戒指1枚。标本M1902：51，环圈厚重，上嵌椭圆形紫色水晶，水晶上浅刻二字。文字为中古时期巴列维语。文字内容经释读为“奇妙无比”之意。指环上嵌石刻字，又可作印章使用。最大外径2.2厘米，重6.5克（图3.69）。

图3.68　河南偃师杏园唐墓武士俑（M1905：21）

图3.69　河南偃师杏园唐墓金戒指（M1902：51）

二十八、荥阳京城花园唐墓M5[①]

荥阳京城花园唐墓位于河南省荥阳市东部檀山北麓的平地上，具体位置在索河路南侧，京城路东侧，扁担王村以北。2002年开工建设之前，荥阳市文物勘探队在此钻探出古墓42座，经郑州市文物考古研究院与荥阳市文物保护管理所联合发掘，其中M5、M8、M35出土器物较多。

M5为长方形竖井墓道土洞墓，由墓道、墓门、墓室三部分组成，方向180°。墓道位于墓室南部，大致为长方形，斜坡底。口长4.26、南宽1.2、北宽1.12、深2.14～2.86米。墓门位于墓道与墓室之间，宽1.12、高1.07米。墓室大致呈长方形， 东、西壁较直，北壁折曲，底与墓道呈自然倾斜状，拱顶。长3、南宽1.12、北宽1、顶高1.1、深3.66米。葬具朽蚀严重，仅存木棺灰痕，灰痕平面近长方形，南北长约2.2、宽约0.6、存高0.1米。

M5出土随葬器物14件，质地分为陶、铜两种。其中出土胡人俑1件。

胡人俑1件。标本M5：10，头戴红色尖顶翻檐胡帽，连檐眉，深目凸睛，鼻子尤大，宽嘴涂红，身着白色交领窄袖短袍，腰束带，下着裤，足着黑靴，左手握拳于腰侧，右手握拳于胸口，立于方形底板上。高23.5厘米（图3.70）。

图3.70　河南荥阳京城花园唐墓M5胡俑

① 郑州市文物考古研究院、荥阳市博物馆：《荥阳京城花园唐墓发掘简报》，《黄河　黄土　黄种人》2020年第18期，第6～15页。

二十九、偃师缑氏镇唐恭陵哀皇后墓①

唐恭陵哀皇后墓位于唐恭陵陵园内主灵台东北部。“恭陵”是唐高宗李治的第五子、武则天长子李弘的陵墓。位于河南省洛阳市偃师区南缑氏镇滹沱岭上。据新旧唐书记载：李弘，字宣慈，生前为太子，唐上元元年（674年）十一月，高宗、武则天驾临神都洛阳，李弘奉诏纳右卫将军裴居道之女为妃。上元二年（675年）从幸合璧宫，不幸暴死，时年24岁。五月五日，诏赠谥为“孝敬皇帝”，同年八月十九日，葬于缑氏景山，庙号“恭陵”，“制度尽用天子礼”。次年太子妃也悄然而亡，九年后追谥“哀皇后”陪葬恭陵。1998年2月15日，偃师文管会接到哀皇后墓被盗的消息，后经公安部门立案侦破并追回被盗文物。

此墓出土器物较为丰富，包括陶俑、陶器、瓷器等，其中出土彩绘骑马幞头男俑2件。

彩绘骑马幞头男俑2件。均头戴黑色幞头，深目高鼻，满脸胡须，以墨画出浓眉、大眼和胡须，以朱点唇，似胡人。标本YG：8，上身穿红色翻领黑窄袖紧身长衣，腰系带，足蹬黑色尖头靴，双脚踏于马镫之内，端坐马上，两手曲置腹间，作牵绳状，双拳及背后肩下各有一孔。马俑白色，头下垂，背施虎皮鞍鞯，立于长方形托板上。通高37.5厘米。标本YG：3，上穿红色翻领浅绿色窄袖紧身长衣，马通身红色，昂首立于长方形托板上，通高37厘米。余同前件。

唐恭陵哀皇后墓出土文物制作精致，做工考究，无愧为皇家随葬器物，该墓出土的乐伎骑马俑、男女侍俑为研究初唐时期的服饰、化妆等，提供了弥足珍贵的实物资料。

---

① 偃师商城博物馆：《唐恭陵哀皇后墓部分出土文物》，《考古与文物》2002年第4期，第9～18页。

三十、偃师杨堂墓[1]

1991年，偃师商城博物馆于河南省偃师县城关镇北窑村西约400米处对杨堂墓（编号91YBCM2）进行发掘。该墓为南北向土洞墓，方向196°。由墓道、甬道、墓室三部分组成。墓葬上半部已遭破坏，四壁高度仅保存40厘米。从残存部位观察，墓道残长1、宽0.8米。甬道在墓道之北，开在墓室南壁偏东处。长1.43、宽0.8～0.84、残高0.4米，券顶无存。封门墙垒砌在墓道与甬道的衔接部位，已坍塌，仅发现几块残砖。墓室长方形，东西2.7、南北3.2～3.6米，西南角略向外倾斜。

该墓出土随葬器物26件，其中砖墓志一合，摆放在墓门内东侧。砖志之北依次排列有镇墓兽、武士俑、文官俑、男侍俑、马俑、骆驼俑、瓷罐、母子盏、小动物俑及开元通宝钱币等。从墓志铭文可知墓主为杨堂。其中出土胡人相男侍俑2件。

男侍俑2件。形态各异。标本M2：16，头戴黑色风帽， 身着交领长袍，腰束带，下着袴，双手拱于胸前，通高20.5厘米。标本M2：8，头戴高领翻沿毡帽，两鬓部帽沿下垂。身着圆领窄袖长袍，腰束带，下着朱红长袴。双手交于胸前。通高18.7厘米（图3.71）。

图3.71　河南偃师杨堂墓男侍俑（M2：8）

杨堂墓的随葬品中俑类齐全，组合比较完整，此前在这一地区发掘清理的初唐墓屈指可数。北窑杨堂墓的发掘，为这一地区初唐墓断代分期研究又增添了一把标尺。

① 偃师商城博物馆：《河南偃师县四座唐墓发掘简报》，《考古》1992年第11期，第1004～1017页。

三十一、偃师北窑村五号墓①

1991年，偃师商城博物馆于河南省偃师县城关镇北窑村北500米处对北窑村五号墓（编号91YBCM5）进行发掘。墓葬形制为南北向土洞墓，方向185°。由墓道、甬道、墓室三部分组成。墓道长7.1、上口宽0.72、下底宽0.93米，底呈斜坡状，坡度20°。实际仅发掘4.24米。在靠近甬道的东西两壁各有一壁龛，壁龛下距底部0.3、宽0.6、高0.77、进深0.55米。

顶呈圆弧状。壁龛外有粉彩的镇墓兽、武士俑、文官俑和马俑。其中武士俑残破较甚，现仅存胸腹部，不能复原。甬道衔接于墓室南壁偏东处。长0.96、宽0.81米，因坍塌严重，起拱高度不详。靠近墓门处有土坯封门，现已坍塌。墓室呈竖长方形，南北3.15、东西2.5米。从保存较好的北壁观察，墓室复原高度为2～2.3米。东西两壁坍塌严重，至接近墓底处，四壁才较为整齐。在墓室西部和南部发现少许棺钉、板灰和骨灰，推测原葬具应为木棺，摆放于墓室西部。随葬器物56件，多为三彩器，主要分布在墓室南部和东北部。镇墓兽、武士俑摆放在墓室近门处，其余俑类摆放位置较零乱，其中出土胡俑4件。

胡俑4件。形制相同。标本M5：26，发辫盘于脑后，深目高鼻，右手握拳置于胸际，左手握拳置于腰际。身着橙绿色翻领窄袖胡衣，下着袴，足穿尖头靴，下踏方形托板。通高29厘米（图3.72）。

北窑五号墓出土一批精美的三彩陶俑和模型器，这是继偃师瑶头村1985年秋发掘的武则天长安三年（703年）张思忠墓之后的又一次重要发现。这批造型高大而华丽的三彩器，如实反映了洛阳地区盛唐墓的厚葬习俗与奢华风貌。

---

① 偃师商城博物馆：《河南偃师县四座唐墓发掘简报》，《考古》1992年第11期，第1004～1017页。

图3.72 河南偃师北窑村五号墓胡俑（M5：26）

三十二、偃师张思忠墓[1]

1985年秋，偃师县文物管理委员会于县城之东北侧的瑶头村砖厂发掘清理了张思忠墓（编号85YYM1）。该墓头北枕邙岭冲积扇、南瞰偃师老城。推土机为砖厂推挖土方时，此墓大半个墓室连同墓道全部被推毁，大量唐三彩被堆土掩埋或破损丢失。此墓详情已不可知，从残存的半个墓室测知北壁宽2.4、南北残长0.44～1.3米，高度仅存0.7米。在残存的部位内发现有板灰痕迹， 东西残长1.45、宽0.73米。骨架已腐朽，略可看出头向西。

由墓志可知：墓主张思忠，南阳西鄂人，张良之后，终世无官。长寿二年（693年）五月廿四日卒于洛阳居贤里，享年六十五岁。夫人南阳赵氏，长安二年（702年）六月廿三日终于私第，享年五十二岁。长安三年（703年）岁次癸卯二月癸巳朔十七日己酉合葬于邙山之南原。

该墓出土的文物发现和索回的有陶瓷器、三彩器、铜镜、钱币、俑类和墓志砖一合，另外还有部分不能复原的三彩碎片。其中出土三彩男侍俑9件。

---

① 偃师县文物管理委员会：《河南偃师县隋唐墓发掘简报》，《考古》1986年第11期，第994～999页。

三彩男侍俑9件。其中中型俑4件。标本M1：32，头戴幞头，身穿小领紧身长袍，腰束带，下着靴，站立于方形平托板上，左手下垂，右手置胸前，面目为汉人。通高35厘米。另一件与此相同。标本M1：48，头戴尖顶毡帽，身穿小领紧身长袍，腰系带，面目为胡人，余均同于标本M1：32，通高36厘米。另一件与此相同。小型俑5 件，形制相同。标本M1：28，头戴幞头，身着小领紧身长袍，腰系带，站立于长方形平托板上，双手拱于胸前，面部模糊不清。通高21.5厘米。未见大型侍俑出土。

河南发掘清理的隋墓多在安阳地区，偃师清理的这座隋墓，为洛阳地区隋墓的葬俗研究增加了新资料。这次出土的三彩镇墓兽、天王俑、文官俑、马俑、驼俑等，均是盛唐时期的典型三彩作品。这一发现为洛阳唐三彩器物的分期断代增加一套衡量的标尺。同时，这批三彩器物的釉色、造型及制作，也是研究唐东都物质文化和立体造型艺术的珍贵资料。

三十三、偃师李元璥夫妇墓[①]

1983年2月，洛阳行署文物处及偃师县文管会于河南省洛阳市偃师县城关公社新新大队村西200米处的偃师变电所院内对李元璥夫妇墓进行了发掘整理。该墓是一座由墓道、甬道、墓室三部分组成的土洞墓。全长9.20米，距地表深10米，方向175°。墓道为长方形竖井式，长3.32、宽1米。甬道高1.5、宽1、长2米。其顶部有一圆形盗洞。甬道东西两壁各设有一壁龛。墓室平面呈长方形，南北长3.35、东西宽2.5米。墓顶因塌陷高度不明，但从残存的墓壁上部弧度看，应是拱顶。在墓室东壁设有壁龛两个，墓室西侧原留有长3.35、宽0.82、高0.32米的土台。而紧靠土台东面，用长0.32、宽0.06米的青砖，顺缝平铺出长2.58、宽0.90、高0.32米的砖台。棺床与墓室东壁之间，留有宽0.48、深0.12米的一道沟槽。

该墓虽经盗过，但出土文物仍相当丰富。计有各类陶俑、家畜、陶器、玉器等，完整者尚有250余件。另有墓志二合。其中出土牵马胡俑5件。

---

① 洛阳行署文物处、偃师县文管会：《偃师唐李元璥夫妇墓发掘简报》，《中原文物》1985年第1 期，第19～22页。

牵马胡俑5件。均为老年胡人形象。因出土时，位置已乱，无法确认哪个是牵马俑，哪个是牵驼俑。脸瘦削，络腮胡，头戴幞头，身穿圆领窄袖衫，腰束带，右手上曲，卷袖握拳，做牵马状。通高21厘米。

李元璥夫妇墓的发掘，为研究唐代社会及其葬制、雕塑等增添了新的资料。二合纪年墓志的出土，提供了李氏夫妇的身世情况，对于考证唐代的地理和行政建制的沿革也有一定价值。

三十四、山化乡石家庄村唐墓①

1989年春，偃师县文管会于河南省洛阳市偃师县山化乡石家庄村发现古墓一座，编号M4。墓葬无存，出土器物基本完整，共出土粉彩器37件和三彩器1件。

此墓随葬器物主要为陶器，其中出土天王俑1件，牵驼俑2件。

天王俑1件。标本M4：36，兜鍪上装饰展翅朱雀，身着明光甲，胸前左右各一圆护，肩覆披膊。左手握拳上举，右手叉扶腰际，中心纵束甲带，腰带下垂膝裙，下缚吊腿，足穿尖头靴，脚踏卧牛台座。通高90厘米。

牵驼俑2件。形制相同。标本M4：4，头戴尖顶翻沿毡帽，身着大翻领窄袖长衣，腰系带，衣领处饰朱红彩绘，长衣饰暗红彩绘，站于梯形底板作牵缰绳状。通高33厘米。

三十五、偃师沟口头砖厂唐墓②

1990年春，偃师商城博物馆在河南省洛阳市偃师县南蔡庄乡沟口头砖厂发现一座土洞墓（编号90YNGM1）。墓葬方向193°，由墓道、甬道、墓室三部分组成。墓道位于墓葬南部，平面为长方形，长9.7、宽0.9米，

① 偃师商城博物馆：《河南偃师唐墓发掘报告》，《华夏考古》1995年第1期，第14～31页。

② 偃师商城博物馆：《偃师县沟口头砖厂唐墓发掘简报》，《考古与文物》1999年第5期，第7～14页。

底为斜坡式，墓道上部土方已被推土机推去，最深处距地表5.3米，坡度31°，内填花斑土，土质松软。甬道为土洞式，顶略拱，高0.86米。东西两侧有龛，东龛平面形状呈窄长方形，长1.26、进深0.36米， 高同甬道顶；西龛平面为拐折形，西壁长2.1、南壁长0.82、北壁长1.04米，顶与甬道同高。墓室南窄北宽，平面略呈长方形，南北长2.84、南宽2.26、北宽2.42米。顶略呈拱形，高1.3米，墓底距地表深5.3米。墓室西侧为棺床，采用横砖平铺排砌，竖砖平铺镶边，南北长2.84、南宽1.15、北宽1.26、高出墓底0.24米。

该墓随葬器物共计64件。其中陶器61件，均以高岭土为胎，胎质较粗，多数呈白色，表面施米黄釉，外加朱墨彩绘，另外还有铁器2件，蚌盒1件。其中出土武士俑2 件，胡俑1件。

武士俑2件。造型相同，尺寸各异。标本M1：7，浓眉大眼，红嘴唇，墨绘八字胡，头戴红边黑彩圆顶兜鍪，护耳护项。身穿明光铠，肩披重叠式贴金护膊。胸部正中纵束甲绊，在胸部以下打结，然后向左右横束至身后。胸部两侧各饰一大圆护。腰带以上彩绘棱形甲片，腰带以下膝裙饰鱼鳞状长方形甲片，大部分甲片上的金箔脱落。下着宽口裤，墨绘虎皮护膝。足穿云头靴，脚踏半圆形空心云台。左臂微屈，手握有孔，右臂屈置胸前，手握有孔。通高39.8厘米（图3.73）。标本M1：8，背部披虎皮两裆。通高36.4厘米（图3.74）。

胡俑1件。标本M1：17，头戴翻沿毡帽，深目高鼻，朱唇，墨绘八字胡。外穿翻领紧袖胡服，内着圆领红色内衣，腰束带。下着裤，膝部以下打绑腿，乌履。踏长方形托板。通高23.5厘米（图3.75）。

沟口头砖厂一号墓的墓葬平面布置自有特点，它的壁龛大而拐折，龛内随葬品也相当丰富，这种平面布置在洛阳地区初唐墓中尚不多见，因此也理应给予重视和研究。

图3.73　河南偃师沟口头砖厂唐墓武士俑（M1：7）

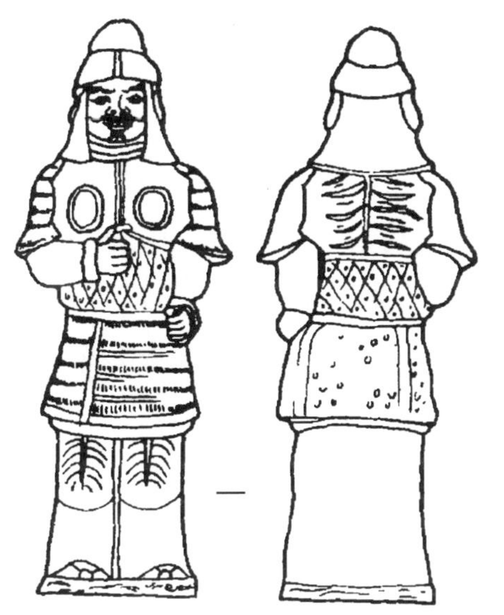

图3.74　河南偃师沟口头砖厂唐墓武士俑（M1：8）

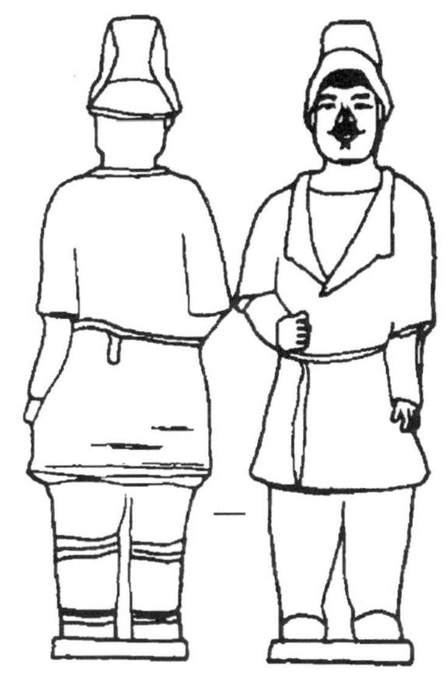

图3.75　河南偃师沟口头砖厂唐墓胡俑（M1：17）

三十六、偃师瑶头村唐墓①

1985年秋，偃师县文管会于河南省洛阳市偃师县城西南部的博物馆建筑工地发掘了偃师瑶头村唐墓（编号85YBM1），保存完整，未遭盗掘扰动。该墓为土洞墓，分墓道、墓室两部分。墓道位于墓室之南。上口平面呈长方形，长5.4、宽0.84米，底扩宽至1.2米。墓底呈缓斜坡状，坡度20°，南高北低。墓道与墓室的衔接部分有墓门，门朝南，方向190°，墓室略呈梯形，长2.7、南宽1.38、北宽0.7米。

该墓出土三彩陶俑较多，计有三彩镇墓兽2件，三彩天王俑、文官俑各2件，三彩男侍俑9件，三彩女侍俑4件，三彩驼、马、狗、鸡俑各2件，三彩猪、羊、井栏、碓各1件，立体长方形细泥陶砚1件，墓志砖1合。

三彩天王俑2件。形制小有差异。标本M1：43，兜鍪上装饰展翅朱雀，身着明光甲，胸前左右各一圆护，肩覆披膊作龙首状，龙鼻剧烈上

① 偃师县文物管理委员会：《河南偃师县隋唐墓发掘简报》，《考古》1986年第11期，第994～999页。

图3.76　河南偃师瑶头村唐墓三彩天王俑（M1：43）

昂。左手握拳上举，右手叉扶腰际，中心纵束甲带，腰带下垂膝裙，鹘尾，下缚吊腿，足着尖头靴，脚踏卧牛台座。造型威武，制作精致。通体以绿釉为主，间施棕褐及黄褐色釉。通高88.5厘米（图3.76）。标本M1：44，头上无兜鍪，在发髻上戴朱雀冠。双外耳露。面部表情凶横，余与前件相同。通高89厘米。

三十七、河南巩义芝田唐墓①

1992年10月，郑州市文物考古研究所在巩义市文物保护管理所配合下于河南省巩义市耐火材料总厂对该墓进行了发掘。墓葬编号为M35，土洞墓，方向185°，由墓道、过洞、天井、甬道、墓室五部分组成。M36位于M35西侧，为土洞墓，方向186°，由墓道、过洞、天井、甬道、墓室五部分组成。墓道在最南部，长方形斜坡式，长8.7、宽0.68～0.8、深2～6.02米。墓道北依次为过洞、天井、甬道。过洞长1.9、宽0.68、深6.02～6.88米。天井长1.6、宽0.68、深6.55～7.60米。甬道为拱形顶，长0.9、宽0.68、高1.4米。墓室在最北端，呈梯形，南北长2.7、北壁宽1.82、南壁宽1.68 米；顶已塌毁，原状不明。

M35曾被盗掘，随葬品仅剩陶俑及陶瓷器45件，计有陶俑及动物模型31件、陶器5 件、瓷器9件。M36 出土随葬品有镇墓兽、武士俑、文吏俑、男侍俑、女侍俑、马、骆驼、牛车、瓷罐、碗等。其中M35出土戴帽俑2件，文吏俑2件；M36出土胡人相镇墓兽2件，御夫俑2件。

戴帽俑2件。形制相同，头戴尖顶毡帽，高额头，深眼眶，高鼻梁，墨线绘胡须， 身着圆领窄袖袍，足穿靴，双手交于胸前。标本M35：21，通高18.7厘米。

① 郑州市文物考古研究所、巩义市文物保护管理所：《河南省巩义市芝田两座唐墓发掘简报》，《文物》1998年第11期，第51～64页。

文吏俑2件。形制相同。头戴黑色高梁冠，深目，高鼻，高颧骨，唇饰红色，墨线绘胡须。身着交领宽袖袍，双手拱于胸前，脚着靴。标本M35：31，通高55.5厘米。

胡人相镇墓兽2件。形态各异。标本M36：15，人面兽身，头生独角，角上部残，两扇耳侧立，圆瞪双目，高鼻，胡须卷曲，肩生小翼，后肢蹲坐，前肢直立于圆角方形托板上。残高36.6厘米。标本M36：16，兽面，头竖双角，鬃毛竖立，小耳，双目圆睁，高鼻，张嘴露牙，肩生小翼，后肢蹲坐，前肢直立于圆角方座之上。高36.9厘米。

御夫俑2件。形制基本相同。标本M36：19，头戴幞头，高鼻深目，高颧骨。身着圆领长衫，腰束带，下着袴，高翘头鞋。高18.7厘米。

巩义芝田两座唐墓为研究唐代的物质文化、社会生活、工艺美术、陶瓷等历史增添了一份珍贵实物资料，也为巩义地区唐代墓葬分期研究提供了一把标尺。

三十八、伊川唐墓[①]

1984年4月，河南省洛阳市伊川县城南6公里的白元乡白元村社员在杜河东岸取土时发现一座墓葬，伊川县文化馆进行了调查。该墓是大型土洞墓，形制已不清楚。

该墓共出土三彩双柄盘口壶2件，三彩碗2件，三彩胡俑1件，三彩骆驼2件，三彩马2件，铜镜1枚。其中三彩胡俑1件。

三彩胡俑1件。戴幞头，穿翻领窄袖长袍，腰系带，足着靴。一手握拳向上，一手握拳于胸前，作牵引状。长袍施橙黄釉，一侧翻领及腰带施绿釉。高45厘米。

① 伊川县文化馆：《河南伊川发现一座唐墓》，《考古》1985年第5期，第486～488页。

三十九、洛阳伊川齐国太夫人墓①

1991年3月，洛阳市第二文物工作队于河南伊川县城西北约10公里的鸦岭乡杜沟村对齐国太夫人墓（编号91YCM1）进行抢救性发掘。墓葬位于东西向的黄土梁缓坡处，北为杜沟村民居，南为横贯东西的黄土冲沟，周围是低山丘陵地带，海拔240～345米。附近为晚唐至宋代墓葬集中区，过去曾有大量发现。唐齐国太夫人墓（91YCM1）为单室土洞墓，由墓道、过洞、天井、甬道、墓室组成，长45.5米，方向185°。

此墓主人为齐国太夫人濮阳吴氏，是唐成德军节度使王承宗之母，王士真之妻， 按墓志文生于763年，卒于824年，享年61岁，生前曾两次被诰命为太夫人。子王承宗与夫王士真以及志文中提到的王承宗祖王武俊、弟王承元，两《唐书》均有传。王氏家族在晚唐地位显赫，齐国太夫人吴氏的地位也非一般。

唐齐国太夫人墓（91YCM1）共清理出文物1659件。其中金银器21件，金银饰300件，玉石器36件，宝石饰1200件，骨雕35件，铅饰24件，铜器6件，铁器12件， 钱币12枚，陶瓷器9件，石刻4件。其中出土有四曲双鱼纹长杯2件。

四曲双鱼纹长杯（又称双鱼纹海棠花形金盏）2件。标本M1：13、28，形制相同。海棠花形，侈口，四曲间有突棱，斜腹，圈足。碗内底部中心见火焰珠，双鱼环绕，水波纹地，其外饰宝相莲花纹一周。器外平素无纹饰。口径8～13.8、高3.3、圈足高0.75厘米（图3.77）。在以往的考古报告中，此种造型的器物多被称为“葵花口”或“花瓣口”。究其源头，都是来自中西亚金银器中的多曲造型，它们在进入中原以后被改造，从而形成了一种流行的装饰样式。四曲长杯杯底的图案是“双鱼火焰珠”， 中间为一颗带有山字火焰纹的宝珠，外围为两条在波涛之上嬉戏的鱼，中间填充以水波纹。这幅生动的“双鱼戏珠图”，题材来源于印度佛教文化中的摩尼珠和摩羯鱼。

① 洛阳市第二文物工作队：《伊川鸦岭唐齐国太夫人墓》，《文物》1995年第11期，第24～44页。

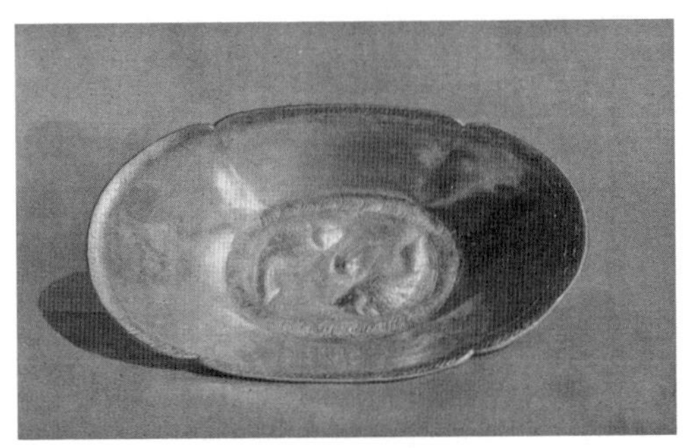

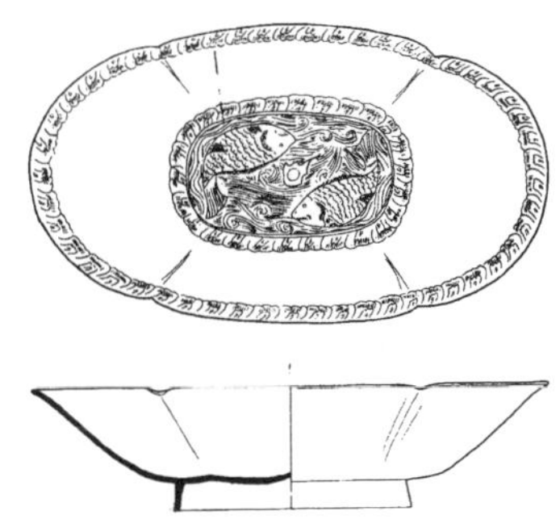

图3.77　河南洛阳伊川齐国太夫人墓双鱼纹海棠花形金盏（M1：13）

伊川唐齐国太夫人墓规模较大，结构复杂，随葬的金银器、玉石器、宝石饰品等十分精美，在洛阳地区较少发现。其中出土的四曲双鱼纹长杯造型具有波斯萨珊艺术风格，装饰图案取自印度佛教题材，而将二者结合在一件器物的设计上，表明了唐代社会对外来文化接受、应用之广泛，是唐代社会开放、包容的体现。

四十、三门峡张弘庆墓[①]

1985年，三门峡市文物工作队于河南省三门峡市粮食局第二面粉厂的

① 三门峡市文物工作队：《三门峡市两座唐墓发掘简报》，《华夏考古》1989年第3期，第97～112页。

西北部对张弘庆墓（编号M132）进行了发掘。墓葬为南北向土洞墓，方向55°，由墓道、甬道、墓室三部分组成。

唐墓主人名叫张弘庆，曾在陕州甘棠任武职禁卫。棺内墓主人头部放置随葬品有瓷碟、瓷壶、银耳杯、银盒、铜镜、银耳勺、陶男女侍俑、陶罐、陶砚、墨锭等，在人骨架左侧有漆器，右手处有玉猪，盆骨下有玉棒，还在骨架下散置有许多枚铜钱。在木棺外近墓室西壁处有铁犁铧、泥人俑；墓室东半部（由北向南）有陶瓶、彩绘陶罐、泥马俑、泥镇墓兽、泥武士俑等。在近墓室入口处摆放砖墓志一合。张弘庆墓中出土的两件瓷器，一件为仿皮囊式瓷壶（标本M132：2），另一件为瓷碟（标本M132：1），经故宫博物院耿宝昌先生鉴定，瓷壶的窑口为越窑瓷。瓷壶口呈盅形椭圆口，上有伞状盖，弧肩起凸棱，作皮囊缝合状，器体上部扁圆、下部圆形。通体饰淡青色釉，器体刻划暗纹花卉，盖顶横印花纹。该器造型典雅，风格别致，为国内罕见。这件瓷壶的出土为研究唐代的丝绸之路的东端起点等问题，提供了宝贵的新资料。

瓷碟为敞口，斜直腹，底作圆饼状微内凹，素面，釉色清淡素雅，是盛唐时期典型瓷器。墓内出土的四曲圈足银长杯（简报称之为银耳杯）、银盒制作水平亦十分高超，特别是银耳杯堪称唐代银制工艺品的代表作。

银耳杯1件。标本M132：20。口为花瓣状椭圆形，浅腹，圈足。内壁满布篆刻精细的图案，底部为莲蓬居中，双鱼环游戏莲，衬以旋涡水纹，气韵生动，两侧壁均饰羽鸟、缠枝，缠枝花枝条回转自如，羽鸟对飞，栩栩如生，另两侧饰云气纹（图3.78）。整个图案结构严谨，生动自然，富于写实意味，充满勃勃生机。此杯做工精湛，堪称佳作。口径10 ~ 14.5、底径5 ~ 7.3、高3.7厘米。

银盒1件。标本M132：20，作菱花形椭圆盒，器壁很薄。厚仅0.5毫米。

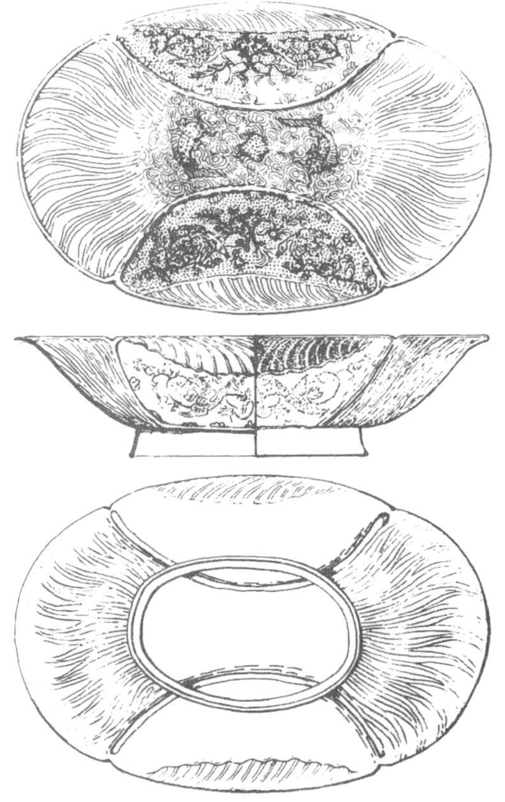

图3.78　河南三门峡张弘庆墓银耳杯、银盒（M132：20）

四十一、河南巩义北窑湾唐墓[①]

1992年11月，巩义市文管所于河南省巩义市东北约10公里的站街镇北窑湾村东岭上发掘了北窑湾唐墓。这里西临伊洛河，北依邙山，向北3公里即伊洛河入黄河口，古称洛汭之地。这次发掘的唐墓最多，共19座，多被盗扰。其中墓道为长方形竖穴的10座，斜坡的9座。墓道一般在墓室南壁中间或偏向东侧。墓室多呈南北长方形，圆拱形顶。有4座墓室平面呈梯形。M3平面呈刀形，墓室与墓道东壁连成一线。M9和M10墓室较为特殊，略呈弧背刀形或扇形。

① 河南省文物考古研究所、巩义市文物保管所：《巩义市北窑湾汉晋唐五代墓葬》，《考古学报》1996年第3期，第361～421页。

M6位于墓地中西部。墓葬平面呈甲字形。长方形斜坡墓道，长7.5、宽1、最深7.2米，口距地表深1米。墓道靠近墓室的一段（长1.8米）底与墓室底平。墓室东西长3.8、南北宽3.5米，墓室顶部下陷，墓顶形状不明，高1.8～2.2米。方向187°。墓室靠近墓道处有一长方坑，坑底低于墓底0.2米，东西长1.3、南北宽1.1米，内置方形砖墓志1合。墓门用石块封堵，上部石块被墓道北端直径0.68米的圆形盗洞破坏。墓室偏北中部另有一个长方形盗洞，南北长0.62、宽0.42米。两个盗洞均进入墓室，墓内随葬品被盗扰，器物零乱，大多失去原位或残破。有的随葬器物被打碎后散落在四处，甚至盗洞内的扰土中，如双龙柄壶。虽经两次盗扰，出土物仍很丰富，达90余件。

其中几座墓中共出土胡人俑3件，胡人相镇墓兽1件，三彩高足杯2件，天王俑1 件，三彩莲花座罐2件，莲花座2件。

胡人俑3件。标本M6：66，满头黑卷发，上身着大翻领窄袖长衣，裾下部呈八字形开口，后摆长过臀部。腰束带。左肩向后斜背行囊，右手贴胸，左手贴胯。下身着长裤，足蹬尖头黑靴，立于托板上。粉彩已剥落。高24厘米。标本M6：73，头戴圆顶风帽。粉彩已剥落。高23.5厘米。标本M6：67，浓眉深目，络腮胡须。头戴翻沿毡帽，衣饰同前。粉彩已剥落。高25.5厘米。

胡人相镇墓兽1件。皆蹲踞于托板上。标本M6：3，人面兽身。头顶独角，大耳， 两肩有鬃毛，呈翼状向后伸卷，尾贴于背上。通体施粉彩。

三彩高足杯2件。标本M6：91，直口，尖唇，深腹，细高柄。器内外施白釉及蓝、黄、褐色彩釉。口径6、底径3.5、高7厘米。标本M6：92，直口，筒形深腹，假圈足。器内外施蓝、黄、褐色彩釉。下腹部有三个支烧痕。口径61、底径36、高55厘米。此高足杯将三彩制作工艺与外来器物的风采达到了完美的和谐，可见此时汉地手工艺对外来艺术形式的吸收。

天王俑1件。标本M3：1，竖眉怒目，面容狰狞。兜鍪上装饰展翅朱雀，雀尾上翘。左手叉于腰际，右手握拳中空。身着明光甲，胸前左右各一圆护。肩覆龙首状披膊，护颈较低。胸甲与颌下纵束甲带相扣，明光甲下摆处刻出流苏。足蹬尖头靴， 脚踏赤身仰卧小鬼。整个身体向后倾斜，立于圆角方形台座上，台座四面各有一圆孔。施红彩，并间用红、黑彩涂衣纹，已剥落。神态威武，雄壮有力。通高57.5厘米。

三彩莲花座罐2件。形制、大小相同。标本M18：4，罐直口，圆唇，圆肩，鼓腹。罐下有覆盘形圈足，其上托莲花叶瓣，莲花瓣上托三彩罐。罐口、颈和圈足上施黄釉，罐腹用白釉、蓝釉、黄釉装饰成西瓜皮纹样。口径7.5、底径13.3、通高33厘米。标本M1：1，圈足残缺。罐口、颈部施蓝、黄色釉，腹部纹饰同标本M18：4，盖施蓝釉。残高27.5厘米。

莲花座2件。皆白陶。口为七瓣莲花形，下附喇叭状圈足，圈足上有四组镂孔，每组三孔。圈足上部一周凸棱，凸棱上伸出五个龙头，龙口圆珠。器表涂有红、褐绘，图案不清。标本M5：4，每瓣莲花上有一个小圆孔。口径17.7、底径19、高20厘米（图3.79）。标本M5：5，莲花上有五组圆孔，每组三孔。口径17、底径18.5、高21.5 厘米（图3.80）。

图3.79　河南巩义北窑湾唐墓莲花座（M5：4）

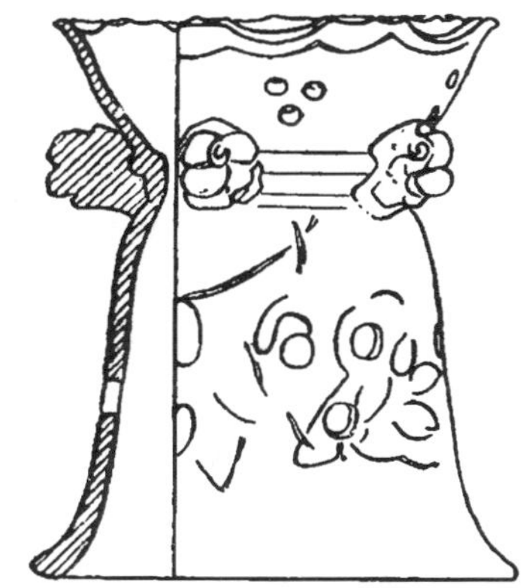
图3.80　河南巩义北窑湾唐墓莲花座（M5：5）

四十二、巩义市食品厂唐墓①

1993年11月，巩义市文物保护管理所巩义食品厂在河南省巩义市食品厂发掘了两座古墓，两墓分别编号为93HGSM1、93HGSM2。其中M1位于M2东4米，为斜坡墓道单室土洞墓，深约2米，由墓道、甬道、墓室组成。墓道位于墓室南部偏东处，北接甬道，长方形，长约10、宽约1米。甬道

---

① 郑州市文物考古研究所、巩义市文物保护管理所：《巩义市食品厂唐墓发掘简报》，《中原文物》2003年第4期，第4～9页。

位于墓道与墓室之间，长约1、宽约0.8米，高已不可知。墓室长方形，长约3、宽约2米，高已不可知。M2为斜坡墓道单室土洞墓，由墓道、甬道、墓室组成，深约1.5米。墓道位于墓室南部偏东，北接甬道，长约8、宽约0.8米。甬道位于墓道与墓室之间，长约1.0、宽约0.8米，高不详。墓室呈长方形，拱顶，长约2.5、宽约2.0米，高已不详。

M1共出土随葬品38件器物（铜钱按枚计），有镇墓兽、武士俑、牵马俑、侏儒俑、女侍俑、马、驼、羊、狗、灶、磨、井、罐、双龙柄壶、盏、灯及铜钱，除特别标明胎质外，均为白黏土胎。M2共出土随葬器物17件，有镇墓兽、武士俑、牵马俑、幞头俑、女侍俑、马、狗、灶、磨等，除特别标明胎质外，均为土黄色黏土胎。其中M1出土胡人相牵马俑2件，堆塑罐1件，莲花灯2件；M2出土胡人相牵马俑2件。

牵马俑2件。标本93HGSM1：9，头戴黑色幞头，身着枣红色翻领窄袖燕尾袍，腰带前垂一蔽膝，背后一鞢，足着黑靴，立于底板上。俑粗眉深眼，悬胆鼻，突颧骨， 右脚侧出，两手举于胸前，呈握缰状。高33厘米。

堆塑罐1件。标本93HGSM1：25，由罐与盖组成，白瓷胎，侈口，圆唇，短束颈，弧肩，鼓腹，平底略内凹，上腹部等距贴饰6个模制虎首。罐的口径104、腹径26、底径10、高27厘米。盖呈塔刹状，刹座为一覆碟，刹身六个相轮叠，刹顶为一宝珠。罐盖直径10、高10厘米，罐通高37厘米。

莲花灯2件。形制相同。标本93HGSM1：27，白瓷土胎，灯由灯座和灯盏组成， 灯座较高，下部呈喇叭状，上部呈钵状，钵腹部两周凹棱，等距饰4个龙头，龙口衔宝珠。灯盏敞口，弧腹，平底，外覆三层橘红色莲花瓣（每层11瓣），灯盏放在座顶部，座底径19、灯径23、通高32.5厘米。

牵马俑2件。标本93HGSM2：4，发中分，挽辫于脑后，身着土黄色翻领窄袖长袍，内着裤，足着黑靴。俑细眉大眼，塌鼻，抿嘴，脸微扬，右手置于胸前，呈握缰状，站于底板，头涂红彩。高23厘米。

此两座唐墓，所出器物较为丰富，且两墓年代十分接近，器物有明显的递承关系，具有一定的研究意义。

四十三、巩义市老城砖厂唐墓M2①

2001年1月，郑州市文物考古研究所与巩义市文物保护管理所在河南省巩义市站街镇老城砖厂联合发掘该墓，墓葬编号01ZGLCM2（简称M2）。M2由墓道、甬道、墓室组成，方向192°，深2米。墓道位于甬道南端，斜坡式，长方形，残长3.80、南宽0.92、北宽1米。甬道位于墓道与墓室之间，过洞式，长方形，拱顶，长1、宽0.90、顶高1米。墓室为土洞式，拱顶，长2.60、南宽1.60、北宽1.44、顶高1.24米。根据墓门的深度及墓室大小，推测其原有深度可能在4米左右，则M2墓道长约7.40、墓道南宽约0.88米。

该墓在清理过程中，发现墓道中有残砖及瓷片。墓室西部置棺，人骨零乱地散于淤土中，棺南放置2件陶罐，1件陶盘，棺北放1件瓷碗。墓室东部摆放俑类及家用器物，靠近墓室东壁自南向北依次放有井、磨、狗、鸡及鹅，西边则有镇墓兽、武士俑、文官俑、男女侍俑、马、骆驼等。其中出土牵马俑2件。

图3.81 河南巩义老城砖厂唐墓牵马俑（M2：22）

牵马俑2件。系一模所出。标本M2：22，三彩俑，发中分，下端成辫挽于脑后，身着绿色翻领窄袖袍，下着裤，足蹬靴，双手置于胸前，做握缰绳状。宽额，浓眉，鼓目，阔鼻，胡人相。高29厘米（图3.81）。标本M2：26，全身未施釉，着白袍，白裤，白靴。高29厘米。

① 郑州市文物考古研究所、巩义市文物保护管理所：《河南巩义市老城砖厂唐墓发掘简报》，《华夏考古》2006年第1期，第24～29页。

四十四、巩义孝西村唐墓[①]

1992年12月初，郑州市文物考古研究所在巩义市文物保护管理所配合下对巩义孝西村唐墓进行了抢救性发掘。墓葬位于食品公司院内东南角，编号为GS92M1。巩义市食品公司位于孝义镇西部，陇海铁路北侧的孝西村。该墓是坐北朝南的土洞墓，由墓道、过洞、天井、甬道、墓室和耳室等部分组成。方向181°。

本次发掘从墓室中清理出土68件器物，加上对盗洞内残片进行拼对修复，共获随葬品99件。其中包括彩绘陶俑56件，三彩器23件，陶模型明器及家畜等10件，瓷器7 件，铜饰件3件等。其中M1出土胡俑1件。

胡俑1件。标本M1：38，深目高鼻，下巴上墨线绘胡髯，头戴尖顶毡帽，身着大翻领窄袖长袍，腰系细带，左臂屈于胸前，右臂下垂，立于梯形托板上。通高36.3厘米（图3.82）。

图3.82　河南巩义孝西村唐墓胡俑（M1：38）

该墓陪葬品中大批的粉彩俑、三彩器、瓷器是唐代考古研究的重要资料。而伏羲女娲俑是第一次在巩义市发现，对了解唐代社会观念、宗教信仰与葬俗具有一定参考价值。

四十五、巩义城西变电站唐墓M17[②]

2005年12月，巩义市文物钻探队于巩义城西变电站进行了文物钻探，发现墓葬20余座。郑州市文物考古研究院对墓葬（05HGCM17）进行了

---

① 郑州市文物考古研究所、巩义市文物保护管理所：《河南省巩义市孝西村唐墓发掘简报》，《文物》1998年第11期，第37～50页。

② 郑州市文物考古研究院、郑州博物馆：《巩义城西变电站唐墓发掘简报》，《文物春秋》2011年第3期，第28～34页。

发掘。M17为斜坡墓道的土洞墓，由墓道、甬道、墓室三部分组成，方向190°。墓口开于生土上，上有1.3米厚的耕土层和扰土层。墓道位于甬道南端，南北两壁呈斜坡式， 东西两壁较直。南壁南部较陡，北部突然下降，接近甬道口处为平底；北壁坡度很大。墓道口长7.8、宽0.94米；底长1、宽0.94米。甬道位于墓道与墓室之间，偏于墓室东侧，拱顶。长1.8、宽0.86、高1.54米。墓室近长方形，拱顶，四壁较直。长2.8、宽2.37、高1.7米。清理时，未见封门砖或封门土坯，墓内淤土至顶，西部可能为置棺处，但未见棺痕及尸骨。墓室中西部的俑类尽数倒伏，自南向北器物有罐2件，鸡首壶1件，镇墓兽1件，武士俑2件，女俑3件，文官俑1件，男俑3件，武士俑2件；墓室东壁自南向北有碓1、铜钗1、盘1、羊1、猪1、狗1、鸭2、灶1、井1、骆驼1、马2件。

M17共出土器物31件，质地分为陶、瓷、铜三种。其中出土胡人相镇墓兽1件、鸡首龙柄壶1件。

胡人相镇墓兽1件。标本M17：4，人首镇墓兽，粗长角残断，招风耳外展，耳同络腮胡须连为一体，肩生两秃掌状翼，翼内侧刻有胸毛，尾从右后腿上伸出贴于背， 前肢粗直，后腿宽厚，蹲于空心低台座上。兽首白脸，角、脑后、耳背涂黑彩，耳内涂黑、橘红条彩，嘴唇橘红彩脱落，掌翼施绿釉，胸、背、蹄施棕黄釉，前肢、腹部施白釉，腹部、台座有流釉现象。兽面部为宽额，凸眉，铃铛眼，塌鼻梁，抿嘴，八字胡外撇，末端呈钩状，不怒自威。台座高4.4、通高39.3厘米。

鸡首龙柄壶1件。标本M17：3，口呈流状，如鸡的下喙，束颈，弧肩，鼓腹，假圈足，外底内凹。流部分残，颈、肩处施六道凸棱，肩上一龙柄，口衔流的后部，肩部流、柄方向各有一朵较大的忍冬纹，另两个方向饰两朵较小的忍冬纹。除假圈足外，通体施淡青釉。流长7.2、腹径14、圈足径7.5、高27.6厘米。鸡首壶这种造型和装饰应源于古代波斯萨珊王朝时期的金银器——胡瓶，体现了当时与外国的文化交流情况。

四十六、巩义常景妻□墓①

2006年4月，郑州市文物考古研究院及巩义市文管所于河南省巩义市涉村镇北路东侧对06HGSM1（以下简称M1）进行了发掘。该墓南距S237线200米，北望平顶山，南眺乌罗河，再南是连绵西去的嵩山，地理位置十分优越，是难得的瘗人吉地。M1为半斜坡墓道土洞墓，由墓道、甬道、墓室三部分组成，方向185°，现存深度4米。

墓道位于甬道南端，南部斜坡较陡，北部平缓，高于墓室底0.34米。东西两壁偏北处各有一排脚窝，半圆形，宽0.2、高0.12、深0.1、间距0.65米。墓道长2.85、宽1.1 米。墓道南端填土中见残砖1块，上铭“常景先妻□”。甬道位于墓道与墓室之间，稍偏于东侧，拱顶。长0.32、宽0.95、高约1.7米。甬道用石块封堵，现存6层，高1米。墓室长方形，拱顶，四壁较直。长2.85、宽2.65、高约1.9米。清理时，墓内存有0.5米厚的淤土，西部置棺，尸骨未见，仅见铜钱23枚。棺南有武士俑1件，棺东侧有砖制墓志1合，靠北壁处随葬陶罐2件、瓷碗2件、三彩碗1件。墓室东部放置俑类，自南向北有镇墓兽1件、侍俑3件、马2件，以及骆驼、陶井、陶磨、灶、碓、鹅、伏听、盘口壶各1件。

墓主为常景之妻。但名字尚有争议。M1墓志失字，墓道填土中所出的残砖上书“常景先妻□”，第四字仅留“登”字头，若视为“登”，语义不通，视为“祭”， 情有可原。唐墓墓志多有刻字不规范或习惯体的情况，如本砖“景、妻”二字，因此，第四字视为“祭”是可行的，墓主可能为常景去世之妻。此墓随葬品级别较高， 说明常景有一定的财力，但置棺地方未见到尸骨及女用的铜钗、银发饰、蚌等，考虑到封门石不全的情况，不能排除墓主被迁葬的可能。

M1共出土器物23件（铜钱计为1件），质地分为陶、瓷、铜等。其中出土胡人相牵马俑1件。

牵马俑1件。标本M1：6，粉彩俑。发中分，下端成辫挽于脑后，身着铁锈红色翻领窄袖袍，领饰橘黄彩，腰间系带，结成燕尾形，下着白

① 郑州市文物考古研究院、巩义市文物管理局：《巩义涉村唐墓发掘简报》，《中原文物》2011年第2期，第4～9页。

裤，足着靴，双手置于胸前，作握缰状，立于底板上。俑宽额，凸眉，鼓目，阔鼻，抿嘴。高29厘米。

这座唐墓出土器物以三彩器居多，其中镇墓兽、武士俑等形体高大，对研究盛唐时期郑州地区的唐墓有一定的帮助。

四十七、孟津上店村唐代壁画墓①

2010年4～5月，洛阳市文物工作队为配合河南豫煤集团孟津县乙二醇项目建设， 在孟津县考古工地清理唐代墓葬8座。墓葬均被盗严重，其中编号为MJYM9的墓葬规模较大，形制保存较好。发掘工地位于孟津县城原永煤集团永龙热电厂区院南部、上店村北150米，北距县城约300米。墓葬为长斜坡墓道土洞墓。墓室坐北朝南，方向180°。墓葬由墓道、过洞、天井、壁龛、甬道、墓门、墓室几部分组成。全长35米。

该墓葬的随葬品主要出自天井底部的4个未被盗扰的壁龛内，包括彩绘陶骑马俑、立俑和猪、狗、马、牛、鸡、羊等，共计386件。另外，墓室中还出有陶壶、罐各1 件。其中出土胡人相风帽俑1件。

风帽俑1件。标本M9：90，头戴白色尖顶风帽，身穿白色圆领内衣，外着红色右衽窄袖长衣。下着白色长裤，双足隐于裤内。右臂曲肘握拳于腹前，左手握拳贴于腹侧，手有小孔，作持物状，右肩部背有圆筒形尖底箭袋状物。所乘马匹略昂首，马颈曲拱，作嘶鸣状，健胸宽臀，身体较肥壮。红色长鬃。马身红色，黑色的鞍鞯和障泥，前后腿直立于长方形托板上。通高34.6厘米（图3.83）。

图3.83　河南孟津上店村唐代壁画墓风帽俑（M9：90）

---

① 洛阳市文物工作队：《河南孟津县上店村唐代壁画墓》，《考古》2012年第2期，第36～43页。

四十八、孟津岑平墓[①]

1991年，河南省文物研究所及洛阳市文物工作队联合组成310国道孟津考古队于孟津县送庄乡西山头村东南1.5公里处对岑平墓（编号M69）进行了发掘。墓葬为单室土洞墓，方向190°，由墓道、甬道和墓室三部分组成。墓道位于墓室南侧。据钻探，墓道长12.4、宽0.8米，底部为斜坡形，实际发掘长度1.5米。墓道北端有一长1.42、宽1.1、底距地表深8.8米的天井，天井周壁为垂直土圹，平底。甬道南接墓道，偏于墓室东侧，为过洞式，长3.4、宽1.1、高1.17米。甬道口用青砖顺砌15层封堵。甬道东西两壁的中部各有一壁龛，西侧壁龛平面呈马蹄形，口宽0.8、内宽1、进深1.1、高0.8米，龛顶略弧。龛内随葬器物共10件，前排置马及牵马俑，后排置男侍俑等。东侧壁龛结构与西壁龛相同，口宽0.8、内宽0.94、进深1、高0.8米。龛内随葬器物9件，前排为骆驼及牵驼俑，后部放置男侍俑。甬道内有墓志及瓷罐、陶罐、铁器等。墓室平面方形， 边长3.4米，顶已坍塌，四壁为垂直土圹，西壁残存高度1.9米。墓底西半部平铺一层方砖，应为棺床。方砖边长35、厚7厘米，素面。有一长方形盗洞从墓室中部穿过，随葬品已被扰动，散见有镇墓兽、天王俑、男女侍俑、伎乐俑等。

墓主岑平，根据墓志记载此墓葬于武则天大足元年（701年），墓主岑氏的曾祖岑善方、祖父岑之象，见于史书，《周书 · 萧詧传附传》《北史 · 僭伪附庸传 · 梁萧氏传附传》均有记载。岑氏之父岑文昭，系太宗重臣岑文本之弟，见于《旧唐书 · 岑文本传》。岑氏之侄岑羲即墓志的撰文者，曾相中宗、睿宗，为岑文本之孙，见两唐书《岑文本传 · 附传》。岑氏之子刘敦行，见于《新唐书 · 宰相世系表一》。

墓葬内出土随葬器物共46件，可分为俑及动物模型、瓷器、陶器、铁器，另有石墓志1合。其中出土胡人牵马俑2件，胡人牵驼俑2件。

牵马俑2件。分别置于2件马的左前侧，形制基本一致。头戴黑幞头，身穿单翻领长袍，腰束带，足穿长筒尖头靴。两手半握于前，作牵缰状。

---

① 310国道孟津考古队：《洛阳孟津西山头唐墓》，《文物》1992年第3期，第1～8页。

底板长12.2、宽15.2、厚1.1厘米。标本M69：84，深目，高鼻，络腮胡须，胡人形象，身施暗红彩。通高61厘米。标本M69：36，眼睛较小，塌鼻梁。大嘴，身施深红彩。通高61.7厘米。

牵驼俑2件。均立于驼左侧，形制相同。头发平梳两侧，至耳部绾髻，凸眼，大鼻，胡人形象。身穿单翻领长袍，腰束带，足穿长筒尖头靴，双手半握拳作牵缰状。底板长13.3、宽15.7、厚0.9厘米。通高58厘米。标本M69：45，通体橘黄色。标本M69：46，通体暗红色。

墓内出土的彩绘俑按种类分有伎乐俑、侍俑、文官俑、天王俑、牵马牵驼俑等，其中的伎乐俑、女侍俑制作较精，为研究盛唐时期的服饰、化妆、音乐、舞蹈等，提供了新材料。

四十九、上蔡县贾庄唐墓[①]

1962年12月间，河南省文化局文物工作队于河南省驻马店市上蔡县城东南约0.5公里处对该墓进行了发掘。该墓在1949年以前曾经过数次盗掘，致使墓室残破严重，清理时仅余墓室的东北角和棺床的一部分。从残存的遗迹来看，墓室是正方形，大约是4米见方，方砖铺地，在墓室的西半部，用长方形小砖筑成两平方米的棺床。墓室的四壁，为小砖交错顺砌法，从土壤上部遗留的砖痕来看，顶部可能是四面钻尖式。墓门南边有甬道，长约2米，墓底距地表面仅有3米左右。

从墓内清理出来的一些残存破碎的小件随葬品看，是一般唐墓中所罕见的，有较高的工艺价值，其中有金、银、玉、铜、料器等装饰品，铜钱和蚌盒、漆盒等，这些随葬品多放在棺床上。此外在棺床下边和甬道内，除清理出一些残漆器外，还有陶器、陶俑等。其中出土胡俑1件。

胡俑1件。浓眉，虎目，狮鼻，连耳苍须。头戴高髻状帽，身矮腹大，似穿长衣，左手扶持腰带，右手拿板状物。合模制，是俑中最小者。高5厘米。

---

① 河南省文化局文物工作队：《河南上蔡县贾庄唐墓清理简报》，《文物》1964年第2期，第63～65页。

五十、河南孟县程最墓①

1991年12月，焦作市文物工作队于河南省焦作市孟县城西3.5公里的堤北头村西北角100米处对程最墓进行了发掘。该墓坐落在西北至东南数十里远的缓坡——人称“北邙岭”的南麓。这里北靠太行，南临黄河，和黄河南岸的邙山遥相呼应。

该墓为单砖室结构，南偏西8°。由墓道、甬道、墓室三部分组成。墓道未挖。甬道拱券顶，在墓道之北，开在墓室南边偏东处，高1.37、宽0.62、进深0.76米。墓室平面南北长2.58、东西宽2.30米，略呈长方形。墓底至墓顶高3.00米。无铺地砖。四壁单砖错缝平砌，墓壁平直，十四层（0.97米）以上竖砌一层菱角牙子，二十一层（1.60 米）以上又平砌一层菱角牙子。二十二层（166厘米）以上逐层叠涩内收，整个墓顶呈覆斗形。墓室内积满1米多厚的淤土，随葬品在淤土中掩埋。墓室西部有宽1.00米， 高出墓底0.20米的生土台棺床。棺木和尸骨皆朽，仅见几根腿骨，似为一男一女。墓主程最，身份是无官职的处士。

随葬品有陶器、瓷器、铁器、铜钱。陶器质地红色，皆绘彩粉，多数模制。其中出土胡人相牵骆驼男俑2件。

牵骆驼男俑2件。一件残缺难以复原。标本10，胡人，身材雄壮，深目高鼻，眉脊粗壮。着胡装，头戴尖顶软帽，帽尖前弯，帽沿上翻，身着窄袖翻领掩襟长衣至膝， 腰系皮囊，双后握拳，左手抬起作牵缰绳状，手中有小孔，似应缰绳从孔通过，足穿长筒尖头靴，双腿作行走状，立于梯形底板上。面部、手、皮囊作红色，帽白色，外衣黄色，衣领绿色，靴黑色。残高63.5厘米。

程最墓是焦作地区继1962年温县徐沟景云二年杨履庭墓之后的第二座纪年唐墓。它为研究唐代的物质文化史、社会生活史、五艺美术史、陶瓷史、历史地理和货币史增添了一份珍贵实物资料，也为焦作地区唐代墓葬分期研究提供了一把标尺。

---

① 焦作市文物工作队、孟县博物馆：《河南孟县堤北头唐代程最墓发掘简报》，《中原文物》1995 年第4期，第28～35页。

五十一、西平唐墓①

1986年9月，驻马店地区文化局及西平县文化局于驻马店市西平县城西南20公里处对西平唐墓进行了发掘，毗邻于由西平县城至杨庄高中东西公路的北侧。该墓残存墓顶低于四周地面的0.60米。清理过的墓室内壁东西长约2.4、南北宽约2.25、残高约1.17米。墓室平面略呈正方形。室壁用长方形青砖起基，其上为横平砖错缝平砌起券，现存室壁均为平砌直壁。墓室的东北与西北角距墓底高约0.8米为平砌直壁，其上全用横平砖搭角砌筑，并渐内收为覆斗式的盝顶。

这座墓被宋、金墓葬及现代工程破坏得比较严重，墓门、墓道或墓门里侧的部分随葬品、墓志等被破坏或盗去，但其余随葬品尚保存完好。经过清理出土的遗物有陶器、铜器、铁器、货币等30余种。彩绘陶俑，尤为精湛，其中出土有1件胡人俑。

胡人俑1件。出土于墓室西壁下的二层台上。体形较小，大脑袋，短脖颈，方面浓眉，高鼻深目，长颏阔嘴，络腮大须。头戴黑色小冠，身穿朱色横宽大袍曳地，腹部略鼓，鼓腹下束带，足穿圆头褐色鞋。右手叉腰，左手捂胯，形态活泼，生动逼真。通高约11厘米。

五十二、安阳杨偘墓②

杨偘墓位于安阳市旧城西南4公里火柴院内，于1975年10月进行了清理。该墓为甲字形，方向185°，墓室平面为正方形，砖室墓。墓深7米，墓室东西长2.84、南北宽2.8米，方锥形墓顶，顶高1.4米，墓室西南角已倾倒，墓砖长0.34、宽0.17、厚0.052米。墓道位于墓室南端，长0.5、宽0.75、深7米。墓口深0.75米，有小砖封门，墓道填土为深黄褐色。墓室被

---

① 驻马店地区文化局、西平县文化局：《西平唐墓发掘简报》，《中原文物》1988年第1期，第28~31页。

② 文物编辑委员会：《文物资料丛刊》（6），北京：文物出版社，1982年，第130页。

地下水淹没，人骨架和随葬品均被水冲乱。葬式不明。墓顶塌陷，致使许多器物被破坏。

墓主人杨偘，隋开皇五年（585年）生，唐永徽五年（654年）卒，享年69岁。妻李氏，隋开皇十六年（596年）生，唐上元二年（675年）亡，享年79岁，同年合葬于相州（今安阳市）城西七里平原。志文反映，墓主人杨偘系“取群籁以当钟磬，隐孤壑而同廊庙”的隐士文人，三代均无官衔。

该墓经清理后共出土随葬品二百多件（包括陶俑225件，陶质兽、畜、禽17件，陶瓷明器16件，铁器2件，石墓志1合，其他残碎物未计在内）。其中出土胡人相马夫、驼夫俑4件，吐蕃俑5件，胡人相男侍俑2件。

胡人相马夫、驼夫俑4件。可分为二式。

Ⅰ式：2件。头戴黑幞头，重眉环目，脸有短须。貌似胡人，右臂披窄袖长袍，袒左臂，内穿红色短袖内衣，左手握马鞭于腹前，衣前下襟撩系在腹前，足蹬高筒乌靴。高24.5厘米。

Ⅱ式：2件。头戴黑幞头，着大翻领窄袖长袍，腰系带，后腰拴一包袱，前下襟撩在腹前，足蹬高筒乌靴，左手下垂，右手拳握在胸前。高22.5厘米。

吐蕃俑5件。可分为二式。

Ⅰ式：3件。一件头戴帻巾，脑后有飘带，面瘦长，披长袖长袍，袒左臂，左臂空垂系在身后宽腰带内，双臂下垂，微向上曲，双拳平放在腹前，彩脱落，膝以下残缺，另两件头残缺，身形穿着同前件。

Ⅱ式：2件。头残缺，上半身袒露，袍脱褪至腰际，用两只长袖卷系在腰间。

胡人相男侍俑2件。一件高0.35米，戴黑幞头，浓眉大眼，脸有短须，朱唇，着胡服，圆领，窄袖长衫，腰系带，足尖靴，手做拱礼式，粉彩脱落。另一件残。

这次清理的唐墓属中小型墓葬，出土的陶俑、陶兽造型和雕塑手法均反映了唐早期特点。出土的墓志为考察隋唐时期安阳古城地理位置提供了重要依据。

五十三、安阳席伎墓（M1）[①]

1983年5月，安阳市博物馆于河南省安阳市殷都区郭家庄东侧的安阳市第二制药厂发掘了席伎墓（M1）。该墓是一座砖室墓，平面为方形，四壁略外弧，顶为四面弧起的穹隆形。东西长3.7、南北宽3.3、高2.85米。墓室方向为南偏西10°，该墓由墓道、甬道、墓门、墓室组成，因墓前有障碍物，墓道及一段甬道未作发掘。已发掘的甬道长1.2、宽1.2、高1.8米。墓室上部四壁向里倾斜3°，用卧砖错缝平砌，墓顶制作较为粗糙，四角空隙均以碎砖填塞。墓门上部墓顶有一宽0.6、长1米的长方形盗洞。该墓由于被盗，其室内已经积满泥土及砖块，室内西部及北部有砖砌棺床，高出室底0.5米。床面用砖平铺，床沿为五层砖错缝砌成， 底部外伸0.05米，床沿高出床面0.05米。在棺床北端0.02米高处的淤泥中发现一人头骨，南端发现有散乱的肢骨，棺床西部发现有棺钉和朽木块。据此推测，该墓可能是头北足南的男性单人葬。

墓主墓志盖上有剔底浅刻篆书“席君墓志”四字，字间有阴刻卷草纹，四刹亦刻蔓草纹，四侧阴刻矩尺形几何纹。据墓志载，M1的墓主人死于显庆元年（656 年），是年迁葬于相州平原里（即其葬地）。M1的墓主人出身世家，其本人曾为越王府执仗，品级不高。

此墓虽经盗掘扰乱，但所留遗物仍较丰富。随葬器物共计107件，墓门内右侧发现石墓志一合，左侧有骆驼俑、牵马俑、文武俑、仪仗俑、男女侍俑、胡俑、骑马俑、家畜以及生活用具。另在棺床左侧还发现铅盘、铁器、瓷罐、陶罐等。其中出土胡俑6件。

胡俑6件。均作牵引状，深目高鼻。分二式。

Ⅰ式：4件。标本M1：11，头戴方顶翻沿毡帽，沿呈月牙形，两角外展。身着圆领右衽长袍，袍长过膝，腰系带。下着裳，裳长垂至地。足穿履。两手曲于胸前，作牵引状。通高29.5厘米。

---

① 安阳市博物馆：《安阳市第二制药厂唐墓发掘简报》，《中原文物》1986年第3期，第44～49页。

Ⅱ式：2件。标本M1：34，发由头顶向下分梳，前覆额后齐颈。身着窄袖右衽长袍，腰束索状带，两端折垂于身后。下着裳，裳长垂至地。足穿圆头履。右手曲于胸前，左手曲于腹前，作牵引状。通高29.5厘米。

M1的墓主人出身世家，其本人曾为越王府执仗，品级不高，墓室规模及随葬仪仗与其身份基本相符。M1出土陶俑数量之多，品类之全，是过去发现的唐墓中少见的。

它为研究唐代早期社会生活、衣饰风貌等提供了新的资料。

五十四、三门峡三里桥村唐墓[①]

2000年11月，三门峡市文物考古研究所为配合城市基本建设，在市区西南部三里桥村湖滨区法院家属楼工地清理了一批古墓。其中11号唐墓随葬器物十分丰富，有侍俑、仪仗俑、武士俑、乐舞俑以及各种动物俑。这些随葬品造型古朴生动，形象逼真，是三门峡地区三十多年来所发掘唐代墓葬中罕见的一例，该墓为南北向土洞墓， 方向210°，由墓道、甬道、墓室三部分组成。墓道向南，为斜坡台阶式。甬道位于墓道与墓室之间，为过洞式，墓室平面呈不规则四边形，四壁规整，平底。

该墓随葬器物共计88件，绝大部分为彩绘陶器，均为模制，泥质红陶，其中出土男侍俑1件。

男侍俑1件。标本M1：60，头戴尖帽，面目小，体短，高鼻凹眼，注视左前方， 两腿微曲，左手残，右手作用力状。通高17厘米。

---

① 三门峡市文物考古研究所：《三门峡三里桥村11号唐墓》，《中原文物》2003年第3期，第7～16页。

第二节 山西地区

一、山西太原虞弘墓①

1999年7月，山西省考古研究所、太原市考古研究所与晋源区文物旅游局组成的联合考古队于太原市晋源区王郭村对该墓葬进行清理。墓葬所在的王郭村，海拔800多米，坐落在太原盆地西北部分，位于东经112°25.6′，北纬37°40.6′。虞弘墓位于一条东西向的土路上，路宽5米，路北紧邻着村民的住房，路南皆为玉米地，向东十几米与一条南北向的路交接，向西一直通向悬瓮山。据虞弘墓志所载，墓西1.5公里处还有“唐叔虞”坟。此地汉唐墓葬较多，是一处古墓葬群分布区。

虞弘墓为单室砖墓，墓葬坐东北向西南，方向205°。现存墓葬由墓道、甬道、墓门、墓室几部分组成。在清理过程中，从墓顶被毁，墓志和随葬石俑、陶俑、器物等残缺不全，墓室底部和石椁顶部均出有唐“开元通宝”钱等情况看，该墓可能早在唐末五代已被盗过，甚至多次遭到严重破坏。根据遗迹分析，墓地地面原来较高，后整个地表面因山水冲刷及修整农田，土丘被削平，地表土流失，导致地面下沉，故墓室、墓道皆遭到破坏。总长13.65米。墓道残存长度8.5米，墓道地面最深处距地表2.6 米，浅处即在耕土层和淤沙土层下，距地表约0.6米。墓道呈缓坡状，北低南高，坡度约15°。

墓道底部宽2米，上部宽2.15米，两壁及地面仍为原生土，未涂灰泥，也不见过洞和壁龛遗迹。甬道为砖砌，宽0.8、长1.25米，顶部已毁，两侧残砖墙最高约1.4 米，最低处仅0.28米。砖墙厚0.34米，砌法为三顺一丁，最高处顺砖四层，丁砖三层。甬道口有封门条石4块，每石长40厘米，宽、厚均20厘米，有的面上留有白灰痕迹， 可知原作封闭墓道之用。清理底部时，在甬道口处发现一砂石质的缺头石俑。墓门已残，与甬道同宽，为0.8米，位于墓室南壁中部偏东处，距东壁1.4米，距西壁1.5米。1995

① 山西省考古研究所：《太原隋虞弘墓》，北京：文物出版社，2005年。

年，当地农民搞水利建设，在墓门上方挖沟铺设引水管道时，将墓室南壁和墓门严重破坏，因此墓室南壁和墓门仅残存在底部。墓门和墓室南壁残高约0.6米。墓门之内（北）便是墓室。墓室为砖砌，平面呈弧边方形。因历史上曾遭破坏，墓室顶部已完全被毁。

据墓志载，墓主虞弘为鱼国人，因其父入附柔然，他成为茹茹贵族子弟。自十三岁起，任茹茹国莫贺弗，出使波斯、吐谷浑等国，为官几十载，经历颇为复杂。初任茹茹国莫贺弗、莫缘，入中原后，又在北齐、北周和隋三个朝代任过官职，历任直突都督、轻车将军、直斋都督、直荡都督、使持节都督凉州诸军事、凉州刺史、射声校尉、假仪同三司、游击将军、使持节仪同大将军、仪同三司等职，封爵广兴县开国伯，食邑六百户。在北周还曾“检校萨宝府”，职掌来华外国人事务。最高官职为仪同大将军，品级为九命。临终为隋仪同三司，品阶为正五品，却“敕领左帐内， 镇押并部”，是一个经历和身份均比较特殊的官员。从他来自西域鱼国，有资格“检校萨保府”，石椁图像上又尽是中亚、西亚的风情内容几方面考虑，虞弘应是中亚人。

该墓早期遭严重破坏，随葬器物残缺不全，绝大多数分布于墓室底部，有少数在距墓室底部30余厘米深的淤土中，还有个别器物在墓道中，其中除汉白玉石椁未经挪动外，其他器物则相互叠压，分布散乱。

汉白玉石椁安放在墓室中部偏北之处，以石椁为界，将墓室分为东、西、南、北四部分。从石椁顶部四周外缘测量，东边距墓室东壁36厘米，南边距墓室南壁118厘米，西边距墓室西壁36.5厘米，北边距墓室北壁42厘米。该石椁外观呈仿木构三开间、单檐歇山顶殿堂式建筑。由上部椁顶、中部椁壁、下部椁座和廊柱几部分组成，每一部分又由数块或几块汉白玉石组成。石椁通高含鸱尾和狮头座垫236厘米，椁身正面（含椁座）长247、侧面宽136厘米（图3.84）。

虞弘墓石椁通体满饰浮雕和彩绘、墨绘装饰图像，画面繁多，内容丰富。因椁壁内外、椁座上下的位置不同，其图案的装饰技法和表现形式也不相同。椁前壁外面、左右侧壁和后壁里面、 椁座正面和左右两侧面的图案均为浮雕加彩绘，左右两侧壁外面及后壁背面的画面为墨绘；椁座后壁背面的画面为彩绘。

石椁雕绘共有54个相对独立的图案。图案内容宏富，有宴饮图、乐舞

图3.84　山西太原虞弘墓石椁正面（不含椁顶）

图、狩猎图、酿酒图、家居图、出行图等。其中狩猎图中，多为骑马、骑象、骑骆驼搏杀狮子者，也有少数徒步搏杀狮子者，人狮搏斗的场面甚为激烈。

图中人物皆深目，高鼻，黑发，有的还留着浓须和波浪形长卷发，与地中海地区的印度—地中海种族类群接近。图中的人物服饰、器皿、乐器、舞蹈以及花草树木等，与中亚、西亚传统形式接近，尤其是头光、飘带、长帔等特别醒目，均源于波斯与中亚诸国。典型的还有系带鸟、系带马等，有些画面和袄教有关，波斯、中亚文化色彩非常浓厚突出。

按照雕绘形式，大略可以分为四部分。第一部分包括前壁外部（椁门两侧）的左、右两块画面和椁内右、后、左三壁的画面，共9块竖长椁壁相连而成。每块椁壁有上大下小两幅图案，皆为浮雕加彩绘，应为整个石椁的主要画面。第二部分包括石椁外壁右、后、左侧的画面，均为绘画，共7幅，主要为墨线勾边，内填白黑二色。第三部分包括椁座外部前壁和左、右侧壁的画面，为浮雕加彩绘。第四部分为椁座背面画面，全部为彩色绘画。椁座部分的装饰图案画面多而小，因位于椁座，应是附属部分，但内容也很重要，反映了域外民族的多种生活情景。

1. 第一部分图像：椁壁浮雕

这部分为石椁椁壁的主要雕饰图案。为便于描述，将此部分的9块浮雕画面编为号，再依编号顺序分别叙述。

（1）椁壁浮雕第1幅

画面位于石椁前壁椁门左侧（这里所述之左、右位置，皆以石椁自身方位为准）。高95.7、宽69厘米。四周浮雕一圈肥叶忍冬纹花边，每枝上等距离为一组组较肥短的忍冬纹叶，敷彩或红色，或绿色，似乎还有黄色（这种四周一圈的忍冬纹花边，以下各画面均有）。忍冬花边内，画面又分两部分，上部图案大，约占三分之二，呈竖长方形，下部图案小，约占三分之一，呈横长方形（图3.85）。

（2）椁壁浮雕第2幅

位于椁内左壁南部，高95.5、宽58厘米。四周浮雕一圈肥叶忍冬纹花边。忍冬花边内，画面又分两部分，上部占三分之二，呈竖长方形；下部占三分之一弱，呈横长方形（图3.86）。

（3）椁壁浮雕第3幅

位于椁内左壁北部，高96、宽47.5厘米。四周浮雕一圈肥叶忍冬纹花边。花边内画面又分两部分，上部约占四分之三，呈竖长方形，下部约占四分之一，呈横长方形（图3.87）。

图3.85 山西太原虞弘墓椁壁浮雕第1幅

图3.86 山西太原虞弘墓椁壁浮雕第2幅

（4）椁壁浮雕第4幅

位于椁内后壁东部，高95.6、宽66厘米。四周浮雕一圈肥叶忍冬纹花边。花边内画面分两部分，上部约占四分之三，呈竖长方形；下部约占四分之一，呈横长方形（图3.88）。

图3.87　山西太原虞弘墓椁壁浮雕第3幅

图3.88　山西太原虞弘墓椁壁浮雕第4幅

（5）椁壁浮雕第5幅

位于椁内后壁中部，高96、宽100.15厘米，近方形，正对着椁门，是石椁所有图案中面积最大，图案内容最丰富，人物最多的一幅。四周浮雕一圈肥叶忍冬纹花边。花边内画面又分两部分，上部约占三分之二，下部约占三分之一，呈横长方形（图3.89）。

（6）椁壁浮雕第6幅

位于椁内后壁西部，高96、宽49厘米。四周浮雕一圈肥叶忍冬纹花边。花边内画面分两部分，上部分约占四分之三，呈竖长方形；下部分约占四分之一，呈横长方形（图3.90）。

（7）椁壁浮雕第7幅

位于椁内右壁北部，高95.5、宽55.2厘米。四周浮雕一圈肥叶忍冬纹花边，花边内画面分两部分，上部约占四分之三，呈竖长方形；下部约占

图3.89　山西太原虞弘墓椁壁浮雕第5幅

图3.90　山西太原虞弘墓椁壁浮雕第6幅

图3.91　山西太原虞弘墓椁壁浮雕第7幅

四分之一，呈横长方形（图3.91）。

（8）椁壁浮雕第8幅

位于椁内右壁南部，高95.8、宽52厘米。四周浮雕一圈肥叶忍冬纹花边，花边内画面分为上下两部分，上部约占四分之三，呈竖长方形；下部约占四分之一，呈横长方形（图3.92）。

（9）椁壁浮雕第9幅

位于椁前壁椁门右侧，高95.8、宽70.5厘米，四周浮雕一圈肥叶忍冬纹花边。花边内画面又分两部分，上部约占三分之二，呈方形；下部约占三分之一，呈横长方形（图3.93）。

图3.92　山西太原虞弘墓椁壁浮雕第8幅

图3.93　山西太原虞弘墓椁壁浮雕第9幅

2. 第二部分图像：椁外壁墨绘

这部分内容由石椁外壁左、后、右的画面组成，共7幅，每幅中绘1人，主要为墨线勾边，内填白黑二色。为描述方便，也将此7幅画面从1～7进行编号，再依次介绍。

（1）椁外壁墨绘第1幅

位于石椁外壁的左壁南部，高96、宽71.5厘米（图3.94）。该图案上边与左右边缘为墨线绘的花草叶蔓，中部绘一成年男子向右跪坐于小毡毯上。男子黑色短发，略带卷曲，脸庞线条分明，深目高鼻，浓黑眉毛，大胡须。耳下垂耳环。身穿白色圆领窄袖长袍。外罩白色半臂衫，腰系黑色革带。下身白色裤，足穿黑色短靴。他双膝跪地，臀部坐于足跟，两手端盘举于胸前，盘很大很沉，盘内置食物，似一只煮熟的全鸡或全鹅。

（2）椁外壁墨绘第2幅

位于石椁外壁的左壁北部，高96、宽47.5厘米（图3.95）。该图案左右边缘为墨线绘的花草叶蔓，中部绘一青年男子，侧身向右站立，黑色短

图3.94　山西太原虞弘墓椁外壁墨绘第1幅

图3.95　山西太原虞弘墓椁外壁墨绘第2幅

发，头上似有巾帽，深目高鼻，双目微垂，身穿白色圆领窄袖长袍，袍在身前开襟，下摆加有宽边腰系革带，带左侧悬挂一囊，下身着白色窄腿裤，足穿黑色短靴。两脚一前一后，双手小心翼翼地捧着一个大高足杯，恭敬站立。

（3）椁外壁墨绘第3幅

位于石椁外壁的后壁东部，高96、宽78.5厘米（图3.96）。该图案左右边缘为墨线绘的花草叶蔓，中部绘一青年女子，侧身向右站立，头部轮廓色彩皆因水浸剥落。身材纤细，上身微弯，双手捧一物。身穿一件束腰曳地长裙，腰系一条带，在前打结，然后又在裙前落至膝上部。裙下露出鞋尖，为黑色窄鞋。由裙的形式看，与石椁浮雕中的侍女裙相近，而与女俑裙装相去甚远。

（4）椁外壁墨绘第4幅

位于石椁外壁的后壁中部，高约96、宽102厘米（图3.97）。该图案中部绘一人。身体是正面形象。头部色彩轮廓线因水浸剥落，难以确认，只留有少半部头光。该人身材魁梧，颈佩项圈，肩披长帔，顺臂细绕旋转落

图3.96　山西太原虞弘墓椁外壁墨绘第3幅

图3.97　山西太原虞弘墓椁外壁墨绘第4幅

于身体两侧，长帔端为尖头状。下穿一件肥松的短裤，腰系带下垂至地，带端为葡萄叶形状。他赤小腿，赤足，脚腕上似带一环，右腿弯曲踏地，左腿提起，两手双举过肩，正在跳跃起舞，很可能也是在跳胡腾舞。

（5）椁外壁墨绘第5幅

位于石椁外壁的后壁西部，高96、宽61.5厘米（图3.98）。该图案边缘为墨线绘的花草叶蔓，中部绘一男仆人朝右站立，整个画面损坏严重，人之头部几乎不见，肩以下依稀可辨。身穿黑色圆领窄袖长袍，腰系一带，带端在身左侧露出一截。袍下有宽边。穿窄腿裤，足蹬黑色短靴。他身体健壮，腰背直挺，双足分开，双手似在胸前捧一物。

（6）椁外壁墨绘第6幅

位于石椁外壁的右壁北部，高约96、宽55厘米（图3.99）。该图案左右边缘为墨线绘的花草叶蔓，中部绘一男仆人朝左跪坐于小毡毯上。毯为方形，白色，四周绘有黑边。该仆人黑色短发，深目高鼻，浓黑眉毛。身穿白色半袖衫，半袖处有黑边。腰系黑色革带，下穿白色裤，足蹬黑色短靴。双膝跪地，臀部坐于足跟，两手端盘举于胸前，盘内盛有食物。

（7）椁外壁墨绘第7幅

位于石椁外壁的右壁南部，高96、宽64厘米（图3.100）。该图案左右边缘为墨线绘的花草叶蔓，中部绘一侍女，侧身向左站立。头部色彩和轮廓皆因水浸剥落，不甚清晰，仅右耳和下颏线条比较清晰。体态丰满，上

图3.98 山西太原虞弘墓椁外壁墨绘第5幅及其摹本

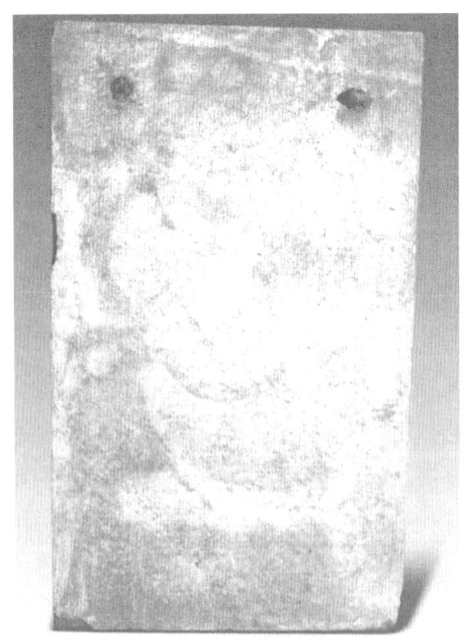

图3.99 山西太原虞弘墓椁外壁墨绘第6幅及其摹本

图3.100　山西太原虞弘墓椁外壁墨绘第7幅及其摹本

身挺直，腹部略突，左手执物， 右手似在怀中抱物。身穿一件曳地长裙，腰系一带，在前打结，然后又在裙前落至胸面，裙下露出黑色靴尖。

3. 第三部分图像：椁座浮雕

虞弘石椁椁座四周外壁也满饰图案，装饰形式包括浮雕彩绘和彩绘两种。这里的第三部分图像为浮雕彩绘部分，位于椁座前壁和两侧左、右壁上。

（1）椁座前壁浮雕

椁座前壁，分上下两栏，共有11幅浮雕图像（图3.101）。上栏为壁龛图像6幅，每个龛门之间有粗柱隔开，龛门两侧为稍细的束莲柱，柱下有红色覆莲柱础。柱为白色圆柱，中有一束仰覆莲，莲为红色，束回部位为金色，柱上端又有一红色覆莲，柱头为金色的近圆球形，上附一只向内回首的红色凤鸟。门楣为白红黄三色的尖拱弧形。下栏为武士立像2幅，童门图像2幅，双人首鹰身火坛像1幅，皆是先浮雕，再于浮雕上加彩绘。

（2）椁座左壁浮雕

椁座左壁共有浮雕图像5幅，分上下两栏。上栏为壁龛图像3幅，下栏为壶门图像2 幅，皆为浮雕加彩绘（图3.102）。

（3）椁座右壁浮雕

椁座右壁共有5幅浮雕图像，分上下两栏。上栏为壁龛图像3幅，下栏为壸门图像2 幅，皆为浮雕加彩绘（图3.103）。

图3.101　山西太原虞弘墓石椁椁座前壁浮雕

图3.102　山西太原虞弘墓石椁椁座左壁浮雕

图3.103　山西太原虞弘墓石椁椁座右壁浮雕

4. 第四部分图像：椁座后壁彩绘

这部分图像绘于椁座后壁（背面），共有8幅。它们与椁座前壁（正面）和左右壁（侧面）的浮雕加彩绘的图像不同，只有彩绘，没有浮雕。8幅图像中，除第1幅损坏无法辨认外，其他7幅的色彩都很艳丽，而且有一些前述浮雕图像中不见的内容，特别是服饰图案，有许多极为罕见。隋代的墓葬彩绘图像并不多，尤其是粟特人石葬具中，纯粹的彩绘很少，因此这些彩绘图像，还是研究五代墓葬壁画，特别是粟特人绘画的重要资料（图3.104）。这8幅图像是虞弘石椁画像装饰中仅有的不加雕刻，仅绘重彩的部分。其中少数画面因水浸年久而剥落，但多数图案清晰，色彩鲜明，构图精美。这些画面都画在壁龛和墓门内，壶门及壁龛也是彩绘，上栏有6个壁龛，下栏有2 个壶门，壁龛之间以绿、红、白三色廊柱隔开。各龛门两侧绘绿色方形石柱，柱下有一红色覆莲柱础，柱上端又有一红色覆莲，柱头为绿色圆形，两柱头各有一只向内回首的红色凤鸟，红绿黄三色的尖拱形门楣。壶门即在磨修平滑的汉白玉石板上直接用粗墨线绘出。

虞弘墓出土随葬品除石椁及八棱汉白玉石柱外，还出土墓主人虞弘及夫人墓志、石质人物俑、残陶俑、白瓷碗、人骨、石灯台、铜币等随葬品，共50余件。其中石椁上的图案显示出浓厚的波斯、中亚文化，特别是粟特文化色彩，以及出土的汉白玉石伎乐俑、石灯、汉白玉石覆莲俑座及墓志都体现了东西方文化交流的现象。

汉白玉石伎乐男俑7件。分别为拱手男俑、抱竖箜篌男俑、抱琵琶男俑、持铜钹男俑、持笙男俑、持笛男俑、男伎乐俑头。

拱手男俑（标本99TSY：2、4、68，这里的多个标本号，是表示该俑由出土时的多块残石拼合而成，下同），通高57厘米（含榫，下同）。在

图3.104　山西太原虞弘墓石椁椁座后壁浮雕

俑的脚下雕圆锥形榫头，以便插入莲花座卯眼内。裹黑色幞头，幞头额前所系两脚长于脑后所系两脚。褐色面庞，面部丰满圆润，墨绘头发、眉毛、眼睛，彩绘红唇，眉目下垂作恭顺状。身穿浅褐色右衽圆领窄袖袍。领、袖（手部残，但从其他未残俑看，当有饰）、襟襈等处均以红彩饰缘，对襟饰左右相错的月牙纹，在月牙纹外间以联珠纹。腰系黑色革带，腰后斜插垂头，脚穿靴。双手拱于胸前，手部残（图3.105）。

抱竖箜篌男俑（标本99TSY：46、54、62），通高51厘米。后脑残，裹黑色幞头，幞头额前两脚较小。褐色面庞，黑眉红唇，眉目下垂。身穿浅褐色右衽圆领窄袖袍，领、袖、襟襈均以红彩饰缘。腰系黑色革带，斜插垂头，脚穿靴，双手抱于胸前，左手残，左臂抱竖箜篌（图3.106）。

抱琵琶男俑（标本99TSY：60、89），通高55厘米。裹黑色幞头，褐色面庞，眉目微下垂，面带微笑，身穿浅褐色圆领窄袖袍，领、袖、襟襈处所施彩已脱落，颜色不明。腰系黑色革带，斜插垂头，脚穿靴。右手笼于袖内置琵琶腹面上，左手握于曲颈处，琵琶腹面朝上，琴颈在下。琵琶周边依稀可见饰红彩痕迹（图3.107）。

持铜钹男俑（标本99TSY：10、56、57），残高40厘米。俑头部缺失。浅褐色右衽窄袖袍，袖、襟襈处均饰红彩，黑色革带，斜插垂头，穿尖头靴，双手持铜钹置于胸前（图3.108）。

持笙男俑（标本99TSY：39、53、76），残高42.5厘米。俑头缺失。浅褐色右衽圆领窄袖袍，领、袖、襟襈处均饰红彩。黑色革带，斜插垂头，穿尖头靴，双手袖于胸前，左臂夹笙，笙管部分由墨线分出六根簧管（略具形式而已），吹管部分施黑彩（图3.109）。

持笛男俑（标本99TSY：26、30、69），通高57厘米。黑色幞头，褐色面庞，眉目下垂。身穿浅褐色圆领窄袖袍，领、袖、襟襈处均以红彩饰缘。腰系黑色革带，斜插垂头，脚穿尖头靴，双手持笛置于胸前，襟边饰不见花纹（图3.110）。

男伎乐俑头（标本99TSY：47），残高12厘米。褐色面庞，黑眉、黑髭、黑须，头裹黑色幞头（图3.111）。

汉白玉石伎乐女俑3件。分别为持排箫女俑、抱琵琶女俑、抱竖箜篌女俑。

1

2

图3.105　山西太原虞弘墓拱手男俑

1. 正面　2. 背面

1

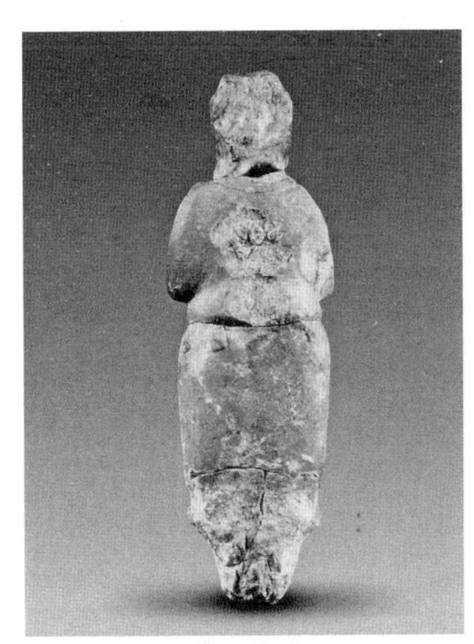
2

图3.106　山西太原虞弘墓抱竖箜篌男俑

1. 正面　2. 背面

1

2

图3.107　山西太原虞弘墓抱琵琶男俑

1. 正面　2. 背面

1

2

图3.108　山西太原虞弘墓持铜钹男俑

1. 正面　2.背面

1

2

图3.109　山西太原虞弘墓持笙男俑

1. 正面　2. 背面

1

2

图3.110　山西太原虞弘墓持笛男俑

1. 正面　2. 背面

图3.111　山西太原虞弘墓男伎乐俑头

持排箫女俑（标本99TSY：12、61、80），通高50厘米。脚下雕圆形榫头，头梳双髻，黑发额，双髻是用一条黑色发带从中间分发然后绾成两髻，并把发带编进头侧发中。褐色面，黑眉红唇，眉目低垂，貌甚恭谨。身着宽圆领窄袖裙，领缘饰一道红彩，袖饰红彩，红色裙腰，腰高及于腋下，腰系红色长带，肩披黑色帔帛，脚着方头鞋，双手持排箫置于胸前（图3.112）。

抱琵琶女俑（标本99TSY：21、71、77），残高58.5厘米。头梳双髻，双髻是用发带从中间绾成两髻，但不见发带端头，黑发覆额，双髻前额发上又分出两发辫。面为褐红色，黑眉红唇，身着圆领窄袖裙，领缘饰红彩，红色裙腰，红色长带，黑色帔帛，方头鞋，胸前置一琵琶，右手拿拨子置于弦上，左手残，似握琴颈。琵琶长17厘米，梨形龟盘（图3.113）。

抱竖箜篌女俑（标本99TSY：45、79、16），残高25厘米。头梳双髻，双髻前额发上有一小发辫，宽圆领满饰红彩。窄袖长裙，红色裙腰，腰系红色长带，黑色帔帛，穿方头鞋，左臂抱竖箜篌（图3.114）。

持壶男侍从俑1件（标本99TSY：23、78），皆为砂石，青灰色，无彩绘，为胡 人形象。立于一块方石板上，通高68厘米。座高5.5、边长17～18厘米。头留整齐浓密的齐耳短发，深目高鼻，戴尖圆毡帽，着窄袖长袍，衣袖刻出数道凸痕，腰系一带， 两侧吊系有小刀、囊袋等七件物事，怀抱一鸭嘴形单耳瓶（图3.115）。

1

2

图3.112　山西太原虞弘墓持排箫女俑

1. 正面　2. 背面

1

2

图3.113　山西太原虞弘墓抱琵琶女俑

1. 正面　2. 背面

1

2

图3.114　山西太原虞弘墓抱竖箜篌女俑

1. 正面　2. 背面

1

2

图3.115　山西太原虞弘墓持壶男侍从俑

1. 正面　2. 背面

石灯1件（标本99TSY：91、50），汉白玉石质地。由灯座和灯盏两部分组成，座及盏均有残缺。灯座呈束腰状。通高47.8、座高42.5、座最大直径19厘米。座下部雕刻覆莲，中部饰环纹，上刻仰莲。灯座上部雕凿圆窝，以承灯盏，窝径12.5、窝深2.4 厘米。灯盏为碗形，平底，盏沿饰一道划纹。盏口直径20.2、高6.8厘米（图3.116）。石灯在北朝墓中常见，但汉白玉石质地的不多。

图3.116 山西太原虞弘墓石灯

汉白玉石覆莲俑座6 件。应是用来插立汉白玉石俑所用。俑座的做法是：下为方形基座，方形座上雕一圆形小座，其上再雕八瓣覆莲，莲中心雕圆形卯眼（图3.117 ~ 图3.122）。由于这些石俑和莲花俑座均残缺不全，经反复核对，只有持笛俑和持排箫俑可以确定为同一组合，其他则难以断定。

图3.117 山西太原虞弘墓汉白玉石覆莲俑座（99TSY：37）

图3.118 山西太原虞弘墓汉白玉石覆莲俑座（99TSY：42）

图3.119 山西太原虞弘墓汉白玉石覆莲俑座（99TSY：38）

图3.120 山西太原虞弘墓汉白玉石覆莲俑座（99TSY：59）

图3.121 山西太原虞弘墓汉白玉石覆莲俑座（99TSY：49）

图3.122 山西太原虞弘墓汉白玉石覆莲俑座（99TSY：82）

太原隋代虞弘墓共出土两方墓志，一方是虞弘本人的，一方是他夫人的。虞弘墓志长、宽均约73厘米，盖、志皆厚约7.5厘米，志侧有细线刻的蔓草纹饰（图3.123）。志盖上阳文篆刻“大隋故仪同虞公墓志”，共9字，分3列。墓志出土时已残损，右下缺一角。志面上先阴刻小方格，每格内阴刻一字。共25行，行26字，除右下角缺25字外，现存620余字（包括左边上部残缺严重的铭文），分志与铭两部分，志文基本为隶书，铭文为楷书，由右至左竖写，今试加标点并转录于下，脱字之处，用□表示。标“/”号者，乃为原志文一行之末。

公讳弘，字莫潘，鱼国尉纥城人也。高阳驭运，迁陆海□□□；□□/膺录，徙赤县于蒲坂。奕叶繁昌，派枝西域，倜傥人物，漂注□□。□□/奴栖，鱼国领民酋长。父君陀，茹茹国莫贺去汾，达官，使魏□□□□/朔州刺史。公承斯庆裔，幼怀劲质。紫唇燕颌，白耳龟行。凤子□□□/之文，洞闲时务；龙儿带烟霞之气，逈拔枢机。扬乌荷戟之龄，□□□/月之岁，以公校德，彼有惭焉。茹茹国王，邻情未协，志崇通药，□□□/［芥］，年十三，任莫贺弗，衔命波斯、叶谷浑。转莫缘，仍使齐国。文宣□□，/

焕烂披云，抅縶内参，弗令返国。太上控览，砂碛烟尘，授直突都督。□/使折旋，歙谐边款，加轻车将军、直斋、直荡都督，寻迁使持节、都督凉/州诸军事、凉州刺史、射声校尉。贯逵专持严毅，未足称优；郭汲垂信/里儿，讵应拟娓。简陪阊阖， 奋叱警道。功振卷舒，理署僚府。除假仪同/三司、游击将军。貂珰容良之形，佩山玄玉之势。郑袤加赏，五十万余。/［张］华腹心，同途异世。百员亲信，无所愧也。武平既鹿丧纲颓，建德遂/蚕食关左。收珠弃蚌，更悛琴瑟。乃授使持节、仪同大将军、广兴县开/国伯，邑六百户。体饰金章，衔辔簪笏，诏充可比大使，兼领乡团。大象/末左丞相府，迁领并、代、介三州乡团，检校萨保府。开皇转仪同三司，/敕领左帐内，镇押并部。天道茫昧，灾眚斜流。九转未成，刘兰溘尽。春/秋五十有九，薨于并第。以开皇十二年十一月十八日葬于唐叔虞/坟东

三里。月皎皎于隧前，风肃肃于松里，镌盛德于长夜，播徽猷于/万祀。乃为铭曰：/

水行驭历，重瞳号奇。隆基布政，派胤云驰。润光安息，辉临月支。簪缨/组绶， 冠盖羽仪。桂辛非地，兰馨异土。翱翔数国，勤诚十主。扣响成钟，/应声如鼓。蕴怀仁智。纂斯文武。缓步丹墀，陪游紫阁。志闲规矩，心无/□□。秋夜挥弦，春朝命酌。彩威鳞凤，寿非龟鹤。前鸣笳吹，后引旗旌。/□□□□，宏奏新声。日昏霜白， 云暗松青。□［河］□树，永［閟］［台］［扃］。/

1

2

图3.123 山西太原虞弘墓墓志、志盖
1. 虞弘墓志 2. 虞弘墓志盖

虞弘墓志的内容与石椁雕绘相互呼应，在某种意义上，是对雕绘图案的补充和说明。志中所载墓主的国籍鱼国，是一个史书失载的古国，据志文，仅知其国原在西域，后进入北魏与柔然势力范围内。志中还记载了虞弘一家三代人的概况，透过他们的职务变迁，反映了古代民族之间的往来和交融。志中还有许多史书少见的内容，对研究柔然的职官、外交及与北魏的关系，对研究北朝的民族政策等，都有重要价值。

虞弘墓中图像资料的发现，还更深入地反映了祆教的内容及其在华流传的情况， 有益于研究北朝时期西域诸民族在华的活动。如虞弘石椁上的祆教圣火坛和祭司的图像，使学界对入华粟特人和祆教的关系有了更深入的了解，通过各图像显示的多种多样的圣火坛与祭司的组合，进一步认识了粟特人崇拜火和光明的具体方式、程度和范围，同时了解了圣火在粟特人生活中的重要位置。装饰图像内容较多，由各种身份和装束的人物以及动物、植物和建筑器物等组成，展现了古代粟特、波斯和突厥三个民族的服饰、信仰、生产和生活习俗，是对古代中亚地区社会文化的形象展现，具有极高的艺术价值和学术研究价值。

二、山西沁源隋代韩贵和墓①

1999年秋，山西省考古研究所与山西大学考古专业联合发掘队于山西省长治市沁源县郭道镇东村村内对韩贵和墓进行发掘。该墓方向320°，墓底距现地面约2米。墓葬为青砖砌砖室墓，墓砖长36、宽18、厚6厘米。墓室平面方形，长3.12、宽2.6米，墓室四壁略呈弧形。墓壁高1米，三顺一丁砌筑。壁上为叠涩内收的穹隆顶，墓顶已塌落，由墓壁上至墓室顶估计高约1.5米。墓门位于墓室南壁处，墓门与墓室之间有长0.9、宽0.5、高0.8米的砖砌拱形甬道。墓门用砖人字形摆放封堵，墓门外的墓道因压在村庄建筑下，未清理，结构不明。

墓内出土随葬器物57件，包括墓志1合、陶俑32件、动物及器物模型明器9件、陶器13件、五铢钱2枚。其中出土跽坐俑3件。

跽坐俑3件。均为手塑。一件头部较大，穿小袖衣，双臂置于膝上，制作粗糙，其中1件前额隆起，似为胡人，穿小袖衣，右手齐肩断缺，左手自然抬起，从形态看似为驭手。另一件头残，上身穿交领小袖衫，下着齐胸长裙。

① 山西大学历史系、山西省考古研究所：《山西沁源隋代韩贵和墓》，《文物》2003年第8期，第37～43页。

三、太原隋斛律徹墓①

1980年4月，山西省考古研究所、太原市文物管理委员会于山西省太原至义井公路西侧约200米处对斛律徹墓进行发掘。地表上未见封土，方向8.5°。砖筑单室墓，由墓道、天井、甬道、墓室四部分组成。墓道呈北高南低的斜坡状，被村民取土时挖掉大部分，总长度不明。天井在墓道南端，呈方形，南北1.31、东西1.37米。甬道较短，长0.84、宽0.98米，两壁砌法为三顺一丁，上砌4组，于高1.68米处单砖砌成券顶。墓室平面呈方形，南北长3.58、东西宽3.5米，四壁稍外弧。

斛律徹原名锺，字智通，朔州狄那人，北齐假黄钺、使持节、都督朔定冀并瀛青齐沧幽肆晋汾十二州诸军事、相国、太尉公、录尚书、朔州刺史、酋长、咸阳忠武王斛律金的曾孙，太傅、左丞相、第一领民酋长、咸阳王斛律光的孙子，驸马都尉、特进、开府仪同三司、西兖梁东兖三州刺史、太子太保斛律武都之子。

北周建德六年（577年）九月，斛律徹拜官为使持节、仪同大将军，承袭祖父斛律光的爵位崇国公，封邑五千户。隋朝建立后，斛律徹官位不变，开皇十年（590年），再次拜官为使持节、仪同大将军，加右车骑将军。开皇十一年（591年），再度封为崇国公。开皇十五年十一月廿日（595年12月26日），斛律徹在大兴城去世，虚岁三十三，开皇十七年岁次丁巳八月巳朔十七日辛酉（597年10月3日）安葬于并城北面十里。

墓内的随葬器物较丰富，共328件。包括陶俑及动物模型、陶器、瓷器、铁器、墓志等，其中出土有骑骆驼俑2件，镇墓兽2件，白瓷杯1件。

骑骆驼俑2件。形象基本相似，高45.5厘米。骆驼高大健壮，昂首站立，张嘴似嘶鸣，短尾上翘，双峰间驮有丝绢、皮囊等物，囊端饰虎头图案。皮囊上均坐一人，浓眉，深目，高鼻，头戴圆毡帽，身着圆领窄袖衫，两腿一伸一屈。标本58，坐人左手紧握缰绳，右手持饼进食（图3.124）。标本45，坐人左手紧握缰绳，右手抱拳高举，拳心有孔，原执有

---

① 山西省考古研究所、太原市文物管理委员会：《太原隋斛律徹墓清理简报》，《文物》1992年第10期，第1～14页。

物。人物与骆驼的比例很夸张，但造型生动，惟妙惟肖（图3.125）。

镇墓兽2件。标本94，兽面，高39厘米（图3.126）。标本107，人面，高40.9厘米（图3.127）。均蹲踞，长尾上卷，贴附于臀部，头与脊背竖立鬃毛三束。兽面者双目圆睁，张口似怒吼，下颌饰璎珞。人面者头戴尖顶胡帽，浓眉，深目，高鼻，闭嘴外露獠牙，下颌长满浓须。

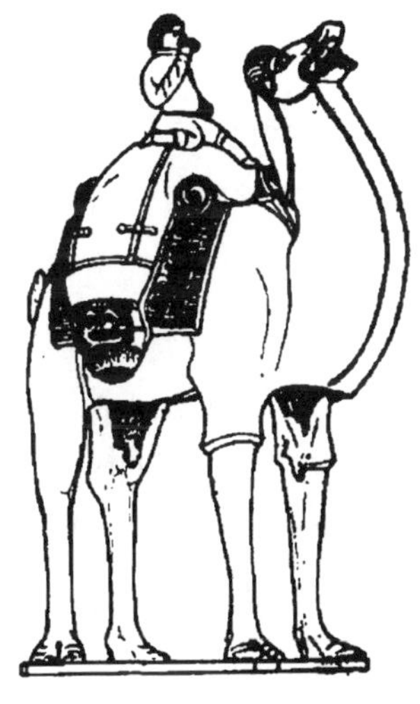

图3.124 山西太原隋斛律徹墓骑骆驼俑（标本58）

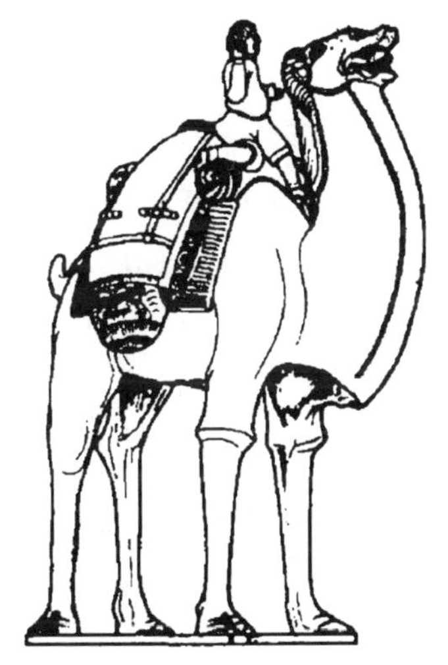

图3.125 山西太原隋斛律徹墓骑骆驼俑（标本45）

图3.126 山西太原隋斛律徹墓镇墓兽（标本94）

图3.127 山西太原隋斛律徹墓镇墓兽（标本107）

白瓷杯1件。标本177，稍残，已修复。敞口，深腹，喇叭状高圈足。胎薄，质细，内外施白釉，釉层匀而薄，釉色白中稍泛黄，通体有细小开片。此高足杯形制为参考西方样式所制。

四、唐代范澄夫妇墓[①]

1986年7月，长治市博物馆于山西省长治市长治县宋家庄砖场发掘清理了唐代范澄夫妇墓。墓葬方向190°，由墓道、墓门、墓室组成。墓门开于墓室南壁，券顶，高0.92、宽0.92、进深0.18米。墓室平面长方形，四角圆弧，四壁微外凸。南北长2.3、东西宽2.12、高2.4、墓顶距地表1米。墓室用长34、宽18、厚6厘米的条砖砌筑，从墙基向上至1.1米高处用顺砖和丁砖间隔砌筑，其上用顺砖逐层内收成穹隆顶，上部用条砖封顶。

该墓共有随葬品45件，其中有墓志1方，铁镜2枚，铁剪、铜钱、铜簪、青瓷钵各1 件。其余为陶制品，包括陶俑20件、陶模型6件、陶动物7件、陶罐5件。其中出土陶胡俑1件。

胡俑1件。宽额，深目高鼻，络腮胡须。身着窄袖翻领袍，敞胸露怀，腰束带。右手上屈，手中有孔，原持物已失，左手攥拳下垂。高29.5厘米。

胡俑形象生动，惟妙惟肖。为研究初唐时期的社会生活和雕塑艺术，增添了新的标本。陶俑上不同类型的服饰，是研究唐初服饰的宝贵资料。

五、唐代王惠墓[②]

1986年7月，长治市博物馆于山西省长治市宋家庄砖厂对王惠墓进行了发掘。该墓为单室砖墓，墓室底部距地表约3.6米，方向北偏东5°，由墓道、墓门与墓室组成。墓室顶部坍塌，墓道未清理。墓门位于墓室南部，

---

① 长治市博物馆：《长治县宋家庄唐代范澄夫妇墓》，《文物》1989年第6期，第58～65页。

② 长治市博物馆：《山西长治唐代王惠墓》，《文物》2003年第8期，第44～55页。

券顶，高1.4、宽0.8、进深0.6米，用条砖封闭。墓室平面近方形，四壁略外弧，原为穹隆顶，残高1.74、东西宽3.1、南北长3.08米。

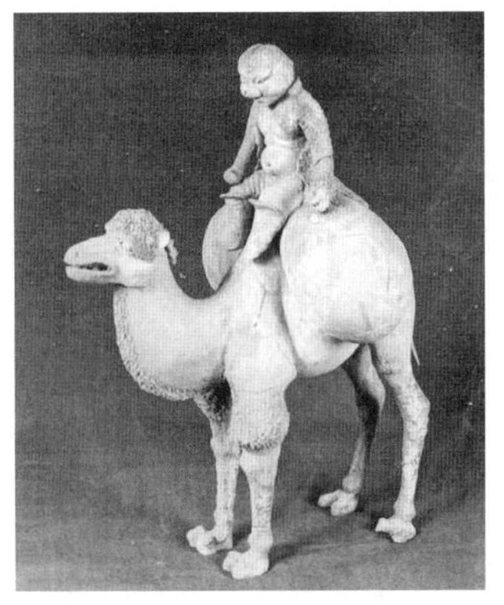

图3.128　山西长治王惠墓胡人骑驼俑（M1：24）

该墓出土器物47件，大部分为陶器，包括陶俑18件、陶骑马（驼）俑8件、陶制动物模型8件、陶制生活用具8件。其他还有石墓志1合、钱币2枚、瓷钵1件、铜珠与骨珠各1串。其中出土胡人俑4件。

胡人骑驼俑1件。标本M1：24，驼昂首，双峰，高足，短尾。背负鼓皮囊。胡骑俑长发后梳，狮鼻长目，高颧骨。身穿羊皮衣，袒胸露脐，足蹬高筒靴，双手下垂作揽缰状。高76.5、长68厘米（图3.128）。

胡人骑马俑3件。标本M1：6～8。标本M1：6，马双耳向后，马鬃后扬，右蹄高抬做奔驰状。马背鞍鞯齐备。胡骑俑头戴无脚幞头，高鼻深目。身穿圆领窄袖胡服，腰带系有皮囊，足蹬高筒靴。上身前倾，双手曲作执缰状。高44、长45.2厘米（图3.129）。标本M1：8，马站立，胡骑俑着窄袖衣，足蹬尖头靴。高44、长45.2厘米（图3.130）。

图3.129　山西长治王惠墓胡人骑马俑（M1：6）

图3.130　山西长治王惠墓胡人骑马俑（M1：8）

王惠墓出土的胡人骑驼俑造型奇特。陶马鞍鞯装饰华丽，马体肥壮，比例适度，或奔驰或静立，动静之态形象逼真。王惠墓出土的随葬器物，为研究初唐社会经济生活提供了新的资料。

六、太原南郊金胜村唐墓①②

1958年4月，山西省文物管理委员会于山西省太原南郊15公里的金胜村附近发掘了一批汉唐墓。其中，M3是单室墓，坐北向南，方向南偏西8°。墓的构造是由墓室、甬道、墓道组成，墓室与甬道是用长38、宽19、厚8厘米的绳纹条砖砌成，墓室平面呈方形，南北长3.05、东西宽3.25米，室底距地表最深处为6.5米，室顶坍塌，但从残留的结构推测为方锥顶。室壁是用两平一竖的条砖砌筑，四壁向外凸出弧度，现残存室壁最高处为1.75 米。原有彩绘壁画，但由于墓顶坍塌等原因，已全部脱落无存。

M5是用单室绳纹砖砌成的单室墓。墓室平面方形，东西长2.07、南北长2、高2.1 米。东西二壁略呈弧形，壁厚17.5厘米。墓顶为方锥形。墓门开在南壁，圆拱形，高0.92、长0.37、宽0.52米。封门用条砖，平砌成人字形。斜坡形墓道，残长2.62、宽0.88 米。墓的方向为北偏西12°。

M3出土三彩高足杯（原简报称三彩炉）1件；M5出土随葬器物有陶罐、漆盘、瓷罐、陶灯、长方铁片、货币等。其中出土萨珊银币1枚。

波斯萨珊朝银币1枚。置圆形漆器内。直径2.9厘米，重3.7克。是萨珊朝库思老二世（590 ~ 627）的银币。正面系复合的单体字GDH和下列字母：AFZUT（昌盛） AUSRUI（库思老），背面为拜火教祭坛，两侧各一祭司像（图3.131）。此银币是研究中西文化交通的新资料。

---

① 山西省文物管理委员会：《太原南郊金胜村唐墓》，《考古》1959年第9期，第473 ~ 476页。

② 山西省文物管理委员会：《太原南郊金胜村三号唐墓》，《考古》1960年第1期，第37 ~ 39页。

图3.131　山西太原南郊金胜村唐墓萨珊银币

七、太原晋源镇三座唐壁画墓（TL2001M552）[①]

2001年，太原市文物考古研究所在晋源镇晋阳古城遗址墓葬区内清理了一批古代墓葬，其中TL2001M552在铲车取土时被严重破坏，仅存墓室四壁底部。从残留部分分析可知，墓葬坐北朝南，方向200°。墓葬从南向北由墓道、甬道和墓室三部分组成。墓道已完全被毁。甬道位于墓道与墓室之间，长1.16、宽0.58、高1.42米。墓室残存的北壁、西壁，残高约0.5米，东壁高约1.16米。墓室为砖砌穹隆顶单室结构，平面呈弧边方形，南北长2.4、东西宽2.84米。墓底用一层砖错缝平铺。墓室北部有一砖砌长方形棺床，长2.84、宽1.6米。棺床上无棺木痕迹，仅存一些碎骨。由于该墓被破坏严重，清理中仅在棺床东北角发现东罗马金币1枚和开元通宝2枚。

东罗马金币1枚。标本M552：1，呈不规则圆形，直径2.3～2.4厘米，重3.3克。正面有一大一小两个半身人像，均身披甲袍，头戴“十”字形王冠。左侧人像较大，颔下有须；右侧人像较小，无须。在两人王冠的空隙处有一“十”字纹。上部有铭文。近边缘处有一圈联珠纹组成的突棱。背面中央为一顶端呈“丁”字形的十字架，立于一个四级的底座之上。十字架左右两侧各有五瓣梅花点，周缘有铭文一周。近边缘处有一圈联珠纹组成的突棱（图3.132）。这枚东罗马金币为希拉克略王朝（610～641 年）铸造。

本次发现的三座墓葬中，晋源镇果树场唐温神智墓（TL2001M618）

① 太原市文物考古研究所：《山西太原晋源镇三座唐壁画墓》，《文物》2010年第7期，第33～45页。

图3.132　山西太原晋源镇唐壁画墓东罗马金币（M552：1）

中出土纪年墓志（开元十八年，730年），为太原地区唐壁画墓断代分期提供了可靠的依据。其余两座墓葬虽然在施工过程中破坏严重，但对于太原地区唐代墓葬的研究也提供了新的资料。

八、太原市金胜村第六号唐代壁画墓[①]

山西省文物管理委员会于山西省太原市西南郊三十里金胜村西对金胜村第六号唐代壁画墓进行了清理。该墓坐北朝南，北偏东15°，墓道在墓室的南端，墓为单室，平面正方略带弧形。墓用单面绳纹砖砌成方锥顶，高2.48、东西宽2.2、南北长2.18米。墓底横砌铺地砖一层，北边有砖砌棺床，宽1.26、高0.18米。

墓室内壁画保存完整，鲜艳如新，绘有人物和四神画共十六幅。墓门上绘有胡人武士，位于南壁，高57厘米，着黑幞头，乌靴，黄长衫，白色窄裤，佩剑，左手盗剑柄，右手执笏，浓眉深目高鼻，两腮蓄短须，面向墓前躬身侍立。

① 山西省文物管理委员会：《太原市金胜村第六号唐代壁画墓》，《文物》1959年第8期，第19～22页。

九、长治东郊唐墓[①]

1954年4月，山西省文管会长治工作组在长治市东郊调查古文化遗址时，发现了一座唐墓，墓是一座方形的附有一狭小后室的土坑砖室墓，坐北向南，偏东22°，皆用绳纹砖造。墓顶早已塌陷。墓门在墓室南边稍偏东处，券顶，门高2.1、宽1.3米，用残砖封门。墓道未发掘，情况不明。墓室南北长4.6、东西宽4.6米，呈正方形，用砖铺地。墓室四壁的中段，皆向外凸出，弧度较大。

此墓出土随葬品主要是陶器，包括车、马、骆驼、男俑、女俑等，其中出土陶骆驼1件。

陶骆驼1件。背骑胡人，深目高鼻，大胡须，头戴尖顶凉帽，身穿皮袄，足蹬毡靴，右手高举，作挥鞭状。

十、山西长治北石槽唐墓[②]

1960年7月，山西省文管会晋东南文物工作组在长治城东2.5公里的壶山西侧清理了两座唐代砖室墓（编号M4、M6）。

M4（乐道仁夫妇墓）为单室墓，绳纹砖构筑，四壁向外凸出弧度，室顶早已坍塌，高度不明。墓底为长方形，南北长3.7、东西宽4.2米。方向200°。墓道已被破坏。墓室内积满淤土，清除积土后，发现北壁下有东西向砖砌棺床，棺木已朽，仅遗朽木残痕和棺钉数枚。

M6（乐方夫妇墓），墓室结构与M4近似。平面呈长方形，南北长58、东西宽4.2米，方向195°。距地表深4.5米。墓顶已塌陷，室内积满淤土，墓门为拱券顶，以绳纹砖砌成人字形封闭。根据钻探测知墓道为竖井形，在墓室南端，长7.9、宽12、深4.5 米。故墓室未设置棺床。人骨架分

---

① 山西省文物管理委员会：《山西长治唐墓清理简报》，《考古通讯》1957年第5期，第53～57页。

② 山西省文物管理委员会、晋东南文物工作组：《山西长治北石槽唐墓》，《考古》1965年第9期，第462～466页。

放在三处，已被扰乱，靠近东壁发现棺灰、人头骨及凌乱骨节。墓室东北隅处置有垫棺砖，上有棺板朽末和一部分乱骨架。接近西壁有人头骨一个和一些碎骨节。

据墓志，两墓主人均为乐姓。另外，还收集到隋大业六年（610年）岩州州都乐微墓志一石。三石均载“祖籍南阳”，认为这是乐姓同宗墓地。M4墓志载墓主字道仁，唐骁骑尉，南阳人，卒于文明元年（684年）五月；M6墓志文载墓主人乐方，字士则，南阳人，柱国府朝散大夫，卒于显庆四年（659年），其妻卒于上元三年，仪凤四年合葬于州城东五里石槽村西北二里。

随葬品主要为陶器，其中M4出土陶骆驼2件；M6出土骑驼胡俑2件。

骆驼2件。一件为站驼，作赭黄色，草绿色鞍垫，两侧驮有口袋行囊及生活用具。背上骑一老年胡妇，身穿白色窄袖皮衣，下穿白色窄袜，着尖头高筒扁靴。通高70厘米（图3.133）。另一件为卧驼，灰色，褐色驮鞍，毡垫和毯作绿色，背上驮有行囊和口袋等物。高17厘米（图3.134）。两件骆驼前均有牵驼胡俑，牵站驼的一件，左胁下白色皮囊，戴交角幞头，穿褐色短袍，腰束带。高49厘米（图3.135）。牵卧驼的一件，穿褐色窄袖袍，束带，一手置于背后，下部残缺。残高54厘米（图3.136）。

骑驼胡俑2件。骑驼胡俑穿翻领窄袖衣，戴黑色幞头。残高26厘米。

近年来在长治地区发掘了不少唐代早期和中期墓葬，但随葬陶俑胎质都是灰褐两种，红色陶胎较少，带釉俑和唐三彩尚未发现，这可能与地区有关。

图3.133　山西长治北石槽唐墓骆驼（一）

图3.134　山西长治北石槽唐墓骆驼（二）

图3.135　山西长治北石槽唐墓牵驼胡俑（一）

图3.136　山西长治北石槽唐墓牵驼胡俑（二）

十一、长治王休泰墓①

1964年12月，山西省文物管理委员会于太原市西南郊三十里金胜村西对王休泰墓进行了发掘。该墓南距王村沟300余米。原来墓顶已塌，乱碑距地面深30～40厘米，发现时部分遗物即被取出。该墓坐北向南，墓室平面近方形，墓壁内外凸出呈弧形，南北长2.9、东西宽3.04、距地表深约1米。墓道未发掘，墓门全被拆毁，原高不详。墓内填满乱砖淤土，在清除淤土后，仅发现残棺钉数枚。人骨架已朽成粉末，葬式无法辨认。

该墓共出土随葬器物三十余件，其中有石墓志一合，其余全为陶器，包括陶院落、陶俑、陶模型和生活用具等，胎质分红、灰两种，烧制火候颇高，因之保存得尚属完整。其中出土胡人相骑驼俑1件。

骑驼俑1件。灰陶质。黄身。颈与腿作紫色，赭石色驼鞍，上垫红色

---

① 山西省文物管理委员会、晋东南文物工作组：《山西长治唐王休泰墓》，《考古》1965年第8期，第389～393页。

毡毯。鞍两侧悬置头向下的禽畜之类，并驼有生活用具等物。驼上一有须胡俑，头戴尖顶毡帽，穿白色翻领外衣，赭色袴裤，着尖头高筒乌靴。左腿盘于驼鞍，腿上蹲卧一兽，似出行狩猎状。通高38厘米（图3.137）。

图3.137 山西长治王休泰墓骑驼俑

由墓内随葬器物来看，盛行于唐代早期的牛车仪仗及中期的披饰华丽的骑马俑等明器，到这个时期已逐渐减少，墓内随葬品已有显著的变化。

十二、长治王深墓[①]

1954年4月，山西省文物管理委员会于山西省长治市东郊对王深墓进行了发掘。墓葬是土坑砖石墓，坐北向南，偏东22°。建筑形式为带有一狭小的后室。主墓室基本呈正方形，南北长4.5、东西宽4.6米，墓室四壁的中段皆向外凸出，弧度较大，在北壁东端有一个高1.65、宽1.1米的圆券门，入内即为狭小的后室，宽2.03、进深1.65米。

随葬品主要集中在墓室中间，排列成行，除少数器物经淤土冲动和塌土的砸击外，大部分都保持原状。其中出土骑驼胡人俑1件，马夫陶俑3件。

骑驼胡人俑1件。已修复。背骑胡人，深目高鼻，大胡须，头戴尖顶凉帽，身穿皮袄，足蹬毡靴，右手高举，作挥鞭状。

马夫陶俑3件。形式相同，脸饰白粉，衣服彩色，头戴黑帽，身穿朱色敞胸短衣，腰束带，挎腰包，直立，作拉马状。

王深墓出土的胡人相骆驼俑和马夫俑为山西地区出土胡俑的研究提供资料，同时此墓出土墓志中记载墓主葬年，为山西地区唐墓的分区提供了标尺。

---

① 山西省文物管理委员会：《山西长治唐墓清理简报》，《考古通讯》1957年第5期，第53～57页。

十三、长治冯廓墓①

1986年10月，长治市博物馆于山西长治市西郊瓦窑沟的建华菜场发掘了冯廓墓。墓葬为穹隆顶砖室墓，方向202°。墓门设在墓室南壁正中，券顶，宽0.92、高1.68、进深1米。墓室为圆角方形，四壁微外凸，南北长3.58、东西宽3.42、高3.5米。墓壁用条砖三平一竖砌成五组，高1.7米。其上错缝平砌，逐层内收成穹隆顶。墓室地面用条砖错缝平铺。墓室西侧为砖砌棺床，长3.58、宽1.46米。棺床上置一具骨架，已被扰动。

墓室内的随葬品已被群众取出，原来放置情况不明，基本完好。除瓷罐、铜镜、墓志外，均为灰陶质。其中出土陶踞坐俑1件，陶驭手俑2件。

陶踞坐俑1件。头戴尖顶帽，深目高鼻，络腮胡须，手持仪刀，踞坐于地。高19厘米。

陶驭手俑2件。一件高26厘米。头戴幞头，深目高鼻，身着翻领服，双手似牵缰绳。另一件高28厘米。头戴幞头，身着翻领袍，双手似牵缰绳（图3.138）。

图3.138　山西长治冯廓墓陶驭手俑

墓中所出随葬器物，表现了武则天执政时期长治一带制作的随葬品特点。尤其是陶俑，形体较大。其中的驭手俑、骑马俑、武上俑神态自然，比例匀称，衣饰雕刻细致，有较高的艺术价值，为研究武周时期陶塑增添了新的材料。

---

① 长治市博物馆：《山西长治市唐代冯廓墓》，《文物》1989年第6期，第51～57页。

十四、长治李石夫妇合葬墓①

2002年7月，襄垣县博物馆于山西省长治市襄垣县城新建西街对李石夫妇合葬墓（编号2002M3）进行了发掘。因工地客观条件限制，仅发掘了墓室，未能对墓道进行清理和钻探。墓葬为带墓道的单室砖墓，方向为北偏东15°，由墓道、甬道和墓室三部分组成。墓道近甬道处宽1.1、深3.95米，形制和长度不明。甬道位于墓道和墓室之间，为长0.6、宽0.6、高0.8米的砖砌拱券甬道，甬道口用青砖“人”字形摆放封堵，作为墓门。墓室平面为弧边方形，长、宽均为2.6米，墓室壁用青砖三顺一丁砌筑，墓砖长34、宽16、厚5厘米，墓壁高1.3米。墓葬早年水浸，积有0.3米厚的淤泥层，发现时又受到严重扰乱，墓主人骨架及葬具无存，仅见少数骨骼残块，故无法辨认其人数、性别及葬式。墓室地面放置青石墓志1合。随葬的陶俑多被破坏，位置被扰乱，散于墓室各处。李石夫妇合葬墓是在中心地区以外首次发现的唐墓，具有重要意义。其中出土胡人相男侍俑4件。

图3.139　山西长治李石夫妇合葬墓男侍俑（M3：11）

胡人相男侍俑4件。泥质灰陶，模制，通体涂白彩，大部脱落。头戴胡帽，帽似两片缝合而成，正中留有缝。上身穿圆领小袖衣，下身内穿裤，外围似兽皮缝缀的短裙，足穿靴，双腿分开立于圆形板之上。陶俑面部五官紧凑，似为少年胡人，右臂横屈胸前，手作握物状，似乎为牵马（驼）俑。标本M3：11，高26厘米（图3.139）。

① 山西大学文博学院、襄垣县文物博物馆：《山西襄垣唐代李石夫妇合葬墓》，《文物》2004年第10期，第49～54页。

十五、长治王义墓[①]

1961年4月，山西省文物管理委员会于长治市东郊北石槽清理发掘了王义墓（编号M2）。墓室平面呈正方形，南北长3.7、东西宽3.74米，方向7°。墓顶已坍塌，四壁残高2.46米，全用绳纹砖三平一纵向外砌出弧度，墓底顺铺长条砖一层。墓门开在南壁，门前为甬道，长1.55、宽1.2、高2.2米。甬道两壁各砌一高1.02、宽0.5、深0.3米的小龛。封门用长3.2、宽16、厚8厘米的绳纹砖砌成。再前接竖井形墓道，长3.4、宽1.3、深4.5米。木棺置于墓室西壁下，已腐朽无存，棺底垫砌砖台三道， 残存有铁棺钉和棺上装饰的铜泡，骨架已朽，还残存有头骨等，葬式不明。据志文知道墓主为大周（武则天）故云骑尉王义，于长安二年（702年）十二月疾终，长安四年（704年）十二月单葬于州城东五里平原。

墓内有随葬品六十余件和墓志一方。因墓顶塌陷，器物多被砸毁，但原来位置基本未变。随葬品的放置情况是，甬道两壁龛内各放一武士俑，男女俑多放于墓室中部和东壁下，骆驼、马、牛车放于中部，镇墓兽置于墓门两侧，生活用具和家畜等放在墓室东南角。该墓中出土的俑类、生活用具和其他手工业产品，是当时手工业发展水平的见证。其中出土男胡俑1件，胡人骑驼俑1件。

胡人骑驼俑1件。立驼为赭黄色，颈部及腿上的长毛涂红色，背上有浅灰色椭圆形垫子，前后有孔套于双峰，背上骑一胡俑，深目高鼻，八字胡，头戴黑色尖顶沿管帽，穿赭黄色窄袖长衣，高筒乌靴。通高65厘米。

男胡俑1件。连腮短髯，身穿赭黄色长衣，腰束带，足穿高筒乌靴，拱手胸前。高3.5厘米。

① 山西省文物管理委员会、山西省考古研究所：《山西长治北石槽唐墓》，《考古》1962年第2期，第63～68页。

十六、运城薛儆墓①

1994年秋，山西省考古研究所于山西省运城市皇甫村南约1公里处对唐代薛儆墓进行了发掘。在运城万荣公路34.5公里处以西约200米，隶属于山西省万荣县皇甫乡皇甫村，墓葬编号为95万皇M1（以下简称M1）。墓葬之西为孤山，之东为稷王山，北有汾河。

该墓进行了两次发掘，第一次是因盗墓者涉入，在1994年进行了抢救发掘，万荣县博物馆对被盗的M1墓室进行了清理，同时对墓道、天井等进行了钻探。墓室内的随葬品少、残且乱，仅从墓室内的淤泥中拾到部分随葬品，其出土的详细地点及出土情况已不清楚。第二次是1995年山西省考古研究所进行的正式发掘。M1墓室中保存完整且位置正确者有一石椁。县博物馆又清理了部分甬道，发现了石门。部分石椁碎片及石门的大部分门楣因没有发现而仍留在墓室、甬道之中，部分随葬品则留在了挖至地面的墓室淤泥之中，如钱币“开元通宝”等。在挖石椁、石门之时，原来的墓室壁画大多破成碎片挖至地面，残存在壁上的则仍留在墓室和甬道之中。由于不见墓志等文字资料，故墓主人、年代等均不清楚。在发掘墓道时，发现有保存较差的壁画，其后发掘了天井间的过洞以及甬道，在过洞两侧共发现有6个小龛，在甬道内石门处出土有门楣等，在1号过洞内出土有墓志一合。最后清理小龛，揭取壁画，壁画因其保存较差，故先割成约0.3米见方的小块取回，然后再回室内修复。甬道顶部残留的壁画原有些弧度，因技术方面的原因，修复后成平形，因弧度较小，故变形极小。

墓主薛儆，薛氏为历史上之望族，世居河东汾阴（治今万荣宝鼎镇）。墓志载：薛儆曾任“银青光禄大夫，驸马都尉、上柱国、汾阴郡开国公”，为光禄大夫加银印青绶，为从三品文阶官。卒于开元八年（720年）十二月七日。

墓内的出土器物有铁器、铜器、陶瓷器、石雕、壁画等。其中石椁上有少数民族形象、壁画中有胡人形象。

---

① 山西省考古研究所：《唐薛儆墓发掘简报》，《文物季刊》1997年第3期，第4～14页。

石椁由34块青石雕刻、组合而成，南北向放置于墓室西边，距西壁31、距北壁46 厘米。整体看，它似一庑殿顶之房屋形状。石椁顶部由5块青石做出雕有脊瓦、勾头、滴水等的屋顶形状。底座由9块长方体石块铺成，其12个形门内雕刻有多种花草、鸟兽的图案。

东面1（东面最南的一个门图案，以此为开始，逆时针方向编号，下同），卷莲纹间刻有一凤头、虎爪、龙身、长尾的怪兽；东面4，门内花纹间刻有一身上带斑点的独角怪兽；东面5，卷莲纹间雕出一身上有斑点的奔跑的狮子；北面1，奔跑的狮子与身上有斑点的怪兽相对于花间；北面3，在卷莲纹间雕出卷鼻大象和飞翔的凤；南面1， 卷莲纹间飞马；南面3，卷莲纹间有一身带斑纹的虎。

石椁的中部由10块石板间10根倚柱相接而成，其内外两面均雕刻有各种花草、鸟兽、姿态各异的供侍人物以及门、窗等图案。倚柱的内外各面多用阴线纹雕出卷莲纹、蔓草纹、云纹等，其中间则间有飞鸟、鸳鸯、鹤、雁、凤凰、大象、飞马、形态各异的狮子等。

10块石板的内外雕有各式的供侍人物以及门、窗、莲花纹、蔓草纹、团花纹、网纹、鹤和鸳鸯衔花等。其人物有拱手侍立、拿团扇、捧碗、捧包袱、捧盒、持莲花等各种姿态，面相丰满，形态幽娴、端庄。为了充分反映花的色香等，在石椁西面中间石板的里面，有一侍女所持莲花的前面，还特别雕出一只飞翔的蝴蝶，真是别具匠心。其服饰多头梳高髻，肩有披帛，着半臂，长裙曳地，或穿翻领长衣，下穿重台履或软底靴，头戴花冠，脸上贴花，簪步摇，戴项链。也有着幞头，穿翻领长衫，着蹀带，下穿条纹裤，软底锦靿靴者，衣着华丽，体态丰腴而又婀娜多姿。

墓室西壁的壁画，树边人物。先用柯子起稿，然后墨线绘出，又在局部服饰上涂有红色。为一高鼻胡人的形象，着幞头，穿圆领衫，外穿带有斑点的宽袖大衣，右手上举，左手拿一筝（已残），左侧有一树。保存较差。

在山西的晋南地区，见诸报道的唐代墓葬资料极为稀少，薛儆墓的发掘具有较为重要的意义。它为我们研究这一地区的唐代墓葬提供了不可多得的资料。

十七、太原侯莫陈墓[①]

2002年11月，山西省考古研究所于山西省太原市晋源区罗城镇开化村以北的山前坡地处对侯莫陈墓（编号TM62）进行了发掘。墓圹开口被直接覆压在现代扰土层下。在连接墓道过洞与生土洞室之间的竖穴天井开口处，发现一块石碑。洞室墓坐北朝南，方向170°。斜坡墓道长6.5、宽1.4米，底部留有不规则的脚窝，至墓室洞口处距现地表深约4.8米。拱券式过洞位于墓道中部，进深1.6、洞高1.4米。紧连着的竖穴天井长1.7、宽0.5米。墓室短洞口封堵着密实的鹅卵石石块，进深0.42、高1.6米。洞室墓内因浸水顶部塌落已致淤塞，遂作大揭盖式发掘。清理后的墓室平面略呈梯形，长2.6、南端宽2.7、北端宽1.9米。墓室内四隅上部残留有折角，似乎是四面坡的攒尖顶或覆斗顶，高度不详。墓室底部中央部位放置棺木，仅存木灰痕迹。并列两具遗骸，皆头向南。男性仰身直肢，居中位；女性侧身傍依在西边，应为夫妇合葬。棺木痕迹正合于墓底的长方形生土坑，长2、宽0.76～1.22、坑深0.14米。墓底四周为生土二层台。在墓室西侧有一长方形的木框痕迹，长1.16、宽0.25米，清理出少许动物的碎骨，可能是用于陪葬的祭祀。

石碑出土于此墓的竖穴天井开口处，其有“天保六年”刻铭，与该墓葬年代相符。其可能是原竖立在地表的标识物。如是不误，则此墓的墓主人为北齐政权的一名中级官吏，名为侯莫陈。其刻铭“殡丧并州城西山”，反映了与晋阳城遗址有关地域的互存联系。又以石碑造像且“为守墓”，是本地区同类别墓葬中的罕有发现。

墓葬出土随葬器物79件，大多数置于墓室内东侧的偏南部位，少量放在墓室西南端。棺木内仅在男性右手掌骨处发现一枚铜钱，在女性头骨旁有一面铜镜（似有奁盒的痕迹）。其中出土胡人相镇墓兽1件，鸡首壶1件。

镇墓兽1件。标本TM62：54，人面兽身，头顶上有角，蹄足，蹲坐

---

① 山西省考古研究所：《太原西南郊北齐洞室墓》，《文物》2004年第6期，第35～46页。

状。两肩生翼，背脊竖立三撮鬃毛，尾上卷。高34.5厘米（图3.140）。

鸡首壶1件。标本TM62：36，盘形壶口外撇，细高颈。鼓圆肩上装有鸡首，两旁并列桥形系，后设衔口的螭柄。斜收腹，小平底。口径13.5、高42.6厘米（图3.141）。鸡首壶这种造型和装饰应源于古代波斯萨珊王朝时期的金银器——胡瓶，其出土表现了当时与西方文化的交流。

图3.140　山西太原侯莫陈墓镇墓兽（TM62：54）

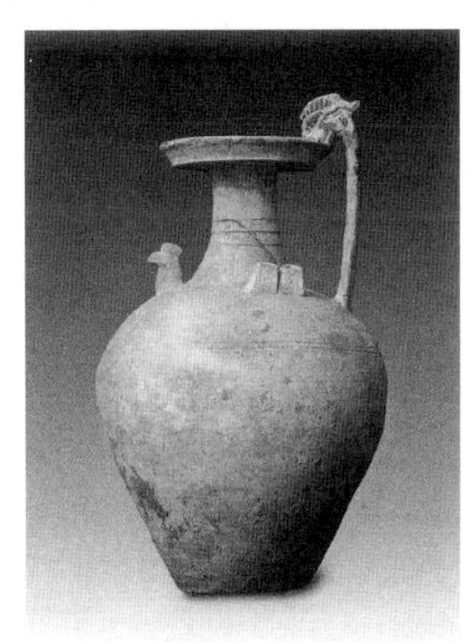

图3.141　山西太原侯莫陈墓鸡首壶（TM62：36）

十八、襄垣浩宽墓[①]

2001年秋，襄垣县文物博物馆于山西省襄垣县城西南新建西街对浩宽墓（编号为2001M32）进行了发掘。该墓为带墓道和甬道的单室砖墓，墓顶距地表3.1米，墓葬正南北向，墓道和墓门在墓室南侧。墓道长7、宽1.1米，斜坡状，墓道北端连接甬道。甬道下部为单砖三顺一丁砌筑，上部为单砖拱券，长1.05、宽0.9、高1.3米，甬道南口用砖“人”字形摆放封堵，作为墓门。甬道北侧为墓室，甬道口位于墓室南壁正中。墓室为弧边方形，东西宽3.05、南北长2.95米，四壁三顺一丁砌至1.5米处，叠涩内收

① 山西大学文博学院、襄垣县文物博物馆：《山西襄垣唐代浩氏家族墓》，《文物》2004年第10期，第18～35页。

成穹隆顶，墓顶已塌落，估计墓室高约2.8米。墓砖为长35、宽16、厚5厘米的绳纹砖。围绕墓室砌“凹”字形砖棺床，仅留甬道口处长1.2、宽1.05米的墓室地面，棺床高0.4米。墓室地面、棺床用砖错缝平铺。墓室早年进水，满积淤土和墓顶塌落土，随葬品除墓志外，均已扰动。墓葬内仅见零散人骨及朽骨，葬具不存。

该墓随葬器物共计21件，包括陶俑6件、青瓷罐2件、陶器12件、墓志1合。其中出土胡人侍俑1件，胡人牵马俑1件。

胡人侍俑1件。标本M32：3，额突出，面部做微笑状。耳侧梳低双髻，身穿小袖立领侧襟襦衫，腰系带，腰带前部打结，后部似系一囊。双手拱于胸前，双腿叉开立于元宝形底板之上，足穿长靴。高45厘米（图3.142）。

胡人牵马俑1件。标本M32：4，高鼻深目，唇上留八字胡须，下留络腮胡。右手上举，左手握于胸前，作牵马状。身着翻领半臂长衫，内穿圆领窄袖衣，足穿长靴，立于元宝形底板之上。高45厘米（图3.143）。

浩宽墓的陶俑中，镇墓兽、武士俑和牵马驼俑较有特色，体形高大，制作精良，为山西地区出土胡俑的研究提供了资料。

图3.142　山西襄垣浩宽墓胡人侍俑（M32：3）

图3.143　山西襄垣浩宽墓胡人牵马俑（M32：4）

十九、山西襄垣唐墓2003M1[①]

2003年3月，襄垣县文物博物馆于山西省襄垣县县城新建西街中段路南发掘一座古墓，编号为2003M1。据残存情况看，这是一座单室砖墓，方向朝南，有斜坡墓道，墓门在正中，墓门处原有封门砖。墓室平面为弧边方形，长宽约为3.6米。砖砌墓壁，砌法为三平一丁，墓顶为穹隆顶，顶部高约3米。

随葬器物除墓志外，尚有瓷质的男女俑、镇墓兽、人首鱼身俑、牛、羊、猪、鸡、鸭、狗、骆驼，以及香炉、罐、壶、盆、磨等器物共41件。其中盔甲武士立俑2件，牵马（驼）俑3件。

盔甲武士立俑2件。标本M1：3，稍残。头戴虎皮纹兜鍪，浓眉重须，身穿长袍，外披护肩胸的甲装，腰系黑色带，足着黑色长靴。长袍下沿有一圈红色菱形纹图案，在身体右侧佩一黑色小囊袋（图3.144）。标本M1：4，衣着同前件，但面目不清。长袍下沿有一圈红色联珠纹图案。均立于方形瓷板上，双手置于胸前，手心中空，原似持物。高27.5厘米（图3.145）。

牵马（驼）俑3件。分2式。

Ⅰ式：2件。标本M1：5，头戴尖顶帽，帽中部为红色，两侧为绿色，边沿为白色，帽前正中有一白色饰物，帽两侧有两红色的尖耳形装饰，帽将脸颈捂得很严实，只露出面部。浓眉大眼，身体魁梧，身穿皮毛外翻、黑白斑斓的长袍，长袍下沿卷起，露出红色的衣里，腰系一黑色带。下身穿黄黑间色虎皮纹裤，足蹬黑靴。双手在身前，作牵缰绳状。高26厘米（图3.146）。

Ⅱ式：1件。标本M1：10，头戴黑色幞头，方面大耳，留有八字胡。身穿圆领窄袖红色长袍，腰系黑带，下着黄黑色的虎皮纹长裤，足蹬靴。双手在身前，似牵缰绳。高24.5厘米（图3.147）。

---

① 山西省考古研究所、襄垣县文物博物馆：《山西襄垣唐墓（2003M1）》，《文物》2004年第10期，第36～48页。

图3.144　山西襄垣唐墓盔甲武士立俑（M1：3）

图3.145　山西襄垣唐墓盔甲武士立俑（M1：4）

图3.146　山西襄垣唐墓牵马（驼）俑（M1：5）

图3.147　山西襄垣唐墓牵马（驼）俑（M1：10）

这座墓葬与以前发现的唐墓相比，墓葬形制基本一致，为单室砖墓，平面为弧边方形，墓门南开。随葬品组合基本相近，除常见的侍俑、镇墓兽、胡人牵马（驼）俑、家畜、家禽等外，还有这一地区常见的骩匐俑、双人首蛇身俑、人面鱼身俑等。此墓出土的武士俑和牵马（驼）俑较有特色，其装束及衣服上的图案此前未见，有着浓厚的外来因素。这批随葬器物系粗瓷所制，这样材质的随葬品，在长治地区属首次发现。墓葬的年代为唐高宗永徽三年（652年），是长治地区目前所知发现的年代最早的唐墓。

第三节　河 北 地 区

一、河北南和唐代郭祥墓[①]

1983年3月，邢台文管所于河北省邢台市南和县城东偏北14公里处对唐代郭祥墓进行了发掘。墓葬位于该村西北500米的沙洛河西岸。墓葬为砖筑，由墓道、甬道和墓室三部分组成。墓正南向。墓道因位于路基下，故未作清理。甬道南端与墓道连接处用平砖垒砌封堵。北端位于墓室南壁

① 辛明伟、李振奇：《河北南和唐代郭祥墓》，《文物》1993年第6期，第20～27页。

中央。长2.5、宽0.9、残高1.3米。其东西两壁在距北端0.5米处各辟一拱形龛，高0.76、宽0.21、进深0.33米。墓室平面为圆角长方形，四壁微外凸。

墓主郭祥，字善摩，太原郡南和人。嗣圣元年（684年）正月，死于私宅，享年八十九岁。

墓中共出土遗物39件，除2件瓷碗及石墓志外，均为陶器。其中出土陶风帽俑1件、陶胡人俑2件。

陶风帽俑1件。标本36号，头戴风帽，帽前部中央有一个三角形饰，深目，高鼻，八字胡，满脸浓须，肩围披膊系结于前，上身着窄袖服，腰束带系结于前，下身着裙，足穿靴。双臂曲肘，拱手于胸前，手中有孔，原持物已失，立于一长方形座上。带座通高42厘米。

陶胡人俑2件。标本37号，平发，浓眉，深目，高鼻，络腮胡须，身着毛边开襟大衣，袒露胸腹，乳房丰满下垂，周有放射线纹，腰束带于身后打结。足穿靴。右臂曲肘，右手握衣襟，左臂下垂，手袖于衣袖内，立于方形座上。带座通高26厘米（图3.148）。标本38号，发中分，浓眉，高鼻，络腮胡，身着翻领束袖一长袍，腰束带系结于前，腰后置一腰包，足穿尖头高筒靴。右臂曲肘，右手握领边，左臂垂于身侧，立于方形座上。带座通高23.2厘米（图3.149）。

图3.148　河北南和唐代郭祥墓陶胡人俑（37号）

图3.149　河北南和唐代郭祥墓陶胡人俑（38号）

二、河北南和东贾郭村唐墓①

1990年5月，南和县博物馆于河北省邢台市南和县东贾郭村发掘一座唐墓。该墓位于村南200米，为穹隆顶砖室墓，由墓道、甬道和墓室组成。正南向。甬道拱形顶，进深1.05、宽1米。两侧壁在距甬道北端0.35米处各辟一龛，龛高1.05、宽0.3、进深0.2米。墓室呈圆角方形，四壁微外凸，南北长3.5、东西宽3.4米。

图3.150 河北南和东贾郭村唐墓胡人俑

墓中出土随葬品26件，均为泥质红陶器，包括有俑类、陶牲畜、镇墓石等。其中出土胡人俑1件。

胡人俑1件。短平发，浓眉，深目，高鼻，络腮胡须，唇上留八字胡，身着敞领偏襟长袍，腰束带；袒胸裸腹，双乳及下腹突起，乳头周围饰有乳纹，足穿靴。右手握衣边，左手下垂藏于袖内，立于方形座上。带座通高29厘米（图3.150）。

三、河北省安国市梨园唐墓②

1998年4～5月，河北省文物研究所、保定市文物管理处、安国市文物管理所联合组成考古队于河北省安国市郑章乡梨园村北100米处发掘了梨园唐墓群。除9号墓在铁路路基上外，其他几座墓集中分布在取土场，而且大致南北向排列成四排。由于发掘范围有限，仅就所发现的这几座墓来

① 李振奇、辛明伟：《河北南和东贾郭唐墓》，《文物》1993年第6期，第28～33页。

② 河北省文物研究所、保定市文物管理处、安国市文物管理所：《河北省安国市梨园唐墓发掘简报》，《文物春秋》2001年第3期，第27～35页。

看， 往往是两座或三座墓成一组。由于9座墓早年被盗，墓室均遭受不同程度的破坏。除M9外，其他几座在形制结构、大小、方向方面基本一致。M4为圆角方形砖墓，由墓道、甬道、墓室组成，方向190°。

M4出土器物包括各类陶俑及陶马、骆驼、卧兽、卧虎、车、灶、磨等。其中出土胡俑4件。可分3型。

A型1件。标本M4：10，头戴幞头，深目高鼻，表情凶恶。身着翻领窄袖长袍，腰系带，右手置于胸前，左臂弯曲，手握一长剑。腿着裤，脚穿靴，立于方形台座上。面部施白彩，发及蹼头上留有少许黑彩。通高26.7厘米（图3.151）。

B型1件。标本M4：11，平发，浓眉，深目，高鼻，双目圆睁，表情凶狠，唇涂红彩，唇上留八字胡须，下颌留络腮胡须。身着大翻领毛边长袍，袒胸露腹，乳房下垂，大腹便便。胸部及腹部饰短线纹，乳头周围饰放射线纹。腰束带，结于身后。身前垂着一条毛带，脚穿毡靴。右臂弯曲至腹上部，手握衣领，左臂自然下垂，站在方形台座上。通高25厘米（图3.152）。

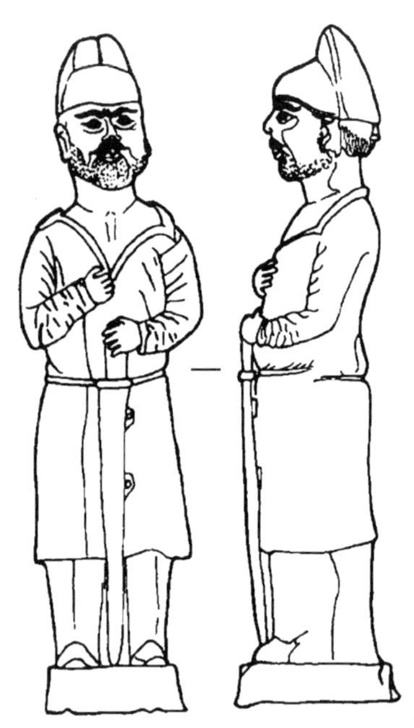

图3.151　河北安国市梨园唐墓胡俑（M4：10）

C型2件。标本M4：14，头戴冠，面部稍残。身着交领窄袖长袍，内套短袖衫。腿着裙，裙在腹下打结。脚穿高筒靴。其右手放在胸前，左臂弯曲置于腹部，手持物，站立于方形台座上。通高24.5厘米（图3.153）。标本M4：12，与前者形制相同， 头部缺。残高19.5厘米。

图3.152　河北安国市梨园唐墓胡俑（M4：11）

图3.153　河北安国市梨园唐墓胡俑（M4：14）

四、河北文安麻各庄唐墓[①]

1977年5月，廊坊市文管所于河北省廊坊市文安县城关镇麻各庄村南发现圆形单室墓1座。

墓葬直径3.5米，以单面绳纹砖砌就，因破坏严重，墓室砌法不清楚。墓内出土陶俑、骆驼、镇墓兽等38件，石墓志1方。其中胡人俑3件。

胡人俑3件。其中两件头戴方顶护颈风帽，额前有凸出的缨饰，浓眉深目，高鼻阔口，穿右衽大翻领窄袖长袍，腰束带，左臂微前屈，手掩在袖内垂于腹前，右臂屈于胸前，五指并拢，手中有圆孔，原执物已失，足蹬尖头靴，立于长方形底座上，通身呈浅橘红色。座长8、宽7、通高26.5厘米（图3.154、图3.155）。第三件底座稍残，头戴尖顶风帽，面部清瘦，深目高鼻，颧骨、眉骨突出，两腮内陷，下颌微翘，络腮胡须，身着左衽小翻领窄袖长袍，腰束带，左臂微屈，长袖垂腹前，右手握拳于胸，

① 廊坊市文物管理所、文安县文物管理所：《河北文安麻各庄唐墓》，《文物》1994年第1期，第84～93页。

足穿尖头高鞠靴，立于长方形底座上，通身呈浅粉色。底座长8、宽7、通高29厘米（图3.156）。

此墓的发现为探索北方地区与中原地区唐文化的统一性和差异性提供了新的实物资料。

图3.154 河北文安麻各庄唐墓胡俑（一）

图3.155 河北文安麻各庄唐墓胡俑（二）

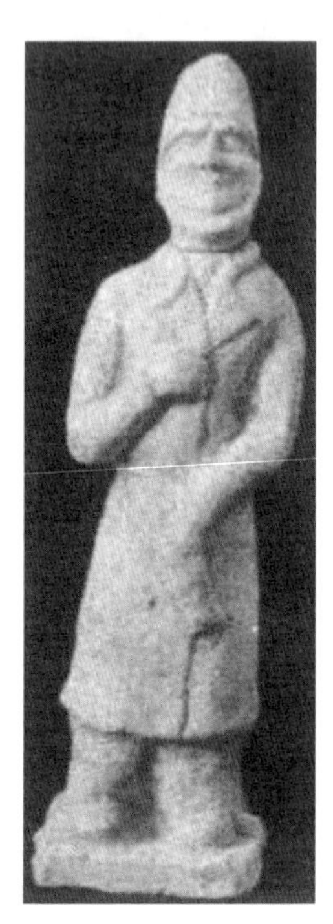
图3.156 河北文安麻各庄唐墓胡俑（三）

五、河北蔚县榆涧唐墓①

1982年9月，河北蔚县博物馆于河北省蔚县黄梅乡榆涧村发现一座唐代墓葬。这座墓葬为砖结构圆形单室墓，由墓门、甬道、墓室三个部分组成。墓门朝南，门为券拱式，高50、宽88厘米。门用砖封堵。甬道为斜坡式，长80、宽88、高50厘米。门道底铺砖。墓室为圆形，直径为350厘米。全部用长方形灰色绳纹砖砌筑，砖长33、宽16、厚6厘米。墓壁砌法

① 蔚县博物馆：《河北蔚县榆涧唐墓》，《考古》1987年第9期，第786～787页。

为三平一竖。墓顶为平砌叠涩券顶，顶部已塌，现存高度140厘米。墓底用单层横卧砖铺地。墓室西侧用砖砌筑棺床，棺床长170、宽120、高6厘米。其上散置人骨架两具，均为仰身直肢，头北足南，经辨认为夫妇合葬。在骨架周围发现了一些铁钉和腐朽木板灰，原应有木棺。在棺床的东下端有铜饰皮腰带（皮带内外均镶嵌铜带饰，皮带已腐朽，仅剩铜带扣、带銙、铊尾）、铁器残片；在棺床的西上端，有釉陶盒、骨梳、小铜环。墓室东南处铺一木板，长90、宽20、厚3厘米。木板已朽，其上放置釉陶器，计有塔形罐、凤首壶、小铃铛。

随葬遗物共清理出十六件。其中出土塔形罐1件，凤首壶1件。

塔形罐1件。细泥红胎，胎较厚重、坚硬。绿铅釉。小口，直颈，方唇外卷，上腹部圆鼓。有子母盖，盖为葫芦形，盖高27厘米。上腹部有堆贴浮雕铺首衔环饰、奔兽各四个，兽衔环与奔兽交错对称。下腹部有十五瓣雕塑莲花瓣。底座上部细长，下部宽敞，呈喇叭形。底座下部有二周附加堆纹。通高105、口径16、底径35、最大腹径41、胎厚1厘米（图3.157）。

凤首壶1件。质地、釉色同上。桃形嘴，带流，长颈，鼓腹，腹上部至口沿有三棱柱形提梁一道，盖作凤首形，底座亦呈喇叭形，座下部有两排附加堆纹。通高74、口径10、底径28、最大腹径25.2、胎厚1.2厘米（图3.158）。

该墓所出土的塔形罐和凤首壶无论是造型风格还是制作方法都有其独特的地方特色。塔形罐的盖不作成整体实芯的塔形状，而做成空芯的宝珠塔刹式，美观、大方， 不同凡俗。凤首壶的凤首部分线条粗犷，凤冠高耸，嘴似鹰嘴，壶身无饰，古朴、典雅，别有风韵。壶座相连，不可分割，前所未见，在国内为首次发现。塔形罐，受佛教影响颇深，是典型的印度风格的宗教器物。凤首壶自6世纪前后沿丝绸之路传入内地，在之后的金银、陶瓷等工艺品中多有体现，反映了当时的中西文化交流情况。

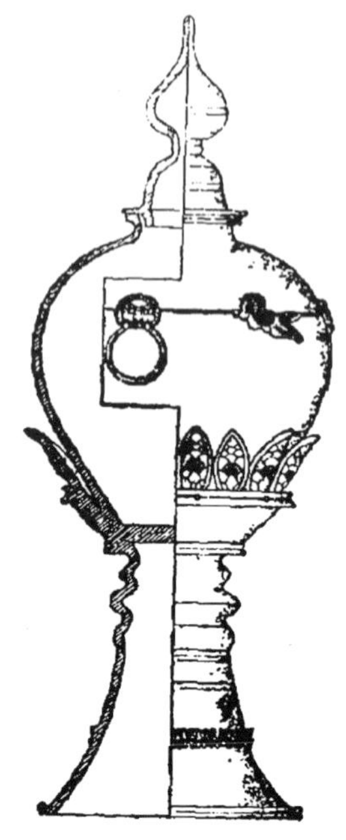
图3.157　河北蔚县榆涧唐墓塔形罐

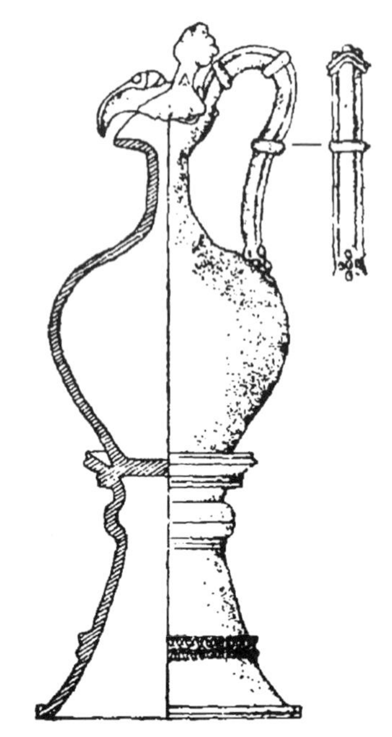
图3.158　河北蔚县榆涧唐墓凤首壶

六、河北元氏县使庄村唐墓①

2003年3月，石家庄市文物局及元氏县文保所于河北省石家庄市元氏县马村乡使庄村北约50米处对该墓进行发掘。墓葬为砖砌券顶单室墓，无墓道，方向174°。墓底距地表约4米。墓室南宽北窄，平面近梯形，长3.12、南部宽1.2、北部宽0.64、高1.06米。墓壁为单砖错缝平砌， 至高0.78米处起券，券顶以单砖侧砌，缝隙处以半砖、碎砖补砌，不甚整齐；墓底用一层砖错缝平铺。墓葬用砖均为单面细绳纹砖，长28.5、宽14.5、厚6厘米。

随葬品均被村民从墓中取出，共收缴12 件。据了解，除1件陶罐出土于墓室南部外，其余随葬品均放置于墓室北部。其中有狩猎纹高足铜杯1件。

狩猎纹高足铜杯1件。标本M1∶3，残。通体鎏金，口微敞，圆唇，

① 石家庄市文物局、元氏县文保所、石家庄市文物保护研究所：《河北元氏县使庄村唐墓》，《北方文物》2008年第3期，第39～41页。

腹壁较直，腹上部饰一周凸棱，高足，足中部有“算盘珠”式的节。杯身满布鱼子地纹，腹部为狩猎场面，残存一骑马奔驰的狩猎者，猎手似张弓待射，身后有一只正在奔跑的动物，周围有树木。口径5、高6厘米（图3.159）。

该墓未发现有明确纪年的遗物，故无法断定其确切年代。但墓内出土的随葬器物具有较强的时代特征，狩猎纹铜杯与西安南郊何家村、东南郊沙坡村出土的唐代前期银杯十分相似，具有外来特征。

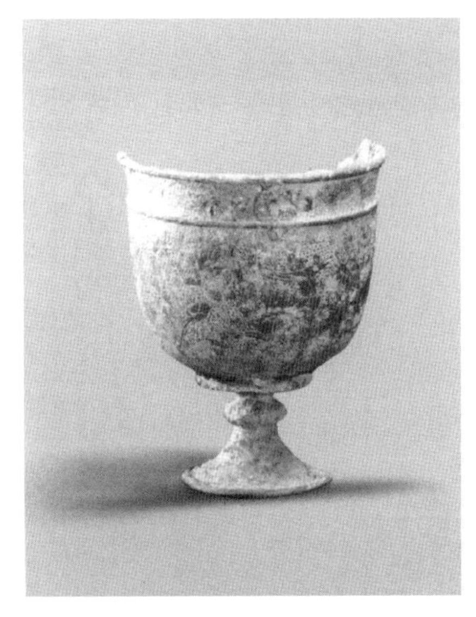

图3.159　河北元氏县使庄村唐墓狩猎纹高足铜杯（M1：3）

七、河北省平山县西岳村崔仲方墓[①]

1998年4月，平山县博物馆于河北省石家庄市平山县两河乡西岳村北约700米处发掘了崔仲方墓。该墓北依西林山，西南临滹沱河支流南甸河，地势略有起伏，当地俗称“侯子坟”。墓地东距战国中山国都城灵寿城址约2公里，东南距1968年发现的北齐崔昂墓约4.5公里。1998年4月，西岳村砖场于该处取土时发现两座东西并列的砖室墓（M1、M2）。其中M1因墓底距地表不足3米，墓葬已被破坏殆尽，形制不明，人骨无存，仅能从残存的铁棺环推测出棺板厚约9厘米。

随葬品多残损，总计出土17件。包括陶俑、镇墓兽、禽畜、模型、器皿等陶器15件，铁棺环1件，石墓志1合。其中出土胡人俑1件。

胡人俑1 件。标本M2：7，高鼻深目，腹部鼓起。头戴毡帽，身穿翻领右衽窄袖衣，腰束细带。右手屈臂于胸前握拳，左手握拳抬至腰侧。高20.8厘米（图3.160）。

① 河北省文物研究所、平山县博物馆：《河北平山县西岳村隋唐崔氏墓》，《考古》2001年第2期，第55～70页。

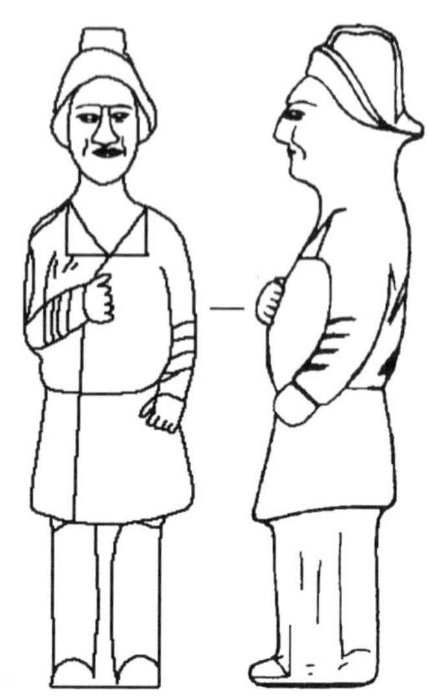

图3.160　河北平山县西岳村崔仲方墓胡人俑（M2：7）

八、河北省献县唐墓[①]

1980年，献县文化馆于河北省沧州市献县东樊屯村发掘了一座古墓，墓葬编号为XM1。在村南约50米的滏阳河北岸，由墓道、甬道、墓门、墓室构成，地表未见封土。此墓位于河堤内侧，早年曾受到严重破坏，墓道、甬道的形制已不清楚，仅知甬道长约1.2米。墓门宽约1米，内有平砌封门砖墙。墓室为单砖平砌，圆形，直径3.15米。墓顶已坍塌，墓壁残高1.5米，在墓壁北面正中及稍偏西处各有一小龛，龛高0.8、宽0.45、深0.2米，距墓底地面0.5米。地面平砌铺地砖一层。

该墓出土随葬品54件。其中出土天王俑1件，文吏俑2件，执事俑3件，胡俑2件。

天王俑1件。标本M1：2，高64厘米。头戴尖顶盔，双眉紧皱，怒目而视，络腮胡须垂于颔下。身穿铠甲，腰上下束两条带子，结于腹部，垂于腿前，下着腿裙。右手叉腰，左手握拳于胸部，手中空，原执物已失。足穿尖头靴，下踩小鬼。

---

① 王敏之、高良谟、张长虹：《河北献县唐墓清理简报》，《文物》1990年第5期，第28～33页。

文吏俑2件。标本M1：3，高37厘米。戴幞头，面型方圆，络腮胡须下垂。身穿右衽圆领窄袖长袍，腰系革带，带扣位于右侧，带端垂于腹前。双手捧笏。足蹬尖头靴。标本M1：4，头已缺，残高27厘米。穿着与前一件相同，腰部革带两端垂于腹部及臀部，双手拢袖拱于胸前。

执事俑3件。标本M1：5，头已缺，残高25厘米。穿左衽翻领窄袖长袍，腰系带。双手拢袖拱手胸前。标本M1：6，高30厘米。戴尖顶风帽，额前有缨，穿右衽翻领窄袖长袍，腰系带。左手下垂，右手屈于胸前，双手中空，原均执物。足蹬靴。标本M1：7，头已缺，残高22厘米。身穿左衽翻领窄袖红色长袍，腰系带。左臂微前屈，长袖偏垂，右手置于胸部。足穿靴。

胡俑2件。1件上身已残缺。标本M1：8，高23厘米。卷发，圆脸，深目高鼻。身穿右衽圆领窄袖红色上衣，下着无裆裤。左臂下垂，右手屈于胸部，手中空，原握物。足蹬靴。

文吏俑和执事俑所穿都不是中国传统服装，显示出唐朝与周围各国来往频繁，文化交流较多的迹象。此墓出土陶俑不仅造型多样，而且制作较细，比例适度，不失为唐俑中的上品，河北省发现唐墓不多，沧州地区则更少，此墓的发现，为研究唐代沧州一带的历史提供了新的实物材料。

九、河北省清河县丘家那村唐墓[①]

1987年春，邢台市文管所及清河县文保所于河北省清河县丘家那村对唐安固县令孙建、孙玄则父子墓进行了发掘。墓葬位于今清河县东南1.5公里丘家那村中干涸坑塘内。两墓相距3米，西南侧为孙建墓（编号M1），东北侧为孙玄则墓（编号M2）。其中M1为正南北向的砖室墓。有墓道、甬道、墓室三部分，墓道未清理。甬道位于墓室南壁中部，长1、宽1、残高1.25 米。与墓道连接处用条砖平铺垒砌。墓室平面呈正方形。边长3.4、残高1.25米。墓底距现地表4.75米。由于早年取土导致水淹，现仅存部分壁砖，墓顶早已坍塌，形制与高度不详。墓壁以青砖平砌，隔行错缝。墓

① 辛明伟、李振奇：《河北清河丘家那唐墓》，《文物》1990年第7期，第47～54页。

底用青、红半砖平铺。墓室西北侧设东西向棺床，以三层青砖平砌，长2.34、宽1.5、高0.21米。

墓内随葬器物共34件，包括彩绘陶俑10件，彩绘陶神煞4件，动物及生活用具模型8件，铜器2件等，其中出土胡人俑1件。

胡人俑1件。标本M1：31，立于方形台座上。深目，浓眉，高鼻。头戴高帽，身着翻领偏襟长袍，束带，乌靴。左手下垂，右手置胸前。高3.05厘米。

第四章　结　　语

汉至唐时期，随着政治的相对稳定，经济、文化繁荣发展，吸引着各国使节、留学僧、商贾等纷纷前来交流、学习、经商。当时所遗留下来的珍贵文物为我们研究古代中外文化交流史提供了宝贵资料。尤其在魏晋南北朝至隋唐时期，西域文化的影响达到高潮。河南及相邻的山西、河北等地作为中国政治、经济和文化活动的中心区域，往往先受胡风胡俗的影响，在墓葬中主要表现为胡俑、外来宗教、外来器物（包括仿制品）、胡人墓志四个方面。墓葬中蕴含的西域文化因素反映了外来服饰及工艺品传入中原后，都经历了被汉民族吸收、融合，逐步实现本土化的发展过程，体现了中原地区胡汉不同民族间的互动与融合。

一、胡　　俑

在中国古代墓葬习俗中，以胡人形象作为奴仆来炫耀墓主人的地位，是自汉代以来一脉相承的艺术表现形式，魏晋南北朝至隋唐时期，在河南、山西、河北三地发现有胡人形象的墓葬约40座，主要体现在胡俑、壁画、石质葬具的装饰及器物装饰上，其中胡俑所占的比例最大。胡俑体型大多比较高大，深目、高鼻、大眼、阔嘴、络腮胡，表情生动，与中原汉人外表有着非常明显的区别，包含了当时社会不同阶层、不同种族的西域人形象。胡俑与汉人形象的俑类相比较为高大，但遵从相同的丧葬制度，在性质功能上并无区别。以胡俑的用途为分类标准，主要可分为镇墓类俑、出行仪仗类俑、伎乐类俑、侍从类俑。

（一）镇墓类俑

此类俑的作用以震慑祛邪、保护亡灵为主，包括胡人相人面镇墓兽、胡人相天王俑和镇墓武士俑。

如贺娄悦墓中的人面镇墓兽，蹲坐状，头略上扬，颧骨突起，深目高鼻，目视前方；徐显秀墓中的镇墓武士俑，均头戴盔，身着铠甲，左手扶长盾，右臂下垂，右手呈握物状，可惜手所持兵器已失；杨机墓（北魏洛阳）中的执剑武士俑，头戴风帽，身穿风衣，双手拄剑于前胸[①]。

（二）出行仪仗类俑

此类俑主要包括文吏俑、仪仗俑和武士俑。

1. 文吏俑

均高冠，深目，高鼻。身着交领宽袖袍，双手多拱于胸前，脚着靴。代表性墓葬有河南巩义芝田唐墓M35。

2. 仪仗俑

以军人或官吏形象居多，头戴帽，身穿圆领长袍，下身着裤，足蹬靴。

左臂弯曲抱于胸前，手握拳。右手放于腰间。两手中空，似持物。代表墓葬有安阳北齐和绍隆夫妇合葬墓、安阳梅园庄隋墓、襄垣唐墓2003的M1。

3. 武士俑

贺拔昌墓（太原北齐）中的辫发骑马武士俑，先辫发若干缕，后披于背部；杨机墓中的武士俑身穿铠甲骑于马上，左手执缰，右臂下垂。俑身披战袍，胡人面相，头戴风帽，浓眉大眼，高鼻张口。马头带面帘，身穿铠甲，站立于长方形托板之上。

---

① 郭凤：《北朝隋唐时期胡俑的考古学研究：以黄河中游为中心》，山西大学硕士学位论文，2014年。

（三）伎乐类俑

为乐舞俑和百戏杂技俑的统称。

1. 乐舞俑

由乐俑和舞蹈俑组成。染华墓中的舞蹈俑，深目高鼻，浓眉，短发卷曲。窄袖胡服，腰束带，长马靴。左臂半侧举，右臂平伸，作转体状，左腿直立，右腿抬起半屈。上身涂红，下身涂白。库狄迴洛墓中一胡人老叟，头戴船形胡帽，身穿左衽胡袖紧身长衫。白袴，船头形鞋。深目高鼻、朱唇，络腮长须，皱纹满脸，笑容可掬。屈膝，张臂，握拳持物，右腿微向前。

2. 百戏杂技俑

雁北师院北魏墓群M2中的顶橦表演，表演者额正中顶一高杆， 左手扶橦底，右手叉腰，杆上有两童子，周围为呐喊助威和奏乐者；还有宋绍祖墓中 4 个高鼻深目的胡俑。

（四）侍从类俑

此类俑包括立式侍从俑、骑马（驼）侍从俑、牵马侍从俑。

1. 立式侍从俑

如虞弘墓中的戴幞头立式侍从俑，头戴尖圆毡帽，窄袖长袍，腰系一带，怀抱一鸭嘴形单耳瓶，立于一个方石板上。

2. 骑马（驼）侍从俑

如王慧墓中的骑俑头戴无脚幞头，高鼻深目。身穿圆领窄袖胡服，双手弯曲作执缰状。

3. 牵马侍从俑

如娄叡墓中的侍从俑，头戴圆顶毡帽，身穿窄袖内衣，外加紧身左衽短褥，右手紧握拳向上高举，左臂弯曲放于腰际。

通过对河南、山西、河北地区出土胡俑的梳理可知，胡人在该地区的职业多样，不仅有御者、侍者、商贾、乐舞者，还有为朝廷效力的文臣武将，反映了当时汉人对于胡人的接纳和认同。胡俑所穿服饰多样复杂，既有汉民族服饰，也有异域民族服饰，两者有较大差别。胡人服饰的大体特征有：短发、戴帽、紧身、窄袖、皮靴等。整体干练利索，既能满足游牧民族的生活习性，又便于保暖。随着他们与中原本土人士交往杂居日久，来源复杂、文化多样的胡人胡服呈现中原式的新形象，冠饰、衣服、鞋履的组合越来越混搭，如幞头与紧身窄袖袍的结合，紧身窄袖袍与圆头平履的结合等，意味着异域各民族文化与汉民族文化的结合。对于入住中原的胡人而言，其服饰审美文化的形成已不仅仅是简单的本土化的继承或汉文化的认同，而是他们在保留本原民族特征的同时不断补充和吸收汉族及其他民族的服饰文化，在历史的大熔炉中，服饰交互影响，最终成为中国多元化服饰文化的一部分。

二、外来宗教

河南、山西、河北自古以来文化交汇，当地的宗教信仰本就具有多元化的色彩，伴随着汉文化的大传统，聚集在这一区域的粟特人、突厥人、波斯人一方面深受中原社会主流汉文化的熏陶，主动或被动地认同于汉文化，开始信仰已经中国本土化的佛教。另一方面，他们也试图保留自身的族群认同，坚守着自身的宗教信仰，主要信仰祆教、景教、摩尼教等。河南、山西、河北地区发现具有宗教意蕴的经幢、墓志、祭祀图等，都是东西方宗教文明交流影响的见证。

祆教即琐罗亚斯德教，俗称拜火教，相传为公元前6世纪琐罗亚斯德创立。凡有粟特人聚落的州县，在聚落中一般都有祆祠或祆舍，即胡人奉祀祆教神祇的地方。在壁画、石刻上还出现了有明显外来特征的祆教祭祀场面，场面中一般会有用来祭祀的火坛，残存的石棺床及其石屏风上有精美的祆教火坛、穆护祭司、人首飞天等，典型的有安备墓中石棺床前壁下栏和虞弘墓中石椁基座前壁下栏的拜火祭祀场面；还有安阳北齐石阙侧面两位祭司侍立两座火坛，火坛上方也各有一火坛；娄叡墓墓室、徐显秀墓石门、磁县湾漳大墓墓道、东魏茹茹公主墓道处还发现的有典型外来特征的半鸟半兽神祇图；此外，徐显秀、娄叡墓中的灯器也曾被定为祆教火坛。这些祭祀场面展现了出行、仪仗、乐舞、信众和圣火敬拜的场景，但主要是通过祆教仪式表现胡人拜“祆主”头领的场面。唐张鷟《朝野佥载》云，“河南府立德坊及南市西坊皆有胡祆神庙。每岁商胡祈福，烹猪羊，琵琶鼓笛，酣歌醉舞”①，即印证了唐初洛阳地区祆教的存在②。

在丝绸之路上十分活跃的基督教东方教会聂斯脱利派，东传进入中国后自称景教。2006年在洛阳发现的残存石刻经幢，为829年镌刻的《大秦景教宣元至本经》，记载了洛阳信仰景教的教徒和神职人员一同为“安国安氏太夫人”立幢的事迹，其十字架艺术造型为中古外来宗教留下了凭吊的记忆；洛阳新出土的花献墓志载其“常洗心事景尊，竭奉教理”，“景尊”指景教对基督的称谓，揭示了其景教信徒的身份。墓志又说“景寺遗声，芳尘罢占。峨峨淑德，克生休命。履义蹈忠，含清体正”，揭示了其景教信徒的身份及其在景教教义约束下生活的日常。

此外，隋唐时期中原地区的西域人开始信仰已经中国本土化的佛教。如《安孝臣墓志》载其子在父母茔内造经幢、写佛经期待亡灵前往净土，“惟灵生母茔内，敬造尊胜石幢”又“就墓所写华严经一部”，反映了西域人对佛教的皈依。此外，墓志中还有对习“禅宗”的描述，如《康庭兰墓志》载“暨乎晚岁，耽思禅宗”③，《安静墓志》称“镜浮生之遽促，植来果于福田，鉴大夜之遐长，祛往缘于欲界。深该六度，妙蕴四禅”④。禅宗是佛教中最为中国化的一派，这也体现了西域人对汉人宗教文化的高度认同。唐代中原地区寺院遍布，佛教文化浓厚，对生活于其中的西域人来说佛教信仰已经比较普遍，信仰的改变是环境熏陶下适应文化大环境自觉选择的结果。

---

① （唐）张鷟，赵守俨点校：《朝野佥载》（卷三），北京：中华书局，1979年，第64～65页。

② 张乃翥：《洛阳景教经幢与唐东都“感德乡”的胡人聚落》，《中原文物》2009年第2期，第103页。

③ 吴钢：《全唐文补遗》（四），西安：三秦出版社，2007年，第438页。

④ 吴钢：《全唐文补遗》（二），西安：三秦出版社，2007年，第149页。

三、外来器物与仿制品

随着丝路的畅通，中亚、西亚等地的使臣、内附、商旅大批东来，他们携带的金银器皿及货币也随之而来。河南、山西、河北地区墓葬中发现的外来金银器包括高足杯、带把杯、多曲长杯、角杯、胡瓶、扁壶等，这些器物大量吸收了粟特、萨珊等地的风格，呈现出了浓郁的西域色彩。外来器型传入中原地区后被隋唐工匠融入了汉民族特色的狩猎纹、缠枝纹、忍冬纹、莲叶纹等装饰艺术，使其更符合汉人的审美习惯。此外，由于金银器材质贵重，可享用的一般为上层阶级的达官贵族，为满足不同阶层人们的审美需求，中国工匠会模仿外来金银器的纹饰及器型制作陶瓷、三彩、滑石等材质的仿制品，使其为更多人使用，这也反映了汉人对西域文化的认同。

（一）外来器物

汉代至隋唐时期传世和考古发掘的外来器物种类和数量很多，许多金银器、玻璃器等具有萨珊波斯和中亚粟特风格，它们的造型、纹饰与中国传统器物迥然相异。

1. 金银器

山西大同北魏封和突墓中的鎏金狩猎纹波斯银盘，盘内鎏刻三道弦纹，盘心描绘的是一位波斯贵族的狩猎场景，整个画面采用模压法向外凸起，细部錾刻鎏金。同时出土的还有形似元宝的高脚小银杯。从制作工艺和装饰花纹看，这些器物属波斯萨珊王朝的产品，制作年代在4世纪后半叶到5世纪末，是由丝绸之路传入中国的。

大同市南郊北魏墓群中M109出土素面银钵1、波斯刻花银杯1（缺柄）、银钏1、银笄1、玛瑙珠饰1（组）；M107出土金耳环1、珠饰1组（饰金珠）、鎏金刻花银碗1。M180出土金耳坠1对。墓葬中发现的玻璃碗和鎏金刻花银碗，依据安家瑶、孙培良二先生的观点，均为大约同时期波斯产品。

山西大同恒安街北魏墓出土项饰一件（其中饰大小金珠10余颗），金耳饰一对，耳饰主体为一圆环，是以一中间粗、两端细的小金棒捶打、圈制而成。环身上部圆细；下部捶揲成扁宽状，中间錾刻一人物，两侧各有一龙。人物卷发，深目，高鼻，颈佩联珠纹饰，肩以下刻覆莲。耳饰主题为一人二兽，人物均在中央，两边是对兽。人物脸部用捶揲技术制造出高浮雕效果。另外，还运用了錾刻、掐丝、镶嵌及金珠焊缀等技术，反映出北魏时期中原和中亚地区文化交融的程度。

另外北齐徐显秀墓、河北赞皇李希宗墓和偃师杏园唐墓各发现有一枚金戒指。其中徐显秀墓中金戒指由黄金戒托、戒指环与蓝宝石戒面组合而成，戒指环为两对称动物，于动物中间托一蘑菇状黄金戒托，盘座为1圈联珠纹，内嵌宝石，宝石戒面镶嵌在黄金戒托正中。此戒指充盈着异国情调，应当出自中亚、西亚甚至地中海地区。

2. 玻璃器

中国考古资料中发现的玻璃器主要源于罗马、萨珊波斯，造型主要有壶、盘、碗、鸭形器等，多为生活用具或者宗教礼器，通过丝绸之路辗转传入各地，相互交流并相互影响。

中国境内发现的境外玻璃器主要分布在大同地区。北齐韩祖念墓出土的萨珊高足玻璃杯1件；大同方山永固陵出土的紫色玻璃环1件；大同市南郊北魏墓群M107出土的磨花玻璃碗1件；山西大同七里村北魏墓群M20出土的玻璃碗、玻璃瓶各1件；山西大同迎宾大道北魏墓群出土的玻璃壶、玻璃球饰等8件；山西大同县湖东北魏墓的胆形玻璃注，其应为吹制而成。吹制技术是由叙利亚人发明的。公元前1世纪，古埃及人掌握此工艺技术，后随着罗马帝国的扩张而得以传播。5世纪时由中亚工匠将此技术传入中国，后逐渐被北魏玻璃匠人掌握并广泛运用，为中西方文化与技术交流提供了重要依据。

另外在河南洛阳和河北地区也偶有发现：洛阳关林M18唐墓[①]出土的玻璃瓶，该器物形制独特，翠绿色透明，圆唇，小口，细颈，器身呈圆球

---

① 洛阳文物工作队：《洛阳出土文物集粹》，北京：朝华出版社，1990年，第106页。

形，安家瑶指出其为无模自由吹制而成，是萨珊波斯制作的香水瓶；河北景县祖氏墓出土的波纹玻璃碗，浅绿色，碗体饰网目状花纹，同墓还出土一只素面绿色玻璃碗。

3. 货币

外来货币进入中国可能是随着当时的中外贸易被商人带入城市的，也有可能是外来使节作为馈赠之用的，数量最多的就是萨珊波斯各个时期的银币。

银币如：洛阳北郊唐墓发现波斯银币15枚，主要为卑路斯银币；洛阳伊川邙山M133唐墓中发现波斯库思老二世银币1枚，洛阳伊川司马沟村村民取土时挖出300多枚波斯银币，均为波斯萨珊朝卑路斯银币[①]；太原金胜村M5唐墓出土的圆漆盒中出土1枚波斯库思老二世银币。

（二）仿制品

魏晋南北朝至隋唐时期出现了许多模仿外来器物样式制作的其他材质的仿制品，金币如：洛阳安菩夫妇合葬墓中西棺床死者手中握1枚东罗马福克金币；太原晋源镇三座唐壁画墓（TL2001M552）出土东罗马金币1枚；河北赞皇东魏李希宗墓出土东罗马金币3枚；河北磁县茹茹公主墓出土拜占庭金币2枚。

铜钱如：洛阳东郊金村出土1枚突骑施铜钱，该铜钱是西域突骑施汗国的货币，一面为粟特铭文，一面为弓形族徽[②]。郑州钱币就是粟特商人仿开元通宝样式所造，曾流行于中亚地区，后可能又被粟特人带回洛阳。主要有金银、三彩、铜、瓷、滑石类等仿制品以供不同层次人的审美需求，器型有三彩高足杯、四曲杯、凤首壶（胡瓶）、兽首杯等。

1. 金银器

此时期的金银杯更能体现外来因素的影响。首先，高足杯是受外来

---

① 范振安、霍宏伟：《洛阳泉志》，兰州：兰州大学出版社，1999年，第163～164页。

② 范振安、霍宏伟：《洛阳泉志》，兰州：兰州大学出版社，1999年，第166页。

风格影响较大的器物类型，原出现于罗马帝国统治的地中海一带，流行于4—5世纪的拜占庭，后传入西亚。如山西大同北魏封和突墓出土形似元宝的高脚小银杯；洛阳邙山出土的狩猎纹鎏金银高足杯[①]；洛阳伊川水寨出土的银高足杯[②]；山西大同一窖藏出土的两件银碗，分别为圆形和叶形，同墓出土了3件高脚铜杯，纹饰为人物头像肖像、棕榈树及模仿希腊和伊朗风格的卷草纹，它们可能是从中亚一带传入中国的[③]。

其次，多曲长杯也是受外来风格影响较大的器物类型，其椭圆、圈足、多曲的特点受到了萨珊波斯同类器物的影响[④]。如洛阳伊川齐国太夫人墓出土的2件双鱼纹四曲金长杯[⑤]；洛阳偃师杏园崔防墓出土的银质四曲长杯[⑥]；三门峡文物工作队在唐张弘庆墓的发掘中发现的一件四曲圈足银长杯（简报称之为耳杯）[⑦]。此外还有河北赞皇东魏李希宗墓出土的莲花水波纹银杯，其上饰联珠纹，杯周身为曲线纹，属波斯萨珊式风格[⑧]。

2. 三彩器

三彩形式的仿制品数量最多，如河南巩义北窑湾M6唐墓中出土的三彩高足杯，将三彩制作工艺与外来器物的风采达到了完美的和谐，可见此时汉地手工艺对外来艺术形式的吸收。

此外，还有郑州后庄王唐墓的三彩孔雀杯和河北沧州前营村唐墓的三

---

① 北京大学考古学系：《北京大学赛克勒考古与艺术博物馆藏品选》，北京：科学出版社，1998年，第122～124页。

② 洛阳文物工作队：《洛阳出土文物集粹》，北京：朝华出版社，1990年，第107页。

③ 杨瑾：《汉唐文物与中外文化交流（上）》，西安：陕西人民出版社，2018年。

④ 齐东方、张静：《唐代金银器皿与西方文化的关系》，《考古学报》1994年第2期。

⑤ 洛阳市第二文物工作队：《伊川鸦岭唐齐国太夫人墓》，《文物》1995年第11期。

⑥ 中国社会科学院考古研究所：《偃师杏园唐墓》，北京：科学出版社，2001年。

⑦ 三门峡市文物工作队：《三门峡市两座唐墓发掘简报》，《华夏考古》1989年第3期。

⑧ 石家庄地区革委会文化局文物发掘组：《河北赞皇东魏李希宗墓》，《考古》1997年第6期。

彩龙首杯，这两种兽首杯源于希腊，被称为"来通"，具有防毒和向酒神致敬的功能，而后逐渐流传于美索不达米亚和外阿姆流域，因此兽首杯应是当时的舶来品[①]。

其中，最具外来色彩的三彩制品当属三彩凤首壶，如洛阳东郊塔湾村唐墓的三彩凤首壶，细颈，扁圆体，头部为凤头形，壶口凤首尖啄弯曲，双眼圆睁，上有高冠，大眼、尖嘴，壶身一侧附弧形柄，装饰狩猎纹和鸾凤纹；河南省文物考古研究所还收藏了一件永城唐墓出土的三彩凤首壶，壶口凤首双目圆瞪，口含珠宝，凤冠加长而成拱形柄，壶身两面模印凤鸟和骑马狩猎纹图案。相似类型的三彩器还有洛阳邙山葛家岭出土的兽首壶。

凤首壶的造型和装饰应源于古代波斯萨珊王朝时期的金银器——胡瓶。胡瓶是胡人生活中经常使用的器皿。在山西太原石庄头唐墓曾出土了白釉人头柄壶，该壶束颈、卵腹、高足，一侧有长柄，柄与壶口处堆塑人头，此器物基本保持了萨珊波斯金银胡瓶的特征[②]。洛阳东北郊以及偃师城关镇出土的头戴折沿帽的胡俑都手执胡瓶[③]。另外，洛阳唐墓壁画中也发现了胡瓶的身影，2005年在洛阳洛南新区发掘的唐安国相王唐氏孺人墓第二天井东壁壁画中的侍者也手提一件胡瓶，此胡瓶有鸭嘴式长尖流，细长颈，把手修长，从口沿自壶身，由此可见当时官僚贵族生活中使用胡瓶之普遍。

3. 陶瓷器

外国金银器在造型和纹饰上改变了中国陶瓷器的传统，使陶瓷的装饰花纹由中国式的花鸟山水转变为外国式的动物、人物浮雕和花卉类题材，如：河南偃师杏园唐墓中出土的白瓷四曲长杯；河北蔚县区出土的绿釉凤首壶，饰有联珠纹、人物肖像、棕榈树叶和花卉图；太原北齐娄叡墓出土的陶灯、龙柄鸡流贴花壶和带盖贴花壶，题材有联珠纹、棕榈叶、怪兽或

---

① 孙机：《中国圣火——中国古文物与东西文化交流中的若干问题》，沈阳：辽宁教育出版社，1996年；山西省博物馆：《山西省博物馆馆藏文物精华》，太原：山西人民出版社，1999年，第195页。

② 俞凉亘、周立：《洛阳陶俑》，北京：北京图书馆出版社，2005年。

③ 杨瑾：《汉唐文物与中外文化交流》（上），西安：陕西人民出版社，2018年。

人像及石雕莲瓣[①]；河北景县封氏墓出土的绿釉陶器也是这种装饰。

用人像浮雕装饰器物的典型为安阳北齐范粹墓中出土的黄釉瓷扁壶，其上印浮雕乐舞图（学者推测其为胡腾舞），周围饰突起莲瓣纹，为五人一组的乐舞图，五人均高鼻深目，身穿窄袖长衫，腰间系带，着靴，可能属当时西域人形象。中央一人婆娑起舞于莲座上，右手前伸，左手下垂，双足腾跳，反首回顾，动态盎然。左边二人：一有髭须者双手持笛吹奏。另一人，侧身，注视舞者，双手仰起作打拍状。右边二人：一人手执五弦琵琶作弹奏状，另一人面向舞者，双手击钱，正是这一场面的写照。

4. 其他仿制品

在河南、河北地区唐后期墓葬中出现了许多外来风格的滑石制品和青铜制品， 如：河南偃师杏园村李存墓和杏园李郁墓中出土的滑石四曲长杯；河南巩义芝田88HGZM66唐墓中的青铜高足杯[②]；河北元氏县使庄村唐墓出土的狩猎纹高足铜杯，此杯通体鎏金，杯腹上部有凸棱，高足上部有算珠节，杯腹装饰狩猎者追赶动物图案。

河南、山西、河北地区涉及西域文化因素的随葬品是多种文化交流和作用的产物。因通往中原地区的商路几经转折，器物的传播可能会受粟特、波斯萨珊等沿线国家的艺术风格影响[③]，但这几种文化系统对中原地区制造业的影响并非截然分开的，而是互相影响借鉴并融合创新，进而使器物本土化的进程。中亚、西亚等地区复杂的历史背景和中原地区传统器物自身多样的文化内涵，促使中国的制造业成为多种文化的集合体。外来工艺品传入中原后，会经历被汉人接受、吸收，再到中国化的创新融合，最后输出仿制品的发展过程，这也体现了中国社会对外来文化的认同与包容。

---

① 郑州市文物考古研究所：《巩义芝田晋唐墓葬》，北京：科学出版社，2003年，图版二四。

② 齐东方：《唐代金银器研究》，北京：中国社会科学出版社，1999年，第305页。

③ 齐东方：《唐代金银器研究》，北京：中国社会科学出版社，1999年，第305页。

四、墓　志

魏晋南北朝时期至隋唐时期，异域各国人员与中原交流次数剧增（这一时期胡人主要是指西北地区诸民族，包括塔里木河流域于阗、龟兹、疏勒、鄯善等国，也包括中亚昭武九姓粟特人以及来自西亚的波斯人等）。其使者、商人、僧侣和求法者，不断前来，这一时期西域胡人大量地进入和分布在黄河流域诸多地区，并发现有大量胡人墓志，包括中亚粟特、西亚波斯的外来移民等，以粟特人最多，他们因经商和战争等原因在北朝至隋时期沿丝绸之路大量进入中原，不断趋于汉化但仍保留着一些族群记忆。本文将河南、山西、河北地区出土的魏晋南北朝时期至隋唐时期胡人墓志梳理如附录A以反映中外文化交流情况。志文内容涉及志主的籍贯、世系、仕宦、交游以及姻亲子嗣等情况，范围广泛，内容丰富。

西域人墓志的撰写者往往是墓主亲友，志文内容或多或少会反映家庭成员或志主的主观意愿，从而映射出整个家族乃至整个社会的某种心态与风尚。观察西域人墓志中对于家世渊源的描述，会发现他们对自身族群记忆的认识具有差异性。不同姓氏的西域人对于族群记忆的认同进程不一，如隋唐时期的何氏、曹氏粟特人的汉化程度较深，基本完成了对汉文化的民族认同，而康氏、安氏、史氏粟特人对于族群记忆的认同具有两重性，选择对自身的族群记忆进行坚守基本集中于唐前期，随着西域人入居中原时间的延长，他们对于族群的记忆开始自觉或不自觉出现遗忘，选择构建攀附华夏族源与郡望以向汉族靠拢，完成了心理观念上的汉化转变，此观念的变化，本质上也反映了西域人融入中原社会的趋势和进程，即从被动到主动，从胁迫到自愿。虽然西域人的汉化程度存在着个体差异，在晚唐时期一些西域人还保留着族群记忆，但随着西域人民族特点的逐渐消失，最终他们终将完全融入中原民族的大家庭之中。

通过对中原地区西域人墓志资料的分析可以映射隋唐时期整个西域人群体在中原地区的社会生活。伴随着中原儒家文化的大传统，西域人的文化认同具有双面性，一方面深受中原社会主流汉文化的熏陶，主动或被动地认同于汉文化，如提出华夷共祖的观点表明他们想融入华夏民族、与汉人望族缔结婚姻以消除门阀士族对他们的偏见、通过科举入仕跻身唐朝官僚体系等，均表明了他们明显的汉化倾向。另一方面，他们也试图保留自身的族群认同。在不同环境下，他们可自觉不自觉淡化或强化某种记忆或认同，这种选择与自身的利益诉求及外部环境的变迁密切勾连。

综上，通过对河南、山西、河北出土胡人墓志资料的梳理分析，可知他们在隋唐时期一定程度上还保持着本民族的特征，但由于胡人长期生活在中原地区汉民族的汪洋大海中，他们为了生存与发展会主动或被动地表现出对中原汉文化的认同。近年来陆续出土并已刊布西域人墓志资料的日益丰富，也是西域人趋于汉化的一种体现。从墓志资料来看，西域人和中原社会各等级的人有较为密切的联系，随着整体利益的不断加固，他们在道德观念、价值取向、风俗习惯等方面均表现出他们对汉民族文化的接受。虽然隋唐时期西域人对汉文化的认同程度存在着个体差异，晚唐时期部分西域人还保持着自身的族群记忆，但最终他们都融入了中原地区汉民族的汪洋大海中，这也体现了中原地区多元一体的民族格局及汉人兼容并蓄的包容胸怀。

附录 河南、山西、河北地区魏晋南北朝至隋唐时期胡人墓志汇编

一、魏晋南北朝时期

（一）河南地区

1. 支伯姬（安文明妻）砖志[①]

支伯姬，永康元年（300年）二月二十一日卒。扇形砖，上宽30.5、下宽17、高20.5、厚7.3厘米。正书，3行，满行8字（图一）。2003年冬洛阳偃师商城博物馆基建工地出土。“支伯姬”墓为长方形竖井墓道的单室土洞墓，其形制为洛阳地区西晋墓所少见。据出土的铭文砖，墓主葬于永康元年（300年），为安文明妻支伯姬。永康是晋惠帝司马衷的年号，永康元年为300年，支伯姬应是月氏人，为当时的西域胡族，安文明无疑是居住在洛阳的安姓粟特人或其后裔。支伯姬墓的发掘为我们研究洛阳地区西晋时期的丧葬习俗、墓葬形制等提供了实物资料。录文如下：

图一 支伯姬砖志

① 洛阳市第二文物工作队、偃师商城博物馆：《河南偃师西晋支伯姬墓发掘简报》，《文物》2009 年第3期，第36页。

永康元年二月廿一/日安文明妻支伯/姬丧。/

2. 奚智墓志[①]

1926年洛阳城西北沟南岭出土。曾归于右任，现藏西安碑林博物馆。洛阳市文物工作队、国家图书馆藏拓。墓志载“故征士奚君讳智……恒州樊氏崞山浑人也。始与大魏同先，仆脍可汗之后裔”。“仆脍可汗”，《魏书》谓“威皇帝讳侩”，拓跋鲜卑早期称最高首领为可汗，其后柔然等民族或部落也称首领为可汗。志石高57、宽40厘米。正书，14行，满行17字（图二）。录文如下：

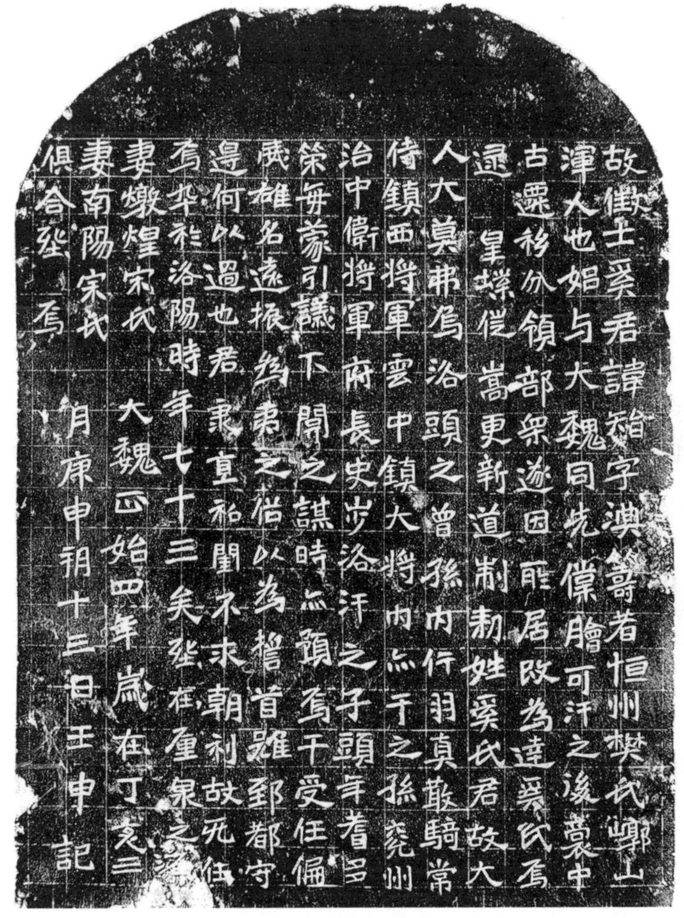

图二　奚智墓志

① 赵超：《汉魏南北朝墓志汇编》，天津：天津古籍出版社，2008年，第50页。

故征士奚君讳智，字洪筹者，恒州樊氏崞山/浑人也。始与大魏同先，仆脍可汗之后裔。中/古迁移，分领部众，遂因所居，改为达奚氏焉。/逮皇业徙嵩，更新道制，敕姓奚氏。君故大/人大莫弗乌洛头之曾孙；内行羽真散骑常/侍、镇西将军、云中镇大将内亦干之孙；兖州/治中、卫将军府长史步洛汗之子。头年耆多/策，每蒙引议，下关之谋，时亦预焉。干受任遍/威，雄名远振，为夷之俗，以为誓首，虽郅都守/边，何以过也。君秉直私闺，不求朝利，故无任/焉。卒于洛阳，时年七十三矣。葬在廛（瀍）泉之源。/

妻敦煌宋氏、/妻南阳宗氏，/俱合葬焉。/

大魏正始四年岁在丁亥三/月庚申朔十三日壬申记。/

3. 鄯月光（车师前部王长子之妻）砖志[①]

图三　鄯月光砖志

1932年洛阳城东30里天皇岭出土。曾归于右任，现藏西安碑林博物馆。洛阳市文物工作队、国家图书馆藏拓。志砖高47、宽23厘米。正书，4行，满行10字（图三）。“前部王、故车伯生息妻鄯月光墓铭”是说志主是车师前部王长子之妻，鄯善国是古代西域的主要王国，也是丝绸之路的必经之地，志主为鄯善国的女子，车师前部在鄯善西北100余公里，两国地望相邻，常互通婚姻。录文如下：

大魏正始二年岁次乙酉/十一月戊辰朔廿七日甲/午，前部王、故车伯生息/妻鄯月光墓铭。/

① 赵超：《汉魏南北朝墓志汇编》，天津：天津古籍出版社，2008年，第47页。

4. 鄯乾墓志①

1931年洛阳城东北后沟村东北关帝庙后出土。曾归于右任，现藏西安碑林博物馆。洛阳市文物工作队、国家图书馆藏拓。志石高57、宽48厘米。正书，19行，满行22 字（图四）。志文中的“平西将军、青平凉三州刺史、鄯鄯王、临泽怀侯”，应是被拜为“征西将军领护西戎校尉”的鄯善王真达，而鄯乾则是其“长子”。鄯乾之祖“鄯王宠”担任北魏王朝的“侍中、镇西将军”。志文说鄯乾是“侍中、镇西将军、鄯鄯王宠之孙”。“侍中”是侍从皇帝左右、出入宫廷、应对顾问的官职。录文如下：

魏故征虏将军河州刺史临泽定侯鄯使君墓铭/

君讳乾，司州河南洛阳洛滨里人也。侍中、镇西将军、鄯鄯/王宠之孙；平西将军、青平凉三州刺史、鄯鄯王、临泽怀侯/视之长子。考以去真君六年归国。自祖已上，世君西夏。君/初宦，以王孙之望，起家为员外散骑侍郎。入领左右辅国/将军、城门校尉，出为征虏将军、安定内史。春秋卅四，以永/平五年岁次壬辰正月四日薨。蒙赠征虏将军、河州刺史，/谥曰定。其年四月改为延昌元年，八月廿六日卜营丘兆/于洛北芒而窆焉。其辞曰：/

有秩斯流，浚发澜京，唯天纵昌，聿资厥声。世光凉右，袭休/纂荣，丰干洁源，邈彼姬嬴。惟祖惟考，晓运昭机，入蕃/皇魏，趣舍唯时。锡土分茅，好爵是縻，灼灼章服，悠悠车旗。/唯君韶节，夙禀门矩，室友廉苏，宾无滥与。幼承秘宠，早参/禁宇，暂莅西服，休政已举。体素钦仁，端风雅正，清明在躬，/昭然冰镜，文英武果，超光朝令。将加殊命，显兹华禄，高列/崇班，副此朝属。远二金坨，式昭魏录，如何不淑，摧梁碎玉。/岁聿其徂，爰即遐岗，泉扉一奄，永谢朝光。去矣莫留，道存/人亡，列铭幽石，长述风芳。/

大魏延昌元年岁次壬辰八月己未朔廿六日甲申记。/

① 赵超：《汉魏南北朝墓志汇编》，天津：天津古籍出版社，2008年，第66页。

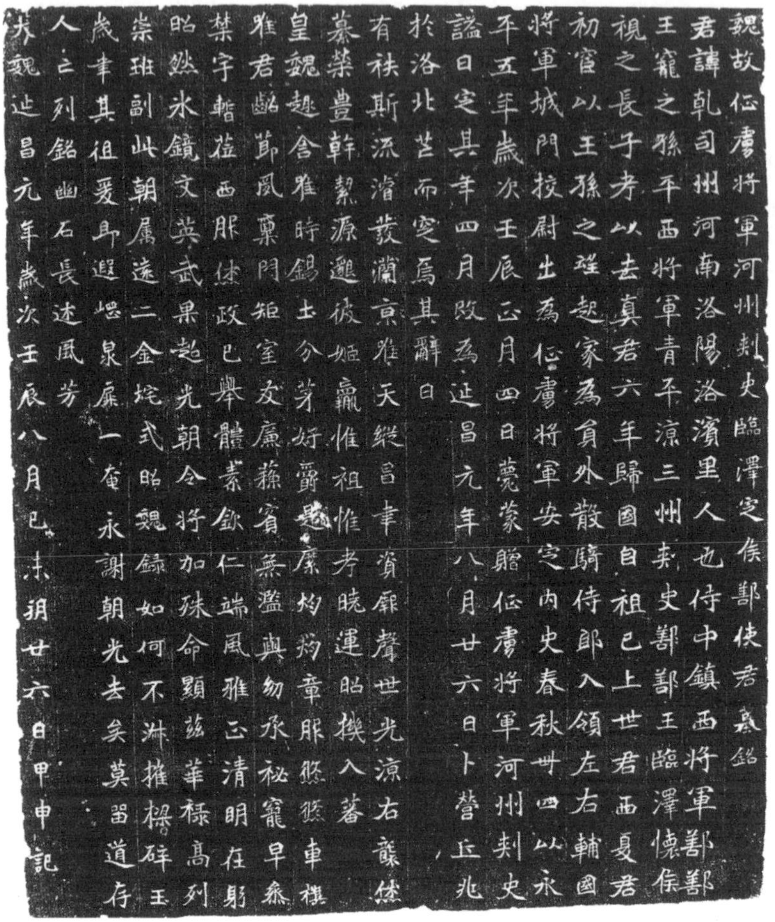

图四　鄯乾墓志

5. 吐谷浑玑墓志[①]

1929年洛阳城北姚凹村出土。曾归于右任，现藏西安碑林博物馆。洛阳市文物工作队、国家图书馆藏拓。志石高49、宽51厘米。正书，23行，满行21字（图五）。由志文“君讳玑，字龙宝，河南洛阳人也。其先吐谷浑国主柴之曾孙”可知，志主为吐谷浑国主柴之曾孙，吐谷浑是中国古代西北民族及其所建国名，本为辽东鲜卑慕容部的一支。录文如下：

① 赵超：《汉魏南北朝墓志汇编》，天津：天津古籍出版社，2008年，第89页。

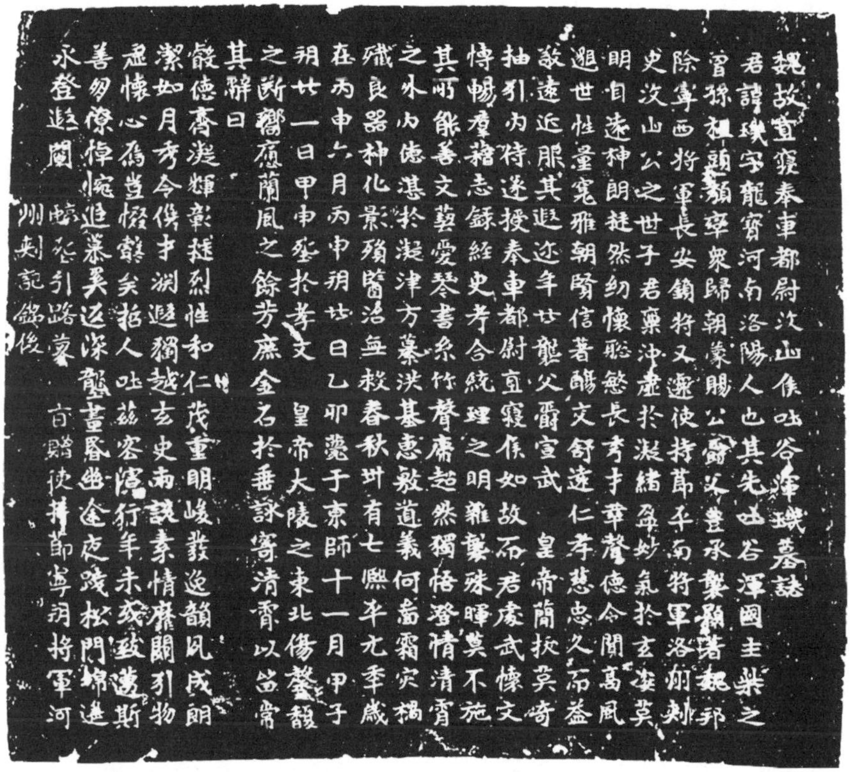

图五　吐谷浑玑墓志

魏故直寝奉车都尉汶山侯吐谷浑玑墓志/

君讳玑，字龙宝，河南洛阳人也。其先吐谷浑国主柴之/曾孙。祖头颓，率众归朝，蒙赐公爵。父丰，承袭，显著魏邦，/除宁西将军、长安镇将，又迁使持节平南将军、洛州刺/史、汶山公之世子。君禀冲虚于凝绪，盈妙气于玄姿。英/明自远，神朗挺然。幼怀聪敏，长秀才华。声德令闻，高风/邈世。性量宽雅，朝贤信著。醻（觞）交舒远，仁孝慈忠。久而益/敬，远近服其遐迩。年廿，袭父爵。宣武皇帝简拔英奇，/抽引内侍，遂授奉车都尉直寝，侯如故。而君处武怀文，/博畅群籍。志录经史，考合统理之明；杂袭殊晖，莫不施/其所能。善文艺，爱琴书。丝竹声席，超然独悟。澄情清霄/之外，内德湛于凝津。方纂洪基，惠敫（敷）道义。何图霜灾，祸/歼良器，神化影殒，医治无救。春秋卅有七，熙平元年岁/在丙申六月丙申朔廿日乙卯薨于京师。十一月甲子/朔廿一日甲申葬于孝文皇帝大陵之东北。伤馨馥/之断响，痛兰风之余芳，庶金石于垂咏，寄清霄以留常。/其辞曰：/

睿德齐凝，辉彰挺烈，性和仁茂，重明峻发。逸韵夙成，朗/洁如月，秀令俊才，渊遐独越。玄史两该，素情靡阙，引物/虚怀，心焉岂慑。懿矣哲人，吐兹容演，行年未或，致迈斯/善。朋僚悼惋，追慕奚返，深垄昼昏，幽途夜践。松门绵遥，/永登遐阐。/

临葬引路，蒙旨赠使持节宁朔将军河/州刺［史］。记铭后。/

6. 于仙姬（文成帝拓跋濬妃）墓志[①]

1926年洛阳城北南石山村出土。曾归于右任，现藏西安碑林博物馆。洛阳市文物工作队藏拓。志石高46、宽38厘米。正书，13行，满行15字（图六）。这是北魏文成皇帝夫人于仙姬的墓志铭。志文中的“世曾祖文成皇帝”即北魏文成帝拓跋濬，452～465年在位。“西域宇阗国主女”，就是西域于阗国王的公主。“夫人讳仙姬”，“仙”应是“阗”的谐音，“姬”是古代对妇女的美称。“于仙姬”就是于阗国的美女之意。但这并不是她的本名，而是嫁为“文成皇帝夫人”后新起的名字。于仙姬远嫁魏宫，安享晚年，高龄仙去。死后奉旨给予隆重祭典，陪葬“西陵”。这些都是于阗与北魏王朝友好关系的反映。录文如下：

魏帝先朝故于夫人墓志/

世曾祖文成皇帝故夫人者，西城（域）宇阗/国主女也。虽殊化异风，饮和若一。夫人/讳仙姬，童年幼龀（龀），早练女训，四光自整，/雅协后妃。圣祖礼纳，寓之玫宇，龄登/九十，耄疹未蠲，医不救命，去二月廿七/日薨于洛阳金墉之宫。重闱追恋，无言/寄声。旨以太牢之祭，仪同三公之轨，四/月四日葬

① 赵超：《汉魏南北朝墓志汇编》，天津：天津古籍出版社，2008年，第180页。

于西陵，谥曰恭。攸颂辞曰：/

混混三饶，浑浑大夜，姝彼灵人，奚不化/乘。晖入［奄］多，照彼玄宫，匪我留晷，铭刊永/终。

大魏孝昌二年岁次丙午四/月己巳朔四日壬申行葬。/

志盖篆书：

大魏文成皇帝夫人于墓志铭。/

图六 于仙姬（文成帝拓跋濬妃）墓志及志盖

7. 苟景墓志[①]

1928年洛阳城西东陡沟村西南出土。曾归于右任，现藏西安碑林博物馆。洛阳市文物工作队、国家图书馆藏拓。志石高68、宽74厘米。正书，27行，满行26字（图七）。志言“源流浩瀚，鸿波浚于委水；基构隆崇，长峰迈于积石”。“委水”何在？《汉书· 西域传》中妫水——中亚的

① 赵超：《汉魏南北朝墓志汇编》，天津：天津古籍出版社，2008年，第257页。

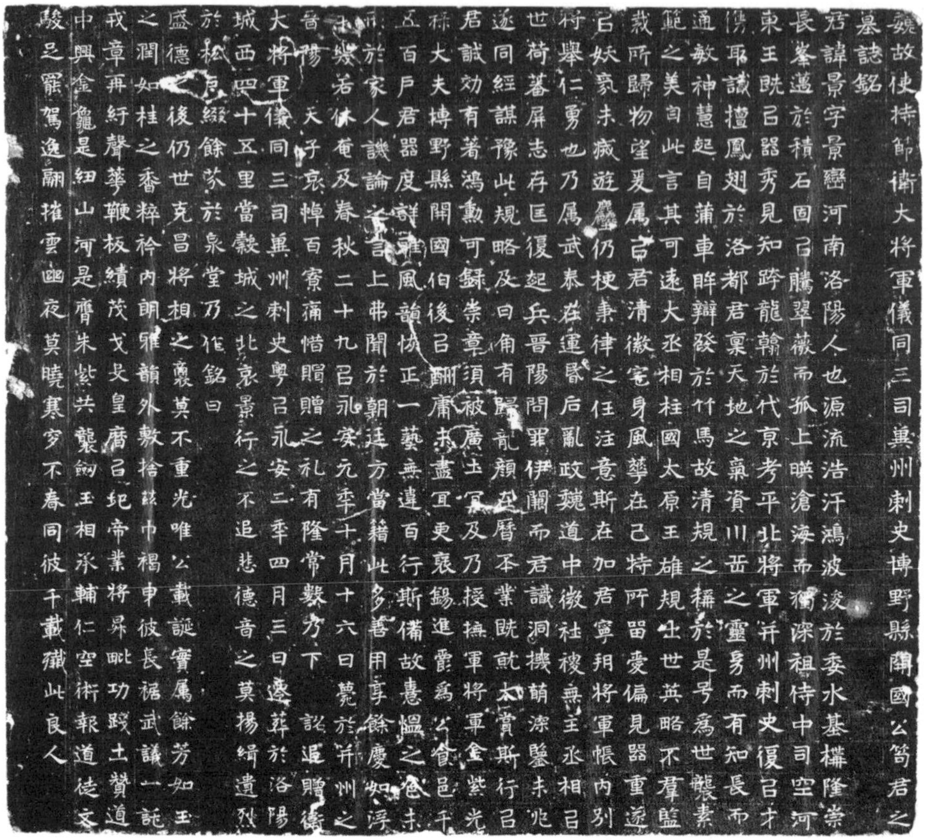

图七　苟景墓志

阿姆河是流入咸海的著名河流。“妫”字见《广韵·寘韵》注：“危伪切”。同部收“委，于为切”，“妫”“委”通用。故委水是古代阿姆河的另一译名。北齐封子绘墓志（河清四年，565年）云：“高基与积石同峻，灵源共委水争长”。两例均以“积石”代昭武九姓祖居之河西故地，以“委水”代后居之河中地区。这是一种适合于昭武九姓人的墓文套语，北魏时已使用①。录文如下：

魏故使持节卫大将军仪同三司冀州刺史博野县开国公苟君之/

墓志铭/

---

① 施安昌：《北魏苟景墓志及纹饰考》，《故宫博物院院刊》1998年第2期，第21～29页。

君讳景，字景峦，河南洛阳人也。源流浩瀚，鸿波浚于委水；基构隆崇，/长峰迈于积石。固以腾翠薇而孤上，映沧海而独深。祖侍中、司空、河/东王，既以器秀见知，跨龙翰于代京。考平北将军并州刺史，复以才/俊取识，擅凤翅于洛都。君禀天地之气，资川岳之灵，幼而有知，长而/通敏。神慧起自蒲车，眸辩发于竹马。故清规之称，于是号为世袭；素/范之美，自此言其可远。大丞相柱国太原王雄规出世，英略不群，监/裁所归，物望爰属。

以君清徽宅身，风华在己，特所留爱，偏见器重。遂/以妖氛未灭，游尘仍梗，秉律之任，注意斯在，加君宁朔将军帐内别/将，举仁勇也。乃属武泰在运，昏后乱政，魏道中微，社稷无主。丞相以/世荷蕃屏，志存匡复，起兵晋阳，问罪伊阙。而君识洞机萌，深鉴未兆，/遂同经谋，豫此规略。及日角有归，龙颜在历，丕业既就，大赏斯行，以/君诚效有著，鸿勋可录，崇章须被，广土宜及，乃授抚军将军、金紫光/禄大夫、博野县开国伯。后以酬庸未尽，宜更褒锡，进爵为公，食邑千/五百户。君器度详雅，风韵恢正，一艺无违，百行斯备。故憙愠之色，［下］未/形于家人；讥论之言，上弗闻于朝廷。方当籍此多善，用享余庆，如浮/未几，若休奄及。春秋二十九，以永安元年十月十六日薨于并州之/晋阳。天子哀悼，百僚痛惜，赗赠之礼，有隆常数。乃下诏追赠卫/大将军、仪同三司、冀州刺史。粤以永安二年四月三日迁葬于洛阳/城西四十五里，当谷城之北。哀景行之不追，悲德音之莫扬，缉遗烈/于松户，缀余芬于泉堂。乃作铭曰：/

盛德之后，仍世克昌，将相之裔，莫不重光。唯公载诞，实属余芬，如玉/之润，如桂之香。粹衿内朗，雅韵外敷，舍兹巾褐，曳彼长裾。武议一托，/戎章再纡，声华鞭板，绩茂戈殳。皇历以圮，帝业将升，毗功践土，赞道/中兴。金龟是纽，山河是膺，朱紫共袭，剑玉相承。辅仁空术，报道徒文，/骏足罢驾，逸翮摧云。幽夜莫晓，寒穸不春，同彼千载，歼此良人。/

志盖篆书：

魏故仪同苟使君墓铭。

（二）河北地区

1. 闾夫人墓志[①]

近年发现的《魏故齐献武高王闾夫人墓志》，从志文内容推测应出土于河北磁县城南。墓志“正方形，边长79厘米，志文22行，满行23字（图八）。未见志盖”。根据志文可知，墓主为东魏时期齐献武王高欢夫人闾氏，实为茹茹（柔然）主阿那瑰之第二女，柔然第一位获称“茹茹公主”之号的人。墓志的出土对于了解高欢陵墓情况、柔然与魏室关系等具有重要作用[②]。墓志录文如下：

魏故齐献武高王闾夫人墓志

夫人姓闾，茹茹主第二女也。塞外诸国，唯此为大，既丰沮泽之产，实同娇子之彊。世约和亲，恒为与国，奇畜衔尾，侍子盈朝，甘泉之烽未动，龙城之使屡降。及国胜兵焚，来控天邑，渭桥成列，上林自归。重起韩昌之骑，还由鸡鹿之道，胜兵控弦，十不遗一，雄图武略，复振北土，槀街无阙，酋轩继路。夫人体识和明，姿制柔婉，闲淑之誉，有闻中国。齐献武王敷至德于戎华，立大功于天地，弼成五服，光于四海，方一此车书，同兹声教，驱百两于王庭，鸣双雁于塞表。遂以婚姻之故，来就我居，推信让以和同列，率柔谦以事君子。虽风马未及，礼俗多殊，而水清易变，丝洁宜染，习以生常，无俟终日。至于环佩进止，具体庶姬，刀尺罗纨，同夫三世，非法不动，率礼无违。宜其永年，以信天道，忽焉已及，何验高明。春秋一十有九，以

① 刘连香：《东魏齐献武高王闾夫人茹茹公主墓志考释》，《华夏考古》2016年第2期，第67～73页。

② 周伟洲：《新出土中古有关胡族文物研究》，北京：社会科学文献出版社，2016年，第80～81页。

武定六年四月十三日，薨于并州王宫，其年五月卅日，窆于齐王陵之北一里。有诏葬以妃礼，虑员方有易，陵谷代徒，美余美无传，式流于此。铭曰：

天池交闭，祸难方延。救焚援溺，非圣伊贤。德之所备，功亦至焉。柔远能迩，礼洽化迁。彼美淑令，时惟妙年。有行去国，言告移天。音容外理，柔和内宣。生之不吊，忽若吹烟。翠羽将灭，铭华蹔鲜。我行其野，归于墓田。松风已急，陇月徒县。哀凝迴隧，歌绕空山。来宾讵久，迭珍方旋。齐女思北，秦姬望西。灯火且焰，香炉余燃。嗟哉白日，永秘重泉。

图八 闾夫人墓志

2. 茹茹公主闾氏墓志[①]

此志（简称《茹茹公主周叱地连墓志》）系1978年河北磁县文化馆等在磁县南大家营村北嘉葬出土，现藏于邯郸博物馆。柔然（茹茹、蠕蠕、芮芮）阿那瑰可汗复兴后，东、西魏各自为了借助柔然之力，消灭对方，因而竞结阿那瓌为婚好。柔然与东、西魏的和亲，见于史籍共五次。磁县茹茹公主墓的墓主即兴和四年嫁与高湛的茹茹邻和公主。

此墓发掘及出土文物（包括墓志）情况，以题为《河北磁县东魏茹茹公主墓发掘简报》首刊于1984年第4期《文物》杂志上。此后，又有多种论著收录此墓志（图九）。如赵超所著《汉魏南北朝墓志汇编》一书及上引罗新《茹茹公主》一文，也引述此墓志[②]。现参酌墓志拓本，将志文转录如下：

魏开府、仪同、长广郡开国高公妻茹茹公主闾氏铭（志盖）

魏骠骑大将军、开府仪同三司、长广郡开国公高公妻茹/茹公主闾氏墓志铭

公主讳叱地连，茹茹主之孙，谙罗臣可汗之女也。源流广远，世绪绵长，雄朔野而扬声，跨列代而称盛。良以布没前书，备诸历史矣。公主体弈叶之休征，禀中和之淑气，光仪婉媳，性识闲敏，四德纯备，六行聿修，声穆闺闹，誉流邦族。若其尊重师傅，访问诗史，先人后己，履信思顺。庶姬以为模楷，众媛之所仪形。皇魏道映寰中，霸君威棱宇县，朔南被教，邀外来庭。茹主钦挹风猷，思结姻好，乃归女请和，作嫔公子。亦既来仪，载闲礼度，徽音岁茂，盛德日新。方享遐期，永结难老，与善徒言，消亡奄及。以武定八年（550年）四月七日薨于晋阳，时年十三，即其年岁次庚午五月己酉朔十三日辛酉葬于釜水之阴，齐

---

① 周伟洲：《新出土中古有关胡族文物研究》，北京：社会科学文献出版社，2016年，第83页。

② 周伟洲：《新出土中古有关胡族文物研究》，北京：社会科学文献出版社，2016年，第83～86页。

献武王之茔内。天子下诏曰：长广郡开国公妻茹茹邻和公主，奄至丧逝，良用嗟伤。既门勋世德，光被朔野，送终之礼，宜优常数。可敕并州造辒辌车，备依常式，礼也。乃铭石壤阴，永传余烈。其词曰：

祁山发祉，蒙野效灵。雄图不兢，世载民英。于惟淑女，膺庆挺生。德兼柔慎，质俪倾城。皇德远临，霸功遐震。紫塞纳款，丹邀思顺。有美来仪，作嫔世隽。惠问外扬，贞情内峻。思媚诸姑，言齿同列。衾帱有序，大小胥悦。方享遐期，仪范当世。如何不吊，兰摧玉折。卜云其吉，将窆玄宫。荣哀总备，礼数兼崇。轻鲸转毂，飞旐从风。清晖永谢，形管无穷。

图九　茹茹公主闾氏墓志

二、隋唐五代时期

（一）河南地区

1. 郁久闾氏（乞扶令和夫人）墓志[①]

郁久闾氏墓志出土时盖、石分离，志盖出自墓室中部偏北处，志石出自墓室南部。志石保存较完整，青石质。边长69、厚11厘米。志文阴刻楷书29行，满行28字，共804字（图一〇）。柔然郁久闾氏在北朝可算是名门著姓，乞伏令和能娶郁久闾氏，可谓高攀。无论从墓葬形制、出土文物，特别是从出土的两方墓志来看，原为乞伏鲜卑、柔然的乞伏令和夫妇，其原民族的属性，经过北朝数百年与内地汉族的杂居、交往已逐渐汉化。两志开始记其先世出自“夏后”，即华夏族祖黄帝之苗裔；说明到北朝、隋初入居内地的鲜卑、柔然等族关于自己祖先记忆，即其族历史渊源，渐与汉族一致，已基本完成了汉化的过程，认同于汉族了[②]。录文如下：

大隋西河国夫人墓铭（志盖）

大隋柱国、齐州刺史、西河公乞伏令和夫人郁久闾氏墓志

夫人讳募满，字思盈。其先夏后之苗裔，天人之后也。昔禹子好田，来降豐草，乌丸善骑，校搏长山。黄云启霸者之符，白雪开帝皇之业，圣人继作芳门，郁起崇基，共琨阆争，高鸿源与，海滨等濬，金科玉牒，难得而详。祖远，遣济生民，侔高伊吕。父伏真，功盖天下，位隆周邻。夫人禀质上玄，资灵秀岳，德冠生短，理穷系象。弱笄就傅，章台（？）之业早传，出教公官，戚里之丰先达。周姬下嫁，唐女嫔妫，诗美肃邑，书陈赫

---

① 周伟洲：《新出土中古有关胡族文物研究》，北京：社会科学文献出版社，2016年，第87～88页。

② 周伟洲：《新出土中古有关胡族文物研究》，北京：社会科学文献出版社，2016年，第87～89页。

弈。母仪淑慎，妇德幽闲，服瀚濯之，衣躬酒挺之事，夫人丰调高奇，志局淹远，龟笑无得并其明，琴瑟不可齐其韵；亭亭似月，嗤梼药之非工，婉婉如神，叹投壶之未巧。赳柔刺令，言告言归，思媚诸姑，实贻嫔则，外姻毕穆，内政聿修，国有彝章，宜从训典。齐天统五年授幽州范阳郡君。武平七年，又授宜民王妃。遣超返代，世多命赏，作合于君，自家刑国。开皇元年令旨：主馈作俪，仪刑闺阃，从爵有章，用光柔范，授柱国、西河国夫人。汉封慎氏，未见衰荣，魏锡卞君，曾无优礼，岂若宠荣三代，贻范百王，逖彼前修，未有如斯之盛者也。夫人业隆家庆，德协闺帷，居蒲则忧，再盈便惧，绮罗弗玩，珠玉不宝，故能构千寻于畴昔，垂万叶于后昆。西河公体道要真，操徵索隐，网罗卿相，驱驰列辟，恒以伉俪之重，相敬如宾。家室好仇，非礼不动，庶鸡鸣有作，卷耳聿制，甘与同梦，志期偕老。宁知芳兰，始馥遇秋，风以振条，逸翮方申，忽淦穷而坠羽，朝华不艳，晨露先晞，景命不遐，处从物故。以开皇八年二月薨于卫州汲县兴让里，时年五十二。于时日月韬光，风云改色，邑有散笄，瞵不相杵，无劳陟岘。自有憧泪之夫，讵假河梁，已见沾缨之客，诸居骤从，逝川不往，祖载有期。宅兆将及，以开皇九年岁次已酉十月辛酉朔十三日癸酉，窆于汲县西北廿里鬨村北一伯（百）步。王帐长埋，金屏永閟，玄旌抗节，服马悲鸣。共天长地久，访龟筮而可知，古往今来，讨芳碑而犹记。其铭曰……

2. 安备墓志①

《安备墓志》是近年出土于洛阳的隋代墓志，该墓志铭共18行，每行18字，共315 字，魏体，有界格（图一一）。出土的具体时间和地点不详。此后该墓志以及墓葬中相关文物被西安大唐西市博物馆征集。安备是一名信仰祆教的入华粟特人后裔。而《安备墓志》记载“上世慕中夏之

① 葛承雍：《祆教圣火艺术的新发现——隋代安备墓文物初探》，《美术研究》2009年第3期，第14～18页。

图一〇　郁久闾氏（乞扶令和夫人）墓志

风，大魏入朝，名沾典客”。安备先辈也是在北魏时期来到洛阳的粟特人，正因为如此，他担任了典客的职务。墓志记载安备“君种类虽胡，入夏世久，与汉不殊。此即蓬生麻中，不扶自直也”，说明安备家族虽然是胡人，但受汉地地域文化氛围的影响已经汉化。安备在开皇九年（589年）十月二十四日被安葬于洛阳城西张分桥。拓片边长38厘米。正书，18行，行18字[①]。录文如下：

① 毛阳光：《洛阳新出土隋〈安备墓志〉考释》，《考古与文物》2011年第5期，第84～88页。

图一一　安备墓志

故开府长兼行参军安君墓志铭/

君名备，字五相，阳城县龙□乡曹刘里人。其先/出于安居耶尼国，上世慕中夏之风，大魏入朝，/名沾典客。父知识者，车骑大将军、直荡都督、千/乘县散男。君种类虽胡，入夏世久，与汉不殊。此/即蓬生麻中，不扶自直者也。善于白圭之术，蕴/而不为玄高之业，弃而不慕。讷言敏行，唯事安/亲。室名龙驹，乡号指南。孝悌之响，闻于邦国。武/平之末者，许昌王幕府初开，牒为长兼行参军。/一参府僚，备经驱使。虽未执断，小心恭奉。时辈/之中，谦直逊顺。屡展勤诚，渐望升进。但事与愿/违，遇周统者，许昌失宠，归于廉之第。君便义绝，/遂还旧庐。敛志东皋，归田二顷。忽萦疾，医僚无/功。大命运穷，奄从朝露。时年卅有四，以大隋开/皇九年岁次己酉十月辛酉朔廿四日甲申葬/于谷水之南，长分桥侧。恐山壑时移，乃为铭曰：/

标贵胄，世代高良。比兰斯馨，譬紫能芳。弱冠/释褐，奉事君王。年始过立奄归无常。/

3. 安度墓志[①]

河南洛阳城北前李村渡水滨出土，洛阳千唐志斋博物馆藏石。国家图书馆藏拓（图一二）。安度，字善通，志文说其去世后，“既而神香遥远，空傅西域之名”，暗示其应是栗特安国人后裔。安度不知何时移居洛阳，唐高宗显庆四年（659年）闰十月甲戌朔，卒于洛阳敦厚里私第，年七十八。同年十一月七日葬于洛阳城北邙山之阳。志石边长36厘米。正书，18行，行18字。录文如下：

大唐故陪戎副尉安君墓志铭/

君讳度，字善通，长沙人也。其先奕叶相承，根枝/疏而不朽；洪源远派，等松竹［而］长荣。祖陶，齐任/滁州青林府鹰击郎将；父定，隋任河阳郡镇将。/并志操凝远，心神迥邈，抚临兵众，恩等春阳。君/龆年早惠，夙著嘉声。玉润优游，逍遥自得。珪璋/间发，挺思云松。君往以大唐□义之功，帝授/陪戎之职，遂遁迹闾里，不仕王侯。孝敬于家，恭/己无犯。修修养志，嗟时逝而不停；肩肩终晨，叹/隙驹而易往。以显庆四年岁次己未闰十月甲/戌朔寝疾卒于敦厚之第，春秋七十有八。即以/其年十一月癸卯朔七日己酉葬于洛阳城北/邙山之阳，礼也。既而神香遥远，空传西域之名；/琼草难求，唯闻蔓倩之说。奄然零落，可不悲哉？/将恐海变陵移，挺迁时逝，故题玄石，勒铭云尔。/其词曰：

郁郁长松，昂昂直上。莲峰拂桂，峪/□独往。悲缠里闬，乡闾遐想。哀哉兴感，倏无仿/像。如彼素月，开霞独朗。/

① 周绍良：《唐代墓志汇编》，上海：上海古籍出版社，1992年，第302页。

图一二　安度墓志

4. 安延墓志[①]

河南洛阳出土，具体时地不详，中国历史博物馆藏石。周绍良藏拓。志石边长50 厘米。正书，20行，行19字（图一三）。安延，字贵薛，河西武威人。志文载他“望重玉关，族高昆岳”，表明其来自西方，其祖父真健，父比失，加上他的祖、父均为胡人风格的名字，推测安延一家出自安国，经武威而落籍洛阳。录文如下：

唐故上开府上大将军安府君墓志铭并序/

君讳延，字贵薛，河西武威人也。灵源浚沼，浪发昆/峰；茂林森蔚， 华敷积石。跃银鞍而得俊，飞白羽而/称雄。故得冠冕酋豪，因家洛矣。祖真健，后周大都/督；父比失，隋上仪同平南将军。并睿哲早闻，雄豪/夙著，高列（？）将，名冠通

① 周绍良：《唐代墓志汇编》，上海：上海古籍出版社，1992年，第180页。

侯。君连跗茂族，疏干华宗，挺/特幼彰，仁孝天性。不畴弓矢，百中之妙逸群；无意/诗书，四始之义宏达。及皇运伊始，宣力义旗，授/上开府上大将军，振迹五营，功逾四校，虽奉诚以/著，名未上闻，何误中曦，奄然落照，以贞观十六年七/月廿日终于私第，春秋/八十四。夫人刘氏，望高西楚，/作妇东周，嫔德既彰，母仪斯则，桃源尚远，俄见迁/舟，以永徽四年四月七日终于弘敬里私第，春秋八十三。以其月廿八日合窆于北邙之阳，礼也。晓/撤樽俎，夙驾灵輀，盖飘飘兮北上，魂怳怳兮南移。/刊德音于玄石，庶弥久而无遗。词曰：/

望重玉关，族高昆岳，俊哲齐颖，英髦挺珏。连芳茂/族，分萼华宗，仁标早岁，孝积唯童。立志乡闾，功流/秘阁，兰菊传芳，光景西落。碧雾起兮昏泉扃，清风/吟兮悲白杨。去昭昭之华屋，处寂寞之玄堂。/

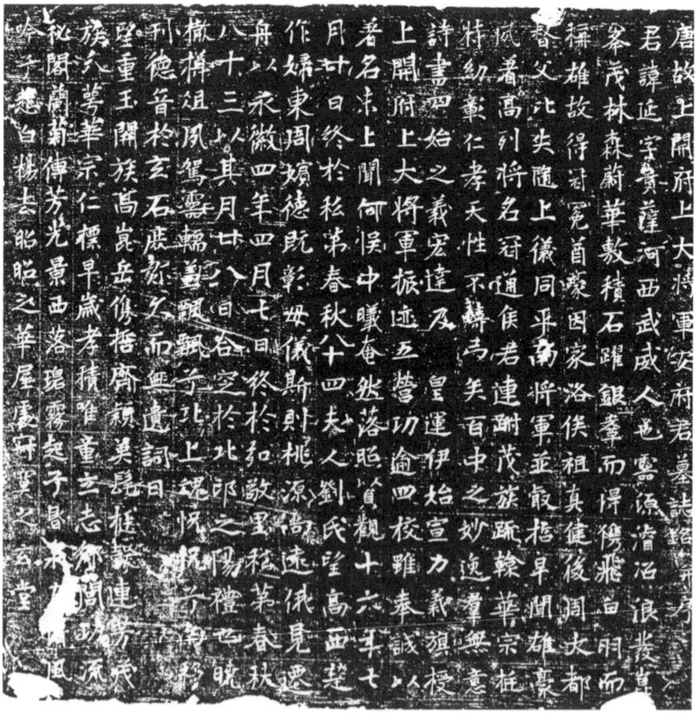

图一三　安延墓志

5. 安静墓志①

洛阳出土，具体时地不详。志石边长44厘米。正书，22行，行22字（图一四）。原归李根源曲庐精舍，现藏南京博物院。安静，字处冲。他祖上源自朔北，铭文中的“寂寥蒲海，迢遰葱河”，即是暗示他们来自西方。北魏统治时期，这一家人来到周南（指洛阳），成为河南洛阳人②。录文如下：

大唐故处士安君墓志铭并序/

君讳静，字处冲，河南洛阳人也。昔夏后承天，派隆基于朔/北；魏皇统历，胤华胄于周南。或济俗康朝，功参微管；或鸿/名盛德，才同王佐。文宗令望，标映一时；忠规素范，腾芬百/代。岂止金门七叶，杨代五公而已哉。

祖巍，齐河阳镇将，□/高□下，气凌云甸。父远，隋文林郎，模楷人伦，师表雅俗。□/清神内澈，如抱夜光，机爽外融，若悬朝镜。志轻轩冕，烟霞/之趣弥高；性狎泉林，簪绂之情遂远。怡然神王，难得亲疏；/寂矣忘骸，不关贵贱。镜浮生之遽促，植来果于福田；鉴大/夜之遐长，祛往缘于欲界。深该六度，妙蕴四禅。岂期佑善/无征，辅仁乖验，金相玉质，与春露而先危；兰悴芝枯，等秋/叶而俱尽。粤以显庆二年十一月廿二日遘疾卒于私第，/春秋六十有二。即以其年十二月十九日葬于北邙平乐/乡安善里，礼也。长子行旻等，想风树而增欷，抚寒泉以痛/心，惧陵谷之有迁，纪芳猷于丰石。呜呼哀哉！乃为铭曰：/

巍巍茂族，赫赫昌源，如珠耀浦，类玉晖昆。六奇秘策，七叶/高门，公侯递映，朱绂华轩。其一。盛矣征君，邈哉处士，礼润初/荣，义资终始。晦迹青丘，齐衡黄琦，慎斯三惑，成兹

① 周绍良：《唐代墓志汇编》，上海：上海古籍出版社，1992年，第267页。

② 荣新江、张志清：《从撒马尔干到长安：粟特人在中国的文化遗迹》，北京：北京图书馆出版社，2004年，第111页。

四美。其二。/寂寥蒲海，迢遰葱河， 始欣中日，还伤逝波。雾萦丹旗，风传/薤歌，莹临月镜，隧掩云罗。其三。三千尚遥，百龄俄毕，几悲冬/夜，频嗟夏日。掩彩少微，潜形幽室，勒铭泉壤，式昭贞质。/

显庆二年十二月十九日处士安君墓志铭。/

图一四　安静墓志

6. 安师墓志[①]

洛阳出土，具体时地不详。拓片为缪继珊铁如意斋旧藏，现藏国家图书馆。拓片长53、宽52厘米。正书，24行，行24字（图一五）。

安师字文则，河南洛阳人。曾祖哲，父豹，隋朝任骁果校尉，都是

① 周绍良：《唐代墓志汇编》，上海：上海古籍出版社，1992年，第385页。

图一五 安师墓志

以武勇效力中原王朝的，和北朝时入仕中国的大多数粟特人相同。安师未到六十，显庆二年（657年） 五十七岁时即在洛阳嘉善里宅第中去世。墓志称安师所出身之地，是“原夫玉关之右，金城之外，逾狼望而北走，越龙堆而西掠，随水引弓之人，著土脾刀之域，俱立君长，并建王侯。控赏罚之权，执杀生之柄”。表明是在金城（今兰州）、玉关（今敦煌玉门关）、龙堆（今罗布泊白龙堆）之西，各立君长，并建王侯，和粟特昭武九姓的情形正合。录文如下：

唐故蜀王府队正安君墓志铭/

原夫王（玉）关之右、金城之外，逾狼望而北走，越龙堆而西掠，随水/引弓之人，著土脾刀之域，俱立君长，并建王侯。控赏罚之权，执/杀生之柄。天孙出降，侍子入朝。日磾隆于汉辰，由余重于秦代。/求之住（往） 古，备在缣缃。/君讳师，字文则，河南洛阳人也。十六代祖西华国君，东汉永/平中遣子仰入侍，求为属国，乃以仰为并州刺史，因家洛阳焉。/曾祖哲，齐任武贲郎将；祖仁，隋任右武卫鹰扬；父/豹，隋任骁果校尉。并勇冠褰旗，力逾扛鼎。至逢蒙射法，越女/剑端，减灶削树之奇，塞井飞灰之术，莫不得之，天性暗合囊篇。/君克嗣嘉声，仰隆堂构。编名蜀府，誉重城都。文武兼资，名行双/美。以斯厚德，宜享大年，彼苍不仁，歼良奄及。以显庆二年正月/十日构疾终于洛阳之嘉善里第，春秋五十有七。夫人康氏，隋/三川府鹰扬、邢州都督康府君之女。兆谐鸣凤，作合游龙是日；/潘杨有符，秦晋刚柔之际。譬彼松萝，婉嫕之欢，同兹琴瑟，爰诞/令胤。并擅声芳，游艺依仁。登朝入仕，皆由从里之训，咸资断织/之恩。以龙朔三年八月廿一日终于洛阳之嘉善里第，春秋五/十有四。即以其年九月廿日合葬于北芒之坂。呜呼哀哉，永言/人事，悲凉天道。小年随朝露共尽，大夜与厚地俱淡。著嫔风于/ 冥漠，纪懿范于沉阴。譬银河之不晦，同璧月而长临。其词曰：/

日磾仕汉，由余宦秦。美哉祖德，望古为邻。笃生懿范，道润松筠。/ 爰有华族，来仪作嫔。四德无爽，六行纷纶。诞兹令胤，时乃日新。/奄捐朱景，遽委黄尘。泉扃一闭，春非我春。/

龙朔三年岁次癸亥九月辛亥朔廿日庚午制。/

7. 安神俨墓志①

洛阳出土，具体时地不详。开封博物馆藏石。周绍良藏拓。志石边长53厘米。正书，21行，行22字（图一六）。《墓志》称：“原夫吹律命

① 周绍良：《唐代墓志汇编》，上海：上海古籍出版社，1992年，第669页。

图一六　安神俨墓志

系，肇迹东周，因土分枝，建旃强魏。”这段文字几乎与《康杕墓志》完全一致，可见有关粟特胡人祖先的附会之词，已经成为程式化的语言。

唐故安君墓志铭并序/

君讳神俨，河南新安人也。原夫吹律命系，肇迹姑臧，因土/分枝，建旃强魏。英贤接武，光备管弦。祖君恪，隋任永嘉府/鹰扬；父德，左屯卫别将。并风格遐远，清猷载穆。爪牙之任，/实擅于五营；干略之能，威加于七萃。公禀和交泰，感质贞/明，志局开朗，心神警发。仁惠之道，资训自天；孝友之方，无/假因习。销声幽薮，晦迹山池，啸傲于林泉，优游于里闬。不/以夷险易操，不以利害变情。齿暮年移，忽婴沉痼，两楹入/梦，二竖为灾，药物无施，奄从风烛。以调露二年正月廿六/日卒于嘉善里之私第，春秋五十有八。夫人史氏。承懿方/池，蕴资圆水，贞顺闲雅，令范端详，受训公宫，偶兹嘉室。俄/潜月浦，奄翳巫山，以咸亨五年正月廿五日倏焉长逝，春/秋五十有三。还以调露二年二月廿八改袝于邙山。嗣子/敬忠，集蓼迷心，结秋五十有三。还以调露二年二月廿八改袝于邙山。嗣子/敬忠，集蓼迷心，结列（裂）土姑臧，分枝元魏，乃祖乃考，为将为帅。累德基仁，行标/忠义，代袭衣冠，见称闾里。其一。惟君沉静，不规名利，兰杜栖/迟，逍遥仁智。心依泉石，志怀经史，操慕松筠，交希淡水。其二。/隙驹飘忽，风树难停，遽从运往，俄掩泉扃。痛两剑之归匣，/悲双鹤之游庭。既返真于土壤，雅合符于道情。其三。/

调露二年二月廿八日/

8. 安怀墓志[①]

洛阳孟津朝阳村出土。洛阳千唐志斋博物馆藏石。志石高57、宽58.5厘米。正书，24行，行23字（图一七）。《安怀墓志》载：“祖隋朝因宦洛阳，遂即家焉。”其祖上是在隋朝著籍到洛阳的。录文如下：

大周故陪戎副尉安府君夫人史氏合葬墓志铭并序/

君讳怀，字道，河西张掖人也。祖隋朝因官洛阳，遂即家焉。曾/祖朝，前周任甘州司马，风才温雅，识理详明，郊无狼顾之人，/□□枭鸣之吏。祖智，隋任洛川府左果毅，勇冠三军，气雄一/□，□弯落鹰，矢发啼猿，抚育三军，尝无一怨，致□为毅，其即/是宣。父昙度，既属隋季乱离，聊生莫逮，爰失乾荫，唐运克昌，/□□里闾，耆旧称荐。唐朝任文林郎，非其好也。君智宇温雅，/器局冲和，不怡不恚，沉浮任俗。己长靡说，他短匪扬。但以生/□太平，咸须有职，蒙授陪戎副尉。

① 陈长安：《隋唐五代墓志汇编 · 洛阳卷》第八册，天津：天津古籍出版社，1991年，第209页。

加以门垂五柳，非唯彭泽/之家；室酝千钟，岂独季伦之第。以永淳二年七月廿三日遘/疾，祈天祷地，灵祁纪覆护之能；饵药针石，奉□捐童衣之疹。/□以其年八月十二日终于思顺坊之第，春秋五十有三。夫/人史氏，陇西城纪人也。灵源森森，镜德承之□清；崇□茂□，/冠岱宗之峻极。祖盘陁，唐任阳州新林府/车骑将军，乎仑县/开国公；父师，□朝左□卫。夫人三从雅顺，四德妙润，实妇□/之堤防，信女□之轨则。幼失严父，长丧慈亲，早适安门，作□/君子，义夫节妇，左右莫称。积善无征，奄从窀穸。以长寿二年/一月二日，终于履信坊之第，春秋六十有四。嗣子长龄等，循/陔擗手，望树崩心，知灭性之非

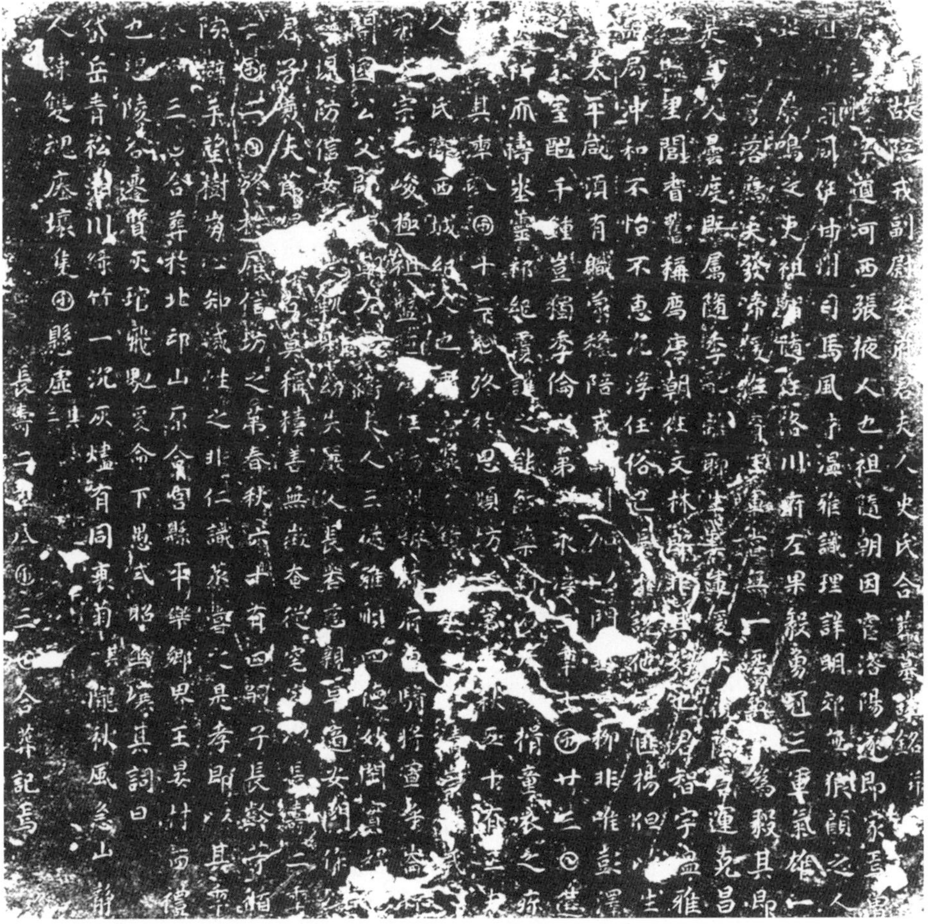

图一七　安怀墓志

仁，识蒸尝之是孝。即以其年/八月三日合葬于北邙山原合宫县平乐乡界王晏村西，礼/也。恐陵谷迁贸，灰琯飞驰，爰命下愚，式昭幽壤。其词曰：/

岱岳青松，湘川绿竹，一沉灰烬，有同哀菊。其一。陇秋风急，山静/人疏，双魂瘗壤，只月悬虚。其二。/

长寿二年八月三日合葬记焉。/

9. 安思节墓志①

洛阳城北周寨村出土。洛阳千唐志斋博物馆藏石。国家图书馆藏拓。志石边长43 厘米。正书22行，行20字（图一八）。墓志称：“其先长沙人也。家世西土，后业东周，为河南人也。”若依墓志的说法，和安度一样，其先人曾著籍长沙。但又说其家世代是住在西方的，后来来到东周曾经建都的洛阳，于是成为河南人。开元四年（716年）四月十一日卒，年五十八。同年五月二十七日，殡于北邙山。录文如下：

故岐州岐山府果毅安府君墓志/

府君讳思节，其先长沙人也。家世西土，后业东周，今为河/南人也。曾祖瓒，隋左卫大将军，拥旌龚命，而六漠无祲；援/袍先登，而三军加勇。祖遮，任左金吾卫弘仁府折冲，仡仡/干城，英英御难，率职亮采，光于古人。皇考暕，上柱国，纪庸/燕山，铭勋彝器，雄誉声于天下，猛气横于大荒。记牒存焉，/可略言也。君世为华胄，早能耀德，干蛊于家而孝风变俗；/移忠于国而丕绩勤王。弱冠宿卫皇闱，典司文陛，敏/对以待问，执机而应务。帝用咸之，擢授祁州祁山府果/毅。图略云郁，神情月照，用武则断凶奴之臂，运谋则伐单/于之心，愿扫游魂，将雪国耻。而幽数或奇，长策未振。居无/何， 脱巾旧里，倏然有外物之议，潜华养素，采真冥古。陆大/夫之籍甚，时论同归；郭有道之优游，人林取宪。泥蟠而晦/德，雾隐而韬文。惜

① 陈长安：《隋唐五代墓志汇编 · 洛阳卷》第十册，天津：天津古籍出版社，1991年，第91页。

其大位未跻而享年不永，开元四年四/月十有一日寝疾，卒时年五十八。初公洗心妙业，结意芳/缘，护法终身，持戒没齿，昔厌烦恼之境，今游清净之方。即/以其年五月廿七日殡于邙山之阜，桐棺以厥之，素綍/窆□，故人恸哭而祖车，赞者悲歌而引绋。胤子嘉□等□/膺□血，叩心号天，终古无赎，感芳□于黄卷；永世垂列，篆/芳□于玄堂。辞曰：/

猗欤君子，光光绝伦。寞然幽魄，冥冥反真。大梦不觉，长夜/无晨。千秋兮万岁，何此地之埋玉人！/

图一八　安思节墓志

10. 安孝臣墓志①

1918年洛阳城东小李村南出土。洛阳千唐志斋博物馆藏石。国家图书馆藏拓。志石高35、宽37厘米。正书，16行，行15字（图一九）。安孝臣和他的三个儿子的名字兴宗、承宗、荣宗，都是地道的汉名，但从他的姓来看，应是著籍太原的粟特人后裔。开元二十二年（734年）三月八日，卒于洛阳敦厚里之私第，年仅四十六岁。同年四月九日， 葬于河南县平洛乡邙山其母的坟茔内。其三子并在其生母茔内，造《尊腾陀罗尼经》石幢，高二丈五尺。表明到唐朝中叶，受汉人的影响，中原地区的粟特人当中，信仰佛教的现象已经比较普遍。录文如下：

大唐故翊麾副尉澤州太行鎮將騎都
尉安府君之墓誌銘并序
夫以三教之法與天地合興聖演流傳
俱當是一君諱孝臣太原郡人也惟生
翹心邊衆勇氣超群鎮静邊壚寧清塞
境何忽終于敦厚里之私第春秋卌有
六矣哉忠化嗣子興宗次子承宗次子
榮宗嗚呼以開元廿二年歲次三月八
日魂歸四大氣散春風荒郊之野永世
長居用其年四月九日殯於河南縣平
洛鄉邙山之原毋大塋内安措禮也夫
子之德其銘曰
盛德何在荒田一丘含霜風切霞壟雲秘
惟靈生母塋内敬造尊勝石幢高二丈
五尺又就墓所寫花嚴經一部願靈永
塵霑影往生淨土

图一九　安孝臣墓志

① 陈长安：《隋唐五代墓志汇编 · 洛阳卷》第十册，天津：天津古籍出版社，1991年，第91页。

大唐故翊麾副尉泽州太行镇将骑都/尉安府君之墓志铭并序/

夫以三教之法，与天地合兴，圣演流传，/俱当是一。君讳孝臣，太原郡人也。惟生/翘心逸众，勇气超群，镇静边疆，宁清塞/境，何忽终于敦厚里之私第，春秋卅有/六。天哉中化！嗣子兴宗、次子承宗、次子/荣宗。呜呼！以开元廿二年岁次三月八/日，魂归四大，气散春风，荒郊之野，永世/长居。用其年四月九日殡于河南县平/洛乡邙山之原、母大莹内安措（厝），礼也。夫/子之德。其铭曰：/

盛德何在，荒田一丘，含霜风切，覆垄云愁。/

惟灵生母莹内敬造尊胜石幢，高二丈/五尺。又就墓所写华严经一部。愿灵承/尘沾影，往生净土。/

11. 安思温墓志[①]

1999年4月洛阳孟津平乐镇刘坡村出土。洛阳千唐志斋博物馆藏石。志石高36、宽36.5厘米。正书，17行，行18字（图二〇）。此墓志1999年4月出土于河南孟津县平乐镇刘坡村，后被千唐志斋征集收藏。志主安思温与妻史夫人无疑又是粟特安氏与史氏的联姻。从墓志中二人皆为洛阳人的记载来看，其先辈较早来到洛阳并入籍。安思温没有做过官，但已经具有较深的汉族传统文化修养，品行端良，墓志记载他“德业高广，风猷众钦。孝友仁慈，淑善温克。博学聪惠，遇物多能”。安思温开元九年卒于巩县，暂时安葬在那里。根据墓志记载其妻史氏在安思温去世后孀居三十年，于天宝八年（749年）卒于陈留郡（汴州），权葬于陈留。唐代的汴州也居住着许多粟特人，因此这里直到唐末宋初还有粟特人所信仰的祆教祆祠。直到天宝十年（751年）四月其子安令璋才将二人合葬于洛阳邙山平阴乡成村[②]。录文如下：

---

① 吴钢：《全唐文补遗·千唐志斋新藏专辑》，西安：三秦出版社，2006年，第221页。

② 毛阳光：《洛阳新出土唐代粟特人墓志考释》，《考古与文物》2009年第5期，第75～80页。

大唐故安府君史夫人墓志铭并序/ 乡贡进士李暹撰/

府君讳思温，夫人并洛阳人也。官婚尚远，绵历/代数。但式遵古训，而不坏俗焉。君德高业广，风/猷众钦，孝友仁慈，淑善温克。博学聪惠，遇物多/能，儒释二门，特加精意。篆隶得回鸾之妙，庄周/自天性之奇。木秀于林，风高早折。去开元九载/终殁，权殡于巩县。夫人史氏，少以知礼，四德备/闲。孝养忠贞，孀居守节，卅余载，鞠育偏孤。梦奠/两楹，梁木斯坏。去天宝八载六月廿七日终于/陈留郡，寄瘗。孤子令璋，哀号贯裂，祠拜乖违， 启/卜两茔，同归一葬。以天宝十载岁次卯辛四月/癸丑朔八日庚申，合祔于洛阳县平阴乡城村/之界，礼也。执哀过礼，君子□难。铭曰：/

洛阳东陌，邙山北原。松林□□，宅兆/新坟。昔为孤垄，今契蛟津。□泉扃兮/日暮，悲狐兔以为邻。/

志盖：大唐故安府君墓志铭。

图二〇　安思温墓志

12. 安氏（花献妻）墓志[1]

两方墓志对安氏夫妇族源没有涉及，对其祖辈的记载也是寥寥数句。夫人安氏是安定郡人，中古时期的安姓源出于中亚粟特地区的安国，安氏是粟特人无疑（图二一）。录文如下：

夫人安氏苗裔，安定郡人也。世祖讳晟之女也。繁衍淑女，彩黛纷敷。焜耀华叶，若斯之盛也。夫人幼而韶□，长而婉穆。金声玉振，蕣荣兰茂。恭守箴诫，昭彰六姻，则贤班、姜，无以比也。适花氏之门，实秦晋之好。如琴如瑟，若埙若篪。和鸣锵锵，有偕老之誉。保金石齐固，宜享椿松之寿。岂期素无乖违之疾，奄倾西泉之驾。时长庆元年四月五日终于修善之里，春秋五十八。奈何运有数极，修短分定。金之坚不可腐，松之贞不可不折。巷失规矩，宗倾母仪。夫哭气填其胸，男哭血洒其地。古之常制，不可久留。卜兆川原，以为窆穸之所。用其年十月廿二日葬于洛阳县感德乡柏仁村，不祔先茔，别立松柏。南瞻万安，北背洛汭。长子应元、次子满师皆幼而不禄，苗而不秀。幼子齐雅，克己复礼，乡党称善，友朋敬之。徒跣茹蓼，折肝殒心。扶杖侍棺，叫绝道路。属时多难，虑谷迁于陵。邀余志之，刊石作纪。文简不方者，沐恩颇深，敢不课愚。抽毫叙事，乃为铭云：

安氏之女，花氏之妻。兰馨芝茂，如璋如珪。凤桐半折，孤鸾独栖。其一。孟母其萎，珠沉汉浦。精粹芭萝，参衔万古。奚为奇灵，长夜盘暮。其二。伊洛之郊，土地丰饶。周姬之□，宇宙之标。神归其下，德音不遥。其三。册名刊日，封乎枝叶。志其坤房，北邙相接。地久天长，子孙昌业。

---

① 毛阳光：《洛阳新出土唐代景教徒花献及其妻安氏墓志初探》，《西域研究》2014年第2期，第85～91页。

图二一　安氏（花献妻）墓志

13. 安万金墓志[①]

安万金卒于后晋天福二年（937年），时年七十六，当生于862年左右。在其二十岁之时，随李克用镇压黄巢起义。根据墓志可知，安万金，字宝山，于天福二年终于私第，享年七十六。在其家族中，很多人历任索葛府刺史。“索”，这一名词开始出现在唐末，最初是沙陀三部落之中由粟特人所组成的一个部落，五代时期则演变为一个地方行政机构“索葛府”，并在后唐以后逐渐消失。该墓志洛阳孟津张杨村出土，具体时间不详。洛阳博物馆藏石。志石高59、宽58厘米。正书，31行，行32字（图二二）。录文如下：

晋故均州刺史光禄大夫检校司徒兼御史大夫上柱国开国男食邑三百户安府君墓志/

前卫州军事衙推将仕郎试大理评事赵普撰并篆盖/

盖闻天地之间，人最为贵；方圆动静，一象乾坤。高悬日月以照临，大纳江河而灌溉。/七星九曜，五岳四时者也。公讳万金，字宝山。其生也，上禀于德星；其长也，才包于/六艺。弓开似月，纷纷而射落妖星；剑掷为龙，矫矫而却回瑞日。勇能

① 陈长安：《隋唐五代墓志汇编·洛阳卷》第十五册，天津：天津古籍出版社，1991年，第148页。

嚼龛，力可拽牛。/夜思昼行，豹略始因于玄女；左擒右纵，龙韬元受于黄公。昔从武皇，破黄巢/而定紫塞；久权兵柄，擎爱日而灭妖星。明宗念以夙勋，除受严州刺史，怜其/硕德，特委奂符，留伴悻于天庭，未许归于本郡，再承宠渥，除受贝州/刺史。百姓歌其来暮，一人蔚其去思。兴农佩犊之谣，喧喧四海；恤置矜孤之/惠，蔼蔼八弦。清泰二年，除受均州刺史。露冕而六条清静，骞（褰）帏而千里恺康。赏罚即/行，阖境之奸邪黜窜；恩威并布，一方之疲弊舒苏。曾讳德升，银青光禄大夫、检校/太子宾客、故镇武马军指挥使，索葛府刺史，箭射九乌，声震四海，入阵而六钧弓硬，/临戎而丈六戈轻。祖讳重胤，银青光禄大夫、检校工部尚书、静塞军管内都游弈/使、索葛府刺史，抚绥封疆，四境之夜无吠犬；剪除奸盗，千里之社绝凶渠。皇讳进/通，银青光禄大夫、检校尚书右仆射，守应州别驾、索葛府刺史，长兴二年赠司空，正/清如水，显令誉于八弦；恩惠如膏，展骥足于千里。妣曹氏，长兴二年赠鹿邑县太/君。公即司空太君之爱子也。公本自稷契之苗裔也。始因周平王治国，六蕃来/侵，将军奋剑一挥，万夫胆碎； 操戈直指，八表晏清。上旌功劳，乃命氏族焉。公即/将军二千年后玄孙也。初索葛府刺史，迁马军右第二军使，迁昭义军左游/帘马军指挥使，迁塞宁军使，迁右先锋指挥使，迁昭义军衙队指挥使，迁/昭义军在城及守御左右厢都指挥使，后除严州刺史。前后指挥使七处、刺史三/任。先婚何氏，长兴元年十月，内封陈留县君，生男二人，长元进，内殿直、银青光禄大/夫、检校国子祭酒，兼御史中丞、骁骑尉；次延超，银青光禄大夫、检校左散常侍，兼/御史大夫、武骑尉、护圣副兵马使；女一人，事梁家。次室米氏，生子一人元审，/ 前索葛府刺史。次室王氏，生子一人元福，殿前承旨。次室张氏，生子一人韩留。/次室赵氏，生女一人，事石家。公于天福二年五月奉宣令往西京，请见/ 任刺史俸禄，就便养老，其年十月内，忽萦寝疾，善终于私第，享年七十六， 于十一月/戊辰朔十七日甲申陈留县君迁柑于河南县北邙山张杨里伯乐原，礼也。普叨/忝姻娅，幸沐嘉招，惭非黄绢之辞，获刊

翠琨之上。铭曰：/

生我兮天地，毓我兮二仪。天生天煞，天地之宜，俾我七权兵柄，荷尧云之霭霭；受予/三携郡印，感舜日［之］曦曦矣。由□其圣代不为，顿隔明时。北邙山上，永表旌麾。/

图二二　安万金墓志

14. 安重遇墓志①

墓志称："公讳重遇，字继荣，雁门人也。"安重遇是五代后唐明宗重臣安重诲的弟弟，同光元年（923年）起家为邢州刺史，后曾被封为武威县开国男，表明这个安氏与武威安姓的关联。由于安重诲家是五代时的大家族，材料虽晚，确能说明粟特人在代州生活的情况。1931年洛阳后李村出土。洛阳千唐志斋博物馆藏石。志石高67、宽66厘米。正书，38行，行38字（图二三）。录文如下：

大周故护国军节度行军司马金紫光禄大夫检校司徒兼御史大夫上柱国武威县开国男食邑三百户安公墓志铭并序/

前乡贡进士颖贽撰/

夫死者归也，可尚者手足无伤；葬者藏也，所贵者祭祀不辍。其式遵彼周仪，若双龙之再合；刊诸□/石，备百代之所疑，即知义方垂教子之规，阴德积贻孙之庆。考之今古，惟公有焉！/公讳重遇，字继荣，雁门人也。银青光禄大夫、检校尚书右仆射、兼御史大夫讳弘璋之孙也；金紫光禄大夫、/检校司空、兼御史大夫讳福迁之子也；推忠致理，佐命保国功臣、河中护国军节度管内观察处置等使、开府仪同/三司、检校太师兼中书令、行河中尹、上柱国、汧国公、食邑二千五百户，食实封三百户讳重诲之弟也。生于贵门，少有奇志，文武之/道，尹翁标双美之才；然诺之诚，季布擅百金之誉。同光元年，起家为邢州长史，鸿渐之势，识者知其/摩天矣。明宗继统，成务思贤，难兄内举以无疑，圣主搜扬而罔树。天成元年，加检校尚书右仆/射，授安国军节度行军司马。道光初席德，道迈列藩。俄辞幕府之中，遂厕诸侯之内。旌别州武，何其/明哉！天成三年，授洛州团练使，加金紫光禄大夫、检校司空、兼御史大夫、上柱国。长兴元年，改授郑/州防御使，转检校司徒，余如故。教化风

① 陈长安：《隋唐五代墓志汇编·洛阳卷》第十五册，天津：天津古籍出版社，1991年，第173页。

行，似出芝兰之室；歌谣玉振，雅符正始之音。古所谓吏不敢/欺，民知所措者，斯之是也。天子以为良二千石。由是郁然有擢旌之望耳。无何，明皇有悔，辅臣/贻覆餗之殃；宗子承祧，郡守入勾陈之卫。清泰元年命公为武卫将军。公以时移事改，志屈道穷，/随百谷以朝宗，罢谈泾渭；逐四时而成岁，但慕松高。无耻具臣，自为君子，晋汉二代，名隐十年，历成/德、河阳、谯国三任行军司马，封武威县开国男、食邑三百户，有以见欲寡其过矣，有以见优游卒岁/矣，如斯而已。岂非贤哉？大周受命，先帝好贤，蒲轮将降于九霄，薤露俄悲于一世，于广顺元年/九月四日寝疾终于西京福善坊私第，享年六十有一。哀闻洛水，寻兴罢市之悲；信到圃田，即起辍/舂之念。右使承国家之桃，倚展胸臆之谟，猷可以踵黄霸之芳踪，继鲁恭之高躅，仰裨圣政，丕/变古风。人之云亡，孰不惋□之者乎！公婚刘氏，封彭城县君，有德有容，宜家宜室，先公三载殁/于舜城。长子，前郑州衙内都指挥使、银青光禄大夫、检校工部尚书、兼御史大夫、上柱国崇礼等；次/ 子崇□；次侄崇文；次子崇贞；次侄崇勋；次子崇义、崇智、天养；侄女。见侍罗氏，前任右骁卫将军延鲁长女；/见侍张氏，任棣州团练使延翰次女； 见侍王氏，任右屯卫将军继昌次女；见侍康氏，前摄徐州节度/推官琳次侄女。先侍李氏次女，见许苻氏长子。新妇高氏等奉/公理命，敬事无遗。卜宅兆于河南县平乐乡朱阳村，以彭城县君祔葬焉。即显德元年十一月八日/也。经云孝子之事亲终矣，此之谓乎！夫显亲扬名，期于不朽；勒石表墓，宜属多才。冀丹青其出处之/踪，用鼓吹其卷舒之韵。以防为谷，令叹非常。薄才既辱于/见知，滞思勉伸于撰述。庶使琮璜发彩，如假石于他山；兰蕙吐芳， 若乘风于空穴。敢为陈信，谣作铭/云：/

海边留舄，赤玉荧煌，宫中剖股，太子元良。神仙胤嗣，义烈晖光，爰生英哲，/用赞君王。公之祖考，翼佐武庄，有功有德，盟府修藏。公之同气，显位明皇，/启周之际，谋无不臧。伐纣之后，立不易方，天下瞻仰， 海内称扬。使民向化，/致主垂裳，知公有作，内举含章。爰从上佐，首赞金汤，旋策共理，克奉如伤。/洛波淹湛，郑圃芬芳，连枝既折，良□乃亡。遂抛郡印，来践朝行，罔求闻达，/但务周防。晋汉二代，出入十霜，镇垒自守，优游不妨。惟周受命，得士者昌，/将随驲骑，去佐皇纲。天夺其寿，今也则亡，所怀者德，罔念者乡。牛岗应兆，/马鬣当阳，有子嗣续，有孙蒸尝。千秋万岁，永宅于邙，重曰：/公齐体兮县君，公同穴兮良辰，双魂安兮莫分。四维去兮无亲。

镌字人翟玟/

图二三　安重遇墓志

15. 安崇礼及妻高氏合葬志①

洛阳出土，具体时地不详。洛阳千唐志斋博物馆藏石。志石高55、宽57厘米。正书，34行，行39字（图二四）。志载安崇礼之曾祖弘璋，祖福迁，伯父安重诲，父安重遇。雁门安氏家族曾有后周显德元年（954年）《安重遇墓志》出土，后唐明宗朝重臣安重诲之弟，崇礼之父。安崇礼自幼得到安重诲的赏识，随其父重遇在郑州任衙内指挥使，重遇死后，便不再任官，这很可能与安氏家族在后唐失势有关。宋开宝四年（971年）卒于洛阳延福里，葬于河南平乐乡祖茔。妻高氏早亡，与崇礼合葬。

沙陀部落中有很多粟特人，多数是六胡州叛乱之后加入沙陀部落的。史籍所见某些典型的粟特姓氏，如康，安、米等，他们自称沙陀人。最初他们以部落的形式存在沙陀之中，逐渐融入沙陀部落，安重诲家族与沙陀李克用家族的结合就是粟特与沙陀结合的反映。

大宋故郑州衙内指挥使银青光禄大夫检校工部尚书兼御史大夫上柱国安君墓志铭并序/

乡贡进士李象撰/

天地冲虚，散和气于万物；神化无执，钟类聚于百灵。巢莲有十朋之祥，在囿标一角之瑞；/羽仪见九包之质，药品丽三秀之奇。总是英华，诞生哲士。故能外积乡曲之誉，内全和睦之称。/进不务于矜名，退不至于隐迹。抱中庸之德，合自然之机。善始令终，贻厥无参者，君实其人。君讳/崇礼，字同节，其先雁门人也。银青光禄大夫、检校尚书右仆射，讳弘璋，君之曾祖也。金紫/光禄大夫、检校司空，兼御史大夫，讳福迁，君之王父也。推忠致理，佐命保国功臣，河中护国军/节度管内观察处置等使，开府仪同三司、检校太师兼中书令，赠尚书令行河中尹、上柱/国、汧国公，食邑二千五百户，食实封三百户，讳重诲，君之孟父也。郑州防御使、金紫光禄大/夫、检校司徒兼

① 洛阳市新安县千唐志斋管理所：《千唐志斋藏志》，北京：中国旅游出版社，1989年，第1246页。

御史大夫、上柱国，讳重遇，君之烈考也。或志与道存，高卧升平之世；或德从后显，/思沾冥冥之魂。或掌密于天枢，或作藩于侯国。世官世禄，则史册具详；乃武乃文，则前志可验，/此得略而不书。始者堂序八人，君冠其长。风云未集，咸怀济物之心；羽翼将舒，俱负雄飞之/志。然而，非奇屈之才，不可以当时用；非特达之选，不可以展大功。藏机在怀，有发必中。居一日，/孟父令公于犹子之爱，有择贤之心。君方弱龄，神采独秀。群弟之仵在右，卓立之情甚高。因谓/郑州司徒曰：垂积善之庆而保问望者，在此子矣！遂奏充郑州衙内指挥使，加银青光禄大夫、/检校工部尚书，兼御史大夫、上柱国。资父事君，自家形国。君严而肃，贞固有干事之能；清而通，/临财念苟得之诫。未尝不忖己而度物，舍短而从长。方欲飞奏天庭，宾于王国，展骥足于/东道，运鹏翼于南溟。无何风树兴悲，却使云衢失路。广顺元年丁郑州司徒之丧，罔极之哀，/仅乎灭性。礼制有节，官情已阑。遂毓蔬灌园，挂冠不仕。或药圃春暖、竹斋夏凉；或蘇径秋吟、/桂堂冬燠。莫不履屧拽杖，携友延宾。绿杯盈卮，素琴横睐。俯接襟袂，厕杂缁黄。日居月诸，垂/数十载。尝谓僚友曰：夫饰身者文，仲尼不曰遁世无闷；毓德者道，老聃不曰养素全真。吾今袭大易/之居贞，达玄元之返朴。而今而后，将欲慕大乘义，种未来因，不亦可乎？于是闻者知君以三教饰身，/百行为则，宜其享高门之庆，垂积世之勋，永践福庭，遐跻寿域。殊不知仙乡素约，内院潜期。天/龄昧终吉之言，物理契无坚之喻。宛其而逝，命也何征？于开宝四年正月十日寝疾终于延福里之私/第，享年五十七，呜呼！君生而不群，禀天地之淳粹；长而莅事，冠今古之贤能；晚岁退居，得盈虚之/妙理；终年履道，达空寂之玄关。前所谓善始令终、贻厥无忝者，不其然乎？即以其年十月二十三日归/葬于河南县平乐乡朱杨村之大营茔，礼也。君婚高氏，早岁而亡，今卜祔焉，以尽敬也。琴调绿绮，久/闻别鹤之音；剑入平津，再合双龙之气。有子二人，长曰隐珪，授将仕郎、试秘书省秘书郎，婚安/陆副车、清河张氏之女；次曰十哥；尺璧寸珠，俱是成家之宝；贞松建木，咸称构厦之材。孙/女一人苏姐，方在襁褓，慧晤之性，骨气之殊。庆子谋孙，渐保莫京之繇；牛岗马鬣，爰求/无愧之辞。将备变迁，是兹刊勒，象幸因《秋赋》，洎寄伊川，见托为文，具存实录。谨为铭曰：/

天地之精，散为百灵。引而伸之，哲人诞生。天地之气，/蓄乎万汇。卷而怀之，哲人云逝。其生也荣，拖紫垂缨。/中道而弃，抱素含贞。其逝也宁，楸阜松垧。赫矣道业，/超然德馨。总彼徽誉，勒乎斯铭。庶备陵谷，千秋万龄。/

图二四　安崇礼及妻高氏合葬志

16. 安守忠墓志[①]

安守忠为代北沙陀族的后裔，出身世代边将之家。曾祖父安山盛，唐末时曾任朔州牢城都校；祖父安金全，在后唐明宗时官至安北都护、振武军节度使；父亲安审琦，历仕后唐、后晋、后汉、后周四朝，官至平卢军节度使，封陈王。洛阳出土，具体时地不详。曾归于右任，现藏西安碑林博物馆。志石高87、宽82厘米。行楷，47 行，行57字（图二五）。录文如下：

大宋故推诚翊戴功臣感德军节度观察留后光禄大夫检校太傅知定州军州事充本州马步军部署管内制置营田使兼御史大夫上柱国安定郡/开国公食邑五千八百户食实封六百户赠太尉安公墓志铭并序/

翰林待诏宣德郎守秘书丞同正兼御书院祗候赐绯鱼袋吴郢书并篆/ 朝奉郎守太子中舍张宗诲撰/

内殿崇班银青光禄大夫检校国子祭酒兼御史大夫骑都尉张继勋监护丧事/ 咸平三年春，感德军节度观察留后安公自中山拜请觐，夏四月入朝，上优礼以接之，因召座论语，公敷奏移时，剌剌皆边/事，上咸听纳。不逾月，以威望夙著，复委旧镇。届途有日，暴疾忽作，上闻恻然忧之，亟遣王人太医，走至，已不救矣。以是年六月十/二日薨于京师龙华坊之第，春秋六十九。天子临轩震悼，辍视朝一日，制赠太尉，诏内殿崇班张继勋监护丧事，赗禭之礼率加常等。以/嗣子继昌为供备库副使，冬十月三十日诏归葬于河南府洛阳县金谷乡尹村。公讳守忠，字信臣。曾祖讳山盛，唐拜州都指挥使，累/赠太傅。祖金全，唐振武节度使、同中书门下平章事、安北都护，累赠太师、邠国公。烈考讳审琦，周平卢军节度使，守太师，兼中书侍郎、陈王，累追赠/秦王；妣曹氏，封矩鹿郡夫人。公即秦王之次子也。端壳（悫）重厚，静渊明毅。就傅之年，则乐善好学；加冠之岁，

① 赵力光：《鸳鸯七志斋藏石》，西安：三秦出版社，1995年，第316页。

则见义知奋。赋之以高略明识，翼之以/介特恭慎。代为名将，世济其美。故家之庆，天之休， 集于公躬，为国屏翰。晋天福八年，起家西头供奉官，在周太祖朝历襄州衙内都指挥使，俄领/绣州刺史，入朝，改鞍辔库使，遥郡如故。属世宗下淮甸，李璟奉正朔，诏公持节往谕荆楚。时五代之后，列国骀蹇，使臣率懦弱无状，咸伛偻拜服，第/币其贿，殊失王人体。公至则宣命叙，揖示若内诸侯仪，议者谓公能不辱君命。而二帅亦钦叹。旋换八作使。六年春，丁先王忧，毁瘠绝浆，迨至/灭性。诏命夺情，起复拜衡州刺史。洎太祖开业，素知公才建隆，四年，王师剪南夏，移理于永。乾德二年，西平全蜀，思用仁政，慰悦初附，/公时零陵代还，方届阙下，太祖遽召谓曰：南郑重地，久隔王化，芜政苛酷，民俗偷薄，借卿一行，与我共理。旋知兴元府事。四年， 就除汉州刺史，/汉尝兵车之冲，实主东道，凯旋之日，使命旁午，俸廪虽厚，厨傅实繁。公必輂其家财，以助公费。岂徒不燃官烛，不入官舍，悬鱼留楼云耳。太祖/每选王人，必□曰：安其在蜀，汝将见之，律身之方，亟可景行。上见重也如此！是时，太夫人在堂，年及喜惧，公思展色养，愿早代□，乃亲讽/藏经，绝肉食者三岁，事亲之孝，断可知焉。改濮州刺史。俄知辽州。丁太夫人忧。寻起复。开宝九年，太宗践祚，诏归阙，知灵州事。雍熙二年，知易/州，冬移夏州。时西戎骀悍，屡犯封略，公每先计后战，纵锐出奇，鏖兵古原，杀获过当。羽书南走，时达玉除，朝庭议公之勋，就拜濮州团练使。/端拱后，两典沧州，一莅瀛部，三理雄郡，再临中山。端拱二年，除瀛州防御使。淳化二年，换耀州观察使。皆就郡拜之，表优宠也。二年冬，许乘傅诣阙。/对见之日，便殿赐座，慰谕稠叠，首访边事，公□ 占具对，深惬上旨。助祭礼成，恩加疏户。以久积劳效，复委旧藩。面辞之日，上因曰：知/卿竭私徇公，尽力王室。遂出御府钱五百万以赐之。至道三年，今上即位，异时御延英，顾宰执曰：立国者在安人、在安民二者。边鄙耸兵革，/用何安焉？欲边鄙不耸，莫若择贤才而任使之。《周书》不曰：安危在出令，存亡在所用。今列牧众臣有干城之功，而才可任者唯安公耳。赏典未举，曷以/劝具位！是年果有两使之命。公自解巾褐至启手足，在缙绅凡五十八年，典十郡、历数职，周旋艰难，备经夷险。始自供奉官至两使留后；阶自三品/至二品；爵衔自开国男至开国公；检校自司徒至太傅；食邑自三百户至五千八百户；实封自二百户至六百户。一加功臣，一兼御史大夫，一为河/堤使，历高阳关、定州兵马部署制置营田使。公生于令族，为国宝臣，挺希世之姿，禀至和之气，功业兼茂，为群列表率。名位崇峻，无骀堕之色；勋/烈昭著，无矜伐之容。历事二代，遭逢五主，咸□英衫，委任隆重。处繁难之地，当兵革之冲，或在家边密迩，或虏，皆能临事制变，好谋而成，茂功茂庸，/辉映百代。始卒无丝毫之玷，所至有赫赫之誉。虽庆烈之延耀，亦公恭慎明毅而致也。太祖有朱祐坟旧之契，而公恭慎晦默，同列元知/者，然出领外任，必面赐宝带，其恩宠之异，独冠当时。太祖班师晋阳，公时护从，每侍行阙，话及始谋，公因折利害之端，述奇正之要，沉谋/婉尽，特出意表。上肯首延视，恨得之晚。太宗初出宸，注意边事，以朔方之地，控制夷夏，非嶷然持重，谓莫可镇宁，因急诏征公面谕所委，/公至止则谨，或备训农务，讲信修睦，议狱缓刑。不浃岁，而民庶怀，部族畏，如坻（坻）如京，谣咏腾沸，在镇凡七年，考课为天下最。辽山日有郡民构并寇，谋/反城以板响应有日，阴谋莫知，将发之夕，子妇告变，咸肆于市，阖境赖安。盖公明诚不欺坟罪人。斯得。莅雄州也，方酾酒高会，宾僚毕集，作乐之次，/军校谋变，鸠聚凶党，裹甲袭门，阍吏觉之，狼狈入白，公谈笑自若，神色恬然，徐顾座曰：他奴酒狂尔，焉足多讶！逆计不及，业已束手就擒。樽俎之间，/尘定祸乱，非智勇英果，部分素具，则曷能剪奸丑若拉朽，赴机如走丸！谈者服公度量，而赏公才略矣。公刺濮前夕，梦一濮字，广摸方丈，寤而/异之，诘旦，果有熊轼之拜。故莅濮二十稔，就领团结之命，抑有冥契矣。公襟灵洒落，宇量宏达，每以仗仁义，建勋烈为己任。视金玉财币若粪除尔，/凡在牧御，必罄家之有，大则募有功，次则奉宾客，虽偏裨小校，以宴以乐，皆充其心。

故先王之产，今存者方十二三。公笃信浮图，教自齠龀，至白/首未尝暂懈，虽在军旅，涉远道，不之废也。而性识高悟，心源莹淑，禅宗法要，了然玄解，故敌家财，建塔庙，书佛典，有为之施不可殚记。然緇徒逆□，行/干典刑，必置于法，未尝假贷，其守正也又如此。虽生在绮纨，天性淳质，静退谦抑，有若寒士，服旧俭而中礼，与人交而必信，恭上抚下，矜孤恤贫，见/善若不及，闻恶如伤己。春秋以石碏为纯大夫，公得之矣。方当登斋坛，拥天阵，荡灭獯狁，清宁朔陲，致吾君于高枕，跻吾人于富庶，眷待方厚，/而遐寿奄终，资造物者不使备耶？将畜育阴德，复大其门耶？夫人赵氏，故中书令讳在礼之女也，庆门挺质，令淑有仪，不幸先亡，早葬于郓。偶河流/之炽患，故同穴而未谐。嗣子三人，继绩历濮州衙内指挥使，有象贤之德，而不永其寿；次幼亡。太子左赞善大夫讳守鑶者，公金昆也；守鉴者，/公玉季也，皆志大命促，先公云亡，守鉴落落有丈夫气，干父之蛊，绰然而裕，位至东头供奉官。女三人，长适故莱州衙内指挥使张继邻；次住姐，幼/亡；次有行而亡，子婿光禄寺丞王世及，登彦辅之门，蕴茂先之业，匍匐会葬，惟礼实光，崇愿供奉。守鉴之子也，育质庆门，栖心法苑，不作时瑞，已为人/师，因戒行精严，赐大号曰崇教，赐紫方袍矣。继昌，公季子也，衹服义方，侃侃有立，令问令望，必为伟人。而联国华，浴天泽，顾勋业，阀阅若俯/拾地芥，宁金张之族，独炽焰于西汉也。今茹荼雪泣，状公懿烈，以表识见托，辞不获命，敢用直书，铭诸下泉，以永终古。其词曰：/

宪宪太尉，才惟国器，明德是允，昭融强毅。在周既伸，遇宋遂振， 竭诚宣力，为时宝臣。南北之政，腾谣□咏，戡定之勋，扫祲荡氛。芳猷赫赫，茂烈/额额，翱翔二代，始终一德。思觐唐尧，飞章靖朝，亦既逐止，湛恩孔昭。属奉冕旒，亲承眷泣，将之旧藩，俄悲二竖。药石无喜兮逝彼东倾，智/气散兮返归寒冥，百身何赎兮涕凄零，人于嗟兮凋国桢。月旅亥兮岁丁子，箫笳□兮葬于此，斫□石兮藏下泉，播英声兮千万年。

和彧镌字/

图二五　安守忠墓志

志盖篆书：

大宋故赠太尉武威安公墓志。

17. 康子相墓志[①]

此墓志为中国农业博物馆从古都洛阳征集，康子相墓葬未遭盗掘，出土彩绘陶俑15件及墓志一合。墓主康子相祖籍西域康居国，墓志撰写者是唐高宗时宰相许敬宗。墓志并盖俱青石质，方形，边长59.6厘米，盖盝形，顶部阴刻“康君墓铭”两行四字（图二六）。志厚16厘米，有阴线界格，共514字，首题“唐故陪戎校尉康君墓志”，尾行“金紫光禄大夫礼部尚书弘文馆学士上柱国高阳县开国男许敬宗制文”。根据志文，墓主康子相，祖籍西域康居国，生于隋开皇十二年（592年），卒于唐显庆二年（657年），享年66岁。录文如下：

唐故陪戎校尉康君墓志/

君讳子相，河南洛阳人也。其先出自康居，仕于后魏，为颉利/发，陪从孝文，粤自恒安入都瀍洛。积德重胤，着于州闾。祖翻，/以累叶魏臣，耻于齐霸，既遇周师入洛，拥众先降，蒙授上仪/同、右骁卫中郎将。昔由余入秦，名传简册；日禅归汉，誉重缙/绅。望古为曹，异时同绩。父清，隋左勋卫晋王府、屈咥真，以旧/左右加建节尉，守屯卫鹰扬郎将。忠勤奉主，谨矗见称。趋侍/蕃朝，执参驷之羁靮；攀援栏陛，作钩陈之爪牙。君生于诚孝/之门，幼闻仁义之训，居身廉慎，□无择言，立性淳和，不欺暗/室，交游以信，事长以恭。武德五年，直秦王府监司牧圉，劳/力亡食，督察工徒，竭心无懈。太宗抚运，乃加优奖，以旧左/右，蒙赐荣班。贞观十年敕授陪戎校尉，任连七萃，职典五/营，外立戊己之功，内惢步兵之赏。年登让袟，归老旧庐。早则/资舟，方在陶之润屋；智而好殖，同赐也之駈驷；纵金乡壤，方/极鸠杖之欢；培瑟丘园亟轸隙驹之悼。以显庆二年二月十/八日卒于洛州洛阳县嘉善坊，春秋六十六。粤以其年三/月十有四日壬寅窆于河南县之平乐乡。东

① 曹建强、马旭铭：《唐康子相墓出土的陶俑与墓志》，《中原文物》2010年第6期，第107～109页。

望首阳，恻夷叔/之荒垄；北瞻邙阜，忉田客之哀挽。有子文朗，蒙遗一经，升袟/积劳，佐斯百里，寒泉伤骨，尤结终身，敬撰德徽。乃为铭曰：/

累勤成务，积行为基，处乡称善，归塾登师。道存鬼谷，年洎鬓眉，/均身册在濑，若石游邳。泛泛不羁，营营自厚，世随川阅，丘从/地久。风荡松帷，云沆垄首，反真寘昧，芳尘不朽。/

金紫光禄大夫、礼部尚书、弘文馆学士、上柱国、高阳县开国男许敬宗制文。

图二六　康子相墓志

18. 康达墓志[①]

洛阳出土，具体时地不详。开封博物馆藏石。志石高43、宽44厘米，正书，21行，行21字（图二七）。岑仲勉《贞石证史》已指出，此篇墓志

① 周绍良：《唐代墓志汇编》，上海：上海古籍出版社，1992年，第503页。

图二七　康达墓志

几乎全同于《安师墓志》，很可能是墓志作者借用了以前撰写过的墓志来敷衍了事。连康达的字，也和安师的字一样，作“文则”。康达“以总章二年六月廿二日，遘疾一旬，终于河南思顺里之第，春秋六十有二”。墓志提到其为西华（可能有“西蕃”“西夏”之意）国君所遣侍子的后裔。录文如下：

唐故上骑都尉康君墓志铭并序/

原夫玉关之右，金城之外，逾狼望而北走，越龙堆而西/掠，随水引弓之人，著土脾刀之域，□□君长，并建王化。/控赏罚之权，执杀生之柄；天孙外降，侍子入朝。日磾隆/于汉辰，由余重于秦代。求之往古，备在缣缃。/君讳达，字文则，河南伊阙人也。十六代祖，西华国君，东/汉永平中遣子仰入侍，求为属国，乃以仰为并州刺史，/因家河南焉。曾祖勖，齐任上柱国；祖达，齐任雁门郡上/仪同；父洛，隋任许州通远府鹰击郎将。并勇冠褰旗，力/逾扛鼎。至如逢蒙射法，越女剑端，减灶削树之奇，塞井/飞灰之术，莫不得之天性，暗合曩篇。君克嗣嘉声，仰隆/堂构。编名勋校，誉重成都。文武兼资，名行双美。以斯厚/德，宜享大年，彼苍不仁，歼良奄及。以总章二年六月廿/二日构疾，一旬终于河南思顺里之第，春秋六十有二，/即以其年七月八日葬于北邙之坂。呜呼哀哉！永言人/事，悲缠天道。小年随朝露共尽，大夜与厚地俱深，著嫔/风于冥漠，纪懿范于沉阴，譬银河之不晦，同璧月而长/临，其词曰：/

日磾仕汉，由余宦秦。美□祖德，望古为邻。笃生懿范，道/润松筠。爰有华族，来仪作嫔。四德无爽，六行纷纶。诞兹/令胤，时乃日新。奄捐朱景，迁委黄尘。泉扃一闭，春非我春。/

19. 康元敬墓志[①]

志石高48.5、宽49.5厘米。正书，22行，行24字（图二八）。洛阳城北南石山出土。洛阳关林管理处藏石。康元敬，字留师，相州安阳人。志文载“原夫吹律命氏，其先肇自康居毕万之后，因从孝文，遂居于邺。”康居是汉代时粟特一带的国家，唐人常常用康居来指代粟特的康国。这一家是从北魏孝文帝时迁入中国，居住在邺城，即后来北齐的首都。志文说康元敬后来是奉旨由邺城迁居洛阳，而成为洛州阳城人。咸亨四年（673年）五月七日卒于洛阳陶化里私第，年六十六岁，同年五月二十九日，葬于北邙平乐乡。录文如下：

唐故处士康君墓志/

君讳元敬，字留师，相州安阳人也。原夫吹律命氏，其先肇自康/居毕万之后，因从孝文，遂居于邺。祖乐，魏骠骑大将军，又迁徐/州诸军事；父仵相，齐九州摩诃大萨宝，寻改授龙骧将军；皆以/忠勤奉主，操等松筠。委贽称臣，心贞昆玉。

① 周绍良：《唐代墓志汇编》，上海：上海古籍出版社，1992年，第571页。

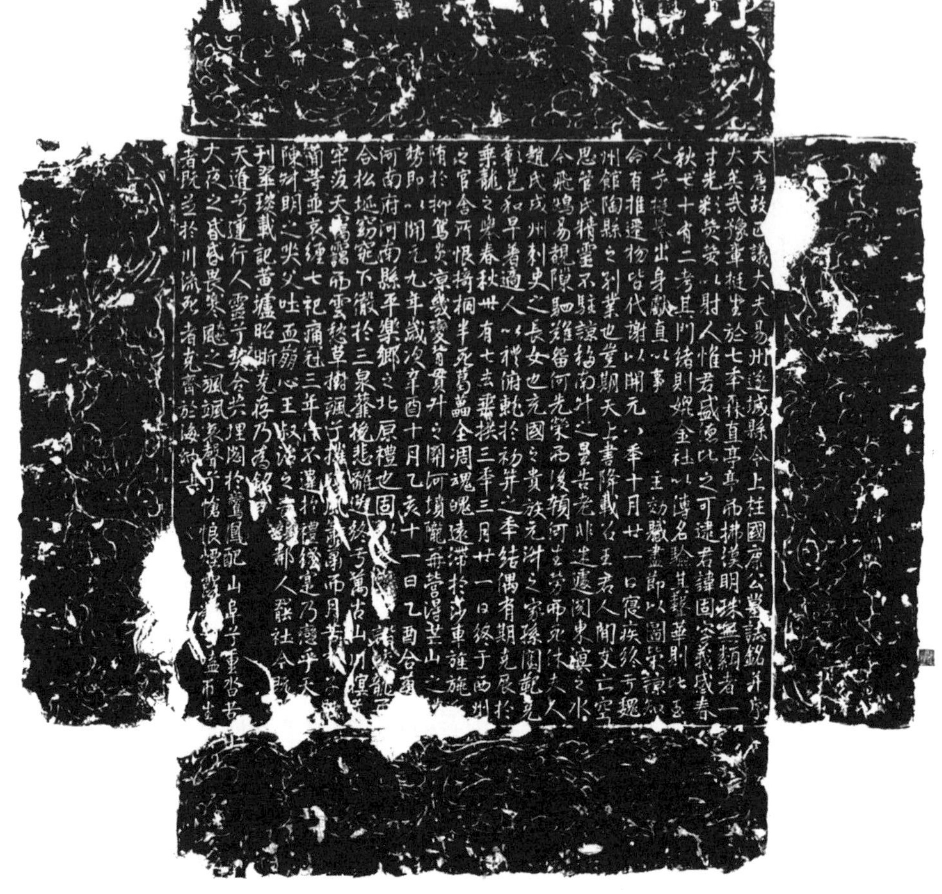

图二八　康元敬墓志

故得奕叶传芳，崇其/峻远。缨绂逢衮，详诸国史。昔由余入秦，日磾归汉，流芳简牍，誉/擅缣缃。彼乃一时，未可同年而语。君生于诚孝之门，幼闻仁/义之训，居身廉慎，□无择言。立性恭俭，交游以信。不贪荣禄，怡/然自安。放旷里闾，逍遥卒岁。然瀍洛中都，地惟神壤，往逢丧乱，/郛邑凋残。文明握图，□□清谣。爰降纶旨，令实三川。/君光应朝命， 徙居河洛，而□□土圭之乡，洛州阳城人也。幸属/禋宗大礼，麾玉云亭，□称万岁之声，坛起白云之瑞。偶斯嘉会，/授君为公士，理应积祉余庆，永保遐龄。岂谓瘵疾弥留，盍先朝/露，春秋六十有□，五月七日壬辰卒于私第陶化里。以咸亨四/年五月景戌朔廿九日甲寅迁厝于河南北邙平乐乡，礼也。东/望首阳，恻夷叔之荒陇；南瞻伊洛，切田客之哀歌。子宋生，年余/龆龀，号悲在疚，泣风树之不停；陟岵无见，追昊天之罔极。恐寒/暑变化，陵谷贸迁，敬撰徽猷，乃为铭曰：/

人惟英彦，志怀秀异。金玉在躬，雕琢成器。不贵荣禄，怡然是恣；/不尚轩冕，无穷造次。阖棺邙野，启殡中荒，灵影风灭，筵寝徒张，/松风萧瑟，宿草滋长，及真寘昧，芳猷永彰。/

咸亨四年岁次癸酉五月景戌朔廿九日甲寅。/

20. 康续墓志①

洛阳出土，具体时地不详。国家图书馆藏拓。志石高48.5、宽49厘米。正书， 22行，行22字。河南洛阳出土，此拓片藏于国家博物馆（图二九）。康续，字善，河南人。志文称：“河南人也。昔西周君祚，康王承累圣之基；东晋失图，康国跨全凉之地。控弦飞镝，屯万骑于金城；月满尘惊，辟千营于沙塞。举葱岩而入款，宠驾侯王；受茅土而开封，业传支胤。”这段墓志中，首先说明康续是西周文王的后代，康叔封的嫡传子孙；接下来用“金城”“葱岩”这些有鲜明标志性的词语，说明康续是康居国人。康续在仪凤二年（677年）十二月十二日，因疾终于平夷戍的官第，年五十五岁。到调露元年（679年）十月八日，归葬到洛阳城北七里晏村西平乐乡界。录文如下：

大唐故平州平夷戍主康君墓志铭并序/

公讳续，字善，河南人也。昔西周启祚，康王承累圣之基；东/晋失图，康国跨全凉之地。控弦飞镝，屯万骑于金城；月满/尘惊，辟千营于沙塞。举葱岩而入款，宠驾侯王；受茅土而/开封，业传枝胤。曾祖德，齐任凉州都督；祖暹，齐任京畿府/大都督；父老，皇朝左屯卫翊卫；并九皋腾韵，千里/标题。或衣锦维桑，据白门而露冕；或披缇执棘，奉紫掖/而星环。余庆潜凝，聿光英胄。君骊泉明月，彩冠韦珠；鹊献/浮虹，温逾卫

① 周绍良：《唐代墓志汇编》，上海：上海古籍出版社，1992年，第658页。

图二九　康续墓志

璧。掩文场而擅誉，窥武帐而探奇。含咀九流，/沉研百氏。忠规孝绪，笼天地而架风云；茂范嘉猷，符郭巾/而齐李御。创迁高蹋，授平州平夷戍主。迫于公檄非其选/也，伯阳之参柱史，宣父之吏中都，其道可尊，其班尚屈。是/知千仞之木，起自毫端；九层之台，兴于一板。然而，遭回雁/水，且治随波；巡御龙庭，伫光游雾。清弦泛轸，韵荒塞之秋/风；浊酒盈樽，映边城之夜月。方冀鹤书昭贲，遽飞步于槐/庭；岂期鹊史延妖，永沉魂于蒿里。以仪凤二年十二月十/二日寝疾终于平夷之官第，春秋五十有五。以调露元年/七月戊申朔八日乙卯归葬于洛阳城北七里晏村西平/乐乡界。嗣子忠素等敬遵昔典，乃作铭云：/

分周演绪，据凉承家。门升列岳，业嗣流沙。载光浮笋，爰受/疏麻。初膺挺桂，聊从及瓜。倏悲桑景，遽落桐霞。九原无作，/千载徒嗟。/

21. 康枤墓志[①]

洛阳出土，具体时地不详。国家图书馆藏拓。墓志载："河南巩县人也。原夫吹律命氏，肇迹东周；因土分支，建旍西魏。""吹律命氏"的典故，于古代典籍中常见，如《吕氏春秋·古乐篇》《白虎通·姓名》《潜夫论·志氏姓》等。《潜夫论·志氏姓》曰："吹律定姓，肇自轩辕。胙土命氏，传之唐世，由来尚矣。""吹律命氏"源于轩辕黄帝在位时，是中原华夏地区才有的习俗，可以说是由来已久。产生于东周时代的康姓，应是康叔封的后代。这说明康枤家族亦不是土著的康居人。拓片边长46.5厘米。正书，23行，行23字（图三〇）。录文如下：

唐故康君墓志铭并序/

君讳枤，字仁德，河南巩县人也。原夫吹律命系，肇迹东周；因/土分枝，建旍西魏。英贤接武，光备管弦。祖安，翼赞周朝；父陁，/匡辅隋室。君禀和交泰，感质贞明，志局开朗，心神警发。仁惠/之道，资训自天；孝友之方，无假因习。有隋失驭，王政孔艰，君/乃晦迹俟时，销声危行。属权舆立极，缔构张维，邦命惟新，委/名秦府。时乘在位，品物咸亨，攀附之志克宣，麾露之勋攸叙。/乃授公以陪戎副尉。公以曜灵西谢，湍逝东奔，乃翔集三川，/卜居中土。抚弦荐芰，吟咏情性之间；泛菊盖荷，高迈烟霞之/赏。逍遥去智，妙洞若丧之机；鉴止凝心，夙镜死生之际。所冀/慈云润趾，彗日澄神。如山之寿未终，游岱之期斯及，以显庆/元年二月十八日先天而逝，春秋六十有五。夫人曹氏，承懿/方池，蕴资圆水，贞顺闲雅，令范端详，受训公宫，母仪私室。俄/潜月浦，奄翳巫山，以永隆二年六月一日终于私第，春秋七/十有五。还以其年八月六日改祔

① 周绍良：《唐代墓志汇编》，上海：上海古籍出版社，1992年，第680页。

于邙山。嗣子善义，痛风树/之难追，忽从灭性，即同其日窆于坟茔之，礼也。次子善恭、善/行等，集蓼疚怀，结终身之痛。恐英声代远，斩板销夷，纪绩幽/扃，遗芳无殄。其铭曰：/

十城蕴彩，九畹资芳，雕神书囿，莹思文场。行该孝友，体洽温/凉，威仪合度，出言有章。其一。隙驹飘忽，逝水惊潮，池悬铜雷，帐/结轻绡。旌扬河汭，葆转山椒，风凄暮铎，响切晨箫。其二。泉没双/剑，林凄偶鹤，尘飞素奠，蚁游丹幕。千古易终，九原难作，誉逐/时新，涕随秋萚。/

图三〇 康杴墓志

22. 康磨伽墓志①

洛阳出土，具体时地不详。开封博物馆藏石。周绍良藏拓。康磨伽与康留买是兄弟，从墓志所记世系看，他们同为凉州刺史感之曾孙、安西都护府果毅延德之孙、上柱国洛之子。志载康氏“其先发源于西海”，“启迹于西州”，可与康留买墓志所记西州茂族相印证，不难得出留康留买、磨伽兄弟出自粟特康国的结论。康磨伽于永淳元年四月病逝于长安私第，其子阿善将康留买、磨伽兄弟的棺材一同返葬洛阳平乐乡。志石边长60厘米。正书，25行，行25字（图三一）。录文如下：

大唐故游击将军康府君墓志铭并序/

君讳磨伽，其先发源于西海，因官从邑，遂家于周之河南。簪裾累/代，遂为雄族。自昔文王作圣，启迹于西州；夏禹称贤，降灵于东国。/永言前古，君子无隔于华戎；详之后叶，英不殊于中外。遂使公侯/继出，□玉塞以握铜符；考绩无穷，誓山河而锡茅土。曾祖感，凉州刺/史；祖延德，安西都护府果毅；并钟鼎百代，珪璧万重，隆寄列于班/条，宏略总于师律。父洛，皇朝上柱国，得乾坤之秀气，降辰象之/精奇。畴庸即居正官之，入幕是论兵之首。君乃受中黄之正性，禀/太白之英灵，松筠挺其高节，冰霜照其冲府。风神爽迈，不将俗物/关心；意气萧然，直以风云自许。耻笔墨之能事，学剑以敌万人；重/战胜之奇功，弯弧而洞七札。至若石阵沙城之妙术，出自胸襟；黄/公玄女之兵符，捐诸度外。匈奴逆命，骄子孤恩，出大汉而侵后庭，/入羊［群］而聘豺武。天子听朝不怿，亲阅军容。凡在戎行，君为称首，/以公为检校果毅，言从薄伐。衔山列阵，吴马见而魂迷；背九阵兵，/韩彭闻而失色。军无滞日，役不逾时，一举而扫龙庭，再战而清翰/海。军回授游击将军、上柱国，酬其效也。嗟乎！殊功罕叙，封大树其/何时？长策未申，悲小年之易谢。以永淳元年四月三日疾薨于京/之私

① 周绍良：《唐代墓志汇编》，上海：上海古籍出版社，1992年，第694页。

第。游击将军守左清道率，同返葬于洛州河南县平乐之原。/惟兄若弟，光国荣家，始悦花萼齐芳，谁谓芝兰夭秀。有子阿善，望/寒泉而雪泣，践霜露以衔衰，庶生气之如在，乃铭徽于夜台。其词/曰：/

家风祖德，宝叶灵根，金锵玉振，凤举鸿骞。风高千里，誉警八屯，公/侯必复，翼子谋孙。披襟武库，投迹棘门，边亭讨逆，茅土承恩。逝川/易往，日驾谁翻？有时无志，命也矣言。东京启分，北郭归魂，庶其千/载，追芳九原。/

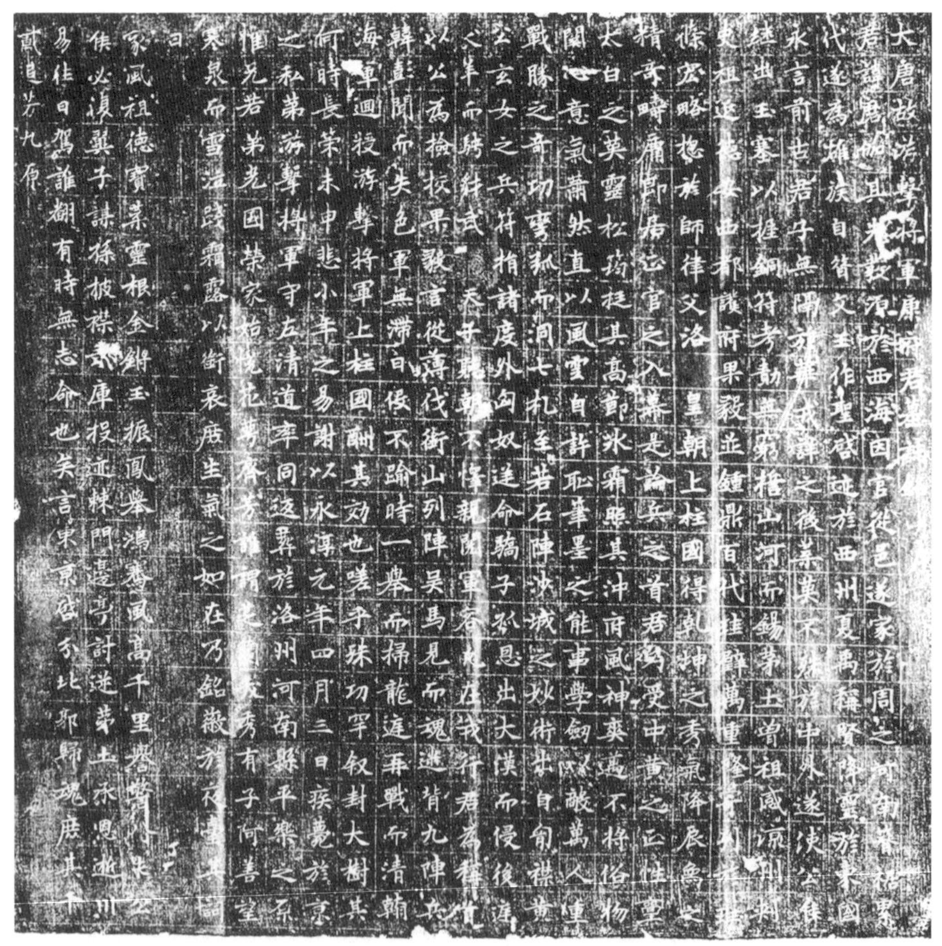

图三一　康磨伽墓志

23. 康留买墓志[①]

洛阳出土，具体时地不详。开封博物馆藏石。周绍良藏拓。志石高57、宽58厘米。正书，27行，行27字（图三二）。康留买志追述其先世云“粤若汉图方运，西河称有地之君”，又云“本即西州之茂族”应是粟特康国人后裔。永淳元年七月康留买病逝于洛阳私第，十月葬于河南平乐乡。可见康氏虽非粟特人后裔，但已著籍河南。录文如下：

大唐故游击将军守左清道率频阳府长上果毅康府君墓志铭并序/

粤若汉图方运，西河称有地之君；晋祚中微，东洛窃非常之号。岂如声/ 高十角，名官分圣政之朝；气拥三边，冠冕列皇唐之代。猗欤盛欤！信/康君之谓矣。公讳留买，本即西州之茂族，后因锡命，遂为河南人焉。曾/祖感， 凉州刺史；祖延德，安西都护府果毅；父洛，皇朝上柱国。并风格/秀整，岳峙川渟，分宠寄于铜符，表奇材于铁骑。穷通有数，多违万里之/心；时命难并，终同百夫之长。公珪瓒积庆，负闲气以挺生；将相有门，蕴/雄姿而命代。耻为雌伏，志在雄飞。倾意气以结权豪，怀功名而重书剑。/皇家受匈奴背德，负地险以傲灵诛，悖天常而悉惠化，召遂投觚出将，/振甲临戎，羽骑飙驰，髦头雾集。玉版金滕之术，出自于中禁；三宫七舍/之图，捐之于后殿。扫鸡林而舍遗卵，嵴距无施；穷瀚海而斩巨鲸，郡飞/自息。旋师返斾， 献捷之京，诏授游击将军守左清道率，频阳府果毅、/北门长上。载加荣命， 频降玺书，声实冠于五营，问望同于四友。呜呼！山/河茅土，方申大树之荣；雾露沉痾，遽见乘箕之化。以永淳元年七月十/七日构疾薨于洛阳之第，即以其年十月十四日归穿于河南平乐之/原。惟公星芒诞曜，岳秀资神，磊落多异材，倜傥负奇节。托危魂于白刃，/本自轻生；效忠款于丹诚，终期报国。紫关迢遰，暂喜生还；玄扈丘墟，旋/

① 周绍良：《唐代墓志汇编》，上海：上海古籍出版社，1992年，第694页。

悲返葬。有子伏度，棘心柴毁，载伤追远之情；菓貌栾形，用结终身之痛。/以为日来月往，终迷壮士之坟；海变山藏，谁辩将军之墓？爰雕翠石，式/叙鸿规。其文曰：

瞻庆源之森森，绍芳绪之绵绵，胜气雄于十角，雅望/重于三边。或班名于左次，或委质于中权。珪璋特达，缨冕蝉联，应千龄/之宝契，降五百之英贤。识公侯之必复，知玉帛之斯传。擢七载于樟浦，/照五色于旌田。伊匈奴之背德，构逆迹而无悛。天子有命，君其出焉，关/西余勇，塞北旌旃。决胜逾于百战，制敌同于万全。碎輫辒于朔野；静刁/斗于祁连。橐周兵而整众，罢汉卒以言旋。职惟再徙，荣高五迁，何辅仁/之空设，嗟报施之徒愆。修文从于地下，京兆归于上天。庶清规之未昧，/顾翠石以长镌。/

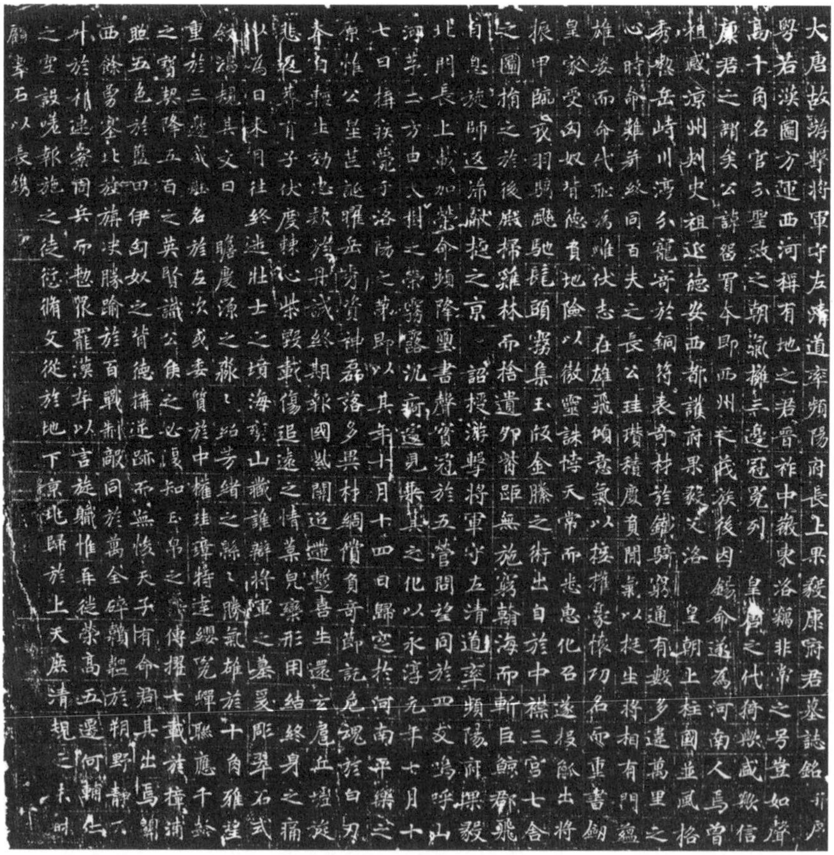

图三二　康留买墓志

24. 康老师墓志[①]

洛阳孟津出土，具体时间不详。洛阳市第二文物工作队藏石。志石边长49厘米。正书，25行，行25字（图三三）。康老师墓志现藏洛阳市文物工作二队，出于孟津县朝阳镇南陈村西。志文明确指出志主为粟特康国贵族后裔，康国是北朝隋唐时期粟特地区的强国，“名为强国，而西域诸国多归之”。因此志文中记载“况乎卅六国，枕白山之北隅；万四千里，当赤泉之东裔。金方辟境，乌弋控于龙沙；玉胜临庭，槐江接于葱岭”。前句用白山之北、赤泉东裔指康国的地理位置，白山即天山支脉，赤泉位于张掖东南，也暗指康国人的旧地。康老师终身未入仕，只有一个表示资历的文散官登仕郎，属正九品下。康老师在垂拱二年七月卒，年76岁，而其妻史氏先康老师去世，二人最终合葬于邙山著名的茔域平乐原。录文如下：

大唐登仕郎康君墓志铭并序/

君讳老师，其先康国人也。以国为姓，燕齐赵魏之流；因官命族，司/马司徒之号。况乎卅六国，枕白山之北隅；万四千里，当赤泉之东/裔。金方辟境，乌弋控于龙沙；玉胜临庭，槐江接于葱岭。曾祖宝，康/国王之第九子也，周游击将军，以西诸国首领；祖和，周明威将军；/父祇，隋鹰扬郎将； 并簪裾奕叶，剑履光芒，来朝则长乐受封，谒/帝则甘泉画像。康僧西入，高名动于晋京；康会南归，盛德倾于吴/主。岂止秺侯入仕，远标忠孝之奇；呼韩拜职，列在王公之上。君之/生也，卓矣不群。心悬小月之珠，足逸大宛之骏。奇姿间起，桓温之/谢猬毛；异相孤生，李广之推猿臂。风神廓落，器宇魁梧，邀剧孟于/洛中，访季心于关右。金鞍宝马，去来三市之傍，绥颊高谈，出入五/侯之第。何曾侈靡，不能逾一万之钱；刘毅雄豪，不能多百万之费。/陆大夫之宴喜，愿得分庭；孙丞相之招贤，方齐置驿。遽而高春景/晦， 大壑舟迁，黄鸟之药无征，青龙之

① 赵君平、赵文成：《河洛墓刻拾零》，北京：北京图书馆出版社，2007年，第124页。

符罕验。春秋七十有四，以垂/拱二年七月十八日终于私第。夫人史氏，即呼论公之孙也。瑶池/降精，碧树飞灵。郁彩云之影霭，腾宝月之轻明。燕支山上，自开红/粉之楼；蒲陶苑中，还织青花之锦。早凋淑艳，呜呼哀哉！粤以垂拱/三年岁次丁亥二月乙未朔十日合葬于北邙山之平乐/原，礼也。涂宫既启，泉帐斯安。西阶北寝之仪，两鹤双虹之化。生平/已矣，今古悠哉。龙慌警騑，龟旆行飞，楚挽凄而薤歌断，池台寂而/宾依稀。铭曰：

金方拓境，玉塞承家。远分熊岳，傍枕龙沙。兴邦/蒲海，作帝莎车。王侯间起，衮冕联华。卓彼高人，禀兹英杰。驱驰金/市，去来金穴。逸骑浮云，舞姬回雪。一悲珠碎，还同石折。原陵西趾，/邙山北路。两鹤俱飞，双骖顾步。庄台落月，泉扃长暮。积厚地而犹/存，攀昊穹而谁诉。/

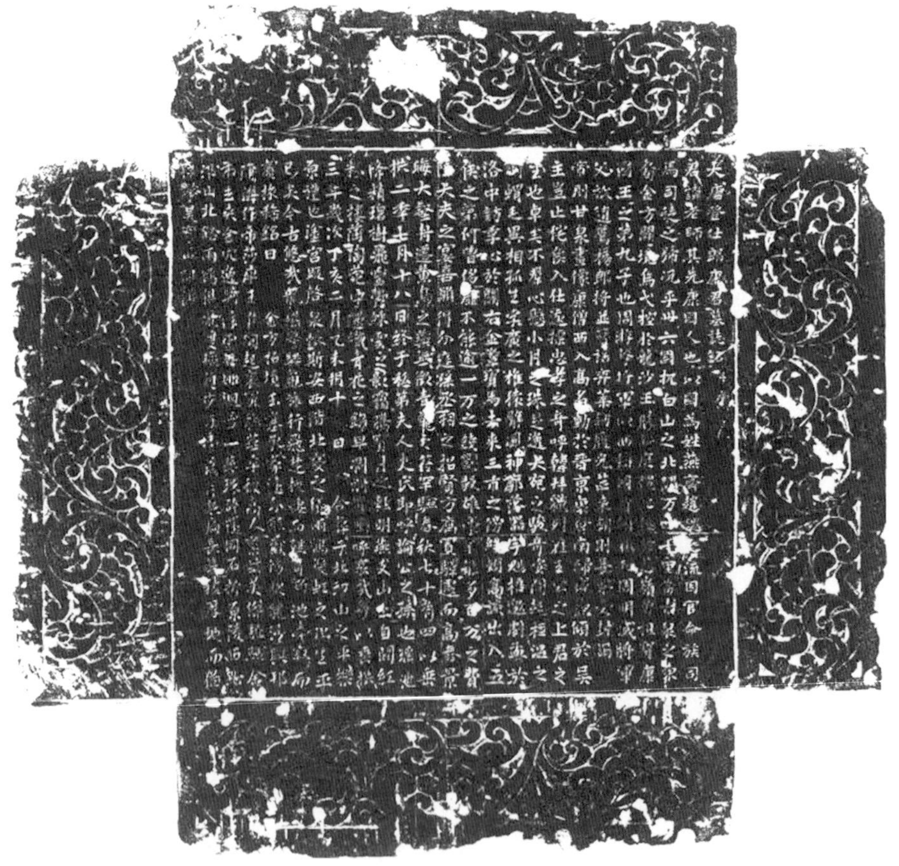

图三三　康老师墓志

25. 康敦（安君妻）墓志[①]

洛阳出土，具体时地不详。2007年西安大唐西市博物馆征集。志文楷书，23行，行23字（图三四）。墓志记载康敦的祖先是康居国人，墓志记载表明，唐代的粟特康国人及其后裔也认为自己是康居的后人。墓志记载康敦的先辈“晋太始年中奉表献真珠宝物，因留子孙，遂为河南洛阳人焉”，意在说明自己家族早已融入了中原。康敦的丈夫安公，墓志中没有记载他的名讳，墓志记载他“洁志山泉，不构俗尘”，终身未入仕。他在仪凤三年（678年）八月卒于旗亭里，而康敦在寡居八年之后，垂拱二年（686年）六月在旗亭里去世。墓志中“孀居鳌室一十余载”当是泛指。垂拱三年（687年）二月，夫妻二人合葬于洛阳城北著名的葬区邙山上。录文如下：

大唐故处士安公康夫人墓志并序/

夫人讳敦，其先康居国人也。晋太始年中奉表献真珠宝物，/因留子孙，遂为河南洛阳人焉。远叶散而弥芳，长□委而逾/浚。惟祖惟父，志笃忠贞。夫人禀秀芝田，含芬兰婉。体韵凝寂，/襟神朗悟。进退合轨，折旋成则。亦既有行，作嫔君子。闺闱允/睦，蘋藻克修，试为善于施矜，励断机于废业。加以薰修净行，/究毗梨之奥旨；专精内典，披妒路之幽宗。安公法志山泉，不/构俗尘。舍兹名利，证彼慧舟。转读大乘，夙夜匪懈。岂谓徒闻/预善，奄促遐龄。以仪凤三年八月廿五日卒于旗亭里，权殡/于河南县平乐乡之原。宿草已深，松槚斯树。霜露之感，遽改/炎凉。夫人孀居鳌室一十余载，滋味屏绝，绵历数周。崇仰福/田，精诚弥固。方冀倚庐垂训，奉慈爱于遐龄。而陟屺无瞻，空/号慕于原野。呜呼哀哉！以垂拱二年六月五日寝疾卒于旗/亭里第，即以三年岁次丁亥二月乙未朔十五日己酉合葬/于北邙山之平原，礼也。亲宾吊伤之容，临悲风而雪涕；

① 毛阳光：《新见四方唐代洛阳粟特人墓志考》，《中原文物》2009年第6期，第74页。

孺子/旋疑之感，仰穹苍而靡诉。式镌翠琬，用纪徽猷，乃为铭曰：/

阆风西峙，太史东流，马来金代，人移旧丘。惟祖惟父，实播徽/猷，如松如桂，且温且柔。其一。笃生令淑，惟家之媛，既笄具德，作/仇良彦。洽契松筠，始终无变。念彼滕鼠，仰酬兰眷。其二。阅川去/矣，春景不留，有为泡影，如寄如浮。良人夙逝，遽列行楸。百身/无赎，心之怀忧。其三。愁恨伤年，奄辞兰渚，式遵同穴，凄酸行旅。/冥冥大夜，昭昭寒暑，图史扬兮，懿声斯杼。其四。/

垂拱三年二月十五日右千牛率府长史王珪撰。/

图三四 康敦（安君妻）墓志

26. 康智墓志[①]

洛阳孟津朝阳村东出土，具体时间不详。洛阳千唐志斋博物馆藏石。志石边长60 厘米。正书，27行，行27字（图三五）。康智，字感。墓志称其为“炎帝之苗裔”，康叔之后，可能是后人的附会。但康智夫人姓支，应是小月氏的后裔。按照胡人较多内部通婚的惯例，仍应把康智看作康国后裔。康智长寿二年（693年）二月二十三日，卒于东都洛阳日用里思顺坊私第，年七十一。夫人支氏，咸亨年间去世，长寿三年（694年）四月七日，嗣子元暕等将其合葬于洛州城北三十里平乐乡北邙山原。录文如下：

大周故康府君墓志铭并序/

君讳智，字感，本炎帝之苗裔，后有康叔，即其先也。自后枝分叶散，以字/因生，厥有斯宗，即公之谓矣。五代祖颍川郡侯、青州刺史风，国史家牒/备详焉。祖仁基，陈宁远将军，神谋应北，奇算合几；器宇恢疏，庙略/宏达。父玉，隋朝散大夫，日辰闲气，天地齐人；文章总鸾凤之姿，仁智体山泉/之性。公游击将军，自天生德，精通玄女之符；惟岳表神，契合黄公之术。/遂得雄才远振，掉孤剑而飞霜；逸气挺生，挥长戈而驻日。昔班超表绩，/非无燕鸽之封；韩增策勋，实惟飞龙额之号。以今方古，何独乂斯。比德论/功，庶几无昧。呜呼哀哉，孰谓井中桑出，奄缠二竖之灾；蚕下鹑生，莫验/一丸之药。南山之寿，与大椿而等权；东岳之魂，乘广柳而长往。壑舟难/驻，滔滔有逝水之悲；隙驷易驰，黯黯轸倾义之恨。呜呼哀哉，春秋七十/有一，长寿二年二月廿三日终于神都日用里思顺坊之私第。夫人支/氏，三从允穆，四德幽闲。行合女仪，礼该嫔则。蘋蘩庄敬，奉先祖而无违；/闺庭肃恭，撝天地而不怠。呜呼哀哉，去咸亨年中遘疾，奄从怛化，而蕣/荣夕落，感鸾镜而孤哀；薤露晨晞，悲鹤琴而独唳。嗟夫，夭寿殊契，衾襚/同期。偕老之志匪渝，异室之情弥笃。既而宅兆斯卜，便开马鬣之

① 赵君平：《邙洛碑志三百种》，北京：中华书局，2004年，第135页。

封；送/终既临，复启龟文之繇。即以长寿三年四月七日合葬洛州城北一/十三里平乐乡北邙山原之，礼也。南瞻清洛，铜街之路非遥；北控黄河，/铁锁之桥斯近。西望函谷，紫气仍存；东眺狄泉，苍鹅已去。嗣子元暕等，/痛号天之莫逮，悲生白杨；伤陟岵之无依，涕渝绿柏。泉门杳杳，黄肠有/一掩之期；地户绵绵，白骨无再生之日。恐涂车难久，陵谷易迁。荼毒之/志莫申，攀慕之情何启？呜呼哀哉，乃为铭曰：/

赫矣康公，显祖弥隆，行旌帝典，声扬国风。义惟贞干，理实精通，龙韬运/略，麟阁书功。其一。猗哉哲士，昊天不憖，隙影驰光，流波断川。异室同穴，迁/棺共殡，一掩泉扉，千龄莫振。其二。哀哀嗣子，泣血崩心，痛哉年促，魂兮夜/深。鱼灯永闭，鹤子长吟。窀云低影，松风结音。庶勒铭于幽石，将表谥于生金。其三。/

图三五　康智墓志

27. 康固墓志[①]

1996年洛阳孟津平乐乡出土。洛阳市第二文物工作队藏石。国家图书馆藏拓。志石高57、宽56厘米。正书，24行，行23字（图三六）。

志载康固曾在西州（今新疆吐鲁番）、易州（今河北易县）等地方官，开元八年（720年）十月卒于魏州（今河北大名）馆陶县别业。其妻赵氏，成州太守之女，卒于垂拱三年（687年）三月。两人合葬于河南县平乐乡。康固著籍内地，娶汉族官人之女为妻。康固曾经任官的西州是粟特人进入中原的前沿地带，出土有记载高昌祆祠的文书，说明自十六国时期就有粟特人居住，唐代西州设有崇化乡，是主体属粟特人的行政区划。康固在西州任职，很可能反映了唐朝政府任用入籍粟特人来管理西州粟特聚落的史事。录文如下：

大唐故正议大夫易州遂城县令上柱国康公墓志铭并序/

大矣哉，豫章挺生于七年，森宜亭亭而拂漠，明珠无类者一/寸，光彩荧荧以射人。惟君盛德，比之可逮。君讳固，字义感，春/秋七十有二。考其门绪，则媲金社以传名；验其声华，则比玉/人兮挺誉。出身献直以事主，效职尽节以图荣，谅知/命有推迁，物皆代谢，以开元八年十月廿一日寝疾终于魏/州馆陶县之别业也。岂期天上书降，载召王君；人闻友亡，空/思管氏。精灵不驻，谅移南升之星；告老非远，遽阅东溟之水。/今飞鹏易睹，隙驷难留。何先荣而后悴，何生劳而死休。夫人/赵氏，成州刺史之长女也。充国之贵族，元淑之家孙。阃范克/彰，邕和早著。适人以礼，俯就于初笄之年；结偶有期，克展于/乘龙之誉。春秋卅有七，去垂拱三年三月廿一日终于西州/ 之官舍。所恨掎桐半死，葛藟全凋。魂魄远滞于莎车，旌旗近/随于柳驾。炎凉几变，背贯升之关河；坟陇再营，得邙山之□/势。即以开元九年岁次辛酉十月乙亥十一日乙酉合葬□/河南府河南县平乐乡之北原，礼也。固以琴瑟和谐，蛟龙□/合。松埏窈

---

① 赵君平：《邙洛碑志三百种》，北京：中华书局，2004年，第135页。

窀，下彻于三泉；薤挽悲离，送终于万古。山川溟兮

/牢落，天霭霭而云愁；草树飒兮摧残，风萧萧而月苦。孤子□/简等并哀缠七祀，痛冠三年。俗不违于礼经，实乃恋乎天□。/陈叔明之哭父，吐血崩心；王叔治之丧亲，邻人罢社。今既□/刊翠琰，载记黄垆，昭晰克存，乃为铭曰：/

天道兮运行，人灵兮契合。共埋闭于鸾凤，配山阜兮重沓。苦/大夜之昏昏，畏寒飚之飒飒。哀声兮怆恨，烟露寒兮溘匝。生/者既煎于川流，死者克齐于海纳。其一。/

图三六　康固墓志

28. 康远墓志[①]

康远墓志现藏千唐志斋，据称出土于20世纪90年代，为近年新的征集品（图三七）。墓志铭对于康远的家族背景表述为“其先卫康叔之门华”，远溯到西周时期卫国的创始人，周文王的儿子卫康叔。但这明显是出于入华粟特人的伪托，这一时期的粟特人为了尽快融入汉族社会，摆脱自身外来民族的色彩，都将其远祖上溯到商周时期。而学术界普遍认为：中古时期的康姓本身是中亚康国人及其后裔。其妻为陇西县太君曹氏，从曹氏的封号来看其家族源出陇西，加上康远的背景，曹氏当为粟特曹国后裔，二人无疑是唐代粟特人之间的联姻。其妻曹氏则后来居住在洛阳毓财里，此坊位于漕渠北徽安门街东，这里距离洛阳北市不远，曹氏神龙三年卒于洛阳。根据墓志铭记载，夫妻二人死后一直没有合葬，之后其子康贞固也去世了，直到开元九年其孙才将康远的灵柩由关中迁往洛阳，这样夫妻二人终于合葬在洛阳邙山[②]。康远墓志录文如下：

大唐故左监门校尉上柱国康君墓志铭并序/

君讳远，字迁迪，其先卫康叔之门华，风俗通之叙述，祖宗累美，子胄光扬。君稽古文儒，英威武略。有去病漂姚之号，/超伯宗戌巳之名。直以拓静三边，东西百战。簉乏式遁于/岩卫，宏功载锡于元勋。实典兵戈，几防阶闼。春秋六十有/二，忽以长寿元年十二月八日，归殁于云阳县界之私第。/呜呼，其生也命，其死也哀。空里载觌于飞鸾，床下旋闻于/蚁斗。夫人陇西县太君曹氏，春秋七十有九。岂期缠痾不/愈，救疗无征。几劳岐扁之功，匪免沉冥之酷。以神龙三年/四月廿五日，卒于洛阳县毓财里之私第。则知魂销魄去，/恨夜月之全空，泪竭珠亡，觉天星之半落。嗣子贞固，正议/大夫、上柱国、行易州遂

① 吴钢：《全唐文补遗·千唐志斋新藏专辑》，西安：三秦出版社，2006年，第136～137页。

② 毛阳光：《洛阳新出土唐代粟特人墓志考释》，《考古与文物》2009年第5期，第75～80页。

城县令。擗地号天，陟屺陟岵。毁瘠过礼，荼酷于人。扶杖孝毕于三年，贬药祸延于七尺。靡及/安措，旋已沦亡。今此厥孙，葬于厥祖，即以开元九年岁次辛酉十月乙亥朔十一日乙酉，开凿茔域，迁召魂骸。西□/三秦，东还九洛。夜台悬镜，配鸾鹊而同栖，宝匣埋镡，喜蛟/龙而共穴。白楸一閟，留盛德于千年，青松数行，记荒坟/于万古。刻石不朽，乃作词云：/

□秋忽败于芝兰，两宗并掩乎棺椁。魂柩西别于泾渭，卜/兆东届于河洛，其一。高原接其熊耳，极野凿其龙盘。灵輀送/往而移易，薤挽悲咽兮辛酸，其二。唯地久兮天长，恐陵平兮谷徙。古之贤圣兮犹化，今日沉埋兮到此。泉下独守于冥/冥，山上空存于垒垒，其三。/

图三七　康远墓志

29. 康庭兰墓志①

开封博物馆藏石。国家图书馆藏拓。志石边长51厘米。行楷，23行，行23字（图三八）。洛阳出土，具体时地不详。志文中康庭兰未著籍贯，开头部分也没有特别和康叔之类的历史名人联系起来，而是说“康氏家牒详焉”。开元二十八年（740年）九月某日，卒于东都洛阳温柔里之私第。年六十五。同年十月十七日迁葬于河南之杜郭原。康庭兰一家较早进入中国，他的名字已是很典型的汉名，不过其曾祖父的名字都还保留着粟特人名的一些特征，虽然如此，因为他们都以武职效力于唐王朝，与汉人接触较多，故而汉化的程度也较深。特别是康庭兰本人，不仅信仰了佛教，而且从志文中所述“暨乎晚岁，耽思禅宗”可知，他晚年产生浓厚兴趣的甚至是佛教中最为中国化的一派——禅宗，足见其汉化程度之深。录文如下：

大唐故右威卫翊府左郎将康公墓志铭并序/

川流广矣，怀珠而炳丽；山积高矣，蕴玉而增晖。比夫代袭簪/缨，必资贤淑，清芬不坠，余庆斯存，则康氏家牒详焉，今可略/而言也。曾祖匿，皇朝游骑将军、守左卫翊府中郎/将，百夫之特，三略之英，爰立盛名，聿光奇器。祖宁，归德将军、/行右领军卫将军，杖钺无前，从政可纪。方明令德， 言崇大树/之□；游发雄规，克荷高门之祉。父烦陀，云麾将军、上柱国，坚/刚果断，恭肃允怀，勤俭公家，清白私室。公讳庭兰，壮武将军、/行右威卫翊府左郎将、上柱国，出身入仕，移孝成忠，或执锐/蹈坚，或争锋绝漠，克谋而宦达，守道而名扬。宿卫/阙庭，多历年所，罕闻他吝，用选尔劳。降疾弥留，歼良讵几，春秋/六十有五，开元廿八年九月□日，终于东都温柔里之私/第。即以其年十月十七日迁措于河南之杜郭原，礼也。公行/惟乐善，性实谦冲，虽忝戎班，而雅重文艺，闺门邕睦，容范可/观，六籍播于□田，百氏包于辩囿。暨乎晚岁，耽思禅宗，勇

① 周绍良：《唐代墓志汇编》，上海：上海古籍出版社，1992年，第1511页。

施/罄于珍财，慧解穷于法要。冥冥舟壑，同舍筏而不留；袅袅风/林，与焚芝而共陨。嗣子韶、亘等，缠哀孺慕，泣血充穷，奠酧爰/羞，痛幽明之遂易；宅兆方启，惧陵谷之贸迁。思缉徽猷，诞披/阀阅，永缄泉壤，用表佳城。其铭曰：/

猗欤尚德，和而不同，乃祖乃父，代禄惟崇。曰仁曰义，家声有/融，藏舟贸壑，舍筏归空。餐荼遂苦，泣血焉穷，庶雕铭兮撰懿，/与天地兮相终。/

执徐之祀，玄辰之抄、篆文兼书。/

图三八　康庭兰墓志

30. 康仙昂墓志①

2003年春洛阳孟津出土。志石高41.5、宽43厘米。正书，21行，行21字（图三九）。康仙昂墓志见于赵君平《河洛墓刻拾零》下册，据载2003年出土于洛阳孟津县，后归白马寺镇王某。据笔者查访，该墓志目前已经被西安大唐西市博物馆征集，而墓志拓片在洛阳文博市场上仍能够见到。墓志共21行，满行21字，有界格，志文楷书。志主康仙昂， 是魏郡昌乐人。从姓氏上看，康仙昂应该是康姓粟特人，其先辈进入汉地后最先可能在昌乐著籍。同样是魏郡，荣新江指出康郎墓志称其为“魏州贵乡人也”，则贵乡县也有粟特人著籍。康仙昂在己丑年，即天宝八载（749年）十二月卒于太常公第。康仙昂卒后并没有归葬魏郡，而是在天宝九载（750年）二月安葬在洛阳城北的邙山之上。

大唐故河南府慕善府果毅都尉省城副使魏郡康府君墓志铭并序/

公讳仙昂，字昂，魏郡昌乐人也。祖瑱，酒泉郡司马；父芬，/［上］党郡无恤府果毅；皆代袭名籍，累践班荣。君乃砥节厉/行，弘器包量，敬亲和室，恭兄友弟。在家必达，在邦必闻，/浩浩焉，汪汪焉，奥于不可恻（测） 也已。至若文梁秘策，武擅/韬钳（钤），蕴德足以润身，擢才而方从仕。解褐灵武郡鸣沙/府别将，虽才高而位卑，实鸿渐之翼也。未终考秩，以父/忧去职，迨于数稔，又迁范阳郡开福府别将。则班秩有/序，资职不遗，改冯翊郡连邑府左果毅都尉。在官廉慎，/政必利人，居厚者不矜其多，处薄者不怨其少。更转河/南府慕善府右果毅都尉，敕支省城使，出入/宫禁，侍卫丹墀，将期永保终年，冀凭遐祚，何图/昊天不吊，降此鞠凶，己丑岁十二月八日殒于东京太/常之公第也，春秋卌有八。禀命不融，中年殒卒，死生永/阔，逝者何追。妻子攀号，朋友伤悼，乃卜宅兆，揆日

① 赵君平、赵文成：《河洛墓刻拾零》，北京：北京图书馆出版社，2007年，第385页。

安厝。/以天宝九载二月十三日殡于北邙之原，礼也。飞旐前/路，灵輀驾途，冥冥穷泉，杳杳长夜，感雍门之遗谚，聊勒/石以为铭。其词曰：/

雒丘降神，生慈（兹）哲人，文武挺质，礼乐谋身。尽忠事国，竭/力安亲，享年不永，奄忽穷尘。殡以原礼，厝以吉辰，陇水/呜咽，杨风悲辛。叹生涯之永诀，故刊石以铭真。/

图三九　康仙昂墓志

31. 康赞羑墓志①

洛阳出土，具体时地不详。洛阳千唐志斋博物馆藏石。国家图书馆藏拓。志石边长58厘米。正书，31行，行31字（图四〇）。志载康赞羑曾祖某，祖父康琮，父康怀英。按康怀英《五代史》有传，怀英原为唐末兖州朱瑾部将，降于后梁太祖朱温，为后梁立国建立了卓著的战功，深受朱温

① 陈长安：《隋唐五代墓志汇编·洛阳卷》第十五册，天津：天津古籍出版社，1991年，第134页。

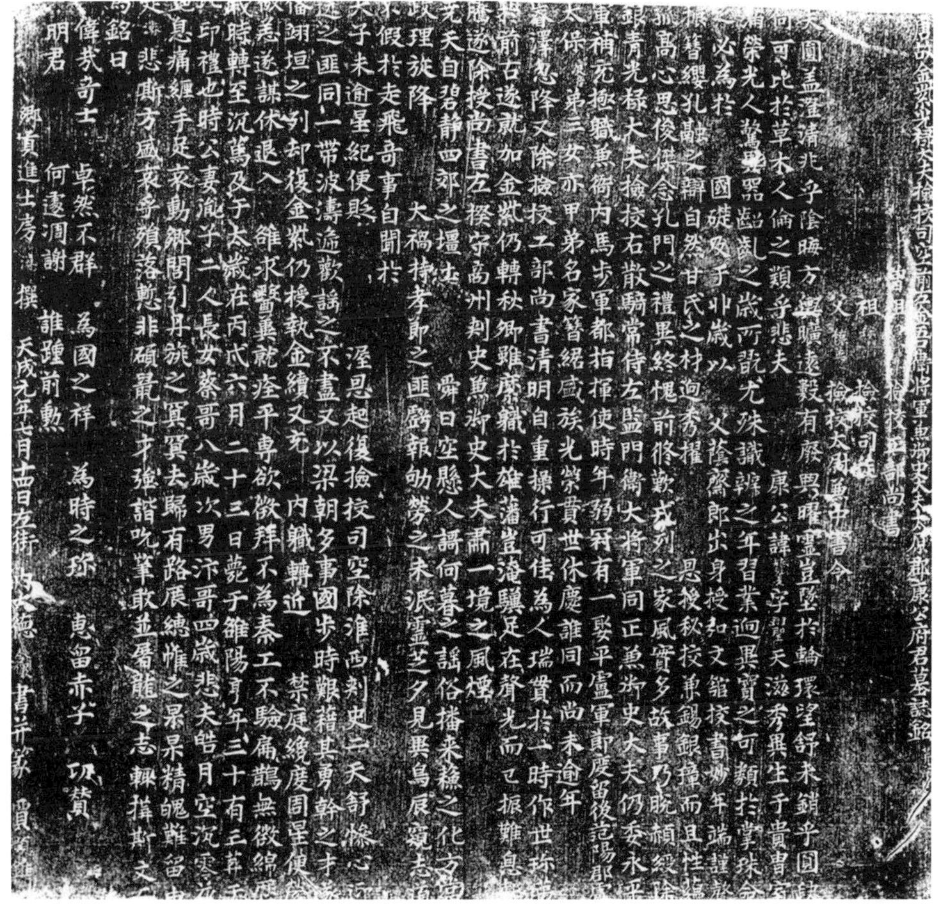

图四〇　康赞羑墓志

奖赏。和关中李茂贞、沙陀李克用部多次作战，晚年以宿将为永平军节度使，镇守长安。康赞羑三十二岁病逝，葬于洛阳北邙。录文如下：

唐故金紫光禄大夫检校司空前左金吾卫将军兼御史大夫太原郡康公府君墓志铭并序/

曾祖□，检校工部尚书，/祖琮，检校司徒，/父怀英，检校太尉兼中书令，/夫圜盖澄清，兆乎阴晦；方舆旷远，数有废兴。曜灵岂坠于轮环，望舒未销乎圆缺。/苦清源迥何可比于草木、人伦之类乎？悲夫！康公讳赞羑，字兴圣。天滋秀异，生于贵胄，室/满荣光，人惊异器。龆龀之岁所玩尤殊；识辨之年习业迥异。宝之可类于掌珠，命/之必为于国础。及于卅岁，以父荫斋郎出身，授弘文馆校书。妙年端谨，声/振簪缨。孔融之辩自然，甘氏之材迥秀。擢恩授秘校兼锡银璋。而且性蕴/孤高，心思俊杰。念孔门之礼异，终愧前修；叹戎列之家风，实多故事。乃脱赧绶，除/银青光禄大夫，检校右散骑常侍、左监门卫大将军同正，兼御史大夫。仍委永平/军补充极职，兼衙内马步军都指挥使，时年弱冠。有一娶，平卢军节度留后范阳郡卢/太保庭彦第三女。亦甲第名家，簪裾盛族，光荣贯世，休庆谁同。而尚未逾年，/睿泽忽降，又除检校工部尚书。清明自重，操行可佳。为人瑞贯于一时，作世珍迈/ 于前右。遂就加金紫，仍转秋卿。虽縻职于雄藩，岂淹骥足在声光而已。振难息超/腾。遂除授尚书，左揆守商州刺史兼御史大夫。肃一境之风烟，/尧天自碧；静四郊之疆土，舜日空悬。人歌何暮之谣，俗播来苏之化。方当/政理，旋降大祸。持孝节之匪亏，报劬劳之未泯。灵芝夕见，异鸟辰窥。志道/不假于走飞，奇事自闻于/天子。未逾星纪，便贬渥恩。起复检校司空，除淮西刺史。二天舒惨心，迎/送之匪同；一带波涛递，欢谣之不尽。又以梁朝多事，国步时艰，藉其勇干之才，遂/备翊垣之列。却复金紫，仍授执金。续又充内职，转近禁庭。才度周星，便萦/微恙，遂谋休退。入雒求医，兼就痊平，专欲征拜不为，秦工不验，扁鹊无征，绵历/岁时，转至沉笃。及于太岁在丙戌六月二十三日薨于雒阳，享年三十有三。葬于/北邙，礼也。时公妻胤子二人，长女蔡哥八岁，次男汴哥四岁。悲夫！皓月空沉，零花/艳息。痛缠手足，哀动乡闾。引丹旐之冥冥，去归有路；展穗帷之杲杲，精魄难留。由/ 是悲斯方盛，哀乎殒落。惭非硕鼠之才，强谐吮笔，敢并屠龙之志，辄构斯文。乃/为铭曰：/

伟哉奇士，卓然不群。为国之祥，为时之珍。惠留赤子，功赞/明君。何遽凋谢，谁踵前勋。/

乡贡进士房澡撰/

天成元年七月十四日左街内大德令俨书并篡贯颙镌/

32. 康昭墓志[①]

康昭墓志是近年洛阳出土的唐代粟特人墓志之一。墓志既未提及康昭的粟特背景，家世渊源也明显攀附卫康叔。从其家族人名、居所、婚姻、丧葬等内容可以看出其家族的汉化程度。康昭佛教信仰至深，而本民族宗教信仰丝毫未见踪迹。该墓志展示了唐代入华粟特人后裔在唐代中后期的社会生活和汉化情况，也凸显了当时洛阳国际大都市的地位，具有很高的史料价值。该墓志志盖文字为“大唐故康府君墓志铭”，长宽各46厘米。志文为楷书，共26行，满行26字（图四一）。现收藏于洛阳私人手中[②]。墓志全文如下：

大唐故康府君墓志铭并序丹阳蔺叔良撰

公讳昭，字德明。自卫康叔初封于康，其后氏焉。曾祖讳裔，王父讳庶，并素有才行，高道不仕。烈考讳晋，信行修身，志性廉直，贞洁清慎， 道业尤高。隐迹闲居，不求名位。结托朝要，往还英旄。中外尊崇，悉皆顾遇。有三子，长曰昕、次曰皓，亦荣并前亡矣。至于德业才艺，各载其本志，此不录也。季子昭，即公也。聿行孝道，恒守父规。器度恢弘，性宽志直。言之与行，不妄不邪。忠信内修，仁义外著。智谋深远，礼乐周身。交结往还，有终有始。至于父母未餐之物辄不先尝，珍异之衣辄不先服。孝敬和顺，内外钦风。屏迹遁居，不乐荣贵。加以静心三业，躬勤释门。持戒修斋，广为胜福。自曾后四代，兄弟同居。衣服共椸，馔非两味，卑幼一等。痂骇无遗，亲族孤贫，亦皆分惠。何图天不祐善，而肺疾萦身。名药遍服，尚未瘳愈。从尊贤旧舍徙嘉善新居。因餐庆宅之斋，疾遂瘥矣。从兹伏枕，患转痼沉。公虽形体衰羸，心神不倦，视事不废。故德辅于内，

① 荣新江：《中古中国与外来文明》，北京：生活·读书·新知三联书店，2001年，第86页。

② 郑友甫：《洛阳新出土唐代粟特人康昭墓志考释》，《河南科技大学学报》（社会科学版）2014年第3期，第10～12页。

神卫于外。公之处疾，逮于临终。家务要理之徒，衷里处谋之事。更不遗嘱，知后有人。唯常谓家眷曰：“人之修短，会一有也。吾平生执奉，唯城南正悟师兄，兄之院西，即亡二兄之茔。身殁之后，安此域内。一且近善知识，二乃恒闻真经。余之神魂早生化矣。”于戏，贤德天与，不永其寿。孰谓积善之家，构此祸钟也。享年七十有一，以元和十年岁次乙未四月十一日终于嘉善里之私第，即以来年十一月壬戌十一日壬申葬于都城南龙门乡孙村。嗣子等敬依遗言，安第二兄茔内俯坟之东，礼也。夫人杨氏，克行妻道，恸哭过哀。公有四子，长曰叔证、次曰叔謜，先亡。次曰叔诣、叔谅，女曰卅，嗣子等敬奉窀穸，饰□礼仪。徽烈永怀，思勒铭纪。叔良久沐厚眷，哀托情深。俾为文词，用安坟垄。短言莫逮，高迹难名。衔酸属词，何足表德。铭曰：

伟哉府君，德行资身。艺业高逸，不乐官勋。上天匪祐，歼我良人。嗣子号裂，敬奉遗文。旧茔增创，次兄之坟。幽明永隔，松槚长存。

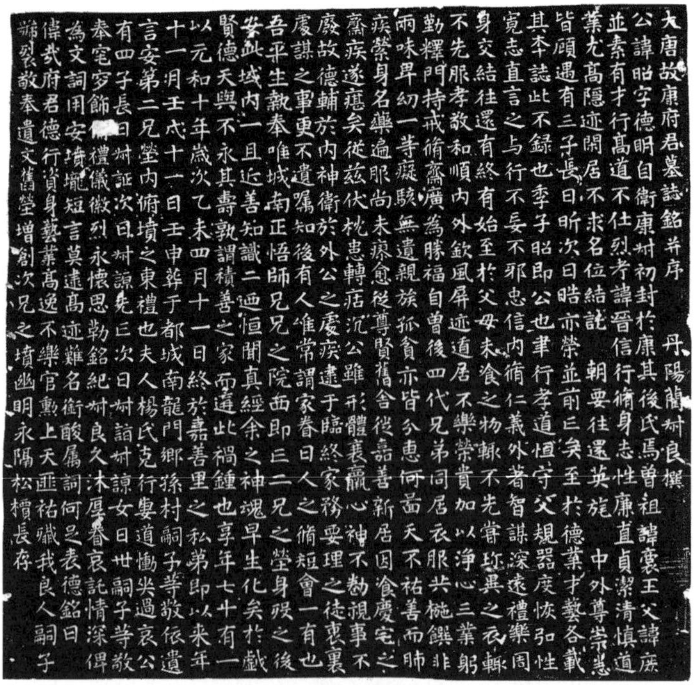

图四一　康昭墓志

33. 史陁墓志[①]

洛阳出土，具体时地不详。洛阳千唐志斋博物馆藏石。武汉大学历史系藏拓。志石边长40厘米。志文正书，19行，行19字（图四二）。史陁之名明显为粟特语音译过来，《史陁墓志》记其为“呼论县开国公、新林府果毅”。《康君夫人史氏墓志》载史氏之“祖槃陁，呼论县开国公、新林府果毅；父英，左卫郎将，袭封父邑”。《安怀及夫人史氏墓志》也叙史氏之“祖盘陁，唐任扬州新林府车骑将军，呼仑县开国公；父师，□朝左□卫”。就姓名和官职相同可知，史陁是史槃陀的简称，是史英、史师两兄弟之父，是两位史夫人之祖，为同一血亲家族之三代人。

维大唐显庆四年岁次已未八月一日乙巳朔十/六日□申，故呼论县开国公、新林府果毅。公讳陁，/字景，□□会稽人□。□□江源森森，上派浪于天/汉；□□□□，下无□□□轴。长柯森耸，权舆草昧/之初；巨干扶疏，□□□□之始。洎乎运归正络，波/息四溟。道属张□，□□五岳。以公家称金穴，优游/学海之中；室号铜陵，偃蹇文园之内。兼复风标东/箭，作贡蝉联；早誉西琳，称珍奕叶。于是诏授呼论/县开国公，仍守新林府果毅，迁居洛阳之县。若乃/陪京溯洛之所，士至云浮；面郊后市之场，宾来雾/集。可谓颙颙昂昂，令闻令望者矣。既而朝乌靡驻，/虞泉有匿景之津；夕兔难停，濛汜载潜光之济。彼/苍不忍，积善无征，歼我良人，□身难赎，春秋七十/有九，以贞观七年三月廿七日薨于私第。以显庆/四年八月十六日合葬于东都北邙山，礼也。芳/猷烈□，往事依希，树德旌功，曾何仿佛。呜呼哀哉！/乃为铭曰：/

来时允谢，景落则昏，先摧杞梓，早碎珵琨。长关地/□，永闭泉门，彼苍斯忍，曾无赎魂。/

① 周绍良：《唐代墓志汇编》，上海：上海古籍出版社，1992年，第297页。

图四二　史陁墓志

34. 史氏（康君妻）墓志[①]

河南省洛阳市孟津县朝阳村出土。石现藏河南省洛阳市新安县千唐墓志。志石长、宽均42厘米。正书（图四三）。根据其姓氏判断二人应为胡人内部通婚，录文如下：

大唐康氏故史夫人墓志铭并序/

夫人姓史，洛州洛阳人也。家承缨冕，代/袭珪璋，可略而言，备诸简册。祖□□，呼/论县开国公、新林府果毅；父英，

① 周绍良：《唐代墓志汇编》，上海：上海古籍出版社，1992年，第335页。

左卫郎/将，袭封父邑。并谓俱承懿□，冠盖连华，/茂庆门传，芳徽不绝。夫人女仪无爽，一/志贞心，妇礼有功，四德兼备，宜应寿兹/福佑，保卒遐龄。岂意天不憖遗，奄先朝/露，忽以显庆六年二月廿三日终于私/第，春秋卅有六。即以其年三月七日噐窆/于洛阳城北邙山之阳，礼也。复恐陵为/深谷，海变桑田，不纪余芳，无传后叶。其/词曰：/

风仪婉顺，令淑芬芳，蕊开春茂，遽□秋/霜。/

图四三　史氏墓志（康君妻）

35. 史多墓志[①]

洛阳出土，具体时地不详。洛阳师范学院藏石。洛阳乔氏藏拓。志石边长42、厚10厘米。楷书，22行，行22字。共466字（图四四）。志主为中亚粟特地区史国人，唐代入华为中级武官而随葬墓志却很小，文字也较

① 赵振华：《唐代粟特人史多墓志初探》，《湖南科技学院学报》2009年第11期，第79～82页。

图四四　史多墓志

少，与其他粟特人墓志差别不大，其历事交往已无文献可证而益显重要。《史多墓志》序文首句为：“公讳多，字北勒，西域人也。”系指中亚昭武九姓人定居的粟特地区。《史多墓志》不谈志主逝世原因，直言亡卒时日，就其高龄越百看，是得耄耋令终。亡故后，有未记名字的“绝浆哀子”主持丧事，依照中国的传统丧葬礼仪，龟卜占地，木棺敛尸，瘗藏墓志，改变了粟特人在其中亚故土的葬俗。录文如下：

大唐故冠军大将军史北勒墓志铭并序/

公讳多，字北勒，西域人也。建土鹿塞，代贵龙庭；交贽往来，/书于曩策，公其后也。曾祖达官，本蕃城主，自天纵知，神朗/宏达，不由文字，晤暗古今。率彼附容，远钦皇化。祖昧嫡/袭，不坠忠贞。父日，夙使玉关，作镇金塞。乃礼遣长子，削衽/来庭，公之是也。公至自，皇上嘉其诚款，特拜授中郎将。自/参侍丹墀，绵历年祀，尝无纤犯，声誉日闻。又加冠军大将/军，进位上柱国，转右领军卫中郎将。拥虎猛士，警翼/皇图，运豹韬之奇筹，殄摧匈寇。公素知止足，不尚矜华，谢/病丘园，甘寝私第，岁时月见，二三而已。谷神不死，徒著五/千之［　］；贤圣有归，终化一棺之土。以开元六年十月廿六日/薨于里第，春秋一百一。七年四月十五日迁厝于洛阳城/南，礼也。其处则迩接华阳，依紫微于北极；俯临伊渚，奇琇/控于南山。端则仙鹤吊人，图则神龟占地。绝浆哀子，痛甚/曾参。树剑良朋，悲深吴礼。沿兹铭典，以勒泉门。翼播金声，/永存玉策。其词曰：

惟德动天，无远不届；赫赫宗唐，四/方是拜。英英公族，则为蕃首；声闻中华，威振细柳。粤自龙/庭，入侍凤阙；削衽拖绅，解辫冠发。翼翼警卫，屾屾岁月；忠/恳日闻，礼数时越。功逾卫霍，绩出韩彭；玉门拥节，金岭麾/旌。不尚矜华，屡乞骸骨；谢病归家，星离寡留。日逗纤隙，人/生斯须；忽如过客，幕历草隧。萧瑟风柏泉路，一分幽明永/隔；名冀与兮天壤俱，雕兹石兮勒铭策。

36. 史诺匹延墓志[①]

2002年出土于洛阳的《史诺匹延墓志》，志盖缺失。志石长51.5、宽51、厚11厘米。志文楷书，共23行，满行24字，共479字（图四五）。根据志文记载“祖父西蕃史国人也”，则史诺匹延的家族是中亚的史国人，这是属于伊朗人种的中亚古民族，也就是我们现在所称的粟特人。虽然史诺匹延籍贯为京兆人，但他在玄宗时期长期生活在扬州，史诺匹延离开扬州后在行旅中感染疾病，开元七年（719年）在流离中去世，终年58岁。根据唐人丧葬习惯，一般都要归葬祖茔，直到开元九年（721年）正月，史诺匹延才归葬于洛阳城南龙门乡费村。录文如下：

① 毛阳光：《两方唐代史姓墓志考略》，《文博》2006年第2期，第82页。

图四五　史诺匹延墓志

故游击将军史诺匹延字义本墓志铭并序/

祖父西蕃史国人也。积代英贤，门称贵族，本乡首望，总号达官，/渴仰长安，来投朝化。将军生在大唐，京兆人也。居于仁/义之地，崇于礼让之风。志操温和，心怀柔濡。仁风薄扇，四海推/名。不觅上荣，恒居下位。久存扬府，寄贯江都。住心不安，移邦逐胜。/往岁夫妻相逐，如比目无双，游辔马相随，状鸳鸯并冀。诣斯都/邑，便赴南汤，望疗缠疴，翻成苦疾。欲归故里，寸步不前。悲去影/切，逝川而□，□不落影，故掩泉扃。东箭不留，泛辉土壤。以开元/七年春秋五拾有八运寿尽也。于时道俗兴嗟，悲伤行路，乡情/哀痛，咸有泣啼。林木念之摧枝，鸟兽闻之四（泗）泪。加以哀哀六子，/五女一男，遗此孤儿，凋零何托？慈颜永背，恋绝爱于劬息，孝养/长离，断深情于教记，庶使忧忧之女，恨不别于父颜，茕茕之男，/号泪痛于心髓。若使庭摧玉树，堂碎明珠，气结胸怀，奈何之苦。/若使西兹日下，电影倾轮，隙驷不停，奄斯日矣。以大唐开元九年/岁次辛酉正月十三日己酉朔殡于河南县龙门乡费村中。四/宾之影空莚，九原之悲犹切，叙其志操，乃为铭曰：/

川惊水闳，影没山迷。白鹄朝叫，青鸟夜啼。古松落落，/宿草栖栖，其一。谷深风驶，陇置云玄。龙璋卜兆，/马鬣开莚。丘陵迁易，海变桑田。其二。看石记时，/故勒金编。长辞永日，随愿生天。森森源流，悠悠系缅。/其三。绍蝉垒构，华庭重开，光泽既融，英髦自显。/蔼□以□，芳香弥远。/

开元九年正月八日。/

37. 史瓘墓志[①]

2003年出土于洛阳，志盖缺失，边长39厘米，厚度9厘米。志文为楷书，共23 行，满行24字，共502字（图四六）。志文记载，史瓘的祖先出自“阴山之系”，则可知其族属应为北方游牧民族。史瓘曾先后担任亳州成父主簿，青州寿光县丛，绛州垣县令，相州成安县令。虽在各地做官，但他晚年则居住在洛阳兴敬里宅第。史瓘的妻子则是河东薛氏，出自官宦世家，也是汉人。史瓘妻子先亡，葬在洛阳城南的龙门山西原。史瓘70岁去世后，由于绝嗣，由唐氏十二女协助将他与妻子薛氏合葬在洛阳河南县伊汭乡之西原。录文如下：

唐故朝议郎相州成安县令京兆史府君墓志铭并序/

殿中侍御史贾彦璋撰/

公讳瓘，姓史氏，其先阴山之系。自翊亮中土，轩裘代袭，今京/兆人也。貂蝉席宠，汉臣之贵也；铜墨推贤，郸县之政也。芬烈不泯，/于公有光。曾祖讳忠，皇朝封怀德郡王、镇军大将军，赠荆州/大都督。祖讳元暕，太仆卿、上柱国、薛国

① 毛阳光：《两方唐代史姓墓志考略》，《文博》2006年第2期，第82页。

图四六 史瓘墓志

公。考讳思贞，通事舍人。/分茅祚土，硕量瑰材。匪正直罔以司仆御；匪忠贞罔以董环卫；/匪词气罔以宣王言。胥公纪于太常，积庆流于昌胤。公生而通/敏，才应时须，弱冠莅仕，解褐任亳州成父主薄，无何转青州寿/光县丞，次授绛州垣县令，又转相州成安县令。通才不器，美政/有闻。故正不可犯，亳人畏其威；明不可欺，齐人息其诈。绛老饮/化以乐业，相土偃风以知训，政有经矣。宜其克复先构，蕃昌后/叶。胡彼苍不愸，歼我良士。以天宝六载九月二日寝疾运化于/兴敬里之私第，春秋七十。门无嗣子，空伤伯道之贤。室绝执丧，/谁主庭坚之祀，悲夫！夫人河东薛氏，先公而即世，春秋五十六，/项安厝于龙门山之西原。夫人即左司郎中、雍州司马述之曾/孙，余杭县令务道之孙，灵昌郡参军瑗之第六女，淑德有行，作/嫔于我。偕老之契，虽不齐年，终天之期，竟将同穴。唐氏十二女/等孝感因心，哀号罔极，式遵古制，将祔幽魂。即以天宝七载十/二月廿四日合葬于伊汭乡之西原，礼也。人代相阅，陵谷或迁，/勒铭贞石，以志穷泉。铭曰：/

大川奔注兮，逝者如斯。古来共尽兮，丘冢垒垒。唯盛德之不朽，/与斯铭而可久。/

38. 史然墓志①

洛阳出土，具体时地不详。志石高38、宽37.3厘米。正书，20行，行20字。此方墓志拓片最早见于赵君平编《邙洛碑志三百种》中，应是洛阳近年来新出土的流散民间的唐代墓志。墓志铭中对史氏的记载没有明确显示出其粟特背景，但墓志指出史然为“康城郡人”，其封爵为建康郡开国公。从行文上看，康城郡应该就是建康郡，唐代无建康郡，这里应是沿用地名古称。只是这并非江南古都建康，而指十六国前凉张骏在河西地区设置的建康郡，具体位置在甘州西二百里处。河西建康本就是史姓粟特人迁居的重要城市。史然居住在洛阳并在此去世，元和六年十月二十四日葬于洛阳城南龙门附近。录文如下：

大唐故云麾将军特进康城郡□□□史氏墓志/铭并序/

夫苍苍者天，蔬蔬（荒荒）者地。天地草昧，肇建风□。轮覆虽广，/屡攀折以淹留；亭省虽繁，恩已施乎斯代。爰周星閟/彩，汉洪流祥，迨于今，圣朝泽赦无垠，探玄（机），总/郎月；公朱紫分耀，貂蝉合彩。含和体素，凤（风）吹曷（遏）云。/忠佐王道，绾和国风。经略雄图，仁风逐扇，心潜/程轮，声震家族。穹苍不惠，降此翰凶，巡南溟以遐逝，/指西域以长驱。公康城郡人也。曾讳□；祖讳□；父讳□，/任洪州别驾。皆以孤廉清风，家不坠乎良基。公属/朱泚作乱，立志节，遂封为定难功臣。干戈戢冀，狂寇神/倾。公讳然，文武官，左金吾

① 赵君平：《邙洛碑志三百种》，北京：中华书局，2004年，第273页。

卫大将军、员外兼试太/常卿，封建康郡开国公，食邑二千户。属炎虚道丧，乡/党有怀沙之痛，终于洛都。嗣子蒙，哀毁形骈，朝泣露/珠，孤女等，哭杳杳而云愁，胡平生恩训。元和六年辛/卯岁十月廿四日运灵车，迁城南十有八里龙禹之地，达/于坟所，恐怀陵谷之难，镂铭终天。铭曰：/

挺出混陵兮王秀，毕代雄略兮裾簪，烈士鹰扬兮/总塞，定难功臣兮背弃。流金铄石兮镌铭，/终天饮泪兮吞声。/

志盖：

大唐故府君史氏墓志。/

39. 史乔如墓志[①]

洛阳出土，具体时地不详。洛阳关林管理处藏石。志石边长36厘米。正书，20 行，行21字。进入黄河流域的西域胡人在姓名上也越来越受到黄河文明的影响。胡人来华之初，名字多由本民族语言音译为汉字，带有本民族痕迹。如安怀夫人史氏祖父名盘陀，是粟特语Vandak（意为仆人）的音译。其他如安比失、安神俨、何摩诃、米萨宝等都具有浓厚的西域色彩。但是长期居住在黄河流域之后，这些胡人的姓名也变化了，如安孝臣、史乔如、康敬本、安修仁、史孝章、康智等，都是深受儒家文化影响的传统中国社会常用的名字，说明他们已经与这一区域的汉族百姓没有区别了，这同样也是受到黄河文明的影响。录文如下：

唐故秀士史府君墓志铭并序/

府君讳乔如，其先起自大隋，享金蝉之宠盛，奕世为/我唐臣。有石奋之令称，尝著勋力，布在史册。□□□/毂二百余载，史臣名儒皆熟之，故不重（下残）/隋特进安西大都护。高祖献，皇司农卿，（下残）/□国公。曾祖震，左监门大将军。

① 周绍良、赵超：《唐代墓志汇编续集》，上海：上海古籍出版社，2001年，第929页。

祖寂，皇天，（下残）/书监监，生二人，长供，次备。供不仕，早（下残）/畿，佐登柏台，践粉署，累从国相军领，光（下残）/考殊绩，时谓良二千石。有二子，府君即濮州鲤庭之长/也。令显之后，人皆目之。方蹑长途，绍□懿绪，不幸短/命，萦宿疾卒于洛阳县延福里，年廿。幼弟在侧，茕然哀/号，邻里为之泣下。以开成二年二月廿日权葬于河南/县感德乡孙村原，礼也。温如以兄弟之堂也，故得以记/之。温如少孤，季父育之，及长，俾与府君等同问安。/当季父易箦之际，府君尚未及冠，顾命温如主丧，/抚二子。于是与二子同疚共□迩十年。呜呼哀哉！中道/丧缺，手足零落，痛销骨髓，乃衔泣为铭，词曰：/

吾家积善，俟汝后庆，天不与诚，噫嘻乃命。洛阳南路，□/成封树，不骞不崩，贞石在下。/

堂兄进士温如撰并书。镌字人李元。/

40. 史孝章墓志[①]

2004年6月出土于洛阳市孟津县朝阳镇张阳村。洛阳师范学院藏石。志石边长97、厚19厘米。楷书，44行，满行44字（图四七）。墓志记载，史孝章家族曾望称籍灵武，建康，其中建康史氏已学界公认为入华粟特人所形成之郡望，而灵武亦为入华粟特人重要聚居地。安史之乱后，由于国内弥漫的仇胡氛围，史氏家族遂由建康史氏改望北海史氏，故封爵均取自北海，如史周洛“北海郡王”、史宪诚“千乘县开国公”和“千乘郡公”、史宪忠“北海县子”。到史孝章时，由于史氏家族入华已久，对故国所在之地仅存留模糊记忆，时人受地理意识的局限，误将其故国推为与唐同宗的“葛々斯”，即《史孝章墓志》记载“公之出也，实系天枝，其本葛氏”。自武周以来东北边防局势日益紧张，动乱频仍，唐朝因此加强了河北地区的兵力投入，先前安置在河曲地区的粟特胡部亦是朝廷征发的对象之一，史氏家族即因此由灵武迁至河北。由于当时河北地区奚、契

---

① 赵振华：《洛阳古代铭刻文献研究》，西安：三秦出版社，2009年，第496～501页。

图四七　史孝章墓志

丹两蕃势力日益强盛，史氏家族后来极有可能曾依附于奚人部落，与之产生了密切的关系，致使两唐书有关史氏族属的记载发生混淆，而言之为奚人，史孝章实为粟特人。该墓志录文如下：

唐故邠宁庆等州节度观察处置等使朝散大夫检校户部尚书兼御史大夫赐紫金鱼袋赠尚书右仆射北海史公墓志铭并序/

门吏前邠宁庆等州节度判官朝议郎检校尚书水部员外郎兼侍御史上柱国李景先撰/落史氏枝派，或华或裔。在虏庭为贵种，出中夏为著姓，周卿以史佚为族望，卫国则朱驹为宗门。汉复姓有青史氏，著/一家之说；新丰令，垂百代之范。降及吴晋，亦封东莱侯。其后子孙繁衍，散食他邑，流入夷落。獯鬻以十氏为鼎甲，蕃中人呼阿史那氏，即其苗蔓也。公讳孝章，字得仁，其先北海人。曾祖道德，皇太常卿、怀泽郡王。祖周洛，/皇银青光禄大夫、检校太常卿兼御史中丞、北海郡王、赠太子太保。父宪诚，/皇晋、绛、慈、隰等州节度观察处置/等使、银青光禄大夫、检校司徒兼侍中、河中尹、上柱国、千乘县开国公、食邑一千五百户、赠太保。

公之出也，实系/天枝，其本葛氏，因功锡姓，附广陵王房。幼而岐嶷，禀阴山之秀；长则忠厚，服儒家之业。越自襁褓，即来邺都，耳倦征/鞞，心慕坟素。一旦启其家君曰："男子发已冠矣，有志未就。不幸所食之粟，非仁者之粟；所处之地，非/天子之地。忝知君臣父子之道，古今逆顺之理。碌碌与群儿辈，瞑目为昏迷之鬼，无乃寒心乎。窃愿摄衣鼓箧，往诣嵩阳山，读古人书，以果素志。"家君怜而弗许。元和中，无何，太尉愬索麾下诸将之子，署以亲事，俾卫前后。公挺然/不群，请授文职。明日，假魏州大都督府参军。长庆二年，特恩拜本府士曹参军兼监察御史，仍赐绯鱼袋。是时，/先侍中代田公布为魏帅。初杖金鼓，方练戈矛，合好于邻封，耀兵于四境。中外疑贰，未知众心。公乃属词，潜达忠/款，闻于聪听，朝廷多之。加检校太子左谕德、兼侍御史，充副节度使。折将卒于中军，开户牖为南院。宾客宴乐，法令施张，魏之士心，稍稍而变。寻加检校秘书少监兼御史中丞、赐紫金鱼袋。明年，进朝散阶，兼大夫。/今上即位，嘉其忠勋，迁检校左散骑常侍。大和二年，沧景节度李全略卒，其子同捷，席父之任，不请命于朝廷。/皇帝临轩，震赫天地。先侍中表公专征，以霁斯怒。于是提肘腋之旅，推腹心之信。一战而下平原，再战而摩/沧垒；狂童旦夕以授首，羸师疮痏而满身。奋不顾家，勇以见义，慰激之诏，旁午道途。岂谓差之毫厘，不冠竹帛。敌/人固非勍者，壮士由是痛之。其年，加工部尚书，复旧职。同捷献俘，诏罢诛讨。累陈章奏，恳请朝天，王人继来，允/遂忠恳。对扬之后，龙姿如春，沛然宠锡，加人数等。先侍中名节勋伐，焕于公议，朝廷于是计魏郊之土壤，/铠甲之众寡，分裂其地，移隶其军。诏先侍中守本官，为河中节度使。公加礼部尚书，为相、卫、澶等州节度使。/受命交代之际，分兵俶扰之间。魏之师徒，翻然不顺，遘祸于豺狼之口，覆族于锋刃之间，公之血属殆无遗矣。/相卫之拜，才及洛京。帝命使人以达讣告，泣血茹毒，杖而弗兴；孺慕婴号，哀而不嗄。逾年，/恩敕起复右金吾将军，三表陈让，竟夺情理。诏曰居丧徒云执礼，违命岂得遑安，凄凄哀诚，力疾上路，拜/恩之日，制削起复，守官如故。六年，白麻授鄜、坊、丹、延等州节度观察处置等使，一年固池隍，二年实窦窖，三年缮戈甲。治/宾客，训练卒伍，蠲放逋租，足食足兵，犬戎不敢南牧。公之绩效，琬琰存焉。朝廷陟典方行，耸人为善，加地进律，/宜在兹乎！九年秋，白麻守本官，授郑、滑、颍等州节度观察处置等使。至则铲革繁弊，斥去堕游，居未浃旬，大立新政。滑之滨河，厥田沃壤，齐人食力，用以入官。或为水溃，号曰滩地，积岁已来，悉为怙势者所得，齐人不复归之。公莅/是邦之越月，尽给罢氓，豪不敢夺。滑之近年，水旱作沴，室闾愁苦，征敛惟艰。公以为克己惠民，天必降福，笔下免/缗钱、刍菽仅五十余万，其恤贫厚下之大略如此。然竟以惩奸瘅恶，颊舌坐腾。不逾年，罢节，为右领军卫大将军、加/户部尚书，旌前能也。诏曰：朕以孝章春秋方少，能自揣摩，中外迭居，以阅诚效。明年，改右金吾卫大将军、充右街/使。朝廷以四夷入贡，安不忘危。轸及边陲，须择将帅。才难之选，非公其谁。三年七月，白麻守本官，授邠、宁、庆等/州节度观察处置等使。属邠之师旅，有名无实，州之廛闬，附影者多。为政之初，必归分理，一日执其尤者二人，奋以/大白挺，斥之他方，一郡之人，惕息知劝。/公年向不惑，终鲜胤嗣，忽忽自叹，虑为天穷。适属是年，并夭二子，悼惜过/礼，疾生于衷。又闻邠之讹言，尝有妖狐为怪。悲伤之内，饮食失时，亦疑阴邪之物，恶人正直，予之今日，力不能胜。以/是腠理荣卫，颇甚错乱，膏肓之祸，其自掇乎。其年十月十三日上表入觐。廿日薨于长安靖恭里之私第，享年/卌九，当开成三年岁次戊午。/皇帝悼之，辍朝一日，赗赠如礼。公之始婚太原王氏，故镇州节度使庭凑之爱女，先公而逝，权窆魏州。四年己/未二月癸丑朔八日庚申，迁祔于河南府河南县张阳村夫之先茔，合故剑也。赵国夫人高氏，虽非公出，养/之如母焉。继夫人深泽县君崔氏，得公之性，待之如妻焉。有男子一人，曰焕，髫龀之岁，已知毁灭。女子一人，曰十/三娘，幽闲之质，尚在孩提。季父金吾将军、检校右散骑常侍宪忠，十起之哀，行路所感，一门之痛，骨肉倍加。金吾常/侍以景先三府首僚，千里归葬。尝忝科第，能叙生平，虽未曰文，不愧其请。铭曰：/

三代为将，一身好文。志酬家国，誓报君亲。年华鼎盛，志业日新。生全浩气，没守清贫。虎眉犀额，化为穷尘。天乎/其仁，天乎其不仁。

处士孙继书并篆盖。/

志盖：

唐故邠宁等节度检校户部尚书兼御史大夫赠尚书右仆射北海史公志铭。/

41. 何摩诃墓志[①]

1928年6月洛阳城北徐村出土。洛阳千唐志斋博物馆藏石。周绍良藏拓。志石高46、宽48厘米。正书，17行，行18字（图四八）。进入黄河流域的西域胡人在姓名上也越来越受到黄河文明的影响。向达先生指出，来华的胡人皆有汉姓，“然其模仿汉姓，则无可疑也”。在名字上这种痕迹也非常明显，胡人来华之初，名字多由本民族语言音译为汉字，带有本民族痕迹。如安怀夫人史氏祖父名盘陀，是粟特语Vandak（意为仆人）的音译。其他如安真健、安比失、安神俨、何摩诃、米萨宝等，这些名字都具有浓厚的西域色彩。录文如下：

① 周绍良、赵超：《唐代墓志汇编续集》，上海：上海古籍出版社，2001年，第670页。

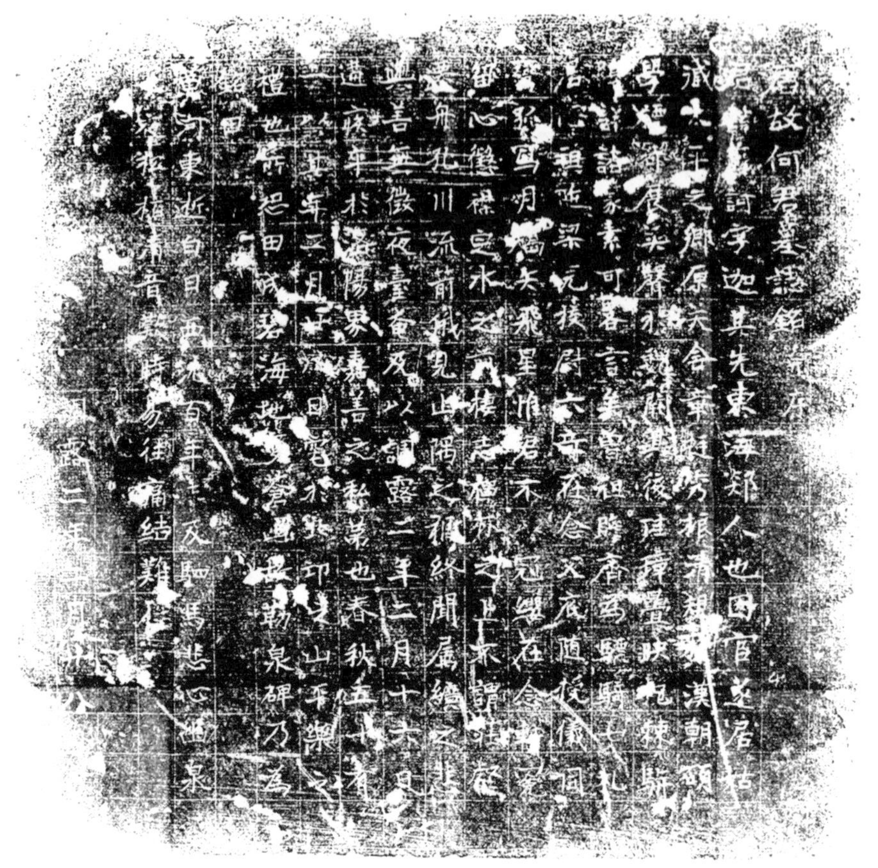

图四八　何摩诃墓志

唐故何君墓志铭并序/

君讳摩诃，字迦，其先东海郯人也，因官遂居姑/臧太平之乡。原夫含章挺秀，振清规于汉朝；硕/学标奇，展英声于魏阙。其后珪璋叠映，槐棘骈/阴，详诸家素，可略言矣。曾祖瞻，齐为骠骑，七札/居心。祖陀，梁元校尉，六奇在念。父底，隋授仪同，/鸾弧写月，矫矢飞星。惟君不以冠缨在念，轩冕/留心，惩襟定水之前，栖志禅林之上。不谓庄壑/迁舟，孔川流箭，俄见止隅之祸，终闻属纩之悲。/与善无征，夜台奄及，以调露二年二月十六日/遘疾卒于洛阳界嘉善之私第也，春秋五十有/一。以其年二月廿八日窆于北邙之山，平乐之，/礼也。所恐田成碧海，地变苍山，故勒泉碑，乃为/ 铭曰：/

黄河东逝，白日西沉，百年未及，驷马悲心。幽泉/长夜，松柏清音，叹时易往，痛结难任。/

调露二年二月廿八日镌。/

42. 翟突娑墓志①

1930年洛阳孟津郑凹村出土。西安碑林博物馆藏石。志石高45.5、宽45厘米。正书，18行，行20字（图四九）。

翟突娑，字薄贺比多，并州太原人。后著籍洛阳，年七十，大业十一年（615年）正月十八日卒于河南洛阳崇也乡嘉善里。“薄贺比多”，中古波斯文，意为“祆教牧师”，即祆教神职人员。魏晋南北朝时期的翟姓胡人，一般都以为是高车人，赤狄之后。但从翟突娑父子二人的名字和官

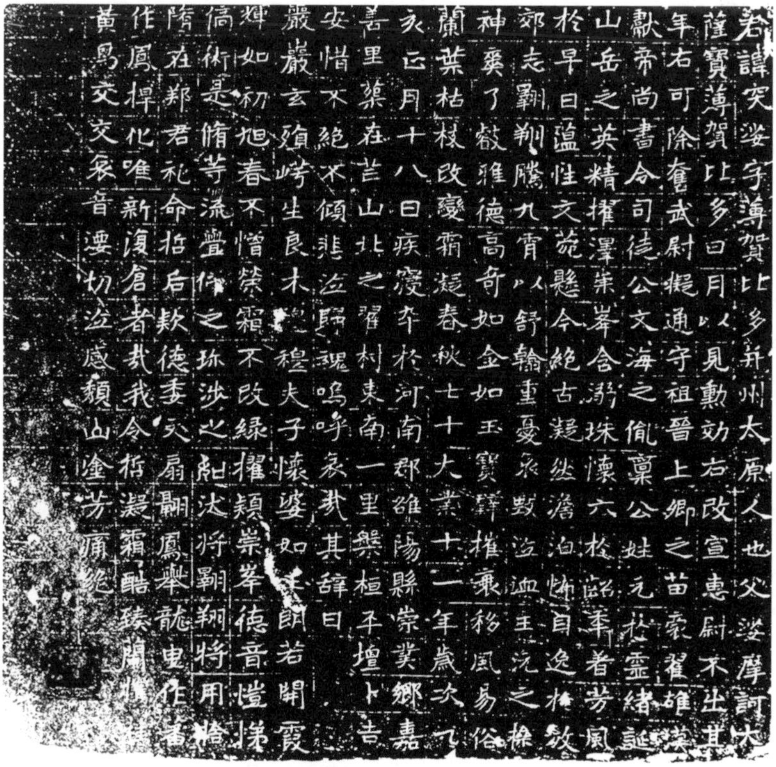

图四九　翟突娑墓志

① 陈长安：《隋唐五代墓志汇编·洛阳卷》第一册，天津：天津古籍出版社，1991年，第131页。

职来推断，很可能是来自中亚粟特地区而著籍太原的移民。录文如下：

君讳突娑，字薄贺比多，并州太原人也。父娑摩河大/萨宝薄贺比多。日月以见勋效，右改宣惠尉，不出其/年，右可除奋武尉，拟通守。祖晋上卿之苗裔翟雄，汉/献帝尚书令、司徒公文海之胤。禀公姓元于灵绪，诞/山岳之英精，擢泽崇峰。含溺珠怀六于龆年，著芳风/于早日。蕴性文苑，悬今绝古，凝然澹泊。怖目逸于放/郊，志翱翔腾九霄。以舒翰重忧，哀毁泣血。王沉之操，/神爽了睿，雅德高奇，如金如玉。宝壁摧衰，移风易俗，/兰叶枯枝，改变霜凝。春秋七十，大业十一年岁次乙/亥正月十八日寝疾卒于河南郡洛阳县崇业乡/嘉善里。葬在芒山北之翟村东南一里，椠桓平坛，卜吉/安措，不绝不倾，悲泣归魂，鸣呼哀哉！其辞曰：

崇业乡/嘉善里。葬在芒山北之翟村东南一里，椠桓平坛，卜吉/安措，不绝不倾，悲泣归魂，鸣呼哀哉！其辞曰：

岩岩玄殖，崿生良木；穆穆夫子，怀婆如玉。郎若开霞，/辉如初旭；春不憎荣，霜不改绿。擢颖崇峰，德音恺悌；/僑术是修，等流亹仰。之珍涉之如汰，将翱翔，将用舍。/隋在郑君，礼命哲后，款德委文，扇翮凤举，龙曳作蕃，/作凤捍化，唯新复仓者哉。我令哲凝霜酷臻兰摧桂。/黄鸟交交，哀音要切，泣感颓山，涂芳痛绝。/

43. 翟氏（康君妻）墓志①

洛阳出土，具体时地不详。洛阳关林管理处藏石。志石高33.5、宽32厘米。正书，6行，行11字（图五〇）。此墓志篇幅较短，由墓志标题可知墓主翟氏为康君之妻，但志文中无康君的详细记载，甚至不知其名，仅从标题上了解到他是以使者身份入唐的康国酋长、大首领。或许因爱慕中原文化而不愿西返故土，遂留居洛阳，并娶妻生子。翟氏天宝八载（749

① 陈长安：《隋唐五代墓志汇编 · 洛阳卷》第七册，天津：天津古籍出版社，1991年，第52页。

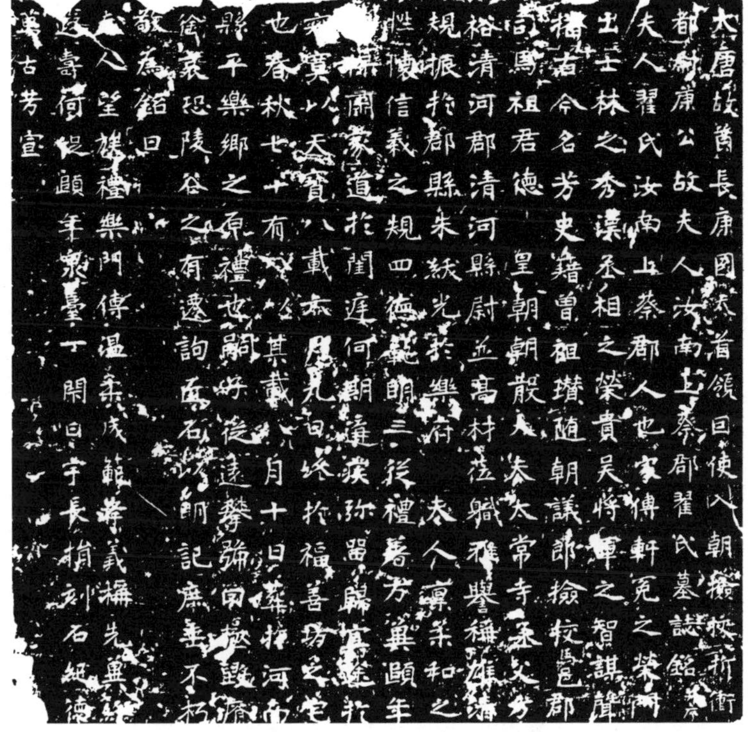

图五〇　翟氏（康君妻）墓志

年）六月九日终于洛阳福善坊宅，年七十八。同年八月十日，葬于河南县平乐乡之原。录文如下：

大唐故酋长康国大首领因使入朝检校折冲/都尉康公故夫人南上蔡郡翟氏墓志铭并序/

夫人翟氏，汝南上蔡郡人也。家传轩冕之荣，门/出士林之秀，汉丞相之荣贵，吴将军之智谋，声/播古今，名芳史籍。曾祖瓒，隋朝议郎、检校马邑郡/司马；祖君德，皇朝朝散大夫、太常寺丞；父方/裕，清河郡清河县尉；并高材莅职，雅誉称雄，清/规振于郡县，朱绂光于乐府。夫人禀柔和之/性，怀信义之规，四德范明，三从礼著。方冀颐年/□保，肃家道于闺庭，何期遘疾弥留，归冥途于/寂寞。以天宝八载六月九日终于福善坊之宅/也。春秋七十有八。以其载八月十日葬于河南/县平乐乡之原，礼也。嗣子从远，攀号罔极，毁瘠/衔哀，恐陵谷之有迁，询匠石以明记，庶垂不朽，/敬为铭曰：/

夫人望族，礼乐门传，温柔成范，孝义称先。冀终/遐寿，何促颐年；泉台一闭，日宇长捐，刻石纪德，/万古芳宣。/

志盖篆书：

唐故翟夫人墓志铭。/

44. 曹谅墓志[①]

洛阳出土，具体时地不详。周绍良藏拓。拓片边长46厘米。楷书，22行，行22 字（图五一）。粟特人本就习惯于内部联姻，入华以后，在很长一段时间里，仍延续着内部联姻的习俗。墓志云：“君讳谅， 字叔子，济阴定陶人，晋西平太守曹祛之后也”“夫人安氏，温恭□朗，妇顺外融，一醮齐于恭姜，四德谐于孟母。”故从曹、安二氏的姓氏及内部联姻的习俗可推测志主夫妇当是入华粟特人之后裔。

唐故隋湭城府鹰扬曹君及琅玡郡君安氏墓志并序/

君讳谅，字叔子，济阴定陶人，晋西平太守曹祛之后也。若/夫保姓受氏，可大者宗祊；列象麟图，所高者缨黻。祖贵，齐/明威将军；父林，齐定州刺史；六奇拥沙之略，七擒蒙马之/谋，斯皆妙冠群才，得诸天纵。君起家朝请大夫、泾州湭城/府鹰扬，诏加正议大夫、平州留守。惟君体质冲虚，机神爽/逸，擢文则位登朝请，引武则鹰扬是居。值隋世道消，乌夷/凭訽，龙旗爰举，问罪三韩。既拔垂城，斋□献凯，爰加正议/大夫，用报下城之效。既而旆反南辕，休牛北塞，勒铭燕原，/解甲龙城。庶兴细柳之功，留守平州之域。嗟乎！差鳞未□，/奔箭之溜已摧；刷□将升，折翮之风方凝。两楹梦奠，二竖/告灾。遂以大业十年七月二日卒于平州。皇帝痛股肱/之或亏，悼壮武之既殁，追赠银青光禄大夫，远著恪勤之/绩。夫人安氏，温恭□

① 周绍良、赵超：《唐代墓志汇编续集》，上海：上海古籍出版社，2001年，第135页。

朗，妇顺外融，一醮齐于恭姜，四德谐/于孟母。诏授洛滨及伊洛乡君。若乃过隙之驹易往，在风/之树难停，粤以永徽元年六月一日卒于私第，春秋八十/有六。即以其年七月九日迁奉于邙山之阳，礼也。穗帐徒/悬，生平之欢已尽；名□未得，反魂之路莫由。孝子承洛等/痛怙恃之永慕，仰□□以增号，邻里嗟令哲之长终，攀灵/輀以掩泣。庶恐坟余宿草，茔灭旧基，用刻斯铭，传诸不朽。/铭曰：

洸洸曹君，瑳瑳淑媛，鹰扬佐武，恭姜是赞。曳杖两/楹，隙驹流电，泉门掩及，迁神已远。素杨风急，青松日晚。/

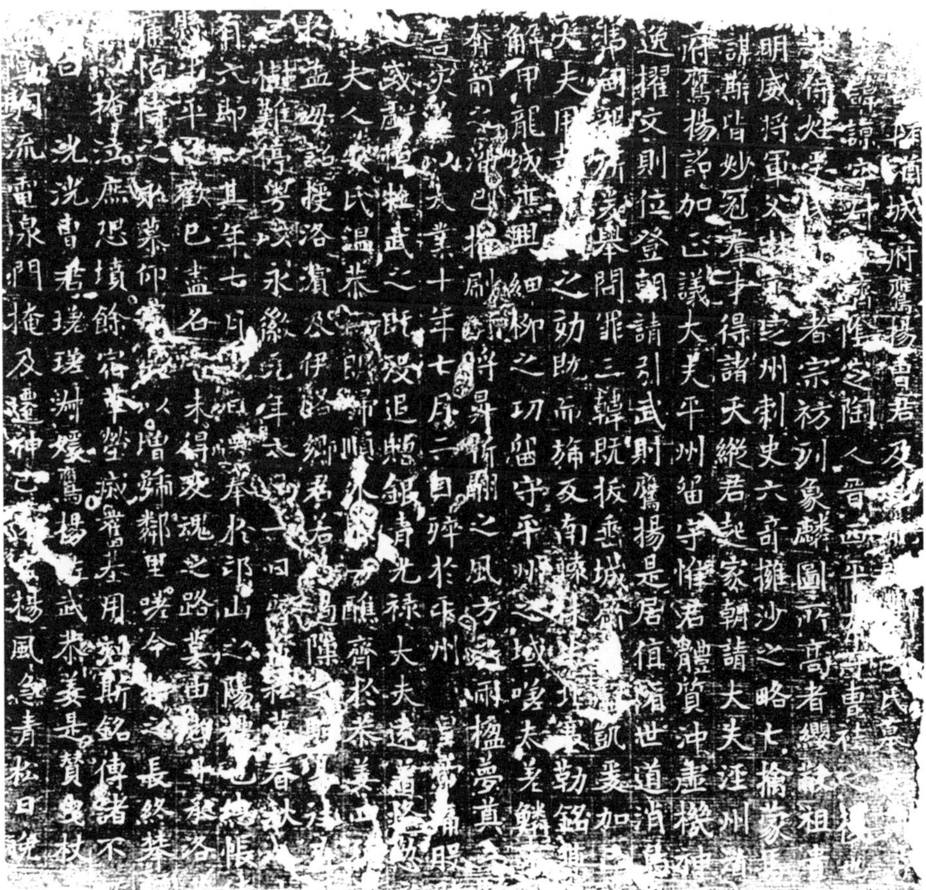

图五一　曹谅墓志

45. 曹氏（康君妻）墓志[①]

志石高55、宽56厘米。正书，20行，行20字（图五二）。1927年洛阳北陈庄出土。洛阳千唐志斋博物馆藏石。国家图书馆藏拓。墓志标题作“大唐故康君夫人曹氏墓志铭并序”。但志文中未提到康君的具体情况。志文称“夫人曹氏者，沛郡谯人也。汉相曹参之后，实当涂之苗胤。元功上将，晖映一时”。似是谯郡的汉族大姓出身。但其祖父名樊提，岛周上大将军，父名毗沙，隋任胜州都督。胡化的名字和武职的身份，加之她嫁给康君的事实，推测其出身粟特的曹国。曹氏以仪凤二年（677年）十月五日卒于私第，年八十五岁，同年十一月二十六日，葬于邙山。录文如下：

大唐故康君夫人曹氏墓志铭并序/

夫人曹氏者，沛郡谯人也。汉相曹参之后，实当涂之/苗胤。元功上将，晖映一时。代载羽仪，声流万叶。祖樊/提，周上大将军；父毗沙，隋任胜州都督；且文且武，不/绝于本朝；光前光后，无隔于今古。夫人渐润蓝田，滋/芳兰畹。贞顺闲雅，令范端详。受训公宫，作嫔嘉室。四/德周备，六行齐驱。整肃闺门，实惟和睦。喜怒不形于/色，禀自生然；荣悴不改于怀，正符天性。孝同梁妇，节/比义姑。抚育深仁，恩流中外。所冀慈云润趾，慧日澄/神。如山之寿未终，游岱之期斯及。忽以仪凤二年十/月五日卒于私第，春秋八十有五。还以其年十一月/廿六日权殡于邙山。嗣子处哲，集蓼疚怀，结终身之/痛。恐英声代远，斩板销夷。纪德幽扃，遗芳无殄。其铭/曰：/

荆山璧润，汉水珠明。照逾兼两，价重连城。有美良淑，/比质均名。誉流闺闱，守义居贞。其一。隙驹飘忽，逝水惊/潮。池悬铜霤，帐结轻绡。旌扬河汭，葆转山椒。风凄暮/铎，响切晨箫。其二。泉没双剑，林栖偶鹤。尘飞素莤（奠），蚁游/丹幕。千古易终，九原难作。痛慈颜之永词（辞），悲幼子而/

① 周绍良、赵超：《唐代墓志汇编续集》，上海：上海古籍出版社，2001年，第663页。

何托。

仪凤二年十一月。/

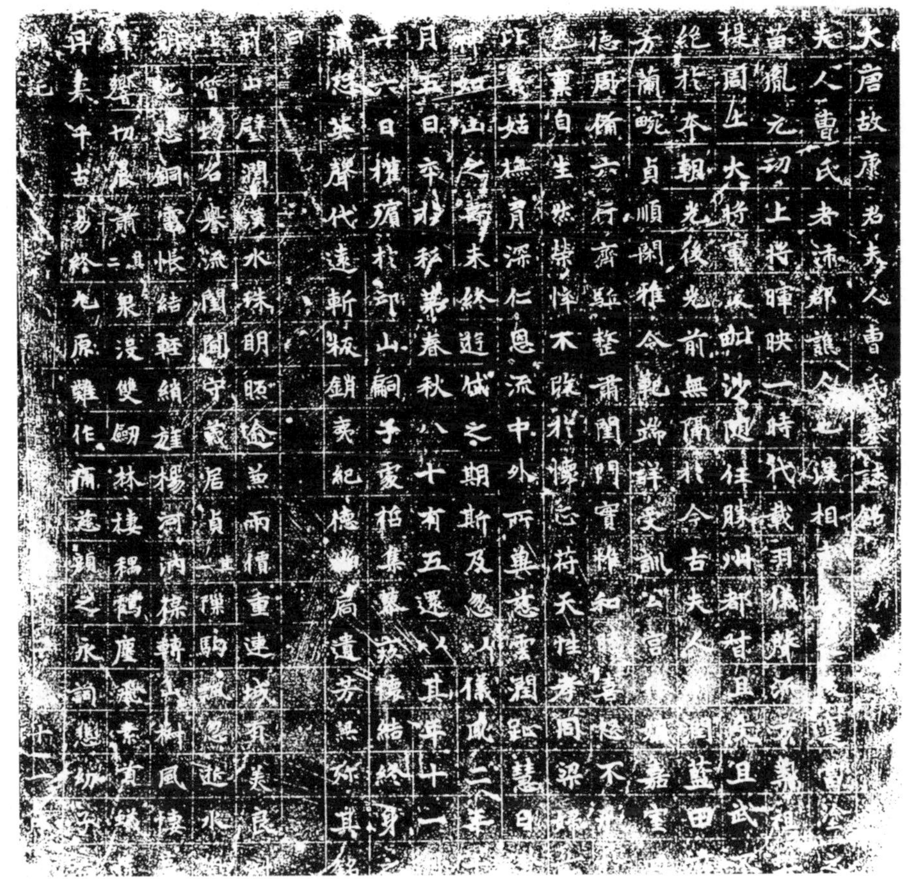

图五二　曹氏（康君妻）墓志

46. 罗甑生墓志[①]

1919年洛阳安驾沟村出土。洛阳千唐志斋博物馆藏石。周绍良藏拓。志石边长51 厘米。正书，25行，行26字（图五三）。罗姓虽不属于昭武九姓，但也有胡人姓罗，主要来自吐火罗地区。罗姓与昭武九姓经常出现在很多场合，而且与其通婚，其名字很多具有粟特风格，或许是在丝

① 周绍良、赵超：《唐代墓志汇编续集》，上海：上海古籍出版社，2001年，第662页。

图五三　罗甑生墓志

路东行的途中由粟特人给起的。显庆四年（659年）十二月十三日卒，年六十四岁。夫人康氏，仪凤二年（677年）二月卒于洛阳章善里私宅，年六十九。其子神苻等于调露元年十月二十三日，将康氏与罗甑生合葬于北邙山。章善里是洛阳城内胡人比较集中居住的地方，康武通、康敬本也曾在此坊居住。录文如下：

大唐故陪戎副尉罗府君墓志铭并序/

公讳甑生，阴山人也。昔贾谊腾声，不阶七命之重；终军诞秀，岂竟六/极之先。虽名擅国华，地殊人望，尚延悲于当代，永贻恨于终古。矧夫/家承阀阅，代茂簪裾，松柏成行，芝兰克嗣，存诸图牒，讵烦觎缕。/祖日光，□任秦州都督，谥曰盘和公，山川通气，珪璧凝姿，天优其才，/人济其美。滔滔不测，若江海之纳川流；岩岩高峙，若山岳之□厚地。/父季乐，隋鹰扬郎将，竹符花绶，绛节雕舆，宠冠百城，威隆四镇。公□/胄清华，□庭礼让。天经地义，温清叶于无方；共寝同蔬，邕穆施于有/政。情忘□辱，志逸江湖。纵偃止文场，栖迟笔海。浮云名利，不从羁□/之劳；□□林亭，自得逍遥之致。起家秦王左右陪戎副尉，□□□□/于丹□，镜知止于青编，脱落徽班，优游衡泌。悲夫！四游挥忽，千□倏□。/香号返魂，居然莫致；药称不死，竟是空言。显庆四年十二月十二日/终□私第，春秋六十有四。夫人康氏，幼贻门范，得规矩于自然；夙□/□□，□婉顺于天性。贞襟霜净，秀质霞开，何言逝水沦波，悲泉落华。/□□娥之窃药，攀月桂而忘归；类弄玉之登仙，奏凤箫而永去。以仪/凤二年二月终于章善里宅，春秋六十有九。以调露元年十月廿三/日合葬于河南界北邙之礼也。子神苻等，茹荼衔恤，援柏凝哀，恐天/长地久，邈矣攸哉，式镌贞琬，光昭夜台。其词曰：/

业延家庆，门彩孕庭，代称领袖，门擅簪裾。陶甄地义，隐括天伦，逸韵/飙竖，清晖日新。其一。天地不仁，神心多忍，四序宁借，百龄□尽。愚智同/域，彭殇齐轸，讵偶大椿，言从朝菌。其二。猗欤淑媛，契合丝缗，展敬蘋藻，/施工组紃。德被九族，恩沾六姻，操凌竹柏，润叶瑶珉。其三。眇眇造化，茫/茫区域，短景易穷，浮生有极。夜川不□，朝霞谁食？洛浦云销，巫山雨/息。其四。沉晖不驻，阅水徒惊，空余响像，非复生平。霜飞幽垄，月昭空茔，/式镌贞琬，方传颂声。其五。

洛州偃师县人也。/

47. 阿罗憾墓志[①]

《阿罗憾墓志铭》出土于洛阳，具体时间不详，最早见于1909年，端方（1861～1911）在《陶斋藏石记》卷二十一中，刊布了阿罗憾墓志的录文，这方墓志字迹不是很清楚，端方的录文缺少了 7 个字。墓志共18行，每行约17字（图五四）。《阿罗憾墓志铭》全文不长，但反映的内容极其重要。阿罗憾不仅热心传教，而且有卓越的外交才能，在西域各国中人望颇高，这是他受到唐中央政府重用的原因。阿罗憾具有波斯国王族血统，因而也是波斯移民领袖，唐高宗遣使把他召来，即授羽林军将军一职。他为高宗出使蕃域，建立大功，任拂林国诸蕃招慰大使，又号召诸蕃王，为武后营建天枢。唐景云元年（710年）逝世，葬于洛阳建春门外。录文如下：

大唐故波斯国大酋长右屯卫将军上柱国/金城郡开国公波斯君丘之铭/

君讳阿罗憾，族望波斯国人也。显庆年中，/高宗天皇大帝以功绩可称，闻（西域），出使/召至来此，即授将军、北门（右）领使、侍卫驱驰。又/差充拂林国诸蕃招慰大使，并于指林西界/立碑，峨峨尚在，宣传圣教，实称蕃心。/诸国肃清，于今无事，岂不由将军善导者焉，/功之大矣。又为则天大圣皇后召诸/蕃王，建造天枢及诸军立功，非其一也。此则/永题驎阁，□于识终；方画云台，没而须录。以/景云元年四月一日暴憎过隙，春秋九十有/五，终于东都之私第也。

风悲垄首，日惨云端，/声哀鸟集，泪久松干。恨泉扃之寂寂，嗟去路/之长叹。呜呼哀哉！以其年□月□日，有子俱/罗等号天罔极，叩地无从，惊雷绕坟，衔泪（刊）石。/四序增慕，无辍于春秋；二礼克修，不忘于生/死。卜居宅兆，葬于建春门外，造丘安之，礼也。/

---

① 徐晓鸿：《〈阿罗憾墓志铭〉释义》，《天风》2019年第7期，第24～26页。

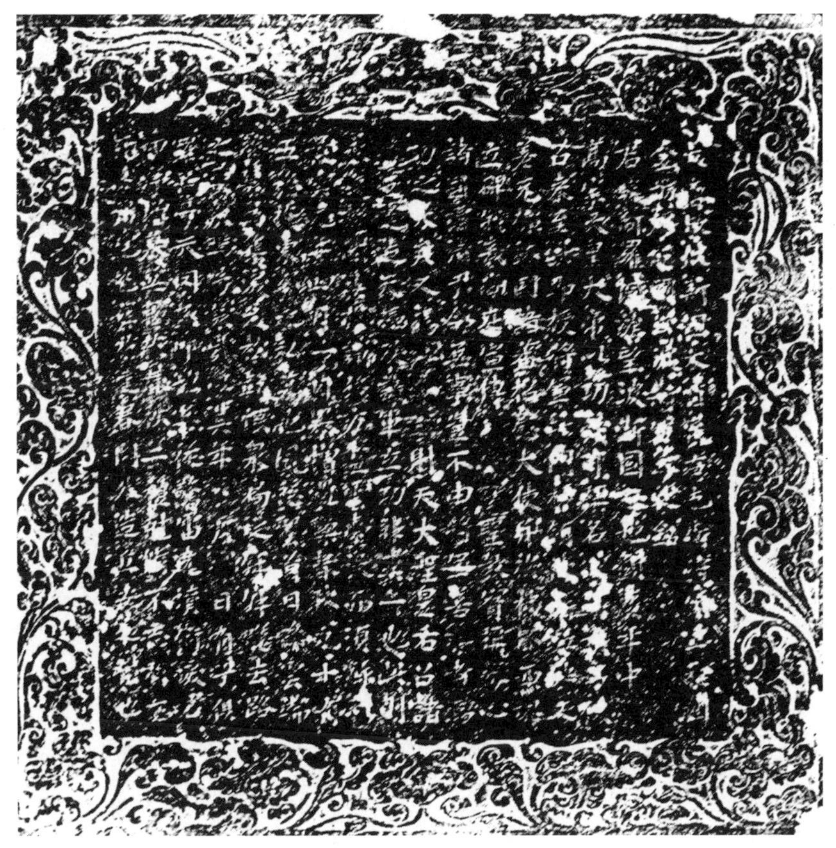

图五四　阿罗憾墓志

48. 裴沙墓志[①]

裴沙，疏勒国人。1926年12月16日洛阳老仓凹村出土。洛阳千唐志斋博物馆藏石。周绍良藏拓。志石边长41厘米。正书，23行，行24字（图五五）。录文如下：

大唐故忠武将军行左领军卫郎将裴府君墓志并序/

公讳沙，字钵罗，疏勒人也。地秀灵杰，得右姓于金方；族茂忠贞，/作酋门于玉塞。曾祖施，本蕃大首领；祖支，宣威将军；父达，云麾/将军。乃天生贤材，不由文字，并解其辫，

① 周绍良：《唐代墓志汇编》，上海：上海古籍出版社，1992年，第1304页。

图五五　裴沙墓志

削其衽，慕礼乐，袭衣冠。/常躬勤边隅， 功不自伐；仍心恋阙下，忠不敢忘。公少奇颇有/韩彭之略，及长也，属藩落携贰，安西不宁，都护李君与公再谋，/奏拔四镇。公乃按以戎律，导以泉井，百战无死败之忧，全军得/生还之路，翳公是赖。朝廷嘉之，特拜游击将军，寻加折冲都/尉。无何，北庭杂虏，候秋月以南牧；西海余孽，度沙徼而东侵。公/志在丧元，奋不顾命，请躬先士卒，歼彼渠魁。帝俞（谕）其诚， 佥曰/惟允，遂挥剑出塞，不战而要荒自清；反旆来朝，未至而庙/堂先赏。以功授忠武将军行左领军卫郎将。夫功成身退者，鲜/能有人。公频请悬车，诏屡回而后许；仍赐几杖，恩缱绻而/弥加。自乐道优闲，亦十有余载，岂谓叔夜论无验于养生，乃知/子舆言必善而将死。以开元十二年十二月卅日薨于私第，春/秋八十一。以开元十三年正月廿五日葬于北邙山西，官给葬/事，并赐班剑鼓吹，赙粟帛，礼也。惟公倜傥，矫捷过人，历官两/朝，恪勤五主，宜其列侯关内，享福闺门。天何不仁，摧我梁□。/嗣子祥等，悲缠陟岵，痛结在庐，以为桑田有移，金石不朽，庶旌/景行，用勒其铭：

赫赫我唐，四夷来王，念尔先祖，早竭忠/良。惟公勇列（烈），复启戎行，指大成效，拜虎贲郎。其一。率性知止，退居/辞禄，饵术未验，逝川何速，华堂才歌，穗帐旋哭。其二。逶迤春水，缭/绕邙山，长夜冥寞，去者何还，吞古人之遗恨，痛嗣子之哀颜。/

（二）山西地区

1. 龙氏家族墓志（6合）

1984年10月出土于太原市北郊区小井峪村东。同时同地出土同一龙姓家族的墓志，还有龙润子龙义［显庆二年（657年）卒］、龙澄［战死，龙朔元年（661年）葬］、龙敏［开耀元年（681年）卒］、孙龙寿［延载元年（694年）卒］、曾孙龙叡［开元二十九年（741年）卒］等人的墓志，表明这是一处家族墓地。

中古时期，寓居内地的外来移民很多，其中龙润家族就是寓居晋阳一个较为典型的胡人家族。龙氏是来自西域的焉耆王族，入华至少已有八代，从北魏中后期开始，一直绵延繁衍到盛唐及其以后，长达二三百年或更久。在这六方龙氏家族墓志的《龙润墓志》中记载有该志主曾任“萨宝府长史”一职，透露出该家族为从西域古国焉耆东迁入华寓居晋阳的胡人家族。虽然龙润家族还保留了一些西胡焉耆人的生活习俗，但由于其流寓内地已久，其家族也渐染华风，走上了汉化之路。其中最重要的一个特征就是模仿中古士族，攀附中古著姓，虚构和盛饰了一个华丽的家族谱系，家族传统也渐由尚武向崇文方向发展。到中唐以后，这支从西域迁移而来的焉耆胡后裔，已逐渐融入华夏，成为定居晋阳的著姓之一①。

（1）龙润及妻何氏合祔墓志②

唐永徽六年（655年）二月二十日合葬。1984年10月山西省太原市北郊区小井峪村东出土。石现藏山西省太原市文物管理委员会。拓片志长、宽均56厘米；盖长、宽均30厘米。正书，盖篆书（图五六）。在这批龙姓家族墓志中，《龙润墓志》是最早的一方，也是确定龙氏家族为从西域东迁入华寓居晋阳的重要物证。

据墓志记载可知志主生于北齐武成帝太宁元年（561年），卒于唐高宗永徽六年（655年）， 享年93岁，这在中古时期是相当高寿。该墓志虽

图五六　龙润墓志

① 王永平：《夷俗与华风：中古时期寓居内地的一个胡人家族——以太原龙润家族为中心》，《社会科学战线》2019年第12期，第134～148页。

② 张希舜：《隋唐五代墓志汇编 · 山西卷》，天津：天津古籍出版社，1991年，第8页。

宣称龙润是并州晋阳人，并且虚构了一个历代名贤辈出的华丽族系来源，但从其曾任“萨宝府长史”一职可断定这个族系显然是附会伪造的，实则是从西域东迁入华、寓居晋阳的胡人家族。节选录文如下：

> 君讳润，字恒伽，并州晋阳人也。白银发地，□崖穴蛇龙之山。祖先感其谲诡，表灵异而称族。凿空鼻始，爰自少昊之君；实录采奇，继以西楚之将。及汉元帝，显姓名于史游。马援之称伯高，慕其为人，敬之重之。《晋中兴书》特记隐士子伟，以高迈绝伦，并异代英贤，郁郁如松、硌硌如玉者也。
>
> 曾祖康基，高齐（北齐）青、莱二州刺史，畺（疆）场比邻，风化如一。祖盆生，元魏（北魏）冀州刺史，得绥抚之望，朝廷嘉美，进号义同。父求真，周光有天下，举先岩穴，就拜仪同三司。君属隋德道消，嘉遁贞利，资业温厚，用免驱驰。唐基缔构，草昧区夏。义旗西指，首授朝散大夫，又署萨宝府长史。贞观廿年（646年），春秋廖廓，已八十有余。驾幸晋阳，亲问耆老，诏板授辽州刺史。永徽四年（653年）九月十日，薨于安仁坊之第，春秋九十有三。永徽六年二月廿日，附身附椁，必诚必信，送终礼备，与夫人何氏，合葬于并城北廿里井谷村东义井村北。

（2）龙澄墓志①

唐龙朔元年（661年）七月十三日葬。1984年10月山西省太原市北郊区小井峪村东出土。石现藏山西省太原市文物管理委员会。拓片志长、宽均50厘米；盖长、宽均35厘米。正书，盖篆书。

据墓志载：“以武艺见知，擢任西明府旅帅。”西明府，未详在何处，或疑在洛阳。旅帅为府兵制下的低级领兵将领，从八品上阶。据《新唐书·百官志四》载：每府有校尉5人，旅帅10人，队正、副队正各20

① 张希舜：《隋唐五代墓志汇编·山西卷》，天津：天津古籍出版社，1991年，第14页。

人。每校尉领旅帅2人，每旅帅领队正2 人。每队正领兵50人，每旅帅领兵约为100人。龙澄大概是以武艺入仕，擢任旅帅的。在任上，龙澄"奉上以礼，统下以方"，非常尽心尽职。后来，龙澄参加过一些征讨行动，"遂属凶（匈）奴未宁，从军北讨，既而氛清瀚海，雾廓龙庭，论绩积策勋，授骁骑尉，寻转任校尉。"龙澄积功授骁骑尉，为四转、视正六品勋官，校尉为从七品下阶的低级武官。所以龙澄并不满足于此职，而是以年逾花甲之岁，奉诏出使西域，但最终功亏一篑，被困孤城，弹尽援绝，以身殉国。《墓志》对此记叙曰："君志虽温柔，行乃贞厉，耻居下职，思效深功。乃厕纶言，宣风绝域。已穷定远之境，方成博望之功。既而昆岳途遥，玉门难返，乃属狂凶纵虐，狡寇傍侵，固守穷城，以一当万，道殚援绝，执节而终。"不久，西域底定，"寻遇诸蕃无事，后使言归，遂奉灵躯，以还前壤，年六十六"。龙澄灵柩得以带回，安葬晋阳，多亏了朝廷派出的使臣东归，才总算使其魂归故里[①]。

（3）龙义及妻游氏合祔墓志[②]

唐龙朔三年（663年）二月十二日合葬。1984年10月山西省太原市北郊区小井峪村东出土。石现藏山西省太原市文物管理委员会。拓片志长56.5、宽56厘米；盖长、宽均32厘米。正书，盖篆书。龙义，又作世义。见于出土的三方龙氏家族墓志。其中一方为志主本人，全称为《大唐故骑都尉龙君墓志铭》，曰："公禀灵如射，资气□□，早树嘉声，幼标通理。属太君豹变，早预攀龙，特□隆恩，授公骑都尉。"看来龙义也参加了晋阳起兵，并因功授骑都尉之职，为五转视从五品勋官。在其子《龙寿墓志》中称其父为"唐元从仪同"，元从为太原元从功臣之谓，仪同为仪同三司之简称，大约为荣誉职衔；在其孙《龙睿墓志》中又称其"以雄豪自处"，授"朝散郎"，则为文散官第二十阶，从七品上。

---

① 王永平：《夷俗与华风：中古时期寓居内地的一个胡人家族——以太原龙润家族为中心》，《社会科学战线》2019年第12期，第134～148页。

② 张希舜：《隋唐五代墓志汇编·山西卷》，天津：天津古籍出版社，1991年，第16页。

（4）龙敏墓志①

唐开耀元年（681年）十二月二十日葬。1984年10月山西省太原市北郊区小井峪村东出土。石现藏山西省太原市文物管理委员会。拓片志长56.5、宽56厘米；盖长50、宽50厘米。正书，盖篆书。龙敏也有墓志，但也仅此有记。不过，从墓志来看，志主似乎不喜入仕，故称处士。

（5）龙寿及妻粟氏合祔墓志

武周延载元年（694年）八月二十一日合葬。1984年10月山西省太原市北郊区小井峪村东出土。石现藏山西省太原市文物管理委员会。拓片志长、宽均57厘米。盖篆书题“龙君墓志”，此本失拓，正书。

龙寿，字孝德，为龙氏家族的第六代，见于两方龙氏家族墓志。其中一方为志主本人，但因该志与《龙敏墓志》多有雷同之处，显系抄袭而成，其中没有提到龙寿的仕宦经历。不过在《龙睿墓志》中提供了其父的一些信息：“考讳孝德，有骁敢，以勇闻，屡拜戎捷，策勋上柱国。”可见龙寿也以武勇知名，曾因屡立战功，被授勋官最高等级上柱国，十二转、视正二品，为龙氏家族中授勋最高者②。

（6）龙叡及妻张氏合祔墓志③

唐开元二十九年（741年）闰四月十六日合葬。1984年10月山西省太原市北郊区小井峪村东出土。石现藏山西省太原市文物管理委员会。拓片志长、宽均53厘米； 盖长、宽均56厘米。行书，盖篆书。

龙睿为龙氏家族的第七代，有墓志，全称为《唐故处士上柱国龙君墓志铭》，既言处士，又从墓志来看，也未提及龙睿的仕宦经历，但又称上柱国，未详其因。其生活的年代当高宗、武则天、玄宗时期，估计亦应属滥授。不过，从中也可推知龙睿大概尚有家族武勇之风。《龙睿墓志》还提到龙睿有嗣子7人，为龙氏家族的第八代，其生活的年代已到盛唐时期，惜乎无一人留下姓名和有墓志出土。

---

① 张希舜：《隋唐五代墓志汇编·山西卷》，天津：天津古籍出版社，1991年，第37页。

② 张希舜：《隋唐五代墓志汇编·山西卷》，天津：天津古籍出版社，1991年，第56页。

③ 王永平：《夷俗与华风：中古时期寓居内地的一个胡人家族——以太原龙润家族为中心》，《社会科学战线》2019年第12期，第134～148页。

2. 曹怡墓志[①]

曹怡墓志，2007年出土于山西省汾阳市胜利西街的唐墓。墓主人曹怡为来自中亚昭武九姓胡曹国的后裔，这是汾阳一带首次发现的粟特人墓志，具有重要意义。它为研究北朝后期到隋唐时期汾州、介州地区的粟特人聚落以及中古时期山西地区的中西文化交流史提供了重要材料。该墓志分为志盖和志石两部分，志盖篆书4字“曹君墓志”，志文共15行、219字。墓志行文不长，对志主一生经历介绍也很简略，但简短描述却为研究丝绸之路上的移民和入华粟特人曹氏后裔提供一个重要样本。录文如下：

> 君讳怡，字愿烁，隰城人也。曹叔振铎，周/文之昭，建国命氏，即其后也。祖贵，齐壮/武将军。父遵，皇朝介州萨宝府车骑/骑都尉。君禀灵海岳，感气星辰，家著孝慈，/国彰忠烈。起家元从，陪翊义旗；后殿/前锋，殊功必致，于是授公骑都尉，用/旌厥善。汪汪挺黄宪之度，谔谔含周舍之/风。乡塾挹其轨仪，僚庶爽其俯仰。宜/应享兹多福，锡（赐）以永龄。天不憖遗，遽沾/风烛。粤以永徽六年六月景辰奄卒私/第，春秋七十有五。遂年十月一日葬于/城西北二里。赗襚接踬，赴吊如林，缨冕/凄伤，缁素哀悼。其词曰：言契诗书，动/符礼乐；门笃义方，家崇文学；岂谓梦洹，/泣璝凔玉；燕赏停欢，歌钟罢曲。/

3. 何君政墓志[②]

何君政墓志，据说出土于太原北部，出土时间、确切地点及伴出的随葬品均不清楚。现藏于山西省艺术博物馆（图五七）。早在20世纪80年代，曾有学者在《山西文物》上介绍过此墓志，但失之简约。此墓志是何敬万兄弟为父母所刻立。墓主人是“昭武九姓” 中的何国人何君政，其夫

---

① 山西省考古研究所、汾阳市博物馆：《山西汾阳唐曹怡墓发掘简报》，《文物》2014年第11期，第28～32页。

② 张庆捷：《解读虞弘墓——北朝定居中国的粟特人》，太原：三晋出版社，2020年。

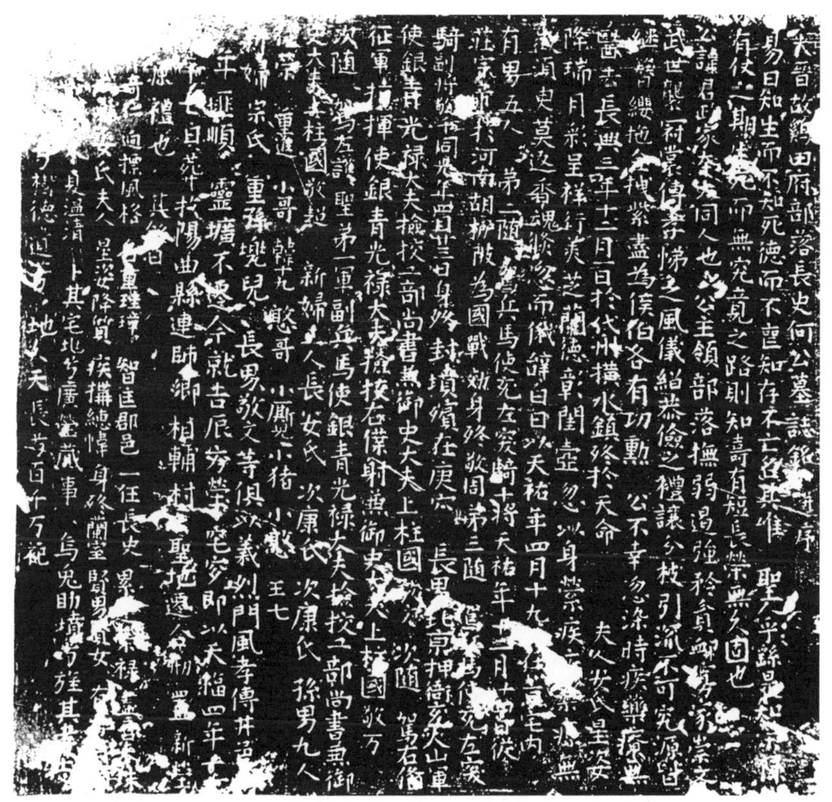

图五七　何君政墓志

人姓安，是安国人。甚至他的几个儿媳，“长安氏、次康氏、次康氏”，也是粟特人后裔。孙媳是宗氏，国别不详。毫无疑问，安氏和康氏是“昭武九姓”中的安国人和康国人，都来自粟特的两河流域。墓主人两代人的婚姻情况，至少说明五代时，并州还有大量粟特人，这些粟特人往往是内部通婚，反映出他们可能还是聚族而居，未与汉民族完全融合。录文如下：

大晋故鸡田府部落长史何公墓志铭并序/

《易》曰：知生而不知死，德而不丧；知存不亡名其雄，圣人乎？由是知荣禄/有仗之期，生死而无究竟之路。则知寿有短长，荣无久固也。/公讳君政，家本大同人也。公主领部落，抚弱遏强，矜贫恤寡。家崇文/武，世袭冠裳。传孝悌之风仪，绍恭俭之礼让。分枝引流，不可究源。皆/继簪缨，拖金拽紫。尽为侯伯，各有功勋。公不幸忽染时疾，药疗无/医，去长兴三年十二月一日，于代州横水镇终于天命。夫人安氏，星姿/降瑞，月彩呈祥，行美芝兰，德彰闺壸，忽以身萦疾□，药疗无/征，须臾莫返香魂，倏忽而俄辞白日，以天祐年四月十九□在京宅内。/有男五人。第二随驾兵马使充左突骑十将，天祐年十二月廿四日从/庄宗帝于河南胡柳陂为国战効身殁，敬周。第三随驾兵马使充左突/骑副将，敬千，同光年四月廿三日身殁封坟，殡在庚穴。长男北京押衙充火山军/使、银青光禄大夫、检校工部尚书兼御史大夫、上柱国，敬文。次随驾右备/征军指挥使，银青光禄大夫、检校右仆射兼御史大夫、上柱国，敬万。/次随驾左护圣弟（第）一军副兵马使、银青光禄大夫、检校工部尚书兼御/史大夫、上柱国，敬超。新妇三人，长安氏、次康氏、次康氏。孙男九人，/从荣、重进、小哥、韩十九、憨哥、小厮儿、小猪、小憨、王七。/新妇宗氏，重孙兜儿。长男敬文等，俱以义烈门风，孝传井邑。/以年匪顺，灵圹不迁。今就吉辰，方茔宅穸。即以天福四年（939）十一/月十七日葬于阳曲县连师乡相辅村□。圣地迁合，并置新茔/平源（原），礼也。其铭曰：/□有奇仁，迥摽风格。名重珪璋，智匡郡邑。一任长史，累迁荣禄。尽喜来珠，/咸□大戢。安氏夫人，星姿降质。疾构繐帏，身终兰室。贤男贤女，有□□□。/晨昏□问，冬夏温清。卜其宅地兮广茔藏事，乌兔助坟兮旌其孝志，/刊勒贞珉兮树德遗芳，地久天长兮百千万祀。/

（三）河北地区

1. 曹闰国墓志[①]

曹闰国墓志，高二尺一寸一分，广二尺一寸分。19行，23至25字不

① 高文文：《唐河北藩镇粟特后裔汉化研究——以墓志材料为中心》，中央民族大学博士学位论文，2012年，第151页。

等，行书。墓志载曹闰国“公字闰国，含州河曲人也”。一般认为，曹氏祖籍为含州河曲，六胡州之一的含州，其后来所效力的安史集团同样聚集了许多粟特人；此外，曹姓为居住在中原的粟特人姓氏之一；且墓主夫人之一为石氏，同样是昭武九姓之一，因此可断定曹闰国为粟特后裔。大历十年（775年）八月六日葬于灵寿城西南灵化川界。录文如下：

唐故试光禄卿曹府君墓志并序

夫大阳不照者幽涂也，阅水潜流者自天也，然知生死定分恒矣。公字闰国，含州河曲人也。口启钜鏕，分枝周后，少小游侠，英雄宇内，蕴气孤邈，武略匡时，且丈夫之志，在乎斯矣。公行旅边蓟，幼闲戎律，于天宝载，遇禄山作孽，思明袭祸，公陷从其中，厄于锋刃，拔擢高用，为署公云麾将军、守左金吾卫大将军，俯仰随代。夫天不长恶，二凶殄丧，皇威再曜，公归顺本朝，不削官品，改授公试光禄卿，发留河北成德节下，效其忠克，守镇恒岳。次于大历十□春，公再属承嗣起乱中原，倾覆河朔。公有子房之策，蔡易之勇，委公马军都虞候，百战决胜，将兵千人，从略显能，佐辅王国。公□□艺术而遘疾□□□其年六月十九日薨于冀方城也，春秋四十有七。元戎感其信竭，追赠赗襚。至八月六日，陪葬于灵寿城西南灵化川界。河纡山盘，岗埠形胜，□原兹坟也。父严父□君与公之幽会，慈颜在养，痛公之泉夜；男晏清，恨公之早背，夫人石氏、刘氏、韩氏，悲公之永诀。呜呼！人生到此，天道宁论。维魂魄将飞，而忠贞尚在。恐田成碧海，水□苍山，故勒□为铭，用旌厥美。铭曰：

二仪开辟，万像天然。□□令德，□□□川。如何穹旻，丧此英贤？勒石旌美，志之岁年。

大历缺八月壬戌朔六日丁卯立此铭记。

2. 石神福墓志①

石神福墓志，石高一尺三寸五分，广一尺三寸八分；18行，满行28字，正书。出土于河北石家庄西南，拓片长、宽均43厘米（图五八）。现藏于北京大学图书馆。墓主讳神福，字忠良，金谷郡人也。其志文中以河南金谷为郡望，正如荣新江先生所说，安史之乱后，许多在华粟特人的墓志中讳言出身，他们力图用改变自己出身和郡望的做法，来与胡人划清界限，石神福则是一个典型例子，他虽在努力掩饰自己是粟特人后裔，但还是透出些许的胡人身份。于唐宪宗元和八年（813年）正月十七日卒于野牧，二月十八日葬于石邑县东北一十里。录文如下：

图五八　石神福墓志

① 高文文：《唐河北藩镇粟特后裔汉化研究——以墓志材料为中心》，中央民族大学博士学位论文，2012年，第152～153页。

大唐故成德军节度下左金吾卫大将军试殿中监石府君墓志铭并序/

府君讳神福，字忠良，金谷郡人也。曾祖试鸿胪少卿□用；祖/授左翊府中郎将臣恩；父何罗烛，试云麾将军蔚州衙前/大总管。有子四人，公则第二子也。生于雄武，长在蔚州。□/岁从师，弱冠好武。事亲惟孝，训弟稚和。五郡钦/仁，六亲谈美。遇安史作乱，漂泊至恒阳。尊父早/亡，哀荣葬毕。及乎攻武，便得穿杨。君主亦知，/收于戎伍。频经战伐，累效疆场。勇毅前冲，煞/戮无数，叙功见录。八座亲命俯临，悦畅君心，/迁授大将。为征马事，重委在腹心，兼令勾/当右厢草马使事。何天不祐，忽染沉瘵，针药/无效，去元和八年正月十七日奄然大谢于野牧，/时春秋五十有五。男乃泣血，女孝绝浆，号天/叩地，亲戚悲悼。去二月乙酉朔十八（缺至行末）/石邑县东北一十里口兆而厝也。恐（缺至行末）/石纪劳，用传不朽。其词曰：/

英雄将军，武艺超群。频经斗敌，煞戮前奔。/收功见录，独授崇勋。纪名贞石，不朽千春。/

3. 石默啜墓志[①]

石默啜墓志，高、广各一尺九寸七分，20行，行21至26字不等，每字六分至八分，行书。河北易州出土。拓片长、宽均63厘米。石默啜的名和字相同，“默啜”二字又和后突厥汗国的可汗默啜的汉文名字完全一样，因此可以说石默啜的名字应是来自突厥语，或许透露出他是从漠北草原进入中原的。墓志题“乐陵郡石府君”，其著籍为乐陵郡人。唐朝无乐陵郡，此或指北魏乐陵郡（今山东乐陵市）。从其娶康氏为妻及突厥化名字来看，他应当是粟特石国人的后裔。元和十一年（816年）三月十三日，终于本镇易县南坊之别业，享年七十三岁。夫人康氏，有子二人，长曰少琳，次曰少清。此墓志目前未有人释录。录文如下：

---

① 高文文：《唐河北藩镇粟特后裔汉化研究——以墓志材料为中心》，中央民族大学博士学位论文，2012年，第154～155页。

唐义武军节度易州高阳军故马军都知兵马使银青/光禄大夫兼监察御史乐陵郡石府君墓志铭并序/

府君讳默啜，字默啜。得封氏于娲皇之时，振芳猷於晋赵之代。/富可以击破珊瑚树，贵可以建赵称至尊。史籍具列，读何匪/虚。祖考雄义，并名光玉墀。连还著累代之勋，继踵播抟天之势。即/银青光禄大夫兼监察御史河东县开国男，赏封食邑五百户，/是公之爵禄此者。盖非一度，乃积重迁。应承百战百胜之劳，/或是七纵七擒之略而致耳。大丈夫到此，孰不□□於云霄矣。久来展效之所，逆侣止自亡魂；近日游猎之山，啼猿犹知见□。於/戏！人生运有终极，命无长准。享年七十有三，奄休寿於元和十一/祀季春姑洗之月十三日，在本镇易县南坊之别业矣。是用龙泉/隐匣，灵魄归斗。金骨见瘗，玉誉流芳。武侯斯倾，狂师仍怯。/哀兮忉兮沉一宝，痛兮悼兮伤二龙。即长曰少琳，次曰少清，及夫/人康氏。子母聚酷而号诉上天，泣血横澉。然礼有常格，须安永固，/以其年八月廿四日窆於州西北燕山之阳陵云乡之胜埠。卜兆得/生蛇之岗，槃龙之穴。高坟深垒而下贯九泉，仍恐后山河混溶，/勒玄珪而纪实尔。铭曰：/

荣霸标青史，功励振大音。/运终乐有极，限到苦难任。恸哭唯妻子，摧残贯古今。/昔时一国宝，此日九泉沉。高坟千古万古，松柏前林后林。/盘旋兮唯日与月，相望兮荒塚青岑。人生若是，孰不伤心！/

4. 米文辩墓志①

米文辩墓志，2002年5月出土于河北大名辅上乡田水坑村。墓志青石质，盝形顶。志盖四刹浮雕四只奔腾的瑞兽，顶部阴刻小篆米公墓志铭。志石近正方形，边长分别为0.93～0.95、厚0.25米。志文30行，满行33字（图五九）。前三行楷书，其余楷行兼用。志文载“米氏源流，裔分三水。因官食菜，胤起河东。为王为侯，轩盖不绝”。志主姓米。在中原的

① 高文文：《唐河北藩镇粟特后裔汉化研究——以墓志材料为中心》，中央民族大学博士学位论文，2012年，第164～165页。

图五九　米文辩墓志

姓氏文化当中，米姓本为外来姓氏，是中亚米国人在进入到中原以后，以国为姓所产生的一个姓氏。米文辩于唐德宗贞元十一年（795年）出生，唐宣宗大中二年（848年）二月廿二日卒。大中三年（849年）二月十一日葬于魏州西北一十五里贵乡县通济乡窦村之原。大中四年（850年）正月十二日夫人马氏合祔。录文如下：

志盖：

米公墓志铭

大唐魏博节度故步军左厢都知兵马使兼节度押衙银青光禄大夫检校太子/宾客兼侍御史米公墓志铭并序/

扶风马氏夫人大中四年正月十二日合祔/ 宣德郎试左武卫兵曹参军前卫县尉臧武撰/

米氏源流，裔分三水。因官食菜，胤起河东。为王为侯，轩盖不绝。至于/王父品秩，家谍备诸。公讳文辩，即其后也。大父讳梓，皇宁远将军、河东中/军将、上柱国。聆之德音，昭其武也。中权之寄，垂裕后昆。烈考讳珍宝，皇魏博/节度诸使、马军都知兵马使兼将、银青光禄大夫、检校国子祭酒、兼御史大夫、/右散骑常侍、食邑三百户。位过中司，荣逾独坐。力扶王室，声振大名。累酢战劳，/以崇班秩。家积庆幸，是钟于公。公不坠弓裘， 心存节义。德惟深厚，性乃端庄。以孝/悌克全，起家从职。长庆初祀，署排衙将。公眈眈虎视，所向风生，迁亲事将，名光盛/府，职近麾幢；使於四方，无失君命。大和中，授节度衙前虞候。出为巡按，非道不行。/俾问贪残，鉴同秋水，转山河将。安人说剑，细柳尘清。洞晓机筹，宜当外御，迁贝州临清/镇遏都虞候兼将。关河肃静，屏息欺邪。门绝屈词，案无停牍，转武城镇遏都虞候兼将。/路当津要，美誉使闻，追署左前冲副兵马使兼将。时潞镇不庭，今/相国盖代威名，奉天明命，剪除凶丑。公利战行权，授左前冲都知兵马使。匡君为国，巨/显输诚。回戈大名，忱勤可拔。署左亲事、马步厢虞候、兼节度押衙，又管在府西坊征马及/驼坊骡坊事。以公忠克佐，善政名彰。大中元年，领步军左厢都知兵马使、兼节度押衙。累/奏至银青光禄大夫、检校太子宾客、监察御史，加殿中侍御史，又迁侍御史。於戏！绣衣/骢马，才见荣门。大限未期，奄然休息。时大中二年二月廿二日，享年五十有五。灵舆远/复，宫殡故国。夫人扶风马氏，坤资懿淑，神与惠和。哀申未亡，昼哭仪帐。有四子：长/存遇，登仕郎、试左武卫骑曹参军、经略副使； 仲存简，宣德郎、试左金吾卫兵曹参军、/节度要籍、兼词令官。并忠贞早著，孝悌为心。文武艺周，遂居名职。季存实，幼曰存/贤。皆学习礼经，以期乡秀。并哀容扶杖，丧事力营。尽家有无，非亏古制龟筮。/以大中三年二月十一日窆於府西北一十五里贵乡县通济乡窦村之原。惧年/代推移，以今成古。故勒石于玄圹，用旌公之德行。其词云：/

沧溟沉沉，太华峨峨。结彼灵秀，钟于伏波。猗与米公，风神有像。/言无宿落，心有遐量。名高位重，累见封崇。如何始襄，寿不遐终。/霜辞晓剑，月谢灵弓。古往今来，孰免休息。唯亲与故，靡不哀忆。/道正时泰，年无命通。朱门影绝，白马鞍空。莽莽寒原，嵬嵬孤垄。/勒石有铭，栽松未拱。何嗟可及，逝景难追。空书竹帛，千载名垂。/

5. 曹弘立墓志①

曹弘立墓志，高广各二尺七寸五分，24行，一行21至34字不等，行书，拓片为河南省文物研究所藏本，长63、宽64厘米（图六〇）。志文载“公讳弘立，字弘立，族望谯郡人也。其先汉相之裔，□□大魏之后”。墓志中载曹弘立的祖籍是谯郡（今安徽亳州）。对于志主曹弘立的族属问题，学术界一般将其划归为粟特人。志主生于唐宪宗元和元年（806年），“以开成年中旅于边塞而访友人”，其在开成年间（836—840年）到麟州旅行访友，开成五年（840年）35岁时被授散兵马使一职。唐懿宗咸通五年（864年）四月一日卒于赵州元氏县之私第，十二年（871年）七月十一日葬于神岩乡寒台村之原。录文如下：

大唐故云州押衙靖边将中大夫检校太子詹事/谯郡曹公武威石氏夫人合祔墓/

元氏镇步军左六钩将张可行撰/

公讳弘立，字弘立，族望谯郡人也。其先汉相之裔，□□/大魏之后。令业清勋，不□□纪。/曾祖治，皇易州□将。祖玉，皇易州衙前兵马使、银青光禄/大夫、检校太子宾客。烈考长，皇易州衙前将、试太仆卿。/公即卿之子也。幼□诗书，长

① 高文文：《唐河北藩镇粟特后裔汉化研究——以墓志材料为中心》，中央民族大学博士学位论文，2012年，第167～168页。

闲揺略。文可以经济，武可以匡时。/进退可观，威仪□ 克。公以开成年中旅于边塞而访友人。/时故麟州刺史武公一见，喜倍于□。欢宴连晨，为□□□□。/公以畴昔之切，然□□□授公散兵马使。才高位小，未称良能。□/逾二期，迁任授云州押衙兼靖边将、中大夫、检校太子詹事。身□/右□，名列宪班。衷□益开，不□□□。事君父而尽忠尽节，奉宾朋/而唯默唯谦。名冠古今，声扬郡□。作□之□，莫可叙其能；应奉/之才， 无以颂其德。公性本□逸，不慕□□。闰□却□，□□/于此。呜呼！彼苍罔惠，遐寿非昌。日□慕景，桂折秋霜。以咸通五/年四月一日卒于赵州元氏县□劳坊之私第也，享年五十有九。先/

图六〇 曹弘立墓志

夫人武威石氏，代袭珪璋，门传余庆。礼于公，于公先殁。见居夫人/高氏，哀号痛切，声感一□将泣诉于昊天，念伯兮而先往。有子一人，□□/清□，□□绝浆。未答劬劳之□，空积树风之感。以咸通十二年七月/十一日葬于神岩乡寒台村之原，礼也。虑以久地长扃成□□□/□□□之泯坠，故炫美于贞珉。其铭曰：/

□□□□，惟公是奇。闲潜韬略，为人所知。文成七步，武□由基。□□□□，/□□□□。痛双亲之永逝，伤冥冥其何依。/

6. 何弘敬墓志①

何弘敬墓志，原在河北大名县万堤农场何氏墓内，1973年出土运至邯郸。志及盖均青石质，盖边长188～196、厚88厘米。何弘敬墓志铭为我国现今出土唐代墓志铭中最大者。盝顶式，四周、四刹、交角、浮雕四神、牛、马、兽面等，刻工精致。志平面方形，边长195、厚53厘米（图六一）。四壁雕花卉、供养人。楷书59行，共3800字，记载了何氏三代为魏博节度使的史实。志文虽以对墓主歌功颂德为主，但涉及当时史料广而详，对研究唐代藩镇割据，王朝与藩镇、边境的关系提供了助益。

墓主何弘敬，生于永贞元年（805年）。墓志载其“初系戎籍，未及弱冠。大和四年，以大理卿副戎事始事文宗皇帝，逮今四朝，迁官一十三任，兼佩相印者七焉”。何弘敬十八岁从军，文宗时曾为御史中丞、御史大夫、赐上柱国勋。武宗时袭父位为魏博节度使，封游击将军、金吾卫将军、金吾大将军、银青光禄大夫、户部尚书。懿宗即位后，又加兼侍中、中书令。懿宗时“群蛮盗扰交趾”，“征天下精甲戍五岭”，何弘敬献马五百匹以助征车。咸通六年收复交趾，“帝让加号，归功臣下，册拜公检校太尉兼中书令”，同月何弘敬卒。录文如下：

---

① 高文文：《唐河北藩镇粟特后裔汉化研究——以墓志材料为中心》，中央民族大学博士学位论文，2012年，第172页。

图六一　何弘敬墓志

唐故魏博节/度使检校太/尉兼中书令/赠太师庐江/何公墓志铭/

唐故魏博节度开府仪同三司检校太尉兼中书令魏州大都督府长史充魏博观察处置等使上柱国楚国公食邑三千户食实封一百户赠太师庐江何公墓志/

朝议郎守左谏议大夫柱国赐绯鱼袋卢告撰/

门吏节度推官宣德郎殿中侍御史内供奉柱国赐绯鱼袋吴藩书/

公讳弘敬，字子肃，庐江人也。周唐叔虞之後，十代孙万食菜於韩， 封为韩氏。至韩王安，为秦所灭，子孙流散，吴音轻浅，呼韩为何，因以为氏。汉时比干於公为/始祖。比干生嘉，为庐江郡长史，罢居潜县南乡福贵里，遂以庐江为郡望。至公九代祖妥，仕隋为国子祭酒、襄城公。文德辉赫，冠绝当时，厥後因称襄城公/房。又六代祖令思，忠勇迈世，武艺绝伦。以中郎将统飞骑，破薛延陁於石□城。与将军乔叔望执失思力，争功为叔望所诬。奏并部曲八百人，迁於魏相贝三州。/功名震曜，代济其美。繇是公家于魏。曾祖俊，赠左散骑常侍。生太保讳默。太保生太师讳进滔。公，太师之嗣也，卫国太夫人康氏出焉。天地日/月，为灵为瑞，以表帝道之昌，时之康。若不生贤豪，内弼外辅。调风雨，戢干戈。时平岁丰，为仁为寿，则天地日月焉能俾帝道昌而时之康哉？公生而岐/嶷，长而聪明。苞贮恢伟，经略宏远。履仁义以抗志，执礼法以防微。发五常於诚明，率百行於忠孝。天资机用，神假英雄。先太师当及爪之役，公尚鱼服。昼夜/游息，虽广泽迥野，未尝求侣。豺狼为之潜道，矧寇掠乎？十八系戎藉，侍中史公宪诚目之曰："器君度量，必享厚福。"公每卑牧晦用，竟获其安。自后处爪牙，为腹/心，出十年。大穌四年，先太师总戎，有诏以大理卿副戎事。六年，就加御史中丞。又一年，赐上柱国勋。又明年，加御史大夫。居倅戎之任，逾十一年。抚俗训戎，礼/贤下士。六郡之疾苦，三军之好恶。无不经心熟虑，忘寝与食，繇是隐然有授钺之望矣。及开成五年十月，丁先太师忧。啜泣茹荼，有终丧之志。武宗皇帝屡/降明诏，坚夺其情。中常侍谕旨於苫凷间。而后奉诏起复游击将军，金吾卫将军同正。貂蝉弄印，以主留务。明年六月，就加金吾大将军。增题剑之命，登廉/车，建龙节，极一时之宠。又明年，加银青光禄大夫，户部尚书。又明年，从谏卒於潞，其子稹狂狡不逊。武宗临轩，命宰臣曰："潞人不恭，将如之何？"宰臣曰："从谏孕/逆，非一朝一夕矣。潞卒劲悍，请徐筹之。"武宗赫然曰："我有神将，可以叱而擒之，宁俟其交锋胜否哉？"翊日，诏御史丞李相国回使於魏。公郊迎，揣知/圣旨，谓李相国曰："肥乡之役，早在梦寐矣。"相国跃马前，执公手曰："社稷之臣，通於神明，信矣。"遂诏除东西招讨泽潞使。

不浃旬，统步骑七万众，营於长桥/之东。贼将王剑、安玉、崔叔途相与言曰："何公亲征我，我当族矣。不若面缚衔璧，庶得再追於公。"帐下有属垣者窃语曰："不遣我死于兵锋，我何面目地/下见相公乎？"三将懼然，知众不可违。明日遂阵于长桥之西，公阵于长桥之东。贼乃鼓譟逼公，公遣骑将领徒击其左，步将领徒击其右。/公以衙兵八千禦之，自午及晡七合。公手射同罗，尽一筒箭，应弦而毙者十八九。贼乃奔北。诏加右仆射，余如故。自是联战累胜，既拔肥乡。王剑、安玉继/踵来降，遂使鸡泽亡魂，邢丘丧魄，上党固若累卵矣。潞即平，诏加金紫左仆射平章事，封公开国，食封百户，以旌殊勋。又明年，就加司空。岁在辛未，丁/卫国太夫人之忧。孺慕哀号，几将灭性。丧制外除，诏加光禄大夫、司徒、平章事。党羌扰攘，侵轶圻服。徵兵輓粟，朝野患之。公表乞统步骑万五千，驱/而扑之。焚巢窒穴，使无噍类。先皇帝壮其言，终以蝼蚁之微，不足以快貔武。优诏嘉之而已。因拜太保，兼司徒相印如故。公曰："我志在灭寇。"诏不/见从，将何以表赤诚。遂以兵器五万事上献助军，诏褒之。又加太傅，司徒、相印如故。公忠诚屡献，圣泽荐临，其年上即位。九月又加兼侍中。/公得戒盈之道，不后前人。虽爵位弥尊，而挥谦益至。上每顾中贵人："为我说何某事。"中贵人击对。上必怡然曰：河朔三十年无桴鼓之音，翳何之力。"因/对宰臣疏其事，宰臣列立称贺。犹以为位不称德，诏加中书令。既而椎髻盗荒，徼陷城邑，徵天下精甲戍五岭。邸吏驰报公。公方晏监军使暨宾寮/四方之士。忽辍哺抆涕，众皆愕眂。公乃言曰："群蛮盗扰交趾，圣上轸忧。我统十万强兵，不能奋击，释天子之忧。高爵重位，岂独知荣而不知愧乎？"/一夕而两鬓霜白，遂献马五百足以助征车。既而又语於宴坐曰："天道助顺，信矣哉！当拔肥乡时，将渡漳水，取邢丘、滏阳。乡导者言漳水濬而急，不可以涉。无舟/无梁，难议济矣。遂命趫勇赍长索驾两岸，俾兵士攀缘，庶或能济。使游者先之，以知其揭厉。游者及中流，遽告曰：'水才尺许，可以涉矣。'疑其勇锐失实，又使详而/缓者熟之。又告曰：'不逾人。'信矣。

乃大备攻讨之具，期乙卯过漳。忽遊骑驰至曰：‘潞之西骑将王剑、安玉面缚请降。’开营解缚，悉置肘腋。於是长驱大众，由梁而西。/则向之漳水，腾波濬急，不可瞪视矣。”时语此事，坐客相谓曰：“公之於忠，不独教化六郡，督励三族。闻漳水变异，信乎刺山拜井不为诬矣。”咸通六年，/睿文明圣孝德皇帝以云南叛逆，连岁兴师。殄扫雕题，收復交趾。帝让加号，归功臣下，册拜公检校太尉兼中书令。三月辛巳下诏。乙丑，/公薨于位。癸巳，驲骑上闻。皇帝震悼，不视朝三日。遣大宗正胺、鸿胪少卿段元昱驰传泣吊其孤，内常侍魏孝本喻安其军。左谏议大夫卢告册赠/公太师，虞部郎中杨埴副之。公初系戎藉，未及弱冠。大和四年以大理卿副戎事，始事文宗皇帝。逮今四朝，迁官一十三任，兼佩相印者七焉。将/启手足，克先知之。一日顾左右叹曰：“吾不为生太尉也必矣，他日復日，吾不及新火矣。”即名其军吏言别。是日请告表上，令仆射权知後事。三军号恸八不忍。三十/年孜孜诲以尽忠竭力之道，一旦噤不能言，颔之而已。皆以公之心入吾胸中，有死无泯。公享年六十，以八月一日癸酉葬于魏州贵乡县义居乡司/徒村三城里，西去先茔一百二十步，从权也。公娶武威安氏，累封燕国、魏国、楚国夫人。有子五人：长曰全皞，起復云麾将军、守金吾将军、检校右仆射、/兼御史大夫、充魏博节度观察处置等使。次曰全肇，奉义郎、检校光禄少卿、兼贝州别驾、赐绯鱼袋。次曰全绰，奉义郎、行贝州司仓参军。次曰全昇，文林郎、前守/□州司户参军。次曰全卿，奉义郎、行魏州大都督府户曹参军。女一人，适南阳张氏，封庐江县君。皆禀训义方，并为令器。学诗学礼，既孝且仁。昔之三虎八龙，不/足多也。而仆射天资英秀，神作符彩。简严而毅，可以肃下；清正而公，可以事上；上下不失，然后能久於其任。日新功阀，流庆於无穷也。初，册使至魏，且以出军迎。/使问其例。军吏对曰：“昔我太师居先太师丧，是时册使，先公不迎。盖以寝枕饰凶，不敢渎吉仪也。请安往制，不遽使改易，以夺其守。”告喻之曰：“起復/命官知节度留后，君命召，不俟驾而行，况金革之事，不可以丧礼自居也。册使明日去府城十里降马，留后迎于郊，乃可受册。不迎而入，是辱君命，非所能/也。”始建是议，军人有忧色。夜半，走大校传呼曰：“留后来日迎使。”人犹疑畏汹汹。及迓于郊，大军翼入，军情甚欢，尽知其尊朝廷盛事也。册礼毕，留后致谢于/使臣。復请於告曰：“先太师草土之初，奉迎册使。如有关礼，谏大夫能谕之，使上下感悦而无所惑，谏大夫之力也。今我先君日月有期，将志于墓，纂叙/懿美，宜无所阙，惟谏大夫能之。”告不敢诺，即以先太师志，实册使故刘茂復大卿为之，敢徵其例。告归白执事，皆以为宜，然后许之。返命七日，/上御紫宸殿，谏臣次对。上问曰：“全暭何处见卿？礼度如何？”告遂以郊迓闻。上曰：“全暭年几？对以所闻之年二十有七。”上曰：“如此少年，便知奉/朝廷，颇继其父矣。”告奏曰：“服於所习而能之，性於忠孝而得之，不知其继。因陈公始终勋阀，皆尽忠竭节，不负陛下。至於贻厥之谋，亦以报/陛下为心。臣不敢悉数，请以一二闻，释陛下忧嗣臣也。”上虚襟下顾左右，如有所待。告即言：“臣顷任怀州刺史，东接卫州，往来游宾，皆遊于魏。闻何某/教诸子，皆付与先生。/时自阅试，苟讽念生梗，必加捶挞。今虽儒流寒土，亦不能如此。未有知书，而不知君臣父子之道。又有故卫州刺史徐道文，三任河北刺史。/尝有战功，前年卒于所任。即以其子用宾为馆驿巡官。道文幼子惧不得克终丧制，退而庐墓，以避夺情。未期年，卒於庐所。何某闻而悲叹，知道文有女。遂手择/良日，纳彩奠雁，娶为全皞之妇。自古名人义士罕闻其比，况公辅大臣。藩方重德，未有为爱子娶妻不问贤愚好丑，不谋於其母氏也。”圣人再三赏异，犹重/言故卫州姓名。枢密使亦以知名为对。此时测知圣旨不日降旄节，宠异大魏。使万方知公身殁道存，由令嗣昭焯懿行也。告再拜贺谢讫，退至/中书，尽以所奏言於四相国。上台仆射杨公因称公始授大魏，欲以四事归朝廷。惜哉当其时以无人听受其谋，使夺於所习。其一，欲州县官寮请由/铨注；其二，六郡赋税并请上供；其三，管内铜盐之利归於有司。公英才钜人，硕德伟度。当与皋夔周邵为徒，不当以礼封疆国禄位怀得丧安寝处而已。四者/

不终其请，语於其徒，虑有惭德。况武宗皇帝君臣道合，将载实而朝，提畺青公命。武宗欲疇以大藩，移旆荆楚。竟以所请不坚，疑议在物。时来自失，代异何/追？而今而后，绍修前志。谓之济美，其在兹乎？铭曰：/

天作/高山，维王实荒。帝锡英辅，为龙为光。熙世以文，宁乱以武。各承其袭，维帝时与。汉有比干，肇启吾祖。降及六叶，来分魏土。希颜者颜，异代同志。蝉绥蟹匡，/异体同气。我先太师，发而为瑞。横制三燕，奄宅大魏。戴君辅国，率先教义。靡不听从，敢违顾指。鳌其忠血，寔生令德。诚贯日天，谁为蟊贼。日月合照，山川孕/灵。维我太师，为国之桢。猗欤太师，用天分地。以忠孝为本，以道生为利。一言未尝忘帝力，一瞬未尝忘国事。爱人如己子，守法如畏坠。君忧如辱，/君怒如死。刘稹夺魄，魏忧寒齿。公曰不然，吾无贰事。统众七万，遂拔肥乡。殄扫妖孽，我武用光。尚贾余勇，言斋党羌。天子爱之，抑而不扬。洎蛮□俶扰，徒思/奋击。哺骨酣膏，慾而不得。是皆师逸不即用而将老，不树勋将何以？靖难曜武，匡国致君。敢告嗣德，继志而云。/

参考文献

一、专　　著

[1] 洛阳市新安县千唐志斋管理所：《千唐志斋藏志》，北京：中国旅游出版社，1989年。

[2] 洛阳文物工作队：《洛阳出土文物集粹》，北京：朝华出版社，1990年。

[3] 周绍良：《唐代墓志汇编》，上海：上海古籍出版社，1992年。

[4] 孙机：《中国圣火——中国古文物与东西文化交流中的若干问题》，沈阳：辽宁教育出版社，1996年。

[5] 北京大学考古系：《北京大学赛克勒考古与艺术博物馆藏品选》，北京：科学出版社，1998年。

[6] 范振安、霍宏伟：《洛阳泉志》，兰州：兰州大学出版社，1999年。

[7] 王霞：《洛阳出土北魏墓志选编》，北京：科学出版社，2001年。

[8] 齐东方：《唐代金银器研究》，北京：中国社会科学出版社，1999年。

[9] 山西省博物馆：《山西省博物馆馆藏文物精华》，太原：山西人民出版社，2001年。

[10] 王绣：《洛阳文物精粹》，郑州：河南美术出版社，2001年。

[11] 荣新江：《从撒马尔干到长安：粟特人在中国的文化遗迹》，北京：北京图书馆，2004年。

[12] 俞凉亘、周立：《洛阳陶俑》，北京：北京图书馆出版社，2005年。

[13] 吴钢：《全唐文补遗·千唐志斋新藏专辑》，西安：三秦出版社，2006年。

[14] 赵君平、赵文成：《河洛墓刻拾零》，北京：北京图书馆出版社，2007年。

[15] 林梅村：《松漠之间：考古新发现所见中外文化交流》，北京：生活·读书·新知三联书店，2007年。

[16] 中国文物研究所、千唐志斋博物馆：《新中国出土墓志》，北京：文物出版社，2008年。

[17] 赵超：《汉魏南北朝墓志汇编》，天津：天津古籍出版社，2008年。

[18] 赵振华：《洛阳古代铭刻文献研究》，西安：三秦出版社，2009年。

[19] 刘庆柱：《中国考古学·秦汉卷》，北京：中国社会科学出版社，2010年。

[20] 毛阳光等：《唐宋时期黄河流域的外来文明》，北京：科学出版社，2010年。

[21] 荣新江：《中古中国与粟特文明》，北京：生活·读书·新知三联书店，2014年。

[22] 徐苹芳：《丝绸之路考古论集——考古学上所见中国境内的丝绸之路》，上海：上海古籍出版社，2017年。

[23] 周伟洲：《新出土中古有关胡族文物研究》，北京：社会科学文献出版社，2017年。

[24] 杨瑾：《汉唐文物与中外文化交流（上）》，西安：陕西人民出版社，2018年。

[25] 张庆捷：《解读虞弘墓——北朝定居中国的粟特人》，太原：三晋出版社，2019年。

二、学术论文

[1] 赵德云：《汉唐时期中国瓷器造型中罗马文化因素的初步考察》，四川大学硕士学位论文，2002年。

[2] 邹满星：《唐代墓室壁画人物画“胡化”风格研究》，陕西师范大学硕士学位论文，2008年。

[3] 王山：《中国境内发现的粟特人墓葬相关问题研究》，西北大学

硕士学位论文，2009年。

[4] 郝金：《关中唐代胡俑中外造型因素比较研究》，西安美术学院硕士学位论文，2013年。

[5] 郭凤：《北朝隋唐时期胡俑的考古学研究》，山西大学硕士学位论文，2014年。

[6] 张金杰：《唐代西域墓志研究》，新疆师范大学硕士学位论文，2016年。

[7] 程玉萍：《隋唐两京地区胡俑风格研究》，陕西师范大学博士学位论文，2019年。

三、发 掘 报 告

[1] 中国社会科学院考古所：《偃师杏园唐墓》，北京：科学出版社，2001年。

[2] 郑州文物考古研究所：《巩义芝田晋唐墓》，北京：科学出版社，2003年。

[3] 中国社会科学院考古研究所、河北省文物研究所：《河北磁县湾漳北朝壁画墓》，北京：科学出版社，2003年。

[4] 太原考古研究所：《北齐徐显秀墓》，北京：文物出版社，2003年。

[5] 太原考古研究所：《北齐徐显秀墓》，北京：文物出版社，2003年。

[6] 大同市考古研究所：《大同雁北师院北魏墓群》，北京：文物出版社，2008年。

[7] 洛阳市第二文物工作队：《唐安国相王孺人壁画墓发掘报告》，郑州：河南美术出版社，2008年。

[8] 洛阳市文物考古研究院：《洛阳红山唐墓》，郑州：中州古籍出版社，2014年。

[9] 山西省考古研究所：《太原虞弘墓》，北京：文物出版社，2015年。

[10] 洛阳市文物考古研究院：《洛阳龙门唐安菩夫妇墓》，北京：科学出版社，2017年。

四、发掘简报

[1] 张季：《河北景县封氏墓群调查记》，《考古通讯》1957年第3期。
[2] 山西省文物管理委员会：《太原南郊金胜村唐墓》，《考古》1959年第9期。
[3] 考古研究所安阳发掘队：《安阳隋张盛墓发掘记》，《考古》1959年第10期。
[4] 山西省文物管理委员会：《太原南郊金胜村三号唐墓》，《考古》1960年第1期。
[5] 河南省博物馆：《河南安阳北齐范粹墓发掘简报》，《文物》1972年第1期。
[6] 大同市博物馆、山西文管会：《山西大同石家寨北魏司马金龙墓》，《文物》1972年第3期。
[7] 河北省博物馆文物管理处：《河北曲阳发现北魏墓》，《考古》1972年第5期。
[8] 洛阳博物馆：《洛阳北魏元邵墓》，《考古》1973年第4期。
[9] 河北省博物馆、河北省文物管理处：《河北平山北齐崔昂墓调查报告》，《文物》1973年第11期。
[10] 陶正刚：《山西祁县白圭北齐韩裔墓》，《文物》1975年第4期。
[11] 磁县文化馆：《河北磁县东陈村东魏墓》，《考古》1977年第6期。
[12] 石家庄地区革委会文化局文物发掘组：《河北赞皇东魏李希宗墓》，《考古》1977年第6期。
[13] 河北省文管处：《河北景县北魏高氏墓发掘简报》，《文物》1979年第3期。
[14] 山西省文物工作委员会：《北齐库狄迴洛墓》，《考古学报》1979年第3期。
[15] 磁县文化馆：《河北磁县北齐高润墓》，《考古》1979年第3期。
[16] 中国社会科学院考古研究所、安阳工作队：《安阳隋墓发掘报告》，《考古学报》1981年第3期。
[17] 马雍：《北魏封和突墓及其出土的波斯银盘》，《文物》1983年

第8期。
[18] 山西省考古研究所、太原市文物管理委员会：《太原市北齐娄叡墓发掘简报》，《文物》1983年第10期。
[19] 磁县文化馆、磁县文化馆：《河北磁县东魏茹茹公主墓发掘简报》，《文物》1984年第4期。
[20] 河北省沧州地区文化馆：《河北省吴桥四座北朝墓葬》，《文物》1984年第9期。
[21] 沧州地区文化局：《黄骅县北齐常文贵墓清理简报》，《文物》1984年第9期。
[22] 安阳市博物馆：《安阳市第二制药厂唐墓发掘简报》，《中原文物》1986年第3期。
[23] 河南省文物研究所、安阳县文管会：《安阳北齐和绍隆夫妇合葬墓清理简报》，《中原文物》1987年第1期。
[24] 长治市博物馆：《长治县宋家庄唐代范澄夫妇墓》，《文物》1989年第6期。
[25] 邢台地区文物保管所：《河北清河丘家那唐墓》，《文物》1990年第7期。
[26] 洛阳市文物工作队：《洛阳孟津晋墓、北魏墓发掘简报》，《文物》1991年第8期。
[27] 中国社会科学院考古研究所河南二队：《河南偃师县杏园村的四座北魏墓》，《考古》1991年第9期。
[28] 安阳市文物工作队：《河南安阳市两座隋墓发掘报告》，《考古》1992年第1期。
[29] 太原市文物管理委员会：《太原市神堂沟北齐贺娄悦墓整理简报》，《文物季刊》1992年第3期。
[30] 山西省考古研究所：《山西离石马茂庄东汉画像石墓》，《文物》1992年第4期。
[31] 山西省考古研究所、大同市博物馆：《大同南郊北魏墓群发掘简报》，《文物》1992年第8期。
[32] 山西省考古研究所、太原市文物管理委员会：《太原隋斛律徹墓清理简报》，《文物》1992年第10期。

[33] 洛阳市第二工作队、偃师市文物管理委员会：《河南偃师唐柳凯墓》，《文物》1992年第12期。

[34] 偃师商城博物馆：《河南偃师两座北魏墓发掘简报》，《考古》1993年第5期。

[35] 邢台地区文物保管所：《河北南和唐代郭祥墓》，《文物》1993年第6期。

[36] 南和县文物保管所：《河北南和东贾郭唐墓》，《文物》1993年第6期。

[37] 焦作市文物工作队、孟县博物馆：《河南孟县堤北头唐代程最墓发掘简报》，《中原文物》1995 年第4期。

[38] 洛阳市文物工作队：《洛阳孟津北陈村北魏壁画墓》，《文物》1995年第8期。

[39] 磁县文物保管所：《河北磁县北齐元良墓》，《考古》1997年第3期。

[40] 南阳市文物研究所：南阳中建七局机械厂汉画像石墓，《中原文物》1997年第4期。

[41] 郑州市文物考古研究所、巩义市文物保护管理所：《河南省巩义市孝西村唐墓发掘简报》，《文物》1998年第11期。

[42] 李伟男、李东黎：《南阳市新发现东汉胡奴陶俑》，《华夏考古》1999年第3期。

[43] 河北省文物研究所、平山县博物馆：《河北平山县西岳村隋唐崔氏墓》，《考古》2001年第2期。

[44] 河北省文物研究所、保定市文物管理处：《河北省安国市梨园唐墓发掘简报》，《文物春秋》2001年第3期。

[45] 山西省考古研究所、大同市考古研究所：《大同市北魏宋绍祖墓发掘简报》，《文物》2001年第7期。

[46] 三门峡市文物考古研究所：《三门峡三里桥村11号唐墓》，《中原文物》2003年第3期。

[47] 太原市文物考古研究所：《太原北齐库狄业墓》，《文物》2003年第3期。

[48] 山西省考古研究所、山西大学考古专业联合发掘队：《山西沁源

隋代韩贵和墓》，《文物》2003 年第8期。

［49］ 长治市博物馆：《山西长治唐代王惠墓》，《文物》2003年第8期。

［50］ 洛阳市第二文物工作队：《唐安国相王孺人唐氏、崔氏墓发掘简报》，《中原文物》2005年第6期。

［51］ 山西省考古研究所、太原市文物考古研究所等：《太原开化村北齐洞室墓发掘简报》，《考古与文物》2006年第2期。

［52］ 大同市考古研究所：《山西大同七里村北魏墓群发掘简报》，《文物》2006年第10期。

［53］ 大同市考古研究所：《山西大同迎宾大道北魏墓群》，《文物》2006年第10期。

［54］ 河南省文物考古研究所：《河南安阳县固岸墓地2号墓发掘简报》，《华夏考古》2007年第2期。

［55］ 洛阳博物馆：《洛阳北魏杨机墓出土文物》，《文物》2007年第11期。

［56］ 石家庄市文物局、元氏县文保所：《河北元氏县使庄村唐墓》，《北方文物》2008年第3期。

［57］ 洛阳市文物工作队：《洛阳市关林唐墓（C7M1526）发掘简报》，《中原文物》2008年第4期。

［58］ 河南省文物管理局南水北调文物保护办公室、河南省文物考古研究所：《河南安阳市固岸墓地Ⅱ区51号东魏墓》，《考古》2008年第5期。

［59］ 河南省古代建筑保护研究所、偃师市文物管理局：《河南偃师三座唐墓发掘简报》，《中原文物》2009年第5期。

［60］ 大同市考古研究所：《山西大同南郊区田村北魏墓发掘简报》，《文物》2010年第5期。

［61］ 太原市文物考古研究所：《山西太原晋源镇三座唐壁画墓》，《文物》2010年第7期。

［62］ 山西省考古研究所、山西博物院等：《山西朔州水泉梁北齐壁画墓发掘简报》，《文物》2010年第12期。

［63］ 郑州市文物考古研究所、郑州博物馆：《巩义城西变电站唐墓发掘简报》，《文物春秋》2011年第3期。

[64] 大同市考古研究所：《山西大同市大同县陈庄北魏墓发掘简报》，《文物》2011年第12期。
[65] 大同市考古研究所：《山西大同文瀛路北魏壁画墓发掘简报》，《文物》2011年第12期。
[66] 焦作市文物工作队：《河南焦作化电集团西晋墓发掘简报》，《中原文物》2012年第1期。
[67] 洛阳市文物工作队：《河南孟津县上店村唐代壁画墓》，《考古》2012年第2期。
[68] 顾英华、周巧燕：《略论南阳汉墓中的“胡人”形象文物》，《中原文物》2012年第3期。
[69] 大同市考古研究所：《山西大同恒安街北魏墓（11DHAM13）发掘简报》，《文物》2015年第1期。
[70] 洛阳第二文物工作队：《洛阳涧西衡山路北魏墓发掘简报》，《文物》2016年第7期。
[71] 大同市考古研究所：《山西大同云波路北魏墓（M10）发掘简报》，《文物》2017年第11期。
[72] 山西考古研究所：《山西大同湖东北魏墓群发掘简报》，《中国国家博物馆馆刊》2018年第2期。